SCHÄFFER
POESCHEL

Helge Hesse

Eine kurze Geschichte des ökonomischen Denkens

2018
Schäffer-Poeschel Verlag Stuttgart

Bibliografische Information der Deutschen Nationalbibliothek
Die Deutsche Nationalbibliothek verzeichnet diese Publikation
in der Deutschen Nationalbibliografie; detaillierte bibliografische
Daten sind im Internet über < http://dnb.d-nb.de > abrufbar.

Gedruckt auf chlorfrei gebleichtem,
säurefreiem und alterungsbeständigem Papier

Print: ISBN 978-3-7910-4298-5   Bestell-Nr. 11512-0001
ePDF: ISBN 978-3-7910-4299-2   Bestell-Nr. 11512-0100
ePub: ISBN 978-3-7910-4300-5   Bestell-Nr. 11512-0150

Dieses Werk einschließlich aller seiner Teile ist urheberrechtlich
geschützt. Jede Verwertung außerhalb der engen Grenzen
des Urheberrechtsgesetzes ist ohne Zustimmung des Verlages
unzulässig und strafbar. Das gilt insbesondere für Vervielfältigungen, Übersetzungen, Mikroverfilmungen und die
Einspeicherung und Verarbeitung in elektronischen Systemen.

© 2018 Schäffer-Poeschel
Verlag für Wirtschaft · Steuern · Recht GmbH
www.schaeffer-poeschel.de
service@schaeffer-poeschel.de

Umschlagentwurf: Goldener Westen, Berlin
Umschlaggestaltung: Kienle gestaltet, Stuttgart
(Bildnachweis: © DrAfter123, iStock)
Lektorat: Bernd Marquard, Stuttgart
Satz: Claudia Wild, Konstanz

September 2018

Schäffer-Poeschel Verlag Stuttgart
Ein Unternehmen der Haufe Group

Kostenlos mobil weiterlesen! So einfach geht's:

 1. Kostenlose App installieren

 2. Zuletzt gelesene Buchseite scannen

 3. Ein Viertel des Buchs ab gescannter Seite mobil weiterlesen

 4. Bequem zurück zum Buch durch Druck-Seitenzahlen in der App

Hier geht's zur kostenlosen App:
www.papego.de
Erhältlich für Apple iOS und Android.
Papego ist ein Angebot der Briends GmbH, Hamburg
www.papego.de

Vorwort

Von John Maynard Keynes stammt die berühmte Aussage: »Die Ideen der Ökonomen und Philosophen, seien sie richtig oder falsch, sind mächtiger, als man im Allgemeinen glaubt. Um die Wahrheit zu sagen, es gibt nichts anderes, das die Welt beherrscht.«

Nehmen wir an, Keynes hatte auch nur ansatzweise recht, dann ist es für unser Bild von der Welt sicher nicht schlecht, ein wenig über diese Ideen und ihre Denker zu wissen, auch einen Überblick darüber zu gewinnen, wann und wie ihre Ideen entstanden und wie sie auf Wissenschaft und Gesellschaft wirkten und noch immer wirken.

Während wir uns immer wieder zur Philosophie hingezogen fühlen, sind dagegen Fragen zu Geld, Arbeit und Wirtschaft für wenige ein verlockendes Thema. Sie haben mit solch lästigen Dingen zu tun wie abhängiger Arbeit, Zwängen, Konkurrenz, Steuererklärung, Altersvorsorge, Versicherungen. Daher befassen sich auch viele Gebildete und Intellektuelle, die sich in Philosophie, Kunst, Musik und Geschichte hervorragend auskennen, nur selten vertiefend mit ökonomischen Fragen. Ihr Wissen auf diesem Feld ist daher vergleichsweise häufig erschütternd gering.

Hinzu kommt: Zu oft widersprechen sich Ökonomen, die in der breiten Öffentlichkeit zu Wort kommen, weshalb manche in der Wissenschaft von der Wirtschaft im Grunde keine richtige Wissenschaft sehen, sondern eher eine Ansammlung von Techniken und Ordnungssystemen, die letztlich im Dienste böser Kapitalisten stehen. Nicht wenige nicken da rasch und gerne beifällig. Allein diese Verdikte verkennen die Komplexität dieser Wissenschaft und auch die Intentionen derer, die sich tiefgreifend damit auseinandersetzen.

Doch wirtschaftliches Denken bestimmt nicht nur unseren Alltag, sondern – ob wir wollen oder nicht – unser gesamtes Leben. Gerade zu Beginn des 21. Jahrhunderts, einer Epoche gewaltiger politischer und technologischer Umbrüche, stehen ökonomische Fragen im Mittelpunkt vieler Diskurse. Nicht nur Wirtschaftsordnungen werden hinterfragt, sondern die Wirtschaftswissenschaft selbst. Was ist ihre Aufgabe? Was leistet sie? Was kann sie leisten?

So zentral die vielfältigen Forschungsgebiete der Wirtschaftswissenschaft in der heutigen gesellschaftlichen Diskussion sind, so wenig weiß man im Allgemeinen außerhalb des Fachs über die Vielfalt des ökonomischen Denkens, erst recht nicht über seine Entwicklung und darüber, wie vielfältig und reich an Ideen es ist. Selbst vielen ökonomisch Ausgebildeten fehlt oft ein Überblick, der auch das Hinausgreifen in andere Wissenschaften einschließt. Denn wirtschaftliches Denken greift auch hinein in Soziologie, Mathematik, Philosophie und viele andere Disziplinen.

Es gibt zahlreiche Bücher über die Geschichte des ökonomischen Denkens. Dieses bewusst sehr knapp gehaltene Buch versucht, Studenten, Wissenschaftlern jeglicher Fächer, die mit Ökonomik zu tun haben, letztlich aber allen Interessierten einen seriösen Überblick zu geben. Es will Ideen, Denker, Schulen und Kontroversen der ökonomischen Wissenschaft ins Bild setzen und nicht zuletzt helfen, Ansätze für weiteres Lesen und weitere Beschäftigung mit dem Thema zu geben.

Ich hoffe zu zeigen, dass Ökonomie als Wissenschaft letztlich nicht die trockene Lehre vom Produzieren, Handeln, Güterverteilen und Geldverdienen ist und dass sie zahlreiche Felder des menschlichen Handelns und Denkens erfasst und durchdringt. Denn Ökonomen und in zunehmendem Maße Ökonominnen sind nicht nur Experten, die wirtschaftliche Entwicklungen voraussagen, die dann nicht eintreffen. Sie sind vielmehr kluge Köpfe, deren Denken und Forschen sehr viel mit Philosophie und vielen anderen Wissenschaften gemein hat, vor allem aber sind sie, wie Keynes es ansprach, Menschen, die Ideen entwickeln, die unser Leben prägen.

Mein Dank für ihre Hilfe bei diesem Buch gilt Michael Tochtermann, Frank Katzenmayer, Bernd Marquard, Dr. Nils Hesse und meiner Frau Josi Hesse. Alle Fehler im Buch sind selbstverständlich meine.

Düsseldorf, im Juli 2018
Helge Hesse

Inhaltsverzeichnis

Vorwort	VII
Der Autor	XI
Einleitung	XIII

1	Der Mensch ist Mensch, weil er wirtschaftet und kooperiert – vom Ursprung des Denkens und der Kultur	1
2	Das Geld der Griechen und die Güter der Römer – das eigentliche ökonomische Denken beginnt in der Antike	5
3	Was hat Gott mit dem Geld gewollt? – ökonomische Positionen der Scholastik	13
4	Das kleine und das große Ganze – das Handwerk des Kaufmanns und die Geburt von Utopien in der Neuzeit	21
5	Der Staat als Unternehmer – Merkantilismus und Kameralismus	29
6	Kreise und Bienen – die Physiokratie und andere Ideen am Übergang zum Denken im System	43
7	Das Wirtschaften als System – Adam Smith und der Beginn der Klassischen Schule	53
8	Zwischen Skepsis und Optimismus – die Debatten der Klassischen Schule	59
9	Vom Inhalt und den Methoden – die Ökonomik findet ihre Wege	69
10	Arbeit und Gesellschaft – Marx und die Varianten des Sozialismus	83
11	Außergewöhnliche Blickwinkel – von Bodenreformern und Anarchisten	93

12 Vom Einfluss der Gesellschaft und der Geschichte – die Historische Schule ... 99

13 Der Nutzengedanke bestimmt den Markt – die Grenznutzenschule ... 109

14 Ob und wie Sozialismus funktioniert – Debatten über Theorie und Umsetzung ... 121

15 Das Gleichgewicht von Angebot und Nachfrage – die neoklassische Schule ... 131

16 Wenn der Markt in der Krise ist – der Keynesianismus ... 139

17 Von der Freiheit des Marktes und des Menschen – der Neoliberalismus und seine Facetten ... 151

18 Das Unternehmen, die Arbeit und das Wachstum – von Schumpeter, Samuelson, Antworten auf Keynes und dem Nobelpreis ... 165

19 Über Wechselwirkungen von Wirtschaft und Gesellschaft – Wirtschaftsgeschichte, Soziologie und Entwicklungstheorien ... 177

20 Das Wesen und die Bedeutung der Institutionen – alte und Neue Institutionenökonomik ... 185

21 Verhalten und Strategien – Finanzmarkttheorie, Spieltheorie, experimentelle Ökonomik, Glücks- und Verhaltensökonomik ... 199

22 Globalisierung und Digitalisierung – Ansätze und Anregungen für das 21. Jahrhundert ... 211

Schlusswort und Ausblick ... 225
Literatur und weiterführende Literatur ... 227
Stichwortverzeichnis ... 229

Der Autor

Helge Hesse studierte Betriebswirtschaft und Philosophie und arbeitete im Verlagsmanagement und als strategischer Marketingberater. Seit einigen Jahren veröffentlicht er Bücher zu kulturellen, ökonomischen, historischen und philosophischen Themen. Viele davon, wie der Bestseller »Hier stehe ich, ich kann nicht anders – In 85 Sätzen durch die Weltgeschichte«, wurden in zahlreiche Sprachen übersetzt.

Mit Wirtschaftsthemen befasste sich Helge Hesse unter anderem in seinem »Personenlexikon der Wirtschaftsgeschichte« und in mehreren Artikelserien im Handelsblatt. Auch verfasste er mehrere Texte zu bedeutenden Werken der Wirtschaftstheorie, so auch in Kindlers Literaturlexikon.

Einleitung

Die Wirtschaftswissenschaft beziehungsweise Ökonomik ist erst spät als Nachzügler unter den Wissenschaften entstanden. Von der ersten Stunde war unzweifelhaft, dass in diesem neuen Wissenschaftsgebiet der Mensch im Mittelpunkt steht, denn ohne Mensch keine Wirtschaft: Wirtschaften und Handeln entspringen der menschlichen Natur. Oder wie Adam Smith hervorhob: Die Neigung zum Tausch finde sich bei allen Lebewesen der Natur so eindeutig ausgeprägt nur beim Menschen.

Was ihr Selbstverständnis betrifft, bewegt sich die Wirtschaftswissenschaft seit jeher zwischen zwei Polen. Da ist zum einen der Anspruch, allgemeingültige Marktmechanismen zu erfassen, festzuhalten und instrumentell für die Akteure der Wirtschaft nutzbar zu machen. Hier wird die Wirtschaftswissenschaft tendenziell mathematisch und hier folgt sie auch Francis Bacons zu Beginn der Neuzeit formuliertem Credo, dass die Wissenschaft dem Menschen vor allem Nutzen bringen sollte. Mathematische Modelle haben nichtsdestoweniger zu außerordentlichen Erkenntnissen über so verschiedene ökonomische Mechanismen wie die von Märkten, Preisen oder des Geldes geführt. Auch das Modell des vielzitierten und umstrittenen, rational ökonomisch handelnden Homo oeconomicus als Prämisse, um reine Mechanismen wirtschaftlichen Agierens zu erforschen, hat viel zum Wissen über wirtschaftliches Handeln beigetragen.

Auf der anderen Seite steht die eher soziologisch orientierte Methode. Sie versucht Geschichte, Philosophie und Psychologie zu nutzen, um wirtschaftliches Handeln zu erklären und anhand von Erkenntnissen zu Handlungsmodellen zu kommen. Einige Vertreter dieses Ansatzes gehen so weit zu behaupten, es gebe keine allgemeingültigen wirtschaftlichen Mechanismen. Diese Sichtweisen sind eng verbunden mit dem Wunsch, das Wesen des Wirtschaftens zu durchdringen, um Abläufe in der Gesellschaft zu ergründen und ökonomische und gesellschaftliche Aufgaben daraus abzuleiten. Diese eher philosophisch-soziologischen Ansätze sind sehr rasch mit normativen Ansätzen verbunden. Sie führen zu der Frage, was wir beim Wirtschaften anstreben sollen und welche Gesellschaft eine gute Gesellschaft ist.

Im Grunde ist die Wirtschaftswissenschaft auch der Prototyp einer Wissenschaft der Moderne. Es ist daher nur schlüssig, dass sie als eigentliche Wissenschaft erst in der zweiten Hälfte des 18. Jahrhunderts, zur Blütezeit der Aufklärung entstand. Und vielleicht ist es gerade die Wirtschaftswissenschaft, in der sich beispielhaft die schwindelerregenden Umbrüche zu Beginn des 21. Jahrhunderts spiegeln.

Zweifellos steht keine Wissenschaft nur für sich. Jede, auch die vermeintlich objektivste wie die Physik oder die Mathematik, stößt an Grenzen des Verstehens durch den Menschen. Und spätestens dann wird sie zum Gegenstand der Philosophie.

Die Ökonomik ist eine Wissenschaft der Dynamik des Wandels der Gesellschaft, des Fortschritts, der Veränderungen durch neue Technologien, der Unberechenbarkeit der Zeitläufte. Und daher verändert sich ihre Expertise zuweilen drastisch, ein Umstand, der Ökonomen allzu oft angekreidet wird. Tatsächlich sind sich Ökonomen so gut wie nie einig. Keine Theorie eines ökonomischen Denkers ist ohne Widerspruch geblieben. Der Philosophie, der es ebenso geht, verzeiht man es, der Ökonomik nicht, vielleicht oder auch gerade, weil sie allzu oft den Anspruch erhebt, zukünftige Entwicklungen vorhersehen zu können. Bei einem Philosophen sagt man: »Das war eben sein Blick auf die Welt«, beim Ökonomen sagt man »Er hat sich verrechnet«, oder wie Winston Churchill gerne zitiert wird: »Wenn ich drei Ökonomen frage, dann bekomme ich vier Meinungen. Zwei davon von Professor Keynes.« Aber so ist das in einer Wissenschaft, die anhand der Zeitläufte Paradigmenwechseln unterliegt.

Gerade Umbruchzeiten führen zu Neubewertungen, zu neuen Sichtweisen. In der Ökonomik gilt es, die Sicht freier zu machen, es gilt auch, sich von alten, ideologisch verengten Bewertungen zu lösen und neu auf Ideen großer Denker zu blicken und zu fragen, welche ihrer Anregungen zu Lösungsansätzen der Zukunft führen könnten. Friedrich Engels ließ einst schon wissen, Karl Marx habe einmal gesagt »Alles, was ich weiß ist, dass ich kein Marxist bin.« Oder ein Gedankenspiel: Wäre Adam Smith, würde er heute leben, ein Anhänger des ungezügelten Kapitalismus? Wohl nicht. Hätte Marx den Leninismus oder Maoismus gutgeheißen? Wohl kaum.

1 Der Mensch ist Mensch, weil er wirtschaftet und kooperiert – vom Ursprung des Denkens und der Kultur

Jeder lebt davon, dass er etwas verkauft. Robert Louis Stevenson

Aller Anfang ist schwer, am schwersten der Anfang der Wirtschaft.
Johann Wolfgang von Goethe

Vermutlich entwickelten schon die ersten modernen Menschen, die Homo sapiens, Überlegungen zu dem, was wir tun und damit auch, was das Wirtschaften betrifft. Bereits vor etwa 160.000 Jahren – so alt sind die ältesten Funde – streiften kleine Gruppen von Männern, Frauen, Alten und Kindern umher und versuchten zuallererst, ihr eigenes Überleben und das ihrer Sippe zu sichern und zu gestalten. Die Gruppen mussten sich organisieren. Sie teilten ihre Kräfte ein, sie mussten ihre Versorgung planen. Sie wirtschafteten.

Wie schwer das Leben auch war, zuweilen gelang es den Menschen, sich auch aufgrund guten Wirtschaftens Freiräume im Kampf um das Überleben zu schaffen. Dann konnten sie schöpferisch sein, dachten nach, probierten aus, meist aus dem reinen Bedürfnis, Lösungen für die Anforderungen des Lebens und Überlebens zu finden und aus dem Antrieb, ihr Leben zu verbessern. So begannen sie, Symbole zu erschaffen. Wollten sie Spuren hinterlassen? Wollten sie anderen Menschen Hinweise geben? Sie ritzten Zeichen in Felsen. Sicherlich wurde auf diese Weise zum ersten Mal gezählt, Mengen festgehalten. Bis zur Schrift aber war es noch weit. Doch Kunst entstand. Die ältesten gefundenen Zeugnisse, wie die kleine Frauenskulptur der Venus vom Hohlefels, sind bis zu 40.000 Jahre alt und stammen damit aus der Zeit, in der sich beim Menschen nach und nach auch die Sprache ausgebildet hat.

Was der Anfang der Sprache war, das vermuten wir nur. Sie entstand vielleicht aus Rufen, um sich abzustimmen, aus immer feiner werdenden Lautzeichen, verbunden aber auch womöglich mit den Zusammenhalt der Gruppe fördernden musikalischen Artikulationen. Bei Anbruch der Nacht saß die Sippe um das Lagerfeuer, besprach, was als nächstes und vielleicht als übernächstes zu tun sei, und man erzählte sich Geschichten von der Jagd und berichtete von Ereignissen beim Sammeln von Holz und Beeren im Wald. Gerade in den erlebten Abenteuern suchten die Menschen nach Antworten auf ihr Dasein. Vorstellungen, gewisse Theorien über alle möglichen Dinge des Lebens hatten sie sicher auch schon, nannten diese aber wohl nicht so.

Das Denken richtete sich vornehmlich auf das Praktische des Alltags. Gingen Überlegungen darüber hinaus, stießen die Menschen auch auf Fragen zu Zusammenhängen und Hintergründen des Seins. Diese erklärten sie sich, sobald sie an die Grenzen ihres Wissens und Verstehens stießen, häufig mit dem Handeln von Geistern und Göttern.

Als die Menschen ab etwa 12.000 Jahren vor unserer Zeit nach und nach lernten, Pflanzen anzubauen und Tiere zu ihrem Nutzen an sich zu binden, hörten sie nach und nach auf, herumzuziehen und wurden sesshaft. Dieser Prozess, der in seinem Zeitablauf eher ein evolutionärer, in seiner Bedeutung im Vergleich zu der Weite der Zeit und für das Dasein des Menschen aber ein revolutionärer war und daher im Allgemeinen die neolithische Revolution genannt wird, brachte auch eine völlig neue Organisation des Alltagslebens mit sich. Die Menschen mussten für Aussaat und Ernte das Jahr nach den Jahreszeiten planen, begannen Kalender anzufertigen, sie lernten Vorräte anzulegen, sie fingen an, Haushalte zu führen.

Siedlungen entstanden und wuchsen, einhergehend mit sich ausdehnendem Handel, über Generationen zu Städten. Überhaupt war der Handel eine eng mit dem Homo sapiens verbundene Tätigkeit. Schon sehr früh ist der Transport von Muschelschalen und Feuerstein über große Entfernungen nachweisbar. Jedoch bei dem lange (etwa 130.000 Jahre) neben dem Homo sapiens lebenden Neandertaler, der sich zum Teil auch mit diesem mischte und vor etwa 30.000 Jahren ausstarb, war eine solche Tätigkeit bisher nicht nachzuweisen.

Die Neigung, Geschäfte zu machen, befand aber Adam Smith, sei »allen Menschen gemeinsam, und man findet sie nirgends in der Tierwelt ... Niemand hat je erlebt, dass ein Hund mit einem anderen einen Knochen redlich und mit Bedacht gegen einen anderen Knochen ausgetauscht hätte ...«. So ging die Ausdehnung des Handels einher mit den Veränderungen vom Nomadendasein zur Sesshaftigkeit und der Ausbildung komplexerer gesellschaftlicher Strukturen. Während man immer weniger Menschen brauchte, um die reine Ernährung sicherzustellen, brauchte man immer mehr Menschen, um den sich ausweitenden Handel und die immer komplizierteren Verwaltungsaufgaben zu bewältigen. Immer mehr Wissen wurde für einzelne Aufgabenbereiche benötigt. Berufe entstanden. Dies alles geschah in noch stark hierarchischen Gesellschaften, in denen aufgrund der wachsenden Komplexität über die Jahrtausende aus Sippenführern Häuptlinge und schließlich Könige wurden, aus Schamanen und Weisen wurden Priester. Über die Zeit entwickelten sich erste Hochkulturen, in denen Macht stets mit dem Glauben zusammenspielte. Dieser manifestierte sich in den allmählich entstehenden komplexen Religionen, die frühere Kulte und Mystizismus in sich vereinten, wie zunächst dem Buddhismus und dem Judentum.

Das Wissen um die Abhängigkeit von der Natur, vor allem aber um die Endlichkeit des Daseins, hatte die Menschen schon immer über die Frage grübeln lassen, welche Mächte außerhalb ihrer Erkenntnisfähigkeit walteten. War es die Macht der Sterne, der Sonne? Waren es Götter? Sie versuchten, in Kontakt mit diesen Mächten zu treten und sie sich gewogen zu machen. Hatten sie zunächst Bilder auf Höhlenwände gemalt, bauten sie nun Tempel. Priester hatten nach wie vor die Aufgabe, mit Ritualen die Zwiesprache mit den Mächten aufrechtzuerhalten, von denen die Menschen glaubten, dass sie ihre Lebenswelt bestimmten. Soweit es den Menschen gelang, versuchten sie aber auch immer selbst, Antworten auf ihre Fragen zu finden. Zunächst aber schienen die Gesetze des Lebens und der Natur nicht schlüssig und logisch zu durchdringen zu sein, vieles schien sogar auf ewig Geheimnis der Götter zu bleiben. Aber das Leben selbst, den Alltag wussten die Menschen von Generation zu Generation zu verbessern.

In den ersten Hochkulturen, beginnend um das 4. Jahrtausend v. Chr. in Mesopotamien und im Pharaonenreich in Ägypten, entstanden erste große Städte und damit wuchsen auch die Anforderungen an die Organisation und die Verwaltung des immer komplexer werdenden Lebens von vielen Menschen auf engem Raum. Es entstanden Wirtschaftskreisläufe um Märkte, um Tempel und um Herrscherpaläste. Bei der Vorratshaltung und im Handel wurden Zeichen auf Gefäße und Tafeln zum Nachhalten von Mengen geritzt oder gemalt. Daraus entstand eine erste Art von Buchführung und schließlich auch die Schrift, wie etwa die Keilschrift in Mesopotamien.

Wesentliche Faktoren der Wirtschaft waren die Landwirtschaft, das Handwerk und der Handel. Das Bedürfnis, in diesen wichtigen Funktionen für die Gesellschaft Sicherheit zu verankern, führte zu Regeln und Gesetzen wie dem berühmten Codex Hammurabi von etwa 1750 v. Chr., unter dessen Bestimmungen erste Handelsgesetze zu erkennen sind. Den Zins kannte die Menschheit schon vor dem Geld, so im 3. Jahrtausend v. Chr. bereits die Sumerer. Sie kannten auch den Zinseszins. Der Codex Hammurabi erlaubte den Zins. Wer ihn nicht zahlte, dem drohte Schuldknechtschaft.

Schon seit Jahrtausenden hatten Menschen bestimmte Güter als Vorformen des Geldes genutzt. Silber, Gold, Muscheln, Getreide und Salz hatten sich als sogenannte Zwischentauschmittel oder »Warengeld« bewährt. Sie waren begehrt und konnten immer vergleichsweise leicht weiter getauscht werden. Gerade Silber und Gold nutzte man gerne. Sie wurden nach Gewicht gehandelt. Mit Gold und Silber konnte man, anders als in der Tauschwirtschaft, in der jeder der Beteiligten genau das Gut haben musste, das der Tauschpartner begehrte, jedes Gut erwerben, das angeboten wurde. Einen neuen und entscheidenden Schritt der Entwicklung des Wirtschaftens machte die Menschheit dann mit der Erfindung des Geldes.

2 Das Geld der Griechen und die Güter der Römer – das eigentliche ökonomische Denken beginnt in der Antike

Das Geld macht also wie ein Maß die Dinge messbar und stellt eine Gleichheit her. Denn ohne Tausch wäre keine Gemeinschaft möglich, und kein Tausch ohne Gleichheit und keine Gleichheit ohne Kommensurabilität. Aristoteles

Von allen den Erwerbszweigen aber, aus denen irgendein Gewinn gezogen wird, ist nichts besser als Ackerbau, nichts einträglicher, nichts angenehmer, nichts eines Menschen, nichts eines Freien würdiger. Marcus Tullius Cicero

Den Lydern sprechen wir im Allgemeinen das Verdienst zu, die Münze und damit das eigentliche Geld erfunden zu haben. Lydien war ein Königreich in Kleinasien auf dem Gebiet der heutigen Türkei. Dort gab es Vorkommen von Elektron, einer natürlichen Legierung aus Gold und Silber. Zunächst nahmen die Lyder abgewogene kleine Klumpen und nutzten sie als Zahlungsmittel. Dann, zwischen 650 und 600 v. Chr., prägten sie Löwen- oder Bullenköpfe ein, um damit ein Garantiezeichen ihrer Herkunft und Güte zu geben. Das erste »Geld« konnte genutzt werden, um nun Waren weit freier zu tauschen als bisher.

Die Griechen prägten etwa ein Jahrhundert später eine Münze namens Stater (dt. derjenige, der wiegt). Mit dem sprichwörtlich gewordenen Obolus kam eine Untereinheit hinzu. 6 Oboloi waren 1 Drachme, 2 Drachmen 1 Stater. Die Tetradrachme aus 14 bis 17 Gramm Silber wurde schließlich zur dominierenden Münze. Die Prägung von Herrscherporträts setzte sich erst mit Alexander dem Großen und den Diadochenherrschern um 300 v. Chr. durch.

Was das ökonomische Denken betrifft, so sind uns aus dieser Zeit nur Dokumente bekannt, mit denen lückenhaft das eine oder andere Thema behandelt wird, aber keine umfassende Sicht auf den umfangreichen Gegenstand zu erkennen ist. Der Dichter **Aristophanes** beschrieb in seiner vermutlich 405 v. Chr. uraufgeführten Komödie *Die Frösche* ein Phänomen, das später als Greshamsches

Gesetz in die Geschichte des Wirtschaftsdenkens eingehen sollte: das Verdrängen guten Geldes durch schlechtes. Athen hatte seinerzeit minderwertiges Notgeld aus Kupfer ausgegeben und Aristophanes ließ in seinem Stück den Chorführer berichten, das Kupfergeld verdränge die Silbermünzen, die nun gehortet würden.

Der Handel und die Wirtschaft in der griechischen Hemisphäre der Antike waren lediglich in Athen komplexer entwickelt, was heißt, dass sich hier ein Fernhandel entwickelte, der über die griechischen Küsten hinausging und spezialisierte Kaufleute und Geldverleiher, die aber längst noch nicht Bankiers genannt werden konnten, Schiffsunternehmungen finanzierten. Auch in Athen wie im übrigen antiken Griechenland war es vor allem der Landbau vor der Stadt, der die produzierende Wirtschaft im Wesentlichen bestimmte. Meist lebten Familien und Sippen auf ihren Höfen von dem, was sie selbst produzierten, doch es gab auch Großbesitzer, die auf Feldern mehrere Dutzend Sklaven für sich arbeiten ließen. Überhaupt fußte der wesentliche Anteil an der Wirtschaftsleistung auf Sklavenarbeit. So schufteten beispielsweise in den Minen von Laureion zeitweise 20.000 Sklaven.

Da Wirtschaft bei den Griechen der Antike mehr oder minder etwas war, das von Sklaven erledigt wurde, Menschen also, über deren Rolle man glaubte, sich wenig Gedanken machen zu müssen, waren ökonomische Überlegungen auch eher dem Haushalt, dem Hof gewidmet und der Organisation und dem Auskommen des Gemeinwesens der freien Bürger, der Polis. So ist es kein Wunder, dass der Begriff Ökonomie (sinngemäß »Gesetz vom Umgang mit Haus und Besitz«) zusammengesetzt ist aus den griechischen Wörtern »Oikos« für »Haus«, »Besitz«, und »Nomos« für »Gesetz«.

Die Schrift *Oikonomikos*, um 390 bis 355 verfasst von **Xenophon** (ca. 430 bis ca. 345 v. Chr.), der wie Platon ein Schüler von Sokrates war, befasste sich in der damals üblichen Darstellungsform des Dialogs mit dieser Hauswirtschaft. Das Werk enthält Empfehlungen für das Hauswesen (»Oikos«), gibt Ratschläge zur Bewirtschaftung der Felder, der Viehhaltung und -zucht, aber auch für den Handel und Grundstückskauf und -verkauf. Schon Xenophon empfahl Arbeitsteilung als Mittel zur Steigerung der Produktivität.

Einer der ältesten Texte mit ökonomischen Gedanken aber stammt von dem Dichter **Hesiod** (um 700 v. Chr.), der seinen Lebensunterhalt als Ackerbauer und Viehhalter verdiente. In seinem um 700 v. Chr. verfassten Lehrgedicht »Werke und Tage« berichtete er von der Arbeit des Bauern und des Fischers und schilderte eine Wirtschaft und Gesellschaft, die auf Wettbewerb aufgebaut war und in der es vor allem auf das tägliche Überleben auf dem Land ankam. Das Leben der Polis und die Belange der Gesellschaft hatten für ihn daher nachrangige Bedeutung.

Für die Polis, den antiken griechischen Stadtstaat, bestehend aus Stadt im Mittelpunkt und seiner Umgebung, bildete die Agora, der Marktplatz, einen wichtigen Ort nicht nur des Handels, sondern der öffentlichen Meinungsbildung. Hier verstrickte Sokrates im 5. Jahrhundert v. Chr. seine Mitbürger in philosophische Gespräche, hier hielten Bürger politische Reden. Sokrates lebte zur Blütezeit der Polis und der Agora. Seine Zeitgenossen und Mitbürger in Athen waren der Dichter Aischylos, der die Tragödie schuf, der Politiker Perikles, der das demokratische Staatswesen ausbaute, der Bildhauer und Architekt Phidias, der den Parthenon errichtete, der Gelehrte Herodot, der die Geschichtsschreibung begründete. Es war eine wahrhaft große Zeit und die Leistungen dieser Männer schlugen Pfade, aus denen Wege in die heutige Zeit entstanden. Was das ökonomische Denken betrifft, war es Sokrates' Schüler **Platon** (428/427 v. Chr. bis 348/347 v. Chr.), der auch auf diesem Gebiet Prägendes beitrug, und dies aus einem völlig anderen Blickwinkel als dem der Hauswirtschaft.

Platon stammte aus einer vornehmen und wohlhabenden Familie Athens. Als er Sokrates kennenlernte, war er sofort so stark von ihm beeindruckt, dass er sich der Philosophie zuwandte und dessen Schüler wurde. In der Jugend Platons begann der Niedergang seiner Heimatstadt. Ihre Kräfte hatten sich im Kampf gegen Sparta im Peloponnesischen Krieg (431 bis 404 v. Chr.) erschöpft. In Athen wechselten die Staatsformen zwischen Tyrannis, Oligarchie und Demokratie. Es herrschte fürchterliche Unsicherheit und oft kam es zu Terror und Anarchie. Sokrates wurde während einer Phase der Demokratie durch Abstimmung zum Tode verurteilt, was Platon tief erschütterte. Er verließ Athen, bereiste den Mittelmeerraum und gründete 387 v. Chr. nach seiner Rückkehr im Hain des Akademos seine Schule, die Keimzelle aller Akademien und Universitäten.

In einer Zeit der Verwerfungen und vielfältigen Weltdeutungen wurde Platon zum Philosoph der Ideen, zum Denker des Absoluten und Umfassenden. Er stand damit auch in Opposition zu der Denkschule der Sophisten, die im Hier und Jetzt nach Antworten suchten und im rhetorischen Diskurs gleich frühen Debattierklubs die Fragen der Welt erörterten. Ihr bedeutendster Kopf Protagoras gab sogar Rhetorikunterricht und umriss mit seinem programmatischen Satz »Der Mensch ist das Maß aller Dinge« auch die Relativität menschlicher Erkenntnis. Platon hingegen suchte das Ideal, das Absolute, das, was hinter und über den Dingen zu finden ist. Wenn er über Wirtschaft redete, redete er über das Zusammenleben von Menschen in der Gesellschaft, wobei er den Staatsmann wie den Herrn eines Hauses aus einer philosophisch-aristokratischen Haltung heraus weiterhin als Hirten verstand.

Seine Idee einer gerechten Ordnung legte Platon in seiner Schrift *Politeia* nieder, einem umfangreichen Text aus mehreren Dialogen. Platon schwebte ein Ständestaat in einer überschaubar bleibenden Polis vor. Jeder sollte darin in einem frühen Konzept der Arbeitsteilung nach seinen Fähigkeiten zum Wohl der Gemeinschaft eingesetzt werden. Platon unterteilte in drei Stände: 1. die Philosophen,

2. die Wächter beziehungsweise Wehrmänner und 3. die Handwerker, Händler und Bauern. Der Stand der Philosophen sollte die unumschränkte Macht erhalten und weise zum Wohl der Polis regieren. Für den Stand der Wächter sah Platon keinerlei Besitz vor, sondern betrachtete ihn als eine Gemeinschaft, in der alle Frauen, alle Kinder und aller Besitz »gemeinsam« sind. Die beiden anderen Stände dürften hingegen sehr wohl Eigentum haben, doch nur in Maßen. Überhaupt war das Maßhalten beim Wirtschaften für Platon und seine griechischen Zeitgenossen von großer Bedeutung. Reichtum, davon war er überzeugt, entstehe im Allgemeinen nicht durch redliches Tun, sondern durch Verschlagenheit.

Der Handel, der Austausch von Gütern, sollte auf Märkten stattfinden, die aber streng zu kontrollieren seien und nur einmal im Monat abgehalten werden sollten, wie er in seinem späteren Werk Nomoi (*Die Gesetze*) darlegte. Darin wandelte er die Idee des idealen Staates in den Entwurf eines »zweitbesten« Staates ab. Nun betonte er die Bedeutung von Gesetzen. Geld als Zahlungsmittel sollte den Tausch erleichtern. In seinem ästhetisch-harmonischen Verständnis einer Gemeinschaft sah Platon Vorschriften zur Verteilung von Eigentum vor, um sowohl drückende Armut als auch großen Reichtum zu bekämpfen. Was die Preisbildung betraf, müsse ein Gut entsprechend seinem Wert verkauft werden, und ein Verkäufer dürfe nicht zwei verschiedene Preise verlangen. Land solle im Besitz der Polis bleiben; was Zinsen betraf, so seien sie nicht zu zahlen.

Platons autoritäre Staats- und Wirtschaftsauffassung, die nur wenigen erwählten sogenannten Philosophen die politische Macht zuwies und ein selbstbestimmtes Leben des Menschen außerhalb der vorgegebenen harmonisch definierten Gesellschaft nicht vorsah, diente in der Folge als Rechtfertigung totalitärer Herrschaftsideen und -formen. Zu erklären ist Platons Ansatz vor dem Hintergrund der politischen Unsicherheit seiner Zeit und seiner aristokratischen Auffassung, die dem normalen einzelnen Bürger wenig vertraut und noch fern davon ist, Menschen als gleich zu betrachten. In Athen zur Zeit Platons hielt im Prinzip jeder Bürger einen Sklaven. Platon hatte fünf Sklaven, reiche Bürger hielten oft 50. Freie Bürger versahen keine Arbeit, zumindest keine körperliche. Entsprechend dem Selbstverständnis der freien Bürger waren Handel und Handwerk von Zugereisten und deren Sklaven zu verrichten. Der freie Bürger hingegen habe zu denken und etwas entstehen zu lassen, statt Handel zu treiben und körperlich zu arbeiten. Platon und später sein Schüler Aristoteles erkannten die Problematik der Sklaverei zwar, waren aber noch nicht so weit, ihre Überwindung ins Auge zu fassen.

Aristoteles (384 bis 322 v. Chr.) war neben seinem Lehrer Platon der bedeutendste Denker der Antike. Mit seinem umfassenden Werk, das wie kein anderes die Gebiete menschlichen Wissens und Suchens umfasste und ordnete, ist er der Begründer der systematischen Wissenschaft und ihrer Disziplinen, wie wir sie heute kennen.

Für Aristoteles war der Mensch ein Zoon politikon, ein soziales, zur Gemeinschaft hingezogenes Wesen. Die Polis, der griechische Stadtstaat, sah er als ein natürliches Gebilde. Sie habe als vollkommen zu gelten und solle sich wirtschaftlich selbst genügen. Die Polis stand in ihrer Existenz noch vor der Hausgemeinschaft (Oikos), dem Ort des Wirtschaftens, und vor den Menschen im Oikos, die sich in Herrschende (den Hausherrn) und sich Unterordnende, wie Frauen, Kinder, Sklaven, unterteilten.

Bedeutsam für die Wirtschaftswissenschaft ist Aristoteles' Schrift *Politika* (dt. Die politischen Dinge). Auch Aristoteles betrieb Ökonomik nicht im heutigen Sinne, dass Mechanismen wertfrei untersucht werden, sondern er lieferte eine Ethik und definierte ein moralisches Soll. Reichtum sei gerechtfertigt, aber in Maßen. Gleichheit sei anzustreben, allerdings nur unter Ebenbürtigen.

Wie für Platon war auch für Aristoteles Geld eine Tauscherleichterung und dennoch etwas, was mit Skepsis zu betrachten sei. Den Zins bezeichnete Aristoteles als etwas »Hassenswertes«, da er Geld aus Geld und nicht aus Arbeit schaffe. In einer frühen Form von Werttheorie differenzierte Aristoteles zwischen dem Tauschwert und dem Gebrauchswert, den jedes Gut habe. Der Tauschwert werde vom Bedürfnis bestimmt. Ein Gut soll vor allem für den Gebrauch hergestellt werden, nicht für den Verkauf. Mit dem letzteren Gedanken, der aus heutiger Sicht seltsam wirkt, zeigte Aristoteles eine sehr besondere Vorstellung von den Beweggründen der Arbeit, etwa des Handwerkers. Es ist eine Auffassung, die sich von der oft heute betriebenen Chrematistik abgrenzt, des Erwerbs um des Reichtums willen.

Es ist überhaupt praktisches Denken mit einem Hang zur Muße, was bei Aristoteles anzutreffen ist, und bildet die Wirtschaftspraxis seiner Zeit und Welt ab: Der Hof genügt sich in der Selbstverwaltung des Benötigten, Autarkie ist wichtiger als Wachstum. Das, was die Gemeinschaft, die Polis braucht, wird bezahlt durch Steuern und Tribute. Exportiert werden durfte in Athen zuweilen nur, wenn dies mit einem entsprechenden Importgeschäft verrechnet werden konnte.

Mit allem bisher Gesagten bewegte Aristoteles sich auf einer ähnlichen Linie wie sein Lehrer Platon. Doch er widersprach auch in manchen Dingen. So wies er Platons Forderung nach einer Gütergemeinschaft und die Ablehnung von Eigentum an Grund und Boden zurück. Für Aristoteles war Grundeigentum weit vorteilhafter als Gemeinschaftseigentum. Denn Privateigentum führe dazu, dass sich Menschen kümmerten, und erziele daher effizientere Ergebnisse. Insofern finden sich also schon bei Platon und Aristoteles zwei wesentliche Argumentationslinien der nächsten Jahrhunderte: Auf der einen Seite die Überzeugung vom Vorteil des geplant verwalteten Gemeinschaftseigentums (Platon), auf der anderen Seite die Überzeugung vom Vorteil der Eigenverantwortung und Initiative, die aus dem Eigentum entsteht (Aristoteles).

Ein Rätsel stellt in der Rezeption nach wie vor der sogenannte Pseudo-Aristoteles dar. Es sind drei Bücher über Hauswirtschaft, deren Urheberschaft im Dunkeln liegt und die vermutlich Jahre, wenn nicht Jahrzehnte nach dem Tod von Aristoteles niedergeschrieben wurden. Waren es Niederschriften von Aristoteles' Schülern, die Gedanken des Meisters wiedergaben? Man weiß es nicht. Die Schriften enthalten Beschreibungen der Pflichten des Hausherrn, der Ehefrau, der Verwaltung, der Behandlung der Sklaven.

An ökonomischem Denken aus dem antiken Griechenland zu erwähnen ist noch **Iambulos** oder **Jambulus**, der im 3. Jahrhundert v. Chr. lebte. Seine Utopie *Politeia tou Heliou* (Der Sonnenstaat) verfasste er um 240 v. Chr., in der sich kynische und stoische Ideen wiederfinden. Iambulos entwarf als Ideal einen Staat mit einfachsten Lebensverhältnissen. Jeder Bewohner ist zur Arbeit verpflichtet, wechselt aber immer wieder die Tätigkeit. Geld gibt es nicht. Iambulos' Ideen fanden später Nachklang in Tommaso Campanellas Utopie von einem Sonnenstaat und in den Vorschlägen John Ruskins, dass jeder sowohl körperliche als auch geistige Arbeit leisten solle.

Den Überlegungen der Griechen fügten später die praktischen Römer vor allem betriebswirtschaftliche Gedanken hinzu; obwohl sich das Wirtschaftsleben im römischen Weltreich bereits weit komplexer gestaltete als einst in den griechischen Stadtstaaten – die Versorgung der Millionenstadt Rom war ebenso ein zentrales und dauerhaftes Thema wie der Unterhalt der römischen Legionen und die Versorgung von Veteranen. Verwerfungen des Staatshaushalts und des Finanzsystems blieben nicht aus. Dennoch entstanden keinerlei Schriften zu derlei Themen. Bemerkenswert am Rand ist die praktische Bedeutung, die der kurz nach Nero 69 n. Chr. zum Kaiser erhobene Vespasian dem Geld zuwies. Als er, um den Staatshaushalt zu sanieren, eine Steuer auf den Urin der Latrinen erhob, der zur Ledergerbung verwandt wurde, und sein Sohn Titus entsetzt darüber war, antwortete er mit den berühmt gewordenen Worten »Geld stinkt nicht«.

Die Schriften aus der römischen Antike mit ökonomisch zu bezeichnendem Einschlag sind meist Anleitungen zur Bewirtschaftung eines Landguts, ergänzt um einige Fragen des allgemeinen Wirtschaftens. Auch Ratschläge, die man heute Management-Slogans nennen würde, finden sich. So mahnte **Cato der Ältere** (234 bis 149 v. Chr.) in seinem Werk *De agri cultura* (Über den Landbau): »Ein Hausvater muss verkauflustig, nicht kauflustig sein.«

Im 1. Jahrhundert nach Christus verfasste **Lucius Iunius Moderatus Columella**, der um 70 n. Chr. starb, *De re rustica libri duodecim* (dt. Zwölf Bücher über die Landwirtschaft). Bedeutender ist das im Jahrhundert zuvor, um 37 v. Chr. verfasste und mit *De re rustica* fast gleich betitelte landwirtschaftliche Lehrbuch des **Marcus Terentius Varro** (116 bis 27 v. Chr.). Varro, der wohl der größte Universalgelehrte seiner Zeit, wollte mit der Schrift seiner Frau einen Leitfaden zum Bewirtschaften der eigenen Güter nach seinem Tod zur Verfügung stellen. In ihr beschrieb er unter anderem die Erstellung eines Arbeitskalenders für den Ackerbau und lieferte somit eine Art früher Produktionsplanung. Beim Arbeitskräfteeinsatz riet er, Sklaven zu belohnen, da dies ihre Leistung steigere. Zudem führe man sie erfolgreicher, wenn man sie erklärend und beispielgebend anweisen würde, statt ihnen Strafen anzudrohen. Da Varro Sklaven als Teil des Vermögens sah, riet er, sie schonend einzusetzen und sie vor Krankheiten zu schützen. So sei in Sümpfen, zu jener Zeit gefürchtete Krankheitsherde, lieber auf freie Arbeiter zurückzugreifen.

Varro verwies auch auf die Bedeutung der Standortwahl. So sei die Profitabilität eines Gutes abhängig von seiner Nähe zu einem städtischen Markt. Als womöglich erster erörterte er das Problem der von der Produktionsmenge unabhängigen »fixen« Kosten. Am Beispiel eines Olivenhains legte er dar, dass man bei Verdoppelung der Fläche zwar mehr Arbeiter einsetzen müsse, aber keinen zweiten Aufseher einzustellen brauche.

Wie bei den Griechen waren auch bei den Römern die Gedanken zum Wirtschaften einerseits sehr stark auf den praktischen Haushalt oder das Gut konzentriert, andererseits auf ethische, staatsphilosophische Gedanken. Gesamtwirtschaftliche Abläufe aber waren kein Thema. Was das Staatsphilosophische betrifft, ist von den römischen Schriften für das ökonomische Denken im Sinne der Ausstrahlung ethischer Normen auf das Handeln vor allem das Werk **Marcus Tullius Ciceros** (106 bis 43 v. Chr.) von Einfluss, einem der bedeutendsten Politiker und Redner der Römischen Republik und Gegenspieler Julius Caesars. Zu erwähnen sind vor allem das in Dialogform verfasste *De re republica* (Über den Staat bzw. Vom Gemeinwesen), das zwischen 54 und 51 v. Chr. entstand, und das 44 v. Chr., kurz vor Ciceros Tod verfasste *De Officiis* (Über die Pflichten oder Vom pflichtgemäßen Handeln). Gerade letztgenanntes Buch wirkte auf die Geistesgeschichte, insbesondere durch seine Darlegung der vier Kardinaltugenden Einsicht beziehungsweise Weisheit, Gerechtigkeit, Tapferkeit und Maßhalten.

Aus unserer eurozentrischen Sicht übersehen wir oft Entwicklungen und Überlegungen außerhalb unserer Hemisphäre. Daher sei hier abschließend aus jener Epoche auf den chinesischen Denker **Huan Kuan** verwiesen, über dessen Leben so gut wie nichts bekannt ist. Huan Kuan schilderte in seinem Werk *Yantie Lun* (*Die Debatte über Salz und Eisen*) die im Jahr 81 v. Chr. geführte Debatte zwischen Konfuzianern und Schriftgelehrten sowie den höchsten Beamtenvertretern des Staates um Reformen, die Aufgaben der Regierung, die Bedeutung von Handel und Handwerk, um Profitdenken, Geldwirtschaft und Staatsmonopole bei Salz- und Eisenproduktion. Auch geht es um die Gerechtigkeit von Steuern, vor denen sich die Reichen drücken könnten, die die Bauern aber sicher zahlen müssten. Ein Phänomen, das manch kritischer Geist noch heute als gegeben sieht.

Aufeinander trafen in der »Debatte um Salz und Eisen« staatlicher Machtanspruch auf der einen Seite und konfuzianische Sicht der Welt und der Gesellschaft auf der anderen Seite. Die Debatte spiegelt in ihrem bemerkenswerten Kern auch den Widerstreit von Denk- und Lebenstradition und staatlichem und ökonomischem Effizienzdenken. Die Gelehrten bevorzugten die Landwirtschaft, die Vertreter des Kaisers traten für die Förderung von Handel und Handwerk ein, auch für den Außenhandel.

3 Was hat Gott mit dem Geld gewollt? – ökonomische Positionen der Scholastik

Es ist unmöglich, dass ein Mensch gut sei, außer er stehe im rechten Bezug zum gemeinen Wohl.
Thomas von Aquin

Pro tali numismate tales merces – Für diese Münze diese Waren (Du bekommst das, was du bezahlst).
Gabriel Biel

Der weltgeschichtliche Bruch, der mit dem Ende des Römischen Reiches einherging, war radikal. In die machtpolitische und religiöse Leere drängten nicht nur weltliche Mächte wie germanische Stämme, die aufgrund des Einfalls der Hunnen in Osteuropa die Völkerwanderung auslösten, sondern auch eine neue Religion. Spätestens als Kaiser Konstantin der Große zur Wende zum 4. Jahrhundert das Christentum zur Sicherung seiner Macht nutzte, gewann dieses entscheidend an Einfluss. Hatten Griechen und Römer noch viele Götter angebetet, lieferte der Glaube an nur einen Gott nun auch ein Argument, dass es auch auf Erden nur einen Herrscher geben dürfe. Das Christentum hielt zudem einen strafferen Denkrahmen bereit, dies flankiert von der als heilig benannten Schrift, der Bibel, die im Grunde zu einer Art Gesetzeswerk zur Gestaltung allen Lebens ernannt wurde.

Die Strukturen der ihre Macht konsequent ausbauenden Kirche halfen Konstantin, seine eigene Macht zu stützen, und auf die Kirche ging nach und nach die Deutungshoheit der Welt, des Lebens, des Staates, auch des Denkens über Wirtschaft über. Letzteres blieb jedoch weiterhin ein stiefmütterlich behandelter Randbereich, und alle Gedanken auf diesem Feld beschäftigten sich noch immer nicht mit dem, was ist, also nicht mit den Mechanismen des Produzierens, des Geldflusses, des Handels. Die Kirche nahm nun eine andere Perspektive ein als die griechische Antike, in der Wirtschaften als eine Domäne des Hausvaters begriffen wurde, und stellte die Frage, wie wirtschaftliche Handlungen mit christlicher Moral zu vereinen seien. Unähnlich sind sich die Betrachtungen allerdings letztlich nicht. Im Laufe der Jahrhunderte, über Früh-, Hoch- und Spätmittelalter bis in die nach der Entdeckung Amerikas beginnende Neuzeit, standen weiter Fragen nach dem gerechten Preis, die Missbilligung des Wuchers und das Gebot des Wirtschaftens nicht um jeden Gewinn im Mittelpunkt. Der moralische Wert des Wirtschaftens bestand dabei weiterhin im Streben nach einem guten Auskommen, nicht in dem Erreichen von Wachstum und Fortschritt. Diese Ziele entstanden erst später in der beginnenden Moderne mit Industrialisierung und Aufklärung.

Wirkmächtig an der Schwelle des Übergangs vom antiken zum christlichen Denken des Mittelalters stand der Kirchenvater **Augustinus von Hippo** (354 bis 430), der im heutigen Algerien als Sohn eines heidnischen Bauern und einer frommen christlichen Mutter geboren wurde und nach ausschweifendem Leben als 30-Jähriger zum christlichen Glauben fand. In der Stadt Hippo Regius, dem heutigen algerischen Annaba, wurde er Bischof und verfasste dort während seines über 30-jährigen Wirkens ein umfangreiches Werk. Besonders zu erwähnen ist sein Hauptwerk *De civitate Dei* (Vom Gottesstaat). Darin legte er dar, dass die Geschichte letzten Endes auf ein Gottesgericht zulaufe und nicht, wie die Antike es sah, aus einer Wiederholung von Abläufen bestehe. Wegweisend für das Verhältnis und das Verständnis von Kirche und Staat war Augustinus mit seiner Forderung der Unterwerfung der Menschen unter ein irdisches Gottesreich, denn in seinem Weltbild besaß der Mensch keinen freien Willen, war in Erbsünde verhaftet und abhängig von einem strengen Gott, der richtet und erwählt.

Was das Ökonomische an sich betraf, rechtfertigte Augustinus körperliche Arbeit, woraus aber auch die Billigung von Frondienst und der Arbeit im Dienst von Feudalherren abgeleitet wurde. Dem Handel wies Augustinus die Funktion zu, Mangel auszugleichen. Zins und Wucher lehnte er entschieden ab und unterteilte, wie auch schon Aristoteles, nach Tausch- und Gebrauchswert der Waren.

Die ein Jahrhundert nach Augustinus endgültige Ablösung des Denkens der Antike markieren manche Historiker gerne 529 n. Chr. In jenem Jahr schloss die berühmte platonische Akademie in Athen, während in Italien **Benedikt von Nursia** (480 bis 547) den Benediktinerorden gründete. Die Arbeitsethik Benedikts, verdichtet in dem Satz »Ora et labora!«, der sich auf die Klosterregeln der Benediktiner bezieht, lieferte noch einmal eine Rechtfertigung irdischer körperlicher Arbeit.

Aus den ab dem 6. Jahrhundert entstandenen Kloster- und Domschulen entwickelten sich mit zunehmender Vertiefung wissenschaftlichen Arbeitens Ende des 11. Jahrhunderts die ersten Universitäten. Als erste Universitätsgründung in Europa gilt die der Hochschule im italienischen Bologna im Jahr 1088. Zu Beginn war diese Universität vor allem eine Hochschule der Rechtswissenschaften, erst im 14. Jahrhundert kamen die sieben freien Künste hinzu sowie die Philosophie und die Medizin. An Ökonomie als Lehrfach war noch lange nicht zu denken.

In der wissenschaftlichen Methode bildete sich etwa zeitgleich mit dem Ausbau der Kloster- und Domschulen und dem Entstehen der ersten Universitäten im 11. Jahrhundert die Methode der Scholastik heraus. Erste Ansätze lieferte Anselm von Canterbury mit seiner Maxime »Ich glaube, um zu erkennen«, mit der er Wissenschaft und Logik zu Instrumenten machte, mit denen die religiöse Lehre des Christentums zu beweisen war.

Die Scholastik entwickelte sich weiter aus einem Wechsel der einst von Augustinus vertretenen platonischen Ansichten hin zu einem Ansatz, der auf Aristoteles und dessen Schriften aufbaute. Nachdem er durch Verwerfungen der Völkerwanderung und der Vernachlässigung des antiken Erbes durch das aufkommende Christentum fast in Vergessenheit geraten war, fand Aristoteles vor allem durch Neuübersetzungen und die wirkmächtige Rezeption durch arabische Gelehrte wieder Eingang in das Denken vor allem der nun beginnenden Hochscholastik. Besondere Verdienste gebühren Avicenna und vor allem Ibn Ruschd, besser bekannt unter seinem latinisierten Namen **Averroes** (1126 bis 1198), der mit seinen Kommentaren vielen scholastischen Denkern den Zugang zu Aristoteles eröffnete und bald mit der bewundernd raunenden Bezeichnung »Der Kommentator« in den Stuben der Klosterschulen berühmt war.

Äußerten sich Scholastiker zu ökonomischen Themen, waren es wieder vor allem Fragen zum gerechten Preis, zum Wucher, zum Zins. Sie blieben auch zentral in den ökonomischen Beiträgen des wohl bedeutendsten Denkers der Scholastik, des Hochscholastikers **Thomas von Aquin** (um 1225 bis 1274). Er lebte in einer Epoche wachsenden Wohlstands in Europa, guter Ernten, verbesserter Wege und damit aufblühenden Handels. Italienische Stadtstaaten wie Genua und Venedig entwickelten sich zu Thomas' Lebenszeit zu bedeutenden Handelsmächten. 1271, zwei Jahre vor Thomas' Tod, reiste Marco Polo nach China.

Thomas stammte aus einem italienischen Adelsgeschlecht und wurde schon mit sechs Jahren in Monte Cassino, dem Gründungskloster der Benediktiner, erzogen. Gegen den Willen seiner Eltern trat er dem Dominikanerorden bei und studierte bei Albertus Magnus in Paris, später bei ihm in Köln. Wie dieser baute Thomas von Aquin sein Denken auf den Schriften des Aristoteles auf. Thomas versuchte, den von der Scholastik errichteten Widerspruch zwischen Logik und Glauben aufzulösen, indem er konstatierte, dass der Glaube nicht zu beweisen, Vernunft aber dessen Vorstufe sei. In seinem Hauptwerk *Summa theologiae* (Summe der Theologie), an dem er in seinem letzten Lebensjahrzehnt arbeitete und das bis zu seinem Tod unvollendet blieb, legte er auch seine Gedanken zum besten Staats- und Gesellschaftswesen dar. Der Mensch sei ein soziales Wesen. Die beste Herrschaftsform sei die Monarchie, da auch in der Natur alles ein Höchstes habe. Der König sei Vertreter Gottes im Staat, dessen Macht aber beschränkt werden müsse, um das Entstehen einer Tyrannei zu unterbinden. Dem König beziehungsweise dem Staat aber noch übergeordnet sei die Kirche, deren moralische Vorgaben beide erfüllen müssen.

Was das Ökonomische betraf, trieb Thomas vor allem die Frage nach der

Berechtigung der Zinserhebung um. Geld dürfe nicht mit Zins verliehen werden. Denn Zins sei Wucher, da Zins der Preis für die Zeit sei, in der der Verleihende auf das Geld verzichtet. Die Zeit gehöre aber Gott. Nur für säumige Schuldner sei ein Aufpreis zu rechtfertigen. Erklärlich ist Thomas' Zinsauffassung, da Geld im Allgemeinen nicht geliehen wurde, um zu investieren und in Zukunft höhere Einnahmen zu erzielen. Derlei Geschäftspraktiken gab es damals kaum, sondern eher wurde Geld geliehen zur Überbrückung von Notzeiten oder zum Bau eines Hauses.

Gerechtigkeit blieb auch für Thomas ein zentraler Punkt, und aus einem Handel sollten beide Seiten den gleichen Nutzen ziehen. Der »gerechte Preis« käme zustande, wenn es kein Monopol, keinen Betrug oder keine Zurückhaltung von Wissen gäbe. Jeder Marktteilnehmer müsse also versuchen, vollkommene Transparenz und Konkurrenz herzustellen. Der »gerechte Preis« werde aber auch durch die gesellschaftliche Stellung des Anbieters mitbestimmt, etwa durch die Arbeit, die in die Leistung eingeflossen sei. Der Verkäufer müsse, um einen Aufschlag auf ein zuvor woanders erworbenes Gut verlangen zu dürfen, etwas geleistet haben, wie etwa den Transport der Ware.

Auch der schottische Philosoph **John Duns Scotus** (1265 bis 1308) fragte nach dem gerechten Preis. Für ihn mussten darin die Kosten der Herstellung und der Lagerung eines Gutes ebenso berücksichtigt sein wie das Risiko des Kaufmanns. Er kam jedoch zum Schluss, es gebe keine Möglichkeit, den gerechten Preis objektiv zu bestimmen.

Für den Spätscholastiker **Jean Buridan** (1300 bis 1358) und seinen Schüler **Nicolaus Oresmius** (um 1320 bis 1382) rückten hingegen die Fragen nach dem Wesen und dem Wert des Geldes in den Mittelpunkt. So war für Buridan Münzverschlechterung (also die Minderung des Edelmetallgehalts bei der Prägung) ein Angriff auf das Wesen des Geldes. Im Gedächtnis der ökonomischen Wissenschaft bleibt Buridan aber durch das Gedankenmodell von »Buridans Esel«. Darin geht es um einen Esel, der zwischen zwei identischen Heuhaufen verhungert, weil er sich für keinen der beiden entscheiden kann. Dieses Modell, das in der Entscheidungstheorie Anwendung findet, stammt aber vermutlich nicht von Buridan, sondern von einem seiner Kritiker, der damit Buridans Behauptung angreifen wollte, dass der Wille nicht ohne hinreichend rationalen Grund aktiv werden kann.

Buridans Schüler Oresmius verhalf den Wissenschaften an sich zu neuen Perspektiven, indem er Thesen aufstellte, die zum Teil auch der Lehre der Kirche widersprachen, was die Widerlegbarkeit der christlichen Lehren denkbar machte. In der ökonomischen Wissenschaft gebührt ihm das Verdienst, 1357 mit seinem *Tractatus de origine, natura, iure mutationibus monetarum* (Traktat über Ursprung, Wesen, Recht und Abwertung der Münzen) eines der ersten Werke über Geld und Geldentwertung vorgelegt zu haben. Oresmius versuchte, in dieser Schrift vor allem dem mangelnden Bewusstsein für die Bedeutung eines stabilen Geldwertes entgegenzuarbeiten. Dabei knüpfte auch er an Aristoteles an. Geld sah er als Eigentum der Gesellschaft, das seinen Wert erhalte, weil die Menschen dafür arbeiten. Ein Fürst als jener, der das Geld prägt, habe nicht das Recht, das Geld zu verschlechtern. Tue er dies, treibe er das gute Geld aus dem Land. Damit war auch Oresmius ein Vordenker des später nach dem Gründer der Londoner Börse **Thomas Gresham** (1519 bis 1579) benannten Gesetzes – der es ebenfalls formuliert haben soll –, wonach schlechtes Geld mit beispielsweise minderem Silbergehalt gutes aus dem Markt drängt, da die Marktteilnehmer eher gutes Geld horten.

Als Denker in der Tradition Thomas von Aquins ordnete nach Oresmius schließlich **Bernhardin von Siena** (1380 bis 1444) die ökonomischen Gedanken der Scholastik. Er lieferte zudem eine Rechtfertigung des Unternehmers als von Gott mit bestimmten Fähigkeiten ausgestatteter Mensch, der durch seine für die Wirtschaft und für die Gesellschaft nutzbringende Arbeit einen Profit verdiene, insbesondere auch aufgrund seiner Bereitschaft, Wagnisse einzugehen.

Auch der deutsche Spätscholastiker **Gabriel Biel** (1420 bis 1495) betonte die Bedeutung des Unternehmertums, aber auch die der Vertragsfreiheit, und er ging sogar so weit, die Praktikabilität des Konzepts des »gerechten Preises« infrage zu stellen. Denn Handel käme nicht zustande, wenn alle Handelspartner daraus nicht Vorteile zögen. Biel rechtfertigte die Umgehung des kirchlichen Zinsverbotes durch feste vertragliche Einigungen und sprach sich gegen das Verbot des Tauschgeschäfts mit Münzen aus, da Geld erst im freien Tausch seine volle Wirksamkeit entfalten könne.

Viel von dem Wissen der Scholastik und damit der Weiterentwicklung des Denkens des Abendlandes ist – wie bereits erwähnt – der Arbeit von Denkern des arabischen Raums zu verdanken. Nach Avicenna und Averroes war es **Ibn Khaldun** (1332 bis 1406), der bemerkenswerte Beiträge lieferte. Sein 1401 oder 1402 erschienenes Buch *al-Muqaddima* gilt als ein klassisches Werk der arabisch-islamischen Literatur. Hochinteressant ist Ibn Khalduns Versuch, den Lauf der Geschichte anhand der Ordnungen, Gesetze und Regeln der jeweiligen Gesellschaften zu erklären. Er zog lange vor Adam Smith Grenzen zwischen den Aufgaben des Staates und der Freiheit des Wirtschaftens und hegte so die Reichweite des Staates ein. Der Staat habe für Sicherheit zu sorgen, das Münzwesen zu überwachen und die Einhaltung der Gesetze sicherzustellen, aber keinerlei Aufgaben zu übernehmen, die nicht ebenso gut von der privaten Wirtschaft ausgeführt werden können, denn das würde auch die Eigeninitiative der Menschen hemmen. Außerdem dürfe der Staat nicht in Konkurrenz zur Privatwirtschaft treten, weil zu starke Staatstätigkeit sogar die Privatwirtschaft zerstören würde. Ibn Khalduns Denken und Leistung ist noch immer, auch aufgrund eurozentrischer Sicht, zu wenig gewürdigt.

Nachdem durch die osmanische Eroberung Konstantinopels im Jahr 1453 die Wege der Seidenstraße versperrt waren, begann die Suche nach einem Seeweg nach Indien. Die Ergebnisse sind bekannt. Er wurde nicht nur durch Vasco da Gama gefunden, sondern Christoph Kolumbus entdeckte für die Europäer einen völlig neuen Kontinent mit seinen Schätzen. Das Gold und das Silber, das die Spanier in Südamerika zusammenrafften, überschwemmte Europa. Die Erde war rund, die Neuzeit begann. Was das ökonomische Denken betraf, wurde nun aufgrund der Einfuhr gewaltiger Mengen Goldes und Silber aus Südamerika die Betrachtung des Wuchers und des gerechten Preises um Probleme der Inflation durch Steigen der Geldmenge ergänzt.

Bemerkenswert aus dieser Zeit der Wende zur Neuzeit ist, was das Denken über Geld und Geldwert betrifft, der sächsische Münzstreit von 1526, der zwischen den katholischen Albertinern und den katholischen Ernestinern ausgetragen wurde. Dabei sprachen sich die Albertiner gegen eine Verschlechterung der geprägten Münzen durch Beimischungen zum Silber aus, die Ernestiner waren dafür.

Vor allem aber wurde nun das Nachdenken über die ökonomische Bedeutung von Edelmetall, Geld- und Münzwesen zu einem zentralen Thema im Land jener Weltmacht, die am meisten von der Entdeckung Amerikas durch die Europäer profitierte: Spanien. Dort entstand die berühmte spätscholastische Schule von Salamanca. Als ihr Begründer gilt **Francisco de Vitoria** (zw. 1483/1493 bis 1546). Er stammte von zwangsgetauften Juden ab und gehörte dem Dominikanerorden an.

Die Schule von Salamanca steht für einen kritischen Realismus, der auf der Auseinandersetzung mit der *Summa theologiae* von Thomas von Aquin fußt, wobei vor allem Vitoria versuchte, die Ideen Thomas' mit den geistigen und wirtschaftlichen Umwälzungen nach der Entdeckung Amerikas zu vereinen.

Vitoria veröffentlichte zu Lebzeiten nichts, doch seine Studenten hinterließen der Nachwelt Niederschriften seiner Vorlesungen. Er hatte eine Ethik für die Kolonialisierung erarbeitet und versucht, darin die Rechte der Menschen und der Völker zu klären sowie Regeln für das ökonomische Handeln aufzustellen. Vor allem seine Auffassung des Völkerrechts als Recht zwischen den Völkern (»ius inter gentes«), das er dem bisherigen Recht der Völker (»ius gentum«) entgegenstellte, machte ihn zum Wegbereiter des Völkerrechts der Moderne.

Vitorias Schüler **Domingo de Soto** (1495 bis 1560) ging dann vor allem, was soziale Fragen betraf, weiter und tiefer. So sprach er den Armen das Recht auf Selbstbestimmung zu und schloss sich der Forderung des Dominikaners Bartolomé de las Casas an, die Menschenrechte der Ureinwohner Amerikas zu achten. In seiner 1545 erschienenen Schrift *Deliberación en la causa de los pobres* lehnte de Soto aber ab, das Bettelwesen zu bekämpfen, denn die Existenz von Armut sei durch die Bibel legitimiert, sie eröffne den Reichen sogar die Möglichkeit, mildtätig zu sein. De Sotos Gedanke der Schicksalsergebenheit in einem Gottesreich trug dazu bei, dass in Spanien soziale und ökonomische Reformen ausblieben.

Andere Antworten zur Frage der Armut und Bettelei lieferten Vitorias und de Sotos Zeitgenossen und Landsmänner Juan de Robles und **Juan Luis Vives** (1492 bis 1540). Letzterer stammte wie Vitoria von zwangsgetauften Juden ab. Er wurde am Hof des englischen Königs Heinrich VIII. Lehrer von dessen Tochter Maria, der späteren Königin Maria I., und plädierte in seinen Schriften für Fortschritt in den Wissenschaften und in der Methodik. Die Scholastik lehnte er ab. Sein 1526 erschienenes Werk *De subventione pauperum (Tratado del soccoro de los pobres)* (dt. Traktat über die Armenhilfe) war eine erste systematische und umfassende Abhandlung über die Bettelei. Darin verurteilte Vives bestimmte Formen der Bettelei, aber auch die Gleichgültigkeit der Reichen. Er forderte, Armen Arbeit zu geben, deren Kinder zu unterrichten und Almosen zielgerichtet zu verteilen. Vives' Ausführungen beeinflussten zahlreiche Reformer, wurden aber von vielen etablierten Kräften entschieden bekämpft.

Juan de Robles (1492 bis 1572), genannt Juan de Medina, war Benediktinerabt. Er lieferte in seinem 1545 erschienenen Werk *De la orden que en algunos pueblos de España se ha puesto en la limosna para remedio de los verdaderos pobres* (»Über die Verordnung, die in einigen Dörfern Spaniens die Almosenabgabe als Hilfsmittel für die wirklich Armen vorsieht«) eine der ersten Theorien zum Humankapital. Insbesondere ist Medinas Denkansatz bemerkenswert, wonach menschliche Gesetze von anderer Art seien als die Gesetze Gottes. Daher sei die Vermehrung von Hab und Gut durch Arbeit zu rechtfertigen. In Spanien wie auch in der Kirche erhielt Medina keine Zustimmung für seine Ansichten.

Den wohl bedeutendsten Beitrag der Schule von Salamanca zum ökonomischen Denken lieferte **Martín de Azpilcueta** (1492 bis 1586), auch Navarro genannt, mit seinem *Comentario resolutorio de cambios* (Entscheidender Kommentar zu den Wechselgeschäften), der 1549 erschien. Wann ist Zins Wucher, wann Entgelt für eine Leistung? Gerechtfertigt ist laut Azpilcueta der Preis für einen entgangenen Gewinn durch das Verleihen von Geld. Aber auch ein Preis für das Risiko des Transports des Geldes und des Aufwands des Transports sei zu billigen. Azpilcueta lieferte zudem eine frühe und einflussreiche Quantitätstheorie des Geldes (oder Mengentheorie des Geldes), indem er Geld als Ware betrachtete, die an verschiedenen Orten und zu verschiedenen Bedingungen verschiedene Preise annehmen könne.

Ein weiterer Vertreter der Schule von Salamanca, der Jesuit **Luis de Molina** (1535 bis 1600), umstritten in der Kirche wegen seiner Auffassung, der Mensch sei in seinem Willen frei und erhalte die Gnade Gottes unabhängig von seinen Handlungen, übte mit seinem 1614 erst posthum vollständig veröffentlichten fünfbändigen Werk *De iustitia et iure* nachhaltigen Einfluss auf die Rechtswissenschaften aus. Molina lieferte darin aber auch ökonomische Beiträge einer liberalen spätscholastischen Wirtschaftsethik. So äußerte er sich zu Fragen der Wettbewerbsordnung und Preisbildung. Für Molina ergab sich der »gerechte Preis« durch natürlichen Tausch und nicht, wie etwa Duns Scotus meinte, durch die Kosten des Kaufmanns. Monopole hielt Molina für schädlich, da sie Preise künstlich erhöhten.

Nicht zur Schule von Salamanca gehörte der Spätscholastiker und Dominikaner **Tomás de Mercado** (1525 bis 1575). Er fungierte als Sittenwächter des Handelshauses von Sevilla und veröffentlichte 1569 mit seinem Werk *Suma de tratos y contratos* (Summe der Geschäfte und Verträge), das als Leitfaden für Bankiers und Kaufleute gedacht war, im Prinzip eine Frühform der Handels- und Banklehre. De Mercado erweiterte Azpilcuetas Untersuchungen um eine Betrachtung der Kaufkraft des Geldes über Landesgrenzen hinaus. Zudem überwand er alte scholastische Normen, indem er Gewinne aus Wechselkursgeschäften als moralisch gerechtfertigt einstufte, da sie durch Gesetzmäßigkeiten der Märkte entstünden.

Eindeutig als Mittler zwischen dem ausgehenden Mittelalter und der beginnenden Moderne ist schließlich der belgische Spätscholastiker **Leonardus Lessius** (1554 bis 1623) zu sehen. Mit seinem 1605 veröffentlichten *De iustitia et iure, ceterisque virtutibus cardinalibus*, einem Werk über Recht und Gerechtigkeit, wurde er zudem zum Wegbereiter einer neuen katholischen Soziallehre und zu einem frühen Theoretiker des Frühkapitalismus.

Lessius lieferte eine berühmt gewordene Darstellung der Börse Antwerpens und untersuchte mit oft neuer Sichtweise die Geld- und Börsengeschäfte. Er kam zu der Schlussfolgerung, dass der Markt häufig die Wirtschaftsabläufe besser reguliere als der Staat, womit er sich eindeutig in Opposition zu den damaligen Auffassungen stellte. Lessius wollte das christliche Verbot des Wuchers nicht aufheben, strebte aber eine Wirtschaftsethik an, die die Bedürfnisse der Kaufleute berücksichtigte. So vereinte er die Lehren Thomas von Aquins, wie dessen Definition der Arbeit als Auftrag Gottes, mit der Notwendigkeit der Sicherung von Kapital und Gewinn. Damit gelang es ihm, das spätmittelalterliche Zinsverständnis zu überwinden und den ethisch-religiös fundierten Weg zu einem gewinnorientierten Handeln zu ebnen.

4 Das kleine und das große Ganze – das Handwerk des Kaufmanns und die Geburt von Utopien in der Neuzeit

Ein mensch dem zal verborgen ist / Leichtlich der verfurt wird mit list.
Adam Ries zugeschrieben

Es ist ausgeschlossen, dass alle Verhältnisse gut sind, solange nicht alle Menschen gut sind, worauf wir ja wohl noch eine hübsche Reihe von Jahren werden warten müssen.
Thomas Morus, Utopia

Da wir Geschichte gerne in Zeitabschnitte einteilen und dazu neigen, sie im Rahmen einer These passend machen zu wollen, gibt es natürlich immer wieder – auch hier – Streit, wann was begann. Dazu gehört zum Beispiel die Frage: Wann gab es die ersten Banken? Zwar kannte man schon in Mesopotamien viele Tätigkeiten des Umgangs mit Geld, die heute Banken erledigen, wie Verbuchungen, Wechselgeschäfte. Im antiken Griechenland konnte man in Tempeln Kredite für Schiffe bekommen, sie erstellten auch Bürgschaften. Auch Kaufleute verliehen Geld. Bereits unter den Ptolemäern in Ägypten gab es eine Staatsbank.

Immer wieder wird in diesem Zusammenhang der Templerorden genannt, der während der Kreuzzüge ein europaweites und von Legenden umranktes Finanznetz schuf, bei dem ihre zahlreichen Burgen als Orte der Verwahrung fungierten. Die Templer betrieben auch Bankgeschäfte wie beispielsweise Wechselgeschäfte. Das Finanzdienstleistungsimperium des Templerordens, das zu Beginn des 14. Jahrhunderts auf Druck des französischen Königs Philipp IV. zerschlagen wurde, kann aber nicht als Bank im eigentlichen Sinne begriffen werden.

Das eigentliche Bankwesen (der Begriff »Bank« stammt vom Tisch des Geldwechslers) entstand in den aufstrebenden Städten Italiens und begann, ab dem 13. Jahrhundert in Florenz und anderen Städten Italiens zu florieren. Die Sippe der Medici stieg durch das Bankgeschäft zu einer der mächtigsten Familien Europas auf. Der Aufstieg der Bankhäuser und später der der ersten weltweit tätigen

Handelsunternehmen ging mit dem Aufstieg der Städte im Spätmittelalter einher. Nicht nur italienische Städte wie Venedig, Padua, Genua, sondern auch deutsche Städte wie zum Beispiel Augsburg und Nürnberg setzten ihre Marken in diesem frühen Stadium wirkmächtigen unternehmerischen Tuns.

In der im 15. Jahrhundert in Italien einsetzenden Renaissance rückte der Mensch in den Mittelpunkt. Das Ideal des Universalmenschen wurde gefeiert. In der Renaissance wandten sich die Menschen Schritt für Schritt von der Scholastik ab und begannen sich dem eigenen Denken und der eigenen individuellen Sicht auf die Welt zuzuwenden. Genies wie Leonardo da Vinci erweiterten Erfahrungsräume und das Wissen, Martin Luther brachte später das Gewissen, die eigene Entscheidungskraft in den Glauben und in das Ringen um Wissen ein. Francis Bacon betonte dann Jahrzehnte später die Macht des Wissens und den Nutzen der Wissenschaft. Berühmt wurde sein Credo »Wissen ist Macht«, generiert aus seinem 1597 erschienenen Werk *Meditationes sacrae*, wo dieser Gedanke als »Denn die Wissenschaft selbst ist Macht« steht. Im Wirtschaftsleben traten erstmals in breitem Maße Kaufleute hervor, Männer, aber auch Frauen, die nicht durch adelige Herkunft, sondern durch ihre wirtschaftlichen Handlungen zu Geld, Macht und Einfluss gelangten und damit auch allmählich die Gesellschaft zu verändern begannen.

Der Beginn der Neuzeit, der im Wesentlichen durch die Umbrüche im Zuge der Eroberung Konstantinopels, durch die Erfindung des Buchdrucks und die Entdeckung Amerikas markiert ist, zeigt, was das Denken in ökonomischer Hinsicht betrifft – über die bereits erwähnte Schule von Salamanca hinaus –, zwei wesentliche neue Entwicklungen: Zum einen entstand der genauere Blick auf das Jetzt, auf Fragen, wie das Tun im Alltag verbessert werden konnte. Das führte zu ersten Schriften, die im weiteren Sinne als betriebswirtschaftlich zu charakterisieren sind. Auf der anderen Seite begann man einen genaueren Blick auf das große Ganze zu werfen, auf Fragen der Wissenschaftsmethodik, auf Fragen der besten Form der Gesellschaft, aber auch auf Fragen, die sich auf eine bestimmte Weise mit einer ersten Form von Fortschrittsdenken verbanden.

Was den praktischen Blick auf das zu verbessernde Hier und Jetzt betraf, der in betriebswirtschaftlich nutzbaren Ideen mündete, ist der Italiener **Luca Pacioli** (1445 bis 1514 oder 1517) zu nennen. Er war ein Freund Leonardo da Vincis, dem er Mathematikunterricht gab. Leonardo wiederum regte ihn an, ein Werk über den Goldenen Schnitt zu verfassen, das Leonardo dann illustrierte. Paciolis Buch *Summa de arithmetica, geometria, proportioni et proportionalità* (Summe der Arithmetik, Geometrie, Proportionen und Proportionalität) von 1494 war das vielleicht erste gedruckte Buch eines Mathematikers. Darin versammelte er das mathematische Wissen seiner Zeit, trug zur Popularisierung der Arbeiten Leonardo Fibonaccis und al-Chwarizmis (nach dessen Namen der Begriff Algorithmus geprägt wurde) bei. Pacioli äußerte sich in dem Werk auch über den Handels- und Wechselverkehr. Berühmt wurde vor allem der 11. Abschnitt »Particularis de Computis et Scripturis«. Darin lieferte Pacioli eine frühe Darstellung der doppelten Buchführung, der sogenannten Venezianischen Methode, die es einem Kaufmann ermöglichte, jederzeit den Stand seiner Geschäfte zu überblicken. Das revolutionierte die Art, wie kaufmännisch gerechnet wurde, und damit auch die Ökonomie, zumal Paciolis Summa eines der meistgelesenen mathematischen Werke seiner Zeit wurde.

Pacioli war keineswegs der Erfinder der doppelten Buchführung. Diese findet sich schon in dem vierbändigen Werk *Della Mercatura et del Mercante perfetto*, einem Vorläufer moderner Handelslehre, des neapolitanischen Kaufmanns **Benedetto Cotrugli** (1416 bis 1469) und der vermerkte, bereits Bekanntes weiterzugeben. Cotrugli verstarb 25 Jahre vor Drucklegung von Paciolis Werk (1494). Sein eigenes wurde erst 1573, 104 Jahre nach seinem Tod gedruckt.

In der Neuzeit beginnt der Begriff »Kapital«, allmählich breit in das Wirtschaftsdenken einzudringen. Er stammt etymologisch von dem lateinischen Wort capitalis, das wiederum von dem Wort caput stammt, was »Kopf« bedeutet. Aus »capitalis«, den Kopf beziehungsweise die Hauptsache betreffend, wurde wohl in Venedig das Lehnwort »cavedal«, das die Güter bezeichnete, die man besaß. Luca Pacioli benutzte den Begriff. In Augsburg nannte **Matthäus Schwarz** (1497 bis um 1574), der Hauptbuchhalter Jacob Fuggers, in dem von ihm verfassten *Dreyerlei Buchhalten*, das 1519 erschien, die Güter »Kaput«.

Kapital ist demnach das Eigentum, das Vermögen. Was aber ist Kapitalismus? Kapitalismus nennt man vor allem jene Wirtschaftsordnung, die durch das Recht auf Privateigentum geprägt ist und in der Menschen ihr Eigentum einsetzen, um mit Produktionsmitteln, also dem, was zur Produktion erforderlich ist, Güter zu produzieren, um sie an einem Markt anzubieten, wo sich durch Angebot und Nachfrage Preise bilden, die schließlich zum Austausch von Waren und Geld führen. So gesehen gibt es Kapitalismus, seit es Märkte gibt.

Auch in Deutschland entstanden bedeutende Schriften, die dem Kaufmann oder Betriebsführer ein besseres Rüstzeug für den Alltag gaben. Der Rechenmeister **Adam Ries** (um 1492 bis 1559) verfasste seine populären Bücher – was seinerzeit noch ungewöhnlich war – in deutscher Sprache und erreichte es, insbesondere mit seinem zu seinen Lebzeiten über hundertmal aufgelegten Buch *Rechnung auff der linihen und federn …* von 1522, in dem er das Rechnen mit indisch-arabischen Ziffern lehrte, dass selbst Jahrhunderte später eine richtige Rechnung mit »nach Adam Riese« geadelt wird.

Der deutsche Universalgelehrte **Georgius Agricola** (1494 bis 1555), der eigentlich Georg Bauer hieß, aber seinen Namen latinisierte, wie es damals weit verbreiteter Brauch war, beschäftigte sich schließlich intensiv mit dem Bergbau und legte in seinem Hauptwerk *De re metallica libri XII*, das 1556 wenige Monate nach seinem Tod erschien, eine Darstellung der Organisation, Technik und Betriebsführung in Bergwerken vor, die wesentlich zu der methodisch-wissenschaftlichen Auseinandersetzung mit dem Bergbau beitrug. Agricolas Werk ist weit bekannter als das von **Paulus Niavis** (1460 bis 1517), dessen eigentlich deutscher Name Paul Schneevogel war. Um 1495 erschien sein Werk *Iudicium Iovis* über den Bergbau im Erzgebirge.

Während sich das kaufmännische Handwerk weiterentwickelte, wurde die Überwindung der Scholastik nicht nur aus ihrem methodisch Inneren, insbesondere durch neue Sicht auf das betrieben, was Wissenschaft ist, sondern auch durch eine neue theologische Sicht. Es war eine Sicht, die zur Spaltung der christlichen Kirche führte.

Der deutsche Augustinermönch und Theologiedozent **Martin Luther** (1483 bis 1546) veröffentlichte seine berühmten 95 Thesen und trennte nicht nur die innere Überzeugung des Individuums vom Glauben, sondern sagte, dass alle menschliche Arbeit vor Gott gleich sei. Arbeit sei zugleich Gebot und Berufung Gottes für den Menschen. Durch den hohen Wert, den Luther der Pflichterfüllung und dem Fleiß zuwies, beeinflusste er die wirtschaftliche Ethik des Protestantismus. In vier berühmt gewordenen Schriften und Predigten (*Ein Sermon von dem Wucher* von 1519, *Von Kauffshandlung und Wucher* von 1524, *Vom Zinsgroschen* von 1535 und *An die Pfarrherrn wider den Wucher zu predigen* von 1540) hat sich Luther zu Wirtschaftsfragen geäußert. So beurteilte er in *Von Kauffshandlung und Wucher* ein zentrales Phänomen der Ökonomie, den Wert und den Preis beim Tausch von Gütern, Geld und Diensten und griff so auch noch einmal auf das scholastische Hauptthema zurück. Er attackierte heftig die Geschäftspraktiken der damals mächtigen Handelshäuser der Welser und Fugger. Für den Wucher machte Luther unter anderem die Einfuhr von Luxusgütern verantwortlich, da dies das Geld aus dem Land treibe, womit er frühe merkantilistische Gedanken entwickelte.

Luthers Konkurrent als Reformator war **Thomas Müntzer** (1489 bis 1525). Der hielt Luther für zu wenig konsequent, denn Luther wollte keine Umwälzung der gesellschaftlichen Verhältnisse, Müntzer aber schon. Er forderte, das Reich Gottes bereits auf Erden zu schaffen, in dem alle Güter der Gemeinschaft des Volkes gehören. Seine 1524 in Allstedt gehaltene *Fürstenpredigt* markierte ein Fanal, auch weil er darin die Menschen nicht mehr als Untertanen, sondern als selbstbestimmte Individuen sah. Indem er soziale Not und Ungleichheit aufgriff und ihre gesellschaftlich-ethische Unvertretbarkeit herausstellte, dachte Müntzer weit über seine Zeit hinaus und wurde zu einem Vorreiter und Vorbild moderner Revolutionäre.

In der Schweiz hingegen wirkte der Reformator **Johannes Calvin** (1509 bis 1564) mit seiner Prädestinationslehre, die besagte, dass Gott bereits den Weg des einzelnen Menschen vorherbestimmt habe. Wer für die Verdammnis, wer für das Paradies vorgesehen sei, verschließe sich dem menschlichen Erkennen, doch ein Erfolg im Diesseits sei ein Zeichen für einen Platz im Paradies. Max Weber griff das später in seiner berühmten Protestantismusthese auf. Nach Weber waren Calvins Lehren Ausgangspunkt des modernen Kapitalismus überhaupt. Gerade in den aufstrebenden Niederlanden waren Calvins Lehren verbreitet und wurden gelebt und für Weber waren sie entscheidend für die Entwicklung der modernen westlichen Industrienationen.

Neben der neuen theologischen Sicht auf Arbeit sowie Handel und Wirtschaft war die Neuzeit eine Blütezeit der Utopien. Der Begriff der Utopie entspringt der altgriechischen Bezeichnung für einen »Nicht-Ort« aus »ou-« für »nicht-« und »tópos« für »Ort«. Zwar kennt die Geistesgeschichte schon frühere Utopien – am bekanntesten ist Platons Idee des perfekten Staates –, doch nun erschienen rasch nacheinander viele weitere Entwürfe.

Bereits Luthers Gegenspieler Thomas Müntzer entwarf gesellschaftliche Utopien. Er machte sich sogar daran, sie umzusetzen, und wollte mit den aufständischen Bauern seinen Gottesstaat verwirklichen, in dem es keinerlei privaten Besitz mehr gab. Calvin versuchte, seine strenge Lehre vom alltäglichen Dienst an Gott in seinem Gottesstaat in Genf zu verwirklichen.

Was das utopische Denken betrifft, wurde das Werk, das dem Genre seinen Namen gab, am berühmtesten und wirkmächtigsten: das 1516 veröffentlichte *De optimo statu rei publicae deque nova insula Utopia*, kurz: *Utopia*. Sein Verfasser **Thomas More** (1478 bis 1535), latinisiert Thomas Morus, war einer der bedeutendsten Politiker Englands seiner Zeit, zuletzt hatte er das Amt des Lordkanzlers Heinrichs VIII. inne. Als More nach der Abspaltung der Kirche Englands den Eid auf Heinrich als neues Kirchenoberhaupt verweigerte, ließ der ihn nach einem Hochverratsprozess hinrichten.

Utopia erzählte in Dialogform und berichtete von der fiktiven Reise zu den glücklichen Bewohnern der gleichnamigen Insel. Die hatten die äußeren Merkmale der Ungleichheit abgeschafft und lebten in einer Gesellschaft allgemeiner Toleranz. Die Abgrenzung von Kopf- und Handarbeit war in Utopia überwunden und die Menschen arbeiteten gemeinsam für eine beständige Steigerung ihres gesellschaftlichen Reichtums. Konsequenter als Platon integrierte More in seinem Staatsentwurf die Abschaffung des Privateigentums sowie des Geldverkehrs. So heißt es in *Utopia*: »Wo alle an alles das Geld als Maßstab anlegen, wird kaum jemals eine gerechte und glückliche Politik möglich sein, es sei denn, man will dort von Gerechtigkeit sprechen, wo gerade das Beste immer den Schlechtesten zufällt, oder von Glück, wo alles unter ganz wenige verteilt wird und [...] der Rest aber ein elendes Dasein führt.«

Mores Vision wurde zum Vorbild vieler nachfolgender politischer Utopien, und die von ihm geschaffene Literaturgattung der Utopie zu einem Instrument der Formulierung politischer Kritik und zur Ausarbeitung neuer Ideen für künftige Gesellschaftsformen, was Jahrhunderte später Karl Kautsky dazu veranlasste, More »den Vater des utopischen Sozialismus« zu nennen. »Utopischer Sozialismus« war wiederum eine Wortschöpfung von Karl Marx und Friedrich Engels, die abwertend sämtliche vor ihnen erstellten sozialistischen Konzepte so nannten, um sie von ihrem eigenen »wissenschaftlichen Sozialismus« abzugrenzen.

Utopia inspirierte einen Zeitabschnitt, in dem etwa ein Jahrhundert nach More mehrere Schriften dieses Genres entstanden, die nach wie vor diskutiert werden und zum Teil zu Beginn des 21. Jahrhunderts wieder vermehrt in den Fokus der Forschung rücken. So erschien 1623 ein Buch, das von einem »erdichteten Sonnenstaat« (*Civitas solis poetica: reipublicae philosophicae*) erzählte. Autor war der italienische Dominikaner **Tommaso Campanella** (1568 bis 1639). Der hatte nach Beteiligung an einer politischen Verschwörung 27 Jahre unter zum Teil entsetzlichen Bedingungen im Gefängnis verbracht und dort seine Schriften verfasst. Campanellas Sonnenstaat entfaltet sich in einem Dialog zwischen einem Seemann und einem Mönch. Der Seemann berichtet von einem idealen Staat, den er auf seiner letzten Reise besucht hat. Dort gebe es kein Privateigentum, Geld sei abgeschafft, Waren werden getauscht, Außenhandel wird nur mit Überschüssen betrieben, um auf der Insel nicht erhältliche Waren zu erwerben. Alle Bürger seien verpflichtet, für die Gemeinschaft zu arbeiten. Vier Stunden pro Tag aber würden dafür ausreichen. Der Rest des Tages sei frei für Spiele und Bildung, was der Hauptzweck des Daseins der Bürger sei. Campanella lieferte mit seiner Utopie wesentliche Ideen zum Aufbau des Jesuitenstaates in Paraguay.

1627 erschien in England **Francis Bacons** (1561 bis 1626) Fragment gebliebenes Werk *New Atlantis*, das sich nicht nur im Titel, sondern auch inhaltlich auf Platons Atlantis bezog. Bacon beeinflusste mit seinen darin angerissenen Ideen von gesellschaftlicher Gleichheit unter anderem die Siedler in amerikanischen Kolonien. Zu nennen ist auch der Beitrag von Bacons Landsmann **Gerrard Winstanley** (1609 bis um 1660 bzw. 1676), dem geistigen Anführer der Bewegung der Diggers (dt. in etwa Spatenleute) bzw. True Levellers (dt. wahre Gleichmacher). Die Diggers waren frühe Agrarsozialisten, die brach liegendes Land besetzten und zu bearbeiten begannen. Nach massiven Verfolgungen lösten sie sich auf. Winstanley veröffentlichte 1652 seine Schrift *The Law of Freedom in a Platform*, in der er die Abschaffung jeglichen Grundbesitzes forderte und das Ersetzen der Geldwirtschaft durch Tauschwirtschaft propagierte. Niemand dürfe hungern, jeder sollte eine Ausbildung erhalten, die Kirche müsse abgeschafft werden und durch eine neue meditative sozialistische Religion ersetzt werden, die frei von den Riten der alten sei. Winstanleys Spur verliert sich in den Wirren des Englischen Bürgerkrieges, in denen er vermutlich den Tod fand.

Auch **James Harrington** (1611 bis 1677), der zwischenzeitlich einer der Kammerherrn des Königs Karl I. gewesen war und diesen auch angeblich bei dessen Hinrichtung zum Schafott geleitete, erarbeitete unter dem Eindruck des Dreißigjährigen Krieges und des Bürgerkrieges in England eine Utopie. *The Commonwealth of Oceana* erschien 1656. Harrington entwarf darin einen Staat, in dem das Motto herrschte »Regieren bedeutet die Herrschaft von Gesetzen und nicht von Menschen«. In Harringtons Staat gab es nur 30 Regeln (orders), die aber streng zu befolgen waren, der Grundbesitz sollte gleich verteilt werden, denn wirtschaftliche Macht sei politische Macht.

Alle diese Utopien haben frühe sozialistische Züge und tragen vor allem ein hoffnungsfrohes Menschenbild, in dem in der richtigen Gesellschaftsform Habgier, Egoismus und Eitelkeit verschwinden, ein Menschenbild, das später Rousseau popularisieren sollte, das daraufhin in der Französischen Revolution Francois Noel Babeuf aufgriff und das auch Marx inspirierte.

5 Der Staat als Unternehmer – Merkantilismus und Kameralismus

Wir müssen jährlich mehr an Ausländer verkaufen, als wir von diesen wertmäßig kaufen.
Thomas Mun

Ich habe mir vorgenommen, zu erweisen, dass Österreich über alles sein könne, wann es nur wolle.
Philipp Wilhelm von Hörnigk

Amerika wurde entdeckt, die Spanier holten Unmengen von Gold und Silber nach Europa, wo sich nun das ehemals unter dem Papst einheitliche Christentum spaltete. Das Verhältnis von Staat und Kirche erfuhr nun entscheidend neue Justierungen. Die Herrschaft der Fürsten und Könige wurde hinterfragt. War sie tatsächlich von Gott gewollt? Zunächst setzte sich eine Antwort durch, in der das Gottgewollte noch immer integriert war, in der aber nun die Bedeutung eines starken, absolut regierenden Herrschers für das Wohlergehen der Gesellschaft zum Mittelpunkt der Argumentation wurde. Aus dieser Staatsauffassung des Absolutismus erwuchs der Merkantilismus, eine erste frühe, mehr oder minder komplex theoretisch fundierte Wirtschaftsauffassung.

Merkantilismus und Kameralismus (letzteres als Ausprägung im deutschsprachigen Raum) stehen im Grunde am Anfang des modernen Staates. Erstmals werden – dicht an der Argumentationslinie von der Legitimität eines absolutistischen Herrschers – die Aufgaben der Verwaltung und die Gestaltung der Wirtschaft eingehend diskutiert, vor allem analysiert und in erste Systemgedanken gegossen. In die Ideenwelt des Merkantilismus hinein spielen auch die Entwicklungen des Kaufmannswesens zu mehr Eigenständigkeit, Komplexität und Machtentfaltung. Nicht nur im Zuge der Kolonialisierung Amerikas, sondern auch bei der Finanzierung von Fürstenhäusern und der Erweiterung des Handels bis hin nach Ostasien hatten Handelshäuser – die der Fugger und der Welser sind hier nur beispielhaft genannt – wesentliche Anteile.

In den Niederlanden trugen Kaufleute zeitweise sogar gänzlich den Staat. Kaufleute hatten sich zusammengefunden, um Schiffe auszurüsten, die Gewürze aus fernen Gestaden holten. Jeder für sich hatte nicht genug Kapital und konnte auch nicht allein das Risiko eines Totalverlustes tragen. So wurde 1602 in Amsterdam die Ostindische Kompanie, die Vereinigte Oostindische Compagnie (VOC) gegründet. Diese gemeinsame Unternehmung mit verteilten Risiken machte es möglich, kühne Vorhaben wie Fahrten in die Ferne zu wagen. Die VOC gab die ersten Aktien der Welt aus und die kurz darauf in Amsterdam errichtete Börse war die erste Börse, die als Aktienbörse zu verstehen ist.

Kapital war nun vor allem Geld und so wurde im Grunde der eigentliche Kapitalismus geboren, verstanden als Geldverdienen durch Geldinvestition. Die Anfänge lagen schon bei den Fuggern und Welsern, aber nun kam mit der Aktiengesellschaft das verteilte Risiko auf mehrere Aktionäre hinzu, das Kapitalunternehmen, die Kapitalgesellschaft des bis heute herrschenden modernen Kapitalismus.

Zu Beginn des Goldenen Zeitalters der Niederlande, das in etwa mit dem gesamten 17. Jahrhundert deckungsgleich ist, veröffentlichte 1609 der niederländische Rechtsphilosoph **Hugo Grotius** (1583 bis 1645) *Mare liberum* und brachte darin mit der Forderung nach dem Recht der freien Schifffahrt eine wichtige Grundlegung in das Völkerrecht. Mit seinem 1625 erschienenem Hauptwerk *De iure belli ac pacis* (dt. *Drei Bücher über das Recht des Krieges und des Friedens*) vertiefte und verbreitete Grotius seinen Entwurf, verbannte den rechtsfreien Raum aus der Politik und schuf mit seiner Auffassung des natürlichen Daseinsrechts des Menschen einen entscheidenden Beitrag zur Entwicklung des modernen europäischen Rechtsempfindens.

Während sich die Niederlande zu einer Kaufmannsrepublik entwickelten, schlugen viele Monarchien und Fürstenhäuser aber den absolutistischen Weg ein. Vorbild und Zentrum wurde das Königreich Frankreich, das nach dem Niedergang des Hauses Habsburg seinerzeit die bedeutendste Macht Europas war und das bevölkerungsreichste Land.

Als eines der geistigen Fundamente für den Absolutismus und der damit verbundenen Wirtschaftsordnung des Merkantilismus gilt das 1576 erschienene Buch *Les six livres de la république* des französischen Philosophen und Staatstheoretikers **Jean Bodin** (um 1529 bis 1596), der als Anwalt, später als Kronanwalt arbeitete. Bodin wies in seinem Buch dem Souverän die absolute Macht im Staat zu. Anders aber als zuvor Machiavelli hielt er die Macht nicht für Selbstzweck, sondern forderte in dem von ihm entworfenen Rahmen der vollen Souveränität für den Herrscher auch religiöse und politische Toleranz, ließ aber mit der Maxime »Lieber Terror als Anarchie« dem Herrscher weiten Handlungsspielraum.

Später bekräftigte **Thomas Hobbes** (1588 bis 1679) vor dem Hintergrund der Erfahrungen des Dreißigjährigen Krieges und des Bürgerkrieges in England in seinen berühmten Schriften *De Cive*, die 1642 erschien, und *Leviathan*, die er 1651 veröffentlichte, die Forderung nach der absoluten Herrschaft des Souveräns. In *De Cive* findet sich der berühmte Gedanke »Der Mensch ist dem Menschen ein Wolf«. Die Gier des Menschen führe stets zum Krieg der Menschen gegen Menschen. Sie müssten daher alle ihre Rechte an einen Souverän abtreten, der diese Gier in die Schranken weise und Friede und Gemeinschaftswohl garantiere. Da Hobbes diese Macht durch einen Gesellschaftsvertrag besiegeln wollte und als Atheist die Macht – auch des Königs – nicht als von Gott gegeben sah, war er für das moderne Staatsverständnis bahnbrechend, das sich aus einem Vertrag zwischen Menschen herleitet. Dennoch setzte Hobbes sich seinerzeit zwischen alle Stühle, wurde mit seinen Gedankengängen aber auch zur Rechtfertigung des Absolutismus herangezogen.

Doch noch einmal zurück zu Bodin. Der hatte in seinem *Les six livres de la république* auch die Ökonomie bereits mit einbezogen. So stellte er die Idee der aktiven Außenhandelsbilanz vor. Er empfahl hohe Zölle auf eingeführte Waren und Ausfuhrverbote für Rohstoffe, sogar Zölle auf Ausfuhren, wenn das Ausland sie dringend benötigt. Auch findet sich bereits hier der merkantilistische Gedanke, dass der Staatswohlstand mit der Menge an Besitz von Edelmetallen steige. In nachfolgenden Schriften ging Bodin auf Fragen des Geldes ein und erarbeitete Vorläufergedanken zur späteren Quantitätstheorie des Geldes von David Hume, indem er Preisanstiege auf die Verringerung des Edelmetallanteils in Münzen zurückführte und darlegte, dass Geldmenge und Geldwert sich im umgekehrten Verhältnis entwickeln.

Was das Geld betraf, veröffentlichte 1588 der italienische Schriftsteller und Gelehrte **Bernardo Davanzati** (1529 bis 1606) seine Schrift *Lezione delle monete* (Vorlesungen über das Geld). Er hatte festgestellt, dass das Wissen darüber enttäuschend gering war. Er analysierte das Wesen des Geldes und beschrieb Inflation als Folge von Münzverschlechterung und Einfuhr von Edelmetallen. Neben Bodin ist Davanzati einer der Ersten, die die Quantitätstheorie des Geldes formulierten.

Die »kurze Abhandlung« *Breve trattato* des Italieners **Antonio Serra** (ca. 1568 bis ca. 1620) von 1613 blieb lange unbeachtet, erhielt aber im 18. und 19. Jahrhundert allmählich ihre wohlverdiente Aufmerksamkeit, denn Serra lieferte darin eine der ersten Betrachtungen der Wirtschaft eines Landes als Organismus und bot eine Sicht auf die Einflussfaktoren der Zahlungsbilanz. Dabei stellte er heraus, dass die dauerhafte Entwicklung einer Wirtschaft von deren Leistungsfähigkeit abhänge und dass ein Abfluss von Gold und damit eine negative Zahlungsbilanz an Ungleichgewichten in der Wirtschaft selbst liegen. Das war eine völlig neue Sichtweise, die aber erst spät von Autoren wie Galiani Mitte des 18. Jahrhunderts erkannt wurde, der Serra für sein Werk hymnisch pries.

Der Begriff Merkantilismus (vom französischen mercantile für kaufmännisch) steht für vielerlei ökonomische Denkarten. Ihnen allen gemeinsam ist die Haltung, dass der Staat möglichst steuernd in die Binnenwirtschaft eingreifen sollte, um dort den Ausbau der Wirtschaft zu stärken. Gleichzeitig habe der Staat beim Außenhandel die inländische Wirtschaft zu schützen, etwa mit Zöllen. Ziel ist eine positive Außenhandelsbilanz. Das eigene Land hat Gewinn zu machen. Dies ist im Groben die französische Variante.

Der französische Merkantilismus ist eng verknüpft mit dessen prägendem Mann **Jean-Baptiste Colbert** (1619 bis 1683), der als Finanzminister Ludwigs XIV. die Idee des Staates als ein im Grunde großes Unternehmen entwickelte. Dahinter steckten handfeste Gründe: Der gigantische Hof des Sonnenkönigs in Versailles, den Ludwig XIV. auch aus Machtgründen hielt, musste finanziert werden, ebenso die Armee.

Colberts Merkantilismus, nach ihm sogar Colbertismus genannt, verfolgte zwei Richtungen: einerseits den Ausbau der Manufakturen und andererseits das Erreichen einer Außenhandelsbilanz, in der der Wert der Ausfuhren höher lag als der der Einfuhren. Unterstützt wurde das durch eine Stärkung der Verwaltungsstrukturen und der Infrastruktur des Landes. Denn letztlich sollte gerade die wachsende Wirtschaft im Land teure Einfuhren ersparen. Colbert hob die Binnenzölle auf und erhob Schutzzölle nach außen. Er wollte die Kaufleute unterstützen und dann bei den Steuern im richtigen Maße zur Kasse bitten: »Die Kunst der Besteuerung liegt darin, die Gans so zu rupfen, dass sie unter möglichst wenig Geschrei so viele Federn wie möglich lässt«, war sein überliefertes Credo.

Was die Theorie betraf, griff Colbert auf die damals fast schon ein Jahrhundert alten ökonomischen Grundideen Bodins zurück, dies ohne zeitgenössische schriftlich-theoretische Unterfütterung seinerseits oder durch Autoren seines Landes. Colbert selbst mag die Schriften von **Barthélemy de Laffemas** (1545 bis 1611) und **Antoine de Montchretien** (1575 bis 1621) gekannt haben, die sein Vorbild Kardinal Richelieu gelesen hatte. Laffemas hatte gefordert, Manufakturen staatlich zu fördern, Montchretien hatte sich dem angeschlossen.

Auch aus dem Frankreich zur Zeit Colberts kamen schließlich nur wenige theoretische Beiträge. Eine frühe Pionierarbeit auf dem Gebiet der später dann im 19. Jahrhundert von Lorenz von Stein als umrissenes Forschungsgebiet begründeten Finanzwissenschaft lieferte der mit Colbert befreundete königliche Festungsbauingenieur **Sebastien le Prestre de Vauban** (1633 bis 1707). Mit seinem 1707 illegal gedruckten und verbreiteten Werk *Projet d'une Dîme Royale* lieferte er ausgerechnet eine umfassende Kritik des im Merkantilismus Colberts noch weitgehend feudalistischen Steuersystems. Vauban forderte eine Steuerreform, in der alle ständischen und örtlichen Steuerprivilegien abgeschafft werden und ein einheitliches Steuersystem errichtet wird. Vauban fiel bei Hof in Ungnade. Tief getroffen verstarb er noch im Erscheinungsjahr seines Buches.

Der schriftliche Colbertismus verlegte sich eher auf Erlasse, Dekrete, also praktische Anweisungen. So ist es vielleicht kein Zufall, dass mit dem Kaufmann und Verwaltungsbeamten **Jacques Savary** (1622 bis 1690), der in den Diensten Colberts und Ludwigs XIV. stand und der ein wichtiger Mitarbeiter im Rat der Reformen war, jemand auf den Plan trat, den man als einen frühen Denker der modernen Betriebswirtschaftslehre bezeichnen kann. Man hatte Savary mehrfach gebeten, seine lehrreichen Memoranden zusammenzufassen. Das führte zu seinem 1675 erschienenen Buch *Le parfait Négociant* (Der vollkommene Kauf- und Handelsmann).

Savarys Beitrag wurde so populär, dass die erste entwickelte Darlegung des französischen Handelsrechts Code Savary genannt wurde. Dieses erste Lehr- und Praxisbuch für Kaufleute wurde weit verbreitet. Savary betonte die Bedeutung der Ordnung im Geschäft, ging nicht nur auf das Handelsrecht und das Gesellschaftsrecht ein, sondern auf nahezu alle Bereiche des Handels: die Bilanzierung, die Stellung des Lehrlings etc. Zwei von Savarys Söhnen – er hatte mit seiner Frau 17 Kinder – brachten ein Handelslexikon heraus, das in Deutschland von **Carl Günther Ludovici** (1707 bis 1778) als Anregung für dessen zwischen 1752 und 1756 veröffentlichtes fünfbändiges Kaufmannslexikon genommen wurde.

Ein bedeutender Beitrag zum ökonomischen Denken des Merkantilismus kam aus Frankreich erst aus einer Kritik daran. Nach Colberts Tod 1683 hatte Ludwig XIV. die Hugenotten vertrieben, zudem aber mit zahlreichen Kriegen die Staatsfinanzen zerrüttet. **Pierre de Boisguilbert** (1646 bis 1714), der in Rouen als oberster Richter amtierte, beschäftigte sich ab 1690 mit wirtschaftlichen Fragen. Boisguilbert gilt heute als ein bedeutender Vorläufer der Physiokraten, der aber in seinem Denken bereits den Keim der Überwindung physiokratischer Lehren pflanzte. Man kann in ihm sogar einen Vordenker des Wirtschaftsliberalismus sehen, denn er sah in der Mehrung des Wohlstands vieler einen entscheidenden Zusammenhang mit dem Wachstum der Wirtschaft, was ein Gedanke war, mit dem er Adam Smith näher war als den Physiokraten. Diese aber nahm er mit seiner Betonung der Landwirtschaft als bedeutenden Wirtschaftssektor vorweg. Boisguilbert begriff schon vor den Physiokraten die Wirtschaft als Organismus. Und für ihn galt es, die Kräfte dieses Organismus möglichst breit zu entfalten, sie also nicht zu beschneiden. So sah er etwa im Verbot der Kornausfuhr die Ursache für den Niedergang der französischen Landwirtschaft.

In seinem Buch *Factum de la France* von 1707 lieferte Boisguilbert den ersten schriftlichen Nachweis der berühmt gewordenen Maxime »Laissez faire!«. Er soll zuerst gefallen sein, als um 1680 Colbert einige Kaufleute befragte, was er denn tun könne, damit die Wirtschaft besser liefe. Einer soll geantwortet haben: »Laissez nous faire!« (sinngemäß: »Lassen Sie uns ungestört unsere Arbeit machen!«). Boisguilbert formulierte auch eine Wert- und Geldtheorie und sah den Wert des Geldes nicht durch Gold begründet, sondern durch dessen Funktion in der Wirtschaft, so war Geldwert also in einer Art »gesellschaftlicher Verständigung« begründet. Er befürwortete sogar die Ausgabe von Papiergeld.

Wie bereits gesagt: Der Merkantilismus war weder eine homogene Lehre noch wurde er stringent umgesetzt. Es sind Charakteristika wie das Verständnis des Außenhandels als ein Nullsummenspiel und das Ziel einer positiven Außenhandelsbilanz, die ihn ausmachen. Der Merkantilismus im deutschsprachigen Raum wird als Kameralismus bezeichnet. Er zeichnet sich durch einen zuweilen konzentrierteren Blick auf die Landwirtschaft und die Bevölkerungspolitik aus, letzteres unter dem Eindruck der Verheerungen des Dreißigjährigen Krieges von 1618 bis 1648 und der damit verbundenen weit verbreiteten Entvölkerung deutschsprachiger Länder.

Zu den ersten, die versuchten, die Ökonomik als Wissenschaft zu verstehen und zu etablieren, gehörte der zeitweilige Kanzler des Kurfürsten von Sachsen, **Melchior von Osse** (1506 bis 1557). Er sah das Wohl des Fürsten eng mit dem Wohl des Landes verbunden und seine Herrschaft als von Gott gegeben. Für Osse musste der Finanzbedarf des Fürsten aus dessen Latifundien im Zusammenspiel mit einer effektiven Finanzverwaltung gedeckt werden. Nur im Kriegsfall solle der Fürst Steuern erheben. Nennwert und tatsächlicher Wert der Münzen müssten sich entsprechen. Osse empfahl, Lebensmittelpreise zu regulieren, die Wirtschaft durch Einfuhrbeschränkungen zu schützen und wirkte so früh auf Theorie und Praxis des Kameralismus.

Zu nennen ist zudem **Justus Christoph Dithmar** (1677 bis 1737), der erste Inhaber des Lehrstuhls für ökonomische Policey- und Cameralwissenschaften an der Universität von Frankfurt/Oder, der aber eher in einer Darstellung des Gewesenen und Bestehenden verhaftet blieb, als sich einer Ordnung oder gar einer Entwicklung von Theorien, Modellen und Erklärungen zu widmen. Nicht zu vergessen **Joachim Georg Darjes** (1714 bis 1791), der später ebenfalls in Frankfurt/Oder lehrte und 1756 in seinem Hauptwerk *Erste Gründe der Cameral-Wissenschaften* die Institutionen in einem Staat beschrieb, weniger deren wirtschaftliches Zusammenwirken.

Der Göttinger Gelehrte **Gottfried Achenwall** (1719 bis 1772) wiederum gilt als Begründer der Statistik als Wissenschaft in Deutschland. Er beschäftigte sich vor allem mit Geschichte, Natur und Völkerrecht. Immanuel Kant hielt auf Basis der Arbeiten Achenwalls seine Naturrechtsvorlesungen. Für die Wirtschaftswissenschaft ist bedeutsam, dass Achenwall sich über die Wirtschaft ausließ, eingebettet in Staatsführung und Gesellschaft, und so einen weiten Blick auf die Zusammenhänge warf, ohne aber diese in ein System zu fassen.

Die großen Systematiker des Kameralismus waren schließlich Johann Heinrich Gottlob Justi und Joseph von Sonnenfels. Ihre beiden Hauptwerke tragen nahezu den gleichen Titel. **Johann Heinrich Gottlob Justi** (1717 bis 1771) veröffentlichte 1756 seine *Grundsätze der Policey-Wissenschaft* und lieferte ein bedeutendes Werk zum Staats- und Wirtschaftsdenken des aufgeklärten Absolutismus. Neben bekannten kameralistisch-merkantilistischen Analysen, die den Reichtum eines Landes auf Außenhandel, Bevölkerungswachstum und Bergbau zurückführten und das Erreichen eines Handelsüberschusses durch Import billiger Rohstoffe und anschließendem Export teurer Fertigprodukte anmahnten, ist seine Forderung interessant, dass der Staat als oberste Aufgabe habe, die Glückseligkeit seiner Bevölkerung sicherzustellen, dies auch für die Armen, für die er eintritt und die er lenkt. Justi betonte jedoch, der Staat habe immer Vorrang vor Wirtschaft und Gesellschaft. Das staatliche Streben nach der Glückseligkeit der Bürger begründete Justi mit der paternalistischen Auffassung, dass der einzelne Bürger nicht in der Lage sei, das Staatswohl zu überblicken. Damit setzte Justi einen anderen Akzent als 20 Jahre später Adam Smith mit seiner liberal-individualistischen Sicht, dass der Einzelne durch sein Handeln das Gemeinwohl fördern könne.

Der österreichische Denker **Joseph von Sonnenfels** (1733 bis 1817) lobte an Justi, als »einziger die Staatswissenschaft mit allen ökonomischen Zweigen« mit der Aufgabe der Herstellung der allgemeinen Glückseligkeit auf den Punkt gebracht zu haben. Sonnenfels' Hauptwerk ist *Grundsätze der Policey-Handlung und Finanzwissenschaft*. Es erschien 1765 bis 1776 in drei Bänden.

Ein weiterer Österreicher, **Wilhelm Freiherr von Schröder** (1640 bis 1688) – den Freiherrntitel gab er sich selbst –, ging mit seinem Werk *Fürstliche Schatz- und Rentkammer* von 1688 in die Theoriegeschichte ein. Schröder, ein überzeugter Anhänger des Absolutismus und der Ideen von Thomas Hobbes, gab nicht nur Ratschläge für die Steigerung des Reichtums der fürstlichen Schatulle, sondern schlug das Anfertigen von Statistiken über die Anzahl der Manufakturen, des Absatzes, der Gewinne und der Produktion vor. Er nannte das eine »Staatsbrille«. Außerdem regte er ein »Intelligenzwerk« an, eine Behörde, die Wirtschaftsinformationen für alle Marktteilnehmer lieferte, bei dem auch Wünsche eingereicht werden konnten. Schröder war mit seinem Werk eher ein praktischer und pragmatischer Ratgeber.

Auch ein »Österreicher« wurde schließlich der Deutsche **Johann Joachim Becher** (1635 bis 1682). Er heiratete die Tochter Ludwig von Hörnigks, der Hofrat des Erzbischofs von Mainz war. Becher erhielt eine Professur für Medizin und wurde Leibarzt des Erzbischofs. Als Universalgelehrter, der zu nahezu allen Bereichen der Wissenschaft Schriften verfasste, beschäftigte sich Becher auch mit wirtschaftlichen Fragen, in die er sich später in seiner Stellung beim Kurfürst von Bayern vertiefte. Am Wiener Kaiserhof erhielt er schließlich die Möglichkeit, seine Ideen umzusetzen. Er errichtete Manufakturen, baute die Außenhandelsbeziehungen aus, starb aber schließlich verarmt in London. Sein Buch *Politischer Discurs* von 1668 entwarf die Idee einer Gesellschaft und Wirtschaft nach einer harmonischen gottgewollten Ordnung, in der eine von Gott eingesetzte Obrigkeit das Volk klug und ohne Machtmissbrauch leitet, mit Marktlenkung, räumlicher Arbeitsteilung und der Garantie von Preisen.

Philipp Wilhelm von Hörnigk (1640 bis 1714), der Schwager Johann Joachim Bechers, hatte diesen nach Wien begleitet und ihm bei der Abfassung dessen Hauptwerks geholfen. 1684 veröffentlichte er sein Buch *Österreich über alles, wann es nur will*. Österreich war seinerzeit bedroht von Frankreich und vom Osmanischen Reich. Hörnigk gab nun Ratschläge für eine Stärkung der Wirtschaft und der Nation. Er riet zu einer Politik der Beschränkung von Importen bei gleichzeitiger Förderung von Manufakturen, die die zuvor eingeführten Güter selbst herstellten. Gold und Silber dürften nicht gehortet werden, sondern müssten im Umlauf bleiben. Luxusgüter sollten aus dem Inland erworben werden, wenn aber durch Import, dann im besten Falle nur durch Tausch. Eingeführte Rohstoffe seien im Inland weiterzuverarbeiten, exportieren solle man selbst in entfernteste Regionen. Selbst wenn inländische Güter doppelt so teuer wären, seien sie eher zu kaufen als ausländische. Hörnigks Buch gilt als präzisestes System des deutschen Merkantilismus. Für das prosperierende Österreich wurde es jahrzehntelang in der Wirtschaftspraxis zur Zeit Maria Theresias und Josephs II. genutzt.

Während der französische Merkantilismus im Colbertismus und auch der deutschsprachige Kameralismus eher etatistisch und tendenziell planwirtschaftlich waren, konzentrierte sich der Merkantilismus in England eher auf Fragen des Außenhandels, der Zölle und des Währungsaustauschs. Vor allem beschäftigte man sich mit der Problematik des Abflusses von Edelmetall. So stritten in den 1620er-Jahren die Engländer Malynes und Misselden über die Gründe der damaligen Wirtschaftskrise auf der Insel. **Gerard de Malynes** (1586 bis 1641) sah die Gründe in Wechselkursmanipulationen, die zu Geldabfluss aus England führten. Er gilt als ein bedeutender Vertreter des Bullionismus (der Begriff stammt von »bullion« für »Barren«), was als eine besondere Spielart des Merkantilismus in England gilt. Die Bullionisten forderten das Ausfuhrverbot von Edelmetallen. Der Londoner Kaufmann **Edward Misselden** (1608 bis 1654) sah hingegen die Gründe für die Krise in der negativen Außenhandelsbilanz.

Englands Merkantilismus fiel zusammen mit einer Kette von Handelskriegen, die das Königreich zwischen seinen Bürgerkriegen Mitte des 17. Jahrhunderts bis Ende des 18. Jahrhunderts führte. In dieser Epoche rang England die Niederlande als Konkurrenten ebenso nieder wie Frankreich. Am Anfang standen die Navigationsgesetze von 1651, in denen England unter Oliver Cromwell nur Schiffen Englands die Einfuhr von Waren erlaubte. Sie waren vor allem gegen den Zwischenhandel der Niederlande gerichtet und führten zu einem Seekrieg (1652 bis 1654), den England gewann.

Der Merkantilismus in England war immer von kontroversen Diskussionen begleitet, und sie waren geprägt von seinen die Einfuhr einschränkenden Maximen. Diese rechtfertigte **Thomas Mun** (1571 bis 1641), Direktor der British East India Company, einer der bedeutendsten Denker des englischen Merkantilismus, lieferte aber auch in seinem posthum 1664 erschienenem Traktat *England's Treasure by Forraign Trade* erste Ansätze für dessen Überwindung. So erweiterte er den Blick auf die Gesamtbilanz des Außenhandels, unter anderem mit der Sicht, dass importierte Güter auch zu neuen Exporten führen würden.

Mun war nicht der Einzige, der den Blick auf freihändlerische Motive lenkte. Auch **Josiah Child** (1630 bis 1699), ebenfalls ein wichtiger Denker des englischen Merkantilismus, der einige Jahrzehnte später der British East India Company als bedeutender Anteilseigner und später Gouverneur verbunden war, lieferte wichtige Anregungen. Child propagierte in seinem 1668 zunächst anonym veröffentlichten Buch *Brief Observations Concerning Trade and Interest of Money* niedrige Zinssätze, da Wucherzinsen der Funktion des Geldes als Handelskapital entgegenstünden, und forderte – insofern sich vom Merkantilismus lösend – den Freihandel.

Auch **Charles Davenant** (1656 bis 1714) unterstrich als einer der ersten Denker in seinem ebenfalls 1696 als Auftragswerk der Ostindischen Gesellschaft erschienenem *An Essay on the East-India Trade* die Vorteile internationaler Arbeitsteilung. Fünf Jahre zuvor war 1691 *Discourses upon Trade* von **Dudley North** (1641 bis 1691) erschienen. Der Kaufmann hatte Handel im östlichen Mittelmeerraum getrieben und war in das Gremium der Männer aufgenommen worden, die die britische Staatskasse beaufsichtigten. Norths Schrift wurde anonym von einem seiner Brüder veröffentlicht. Sie ist eine der frühen theoretischen Abhandlungen, die sich für freien Handel aussprachen und gegen die merkantilistische Doktrin Stellung nahmen. Der Export von Gold, so North, dürfe keinen Beschränkungen unterliegen, der Staat habe nicht durch Interventionen Zinssätze des Geldes zu beeinflussen und Handel sei keine Art Krieg zwischen Staaten, sondern eine Tätigkeit, bei der alle gewännen.

Die ökonomischen Untersuchungen des Merkantilismus in England umfassen vielfältige Beiträge, die als Pionierleistungen zu späteren Teildisziplinen der Ökonomik zu betrachten sind. Der Arzt **William Petty** (1623 bis 1687) gilt als einer der Wegbereiter der späteren Disziplin der Ökonometrie. Er führte als Generalarzt der Invasionsarmee Oliver Cromwells in Irland eine der ersten modernen Volks- und Gebäudezählungen durch, die auch der späteren Schätzung von Steuereinnahmen zugutekam. Sein 1690 erschienenes Buch *Political Arithmetick*, das sein Sohn erst posthum herausgab (wie den Großteil seiner Schriften), zeigte Ansätze einer volkswirtschaftlichen Gesamtrechnung und benutzte die Stichprobenmethode, indem von der Stadt Norwich auf ganz England zu schließen versucht wurde. Petty gilt als einer der Ersten, die sich für die mathematische Methode als

Instrument des wirtschaftswirtschaftlichen Denkens und Forschens stark machten. Er forderte, sich in »Zahlen, Gewichten oder Maßen auszudrücken« und war damit im Grunde einer der Väter jener mathematischen Wirtschaftswissenschaft, die erst anderthalb Jahrhunderte später von Antoine Augustine Cournot wirkmächtig ins Leben gerufen wurde.

Ein weiteres Werk, das als Vorläufer der Volkswirtschaftlichen Gesamtrechnung gelten kann, veröffentlichte 1696 **Gregory King** (1638 bis 1712) mit seinem *Natural and Political Observations and Conclusions upon the State and Condition of England*. King, der eigentlich Graveur und Experte für Genealogie und Heraldik war, hatte sich zwar auf die Bevölkerungsstatistik konzentriert, fügte seinem Buch aber eine berühmt gewordene Nachfragetabelle an, aus der die bekannte Kingsche Regel abgeleitet wurde. Weil nicht geklärt ist, ob sie eigentlich Davenant entwickelte (Davenant nahm sie 1699 in seinen *Essay Upon the Probable Methods of Making a People Gainers in the Ballance of Trade* auf), ist diese Regel auch als King-Davenant-Regel bekannt. Diese besagt (anhand von Kings Tabelle), dass der Preis von Nahrungsmitteln (im Beispiel der von Weizen) bei vermindertem Angebot (etwa aufgrund von schlechter Ernte) überproportional zu dem Preis anderer Güter steigt.

Ab der zweiten Hälfte des 17. Jahrhunderts kamen aus England, obwohl zunächst noch nicht von Einfluss, vor allem interessante Beiträge zur Geldtheorie; was vielleicht kein Zufall ist vor dem Hintergrund der bereits zu Anfang des Jahrhunderts ausgetragenen Bullionismuskontroverse. So veröffentlichte der anglo-walisische Jurist **Rice Vaughan** mit seinem *A Discourse of Coin and Coinage* von 1675 eine frühe detaillierte Analyse zum Wert des Geldes, insbesondere zum Münzwert und den Vor- und Nachteilen der Senkung des Edelmetallgehalts von Münzen. **Nicholas Barbon** (um 1640 bis 1698) diskutierte in seinem 1690 erschienenen *A Discourse of Trade* Wert und Preis und konstatierte, der Nutzen, der in einem Gut gesehen werde, bestimme dessen Preis. Geld, sei ein »Wert, der durch das Gesetz geschaffen« werde.

Auch der Philosoph **John Locke** (1632 bis 1704) lieferte bedeutende Beiträge zur ökonomischen Wissenschaft, insbesondere zur Geldtheorie, so in seiner Schrift *Some Considerations of the Consequences of the Lowering of Interest and Raising the Value of Money* von 1692. Darin findet sich einer der ersten bedeutenden Beiträge zur Quantitätstheorie des Geldes. Locke war der Ansicht, dass der Markt den Zins anhand der Menge des umlaufenden Geldes auf die effizienteste Weise bestimme, und lehnte jegliche staatliche Eingriffe beim Zustandekommen des Zinses ab. Auch führte Locke den Begriff der Umlaufgeschwindigkeit des Geldes ein und er differenzierte zwischen dem Wert und dem Preis eines Gutes. Denn der Wert entstehe durch Angebot und Nachfrage, der Preis hingegen entstehe anhand des Geldes, das zur Verfügung stünde. Locke war der Ansicht, dass Eigentum aus dem Wert der Arbeit entsteht, und beeinflusste damit wesentlich die späteren bahnbrechenden Ideen von Adam Smith und David Ricardo.

Eine besondere Geschichte ist die des Schotten **John Law** (1671 bis 1729), und mit ihm verbunden ist eine besondere Episode der Wirtschaftsgeschichte. Law war ein Dandy, tötete einen Gegner im Duell und musste aus Schottland fliehen. Bei seinen anschließenden Reisen durch Europa wurde er durch Glücksspiel und Börsenspekulation reich. Vor dem Hintergrund einer Finanzkrise in Schottland hatte er einen Plan zur Reform der Bank von Schottland ausgearbeitet, der aber abgelehnt wurde. Seine Ideen erschienen 1705 in seiner einzigen größeren ökonomischen Abhandlung *Money and Trade Considered, with a Proposal for Supplying the Nation with Money*. Darin schlug er vor, zusätzlich zum Münzgeld Banknoten als gesetzliches Zahlungsmittel auszugeben. Diese sollten von einer zentralen Notenbank emittiert werden und durch die Ausgabe von Aktien und durch Bodenwerte gedeckt sein. Die so gewonnene höhere Menge an Geld würde die Wirtschaft beleben und den allgemeinen Wohlstand fördern. In Frankreich fand Law Zugang zum Hof, war ab 1715 Chef der *Banque Générale* in Paris und wurde der mächtigste Finanzmann des Landes. Er war der Hauptakteur der Mississippi-Spekulation, deren Blase, die er durch sehr kreative Aktienausgabe anheizte, platzte. Law musste fliehen und starb verarmt in Venedig.

Als letzter und bedeutendster Vertreter des britischen Merkantilismus gilt **James Denham Steuart** (1712 bis 1780). Adam Smith attackierte dessen Denken in seinem *Wealth of Nations*, ohne ihn namentlich zu nennen. Steuart war ein Schotte wie Smith und Unterstützer der schottischen Unabhängigkeitsbewegung, was ihn jahrelang ins Exil zwang. Er veröffentlichte 1767 in zwei Bänden sein ökonomisches Hauptwerk *An Inquiry into the Principles of Political Oeconomy*. Das war so etwas wie der herausragende und zusammenfassende Abschluss des Merkantilismus, denn das Buch lieferte die umfassendste Darstellung des ökonomischen Wissens seiner Zeit. Auch Steuart betonte das Erreichen einer positiven Außenhandelsbilanz als das Hauptziel der ökonomischen Tätigkeiten in einem Land und daher müsse der Staat in das Marktgeschehen eingreifen können. Von Freihandel versprach sich Steuart – anders als wenige Jahre später Smith – nur wenige Vorteile und befürwortete Exportsubventionen und Einfuhrzölle. Bemerkenswert ist Steuarts Ansicht, dass Staaten verschiedene Phasen der Entwicklung durchliefen und dass die freie Gesellschaft über Gesellschaften siegen werde, in denen Sklaverei herrsche, womit er Einfluss auf die Klassische als auch später die Historische Schule hatte. Steuarts Untersuchungen zur Entwicklung der Erträge in der Landwirtschaft und dem Bevölkerungswachstum beeinflussten insbesondere Malthus' Bevölkerungstheorie.

Noch einmal aber zurück zu John Locke. Es muss unbedingt ein Blick auf die Entwicklung der Ideen zu Staat und Gesellschaft geworfen werden, denn im Zeitalter des Absolutismus entstanden auch jene Ideen, die ihn überwanden. John Locke trug dazu vor allem mit seiner Idee der Gewaltenteilung und des Staates als Schutzgaranten für die Rechte des Einzelnen – auch des Privateigentums – bei. Seine Ideen dazu legte er in *Two Treatises of Government* von 1682 dar, das die geistige Basis für die Abkehr von Feudalismus und Absolutismus lieferte und das Denken und die Praxis der Politik seit Jahrhunderten beeinflusst. Schon 1688 nahm Lockes Entwurf Einfluss auf die Glorious Revolution in England, als mit der Bill of Rights nicht mehr nur der König, sondern auch das Parlament staatliche Macht ausüben konnte.

Im gleichen Jahr wie Locke geboren war der deutsche Rechtsphilosoph und Historiker **Samuel von Pufendorf** (1632 bis 1694). In seinem 1672 erschienenen Hauptwerk *De iure naturae et gentium libro octo* (*Acht Bücher vom Natur- und Völkerrecht*) forderte er, statt dem Recht aufgrund christlicher Dogmen dem natürlichen Rechtsempfinden zu folgen. Anders als vor ihm Hobbes verwies Pufendorf auf den freien Willen des Menschen, der diesen verpflichte, anderen kein Leid zuzufügen. Der Staat, der per Beschluss durch das Volk zu gründen sei, bilde den Rahmen, der die Bewahrung des Naturrechts zu gewährleisten habe. Er habe das Eigentum, das unantastbar sei, zu beschützen, die Wirtschaft zu fördern und nur Steuern in jener Höhe zu erheben, die zur Deckung der Kosten des Staates nötig sei. Pufendorf beeinflusste mit seinen Ideen die Gründerväter der Vereinigten Staaten von Amerika, aber auch John Locke und Immanuel Kant. Pufendorfs Freund Christian Thomasius entwickelte Pufendorfs Denken weiter.

Charles-Louis de Secondat de Montesquieu (1689 bis 1755) veröffentlichte 1748, beeinflusst von den Ideen Lockes und der staatlichen Praxis in England seit der Glorious Revolution, in zwei Bänden *De l'esprit de loix* (dt. *Vom Geist der Gesetze*), worin er darlegte, dass eine Gesetzgebung nicht mit dem Willen eines Herrschers zu begründen sei. Er erweiterte das bereits von Locke empfohlene Konzept der Gewaltenteilung in exekutive (ausführende) in Händen der Regierung und legislative (gesetzgebende) in Händen des Parlaments um die judikative (richterliche) Gewalt, die von den anderen beiden Gewalten unabhängig sein müsse. In der Wirtschaft plädierte Montesquieu für freien Handel, da dieser den Wohlstand einer Gesellschaft mehre und auch zum Frieden zwischen den Völkern beitrage. Doch auch er setzte Grenzen: So warnte er vor Übertreibungen in Bezug auf den Eifer, Handel zu treiben, da dies den Gemeinschaftssinn beschädigen könne.

Zu guter Letzt war es das Denken von **Jean-Jacques Rousseau** (1712 bis 1778), der neben Locke und Montesquieu auf das neue Staatsverständnis wirkte, das sich in der amerikanischen Unabhängigkeit und der Französischen Revolution niederschlug. Berühmt wurde Rousseau mit seiner Schrift *Discours sur les Sciences et les Arts*, die 1751 gedruckt erschien und eine Antwort auf eine Preisfrage war, die wissen wollte, ob Kunst und Wissenschaft zur »Läuterung der Sitten« beigetragen hätten. Rousseau gewann den Preis mit seiner Antwort, die ein klares Nein lieferte, denn wachsende Differenzierung und Individualisierung, unter anderem auch durch Arbeitsteilung, hätten zum Verlust der sozialen Homogenität und damit letztlich der Gemeinschaft geführt.

Mit seinem 1755 erschienenen *Discours sur l'origine et les fondements de l'inégalité parmi les hommes* (dt. *Abhandlung über den Ursprung und die Grundlagen der Ungleichheit der Menschen*) baute Rousseau seine grundlegende Gesellschafts- und Zivilisationskritik aus. Er ging davon aus, dass es einen idealen harmonischen »Naturzustand« des menschlichen Zusammenlebens gegeben habe, womit er sich gegen die Annahme von Thomas Hobbes stellte, der Mensch sei »dem Menschen ein Wolf«. Für Rousseau hatte der ideale Naturzustand vom Einklang des Individuums mit seiner Umwelt sein Ende gefunden, als der erste Mensch Grund und Boden zu seinem Eigentum erklärt habe und andere Menschen dies akzeptierten.

Einen Ausweg versuchte Rousseau in seinem 1762 erschienenen Werk *Du contrat social ou principes du droit politique* (dt. *Vom Gesellschaftsvertrag oder Grundlagen des politischen Rechts*) aufzuzeigen. In diesem Buch, bis heute eines der wichtigsten Bücher der Staatsphilosophie, entwickelte er die Idee, dass der Einzelne seine Rechte an die Gemeinschaft abtreten müsse und setzte damit den Gemeinwillen über den Willen des Einzelnen. Ausdrücklich betonte er, dass der Gesellschaftsvertrag, den das Individuum mit der Gemeinschaft eingehe, auch die Zustimmung zu Entscheidungen gibt, die seinen Interessen zuwiderlaufen. Da dieser Idee des Gesellschaftsvertrags jegliche Sicherungen vor Machtmissbrauch fehlten, wurde Rousseaus Staatstheorie später häufig gerade zur Rechtfertigung diktatorischer beziehungsweise totalitärer Zielsetzungen unter einem »gemeinschaftlichen Willen« herangezogen.

Und was war während des Merkantilismus mit dem einstmals so dominierenden Spanien geschehen? Spanien wurde durch die Entdeckungen von Kolumbus und die Eroberungen der Konquistadoren reich. Im Gold aber lag der Keim des Niedergangs. Das Land verkrustete in einem Staats- und Gesellschaftsgefüge, das sich auch geistig abschottete. Spanische merkantilistische Denker warnten und lieferten klare Analysen, wie etwa **Pedro Fernandez Navarette** (1564 bis 1632) oder **Miguel Álvarez Osorio y Redin**, der 1687 eine Analyse des Niedergangs vorlegte, die vielschichtige Korruption und den mangelnden wirtschaftlichen Impuls im Land anprangerte, mit seinen Mahnungen aber nahezu unbeachtet verhallte.

6 Kreise und Bienen – die Physiokratie und andere Ideen am Übergang zum Denken im System

Stolz, Luxus und Betrügerei/Muss sein, damit ein Volk gedeih
                                                                Bernard de Mandeville

Arme Bauern, armes Königreich.   François Quesnay

Im Nachhinein teilen wir – wie bereits gesagt – Geschichte in Epochen ein. Doch schauen wir genauer hin, verlaufen unter der zu beobachtenden Dünung, der wir Namen geben, viele Strömungen oder Bewegungen. So wenig wie der Merkantilismus in seiner Zeit alleinstand und daher zahlreiche, nicht zu vernachlässigende einflussreiche Beiträge außerhalb und unabhängig von seiner Denkweise entstanden, so wenig stand auch die große, an ihn anschließende Lehre der Physiokratie nur für sich. Überhaupt waren es sowohl zur Zeit des Merkantilismus und der Physiokratie Außenseiter, die entscheidende Impulse gaben. So sind zu den bereits genannten Locke, Law und Boisguilbert aus der Zeit des Merkantilismus, die dessen Überwindung aber vorbereiteten, weitere bedeutende Vordenker zu erwähnen. Diese wirkten gerade auf die Physiokraten, aber auch auf Adam Smith, der aus diesem Gedankengebirge seinen Meilenstein herausschlug.

Zuallererst sei der hoch originelle, in England lebende niederländische Arzt **Bernard Mandeville** (1670 bis 1733) genannt, der sich Tierfabeln und grotesken Versen verschrieben hatte und 1714 mit seiner *The Fable of the Bees* einen Skandal auslöste. Der Untertitel »Or Private Vices, Publick Benefits« (dt. *Oder private Laster, öffentliche Vorteile*), weist auf die Kernaussage hin. Die Schrift war die Erweiterung eines bereits 1705 anonym erschienenen Six-Penny-Flugblatts, das Mandeville mit dem Titel *The Grumbling Hive; or, Knaves turn'd Honest* veröffentlicht hatte, einem satirischen Gedicht, in dem Mandeville die These aufstellte, dass nicht tugendhaftes Verhalten, sondern gerade das rücksichtslose Streben nach einem bequemen und von Lastern geprägten Leben der Gesellschaft diene. Das Mandeville-Paradox war in der Welt: Eigennutz dient dem Gemeinwohl.

Einfluss auf Mandevilles Denken soll das 1705 erschienene *Continuation des pensées diverses* des Franzosen **Pierre Bayles** (1647 bis 1706), eines Wegbereiters der Aufklärung, gehabt haben. Bayles stellte den Eigennutz des Menschen der Religion entgegen und konstatierte, in einem starken fortschrittlichen Staat seien die natürlichen Egoismen des Menschen zu fördern, die Religion in die Kirchen zu verbannen. Wie später Mandeville sagte Bayle, die Taten seien es, die entscheidend seien. So könne ein charakterlich schlechter Mensch durchaus von großem Nutzen für die Gesellschaft sein.

Mandeville wurde für seinen Text, den er als Satire sah, über die Jahrhunderte zwar immer wieder wegen der klaren Beschreibung menschlichen Verhaltens gelobt, zu seiner Zeit aber heftig kritisiert. Auch wirtschaftliche Leitideen, die noch immer diskutiert werden, sind bei ihm bereits zu lesen, wie die Aussage, dass ein Land, dessen Arbeiter weniger oder für höhere Löhne arbeiten, teurere Produkte herstelle und daher im Handel Nachteile haben müsse, oder dass in einem Land ohne Sklaverei »der sicherste Reichtum in einer großen Menge schwer arbeitender Armer besteht«.

Der schottische Moralphilosoph **Francis Hutcheson** (1694 bis 1746 oder 1747), ein weiterer Denker, der über seine Zeit hinaus inspirieren sollte, lehnte Mandevilles Schlussfolgerungen, dass Eigennutz dem Gemeinwohl diene, entrüstet ab. Auch Hutchesons Schüler Adam Smith tat das. Smith aber ließ sich von beiden inspirieren. Von seinem Lehrer Hutcheson übernahm er die Prämisse des »Moral Sense«, des jedem Menschen innewohnenden Sinns für Moral, von Mandeville aber den Blick, dass der Menschen auch egoistisch sei, den Hutcheson im Übrigen auch nicht leugnete. Auch Jeremy Bentham griff später auf Hutcheson zurück. Er knüpfte an bereits vorgenommene Überlegungen des »größten Glücks der größten Zahl« an. Aber dazu später.

In Irland ging der Bischof **George Berkeley** (1685 bis 1753) in seiner von 1735 bis 1737 in drei Teilen erschienenen Schrift *The Querist*, die er kunstvoll in 895 Fragen und ihre wohlgesetzten Antworten untergliedert hatte, auch ökonomischen Themen nach. Berkeley ist vor allem als bedeutender philosophischer Denker bekannt, der, wie nach ihm Hume, als Empiriker die Sinneseindrücke als alleinige Quelle von Wissen gelten ließ. Die Universitätsstadt Berkeley bei San Francisco ist nach ihm benannt. Für Berkeley war es in Fragen der Wirtschaft nicht die vornehmliche Aufgabe des Staates, die Außenhandelsbilanz zu überwachen, sondern im Land das Bedürfnis der Menschen zu wecken, hart zu arbeiten, was sie – unter ihnen besonders die Armen – auch tun würden, wenn sie den Wunsch nach einem besseren Leben entwickelten. Geringes Wirtschaftswachstum führte Berkeley auf den Mangel an Geld zurück und forderte die Gründung einer Nationalbank in Irland. Berkeleys Werk gilt mit seinem Appell an die Bedürfnisse der Menschen und an ihre Arbeitskraft als Vorläufer des Denkens vom »Humankapital« und mit seinen wachstumstheoretischen Anregungen – Staatsschulden hielt er nicht per se für schädlich – als früher wichtiger theoretischer Beitrag zur Überwindung des Merkantilismus.

Bedeutenden Einfluss auf die Physiokraten und die Arbeiten Adam Smiths hatte auch ein Ire mit normannischen Vorfahren. **Richard Cantillon** (1697 bis 1734), der wiederum beeinflusst war von Boisguilbert, war im Zuge der Geldspekulationen um John Law in Frankreich reich geworden, zog aber sein Geld noch vor Platzen der Blase rechtzeitig nach England ab. Dort aber wurde er ermordet, vermutlich von einem seiner Diener, der danach das Haus in Brand setzte, um die Spuren seines Verbrechens zu beseitigen.

Erst nahezu zwei Jahrzehnte nach Cantillons Tod erschien 1755 sein dünnes Werk *Essai sur la nature du commerce en général*. Es ist vielleicht das am wenigsten bekannte einflussreiche Buch der Wirtschaftswissenschaft. Quesnay ließ sich von Cantillons Erkenntnissen zu seinen physiokratischen Prinzipien inspirieren, und auch Adam Smith wurde von Cantillon beeinflusst, der in seinem Buch erstmals einen Wirtschaftskreislauf beschrieb, insbesondere den Austausch zwischen Land- und Stadtbevölkerung. Aber auch dem Geldkreislauf widmete er sich, vor allem der Umlaufgeschwindigkeit des Geldes. Dabei griff er auf die geldtheoretischen Ideen Lockes zurück und vertiefte sie.

Cantillon kam zu dem Schluss, dass die Art und Weise des Geldzuflusses in die Wirtschaft Preise und Zinsen beeinflusste und sich die Marktpreise im Wesentlichen den Produktionskosten anglichen. Die Löhne der am geringsten qualifizierten Arbeiter würden zum Existenzminimum tendieren, wobei der Bevölkerungsdruck seinen Teil beitrage, die Gehälter niedrig zu halten. Cantillon stellte den Einfluss der Grundeigentümer heraus. Die Geldströme der Wirtschaft seien eng mit ihnen verknüpft, denn diese seien von der Grundrente der Grundeigentümer abhängig. Er analysierte das Verhalten der Grundeigentümer aufgrund der Erkenntnis, dass sie zwar ihre Kosten, aber nicht ihre Einkünfte voraussagen könnten. Auch hätten die Grundeigentümer Einfluss auf den Konsum, da sie mit ihrem Konsumverhalten Moden vorgäben.

Als Cantillon-Effekt gilt heute die Beschreibung, dass eine Erhöhung der Geldmenge nicht unbedingt eine gleichmäßige Verteilung des zusätzlichen Geldes auf alle Bereiche einer Volkswirtschaft zur Folge hat, sondern zunächst Banken sowie dem Staat verbundene Kaufleute und andere Begünstigte profitieren und der Rest erst später oder gar nicht. Manche Gruppen verlieren sogar. Das sind jene, die keinerlei Geld erhalten und lediglich die gestiegenen Preise zahlen müssen.

Überhaupt wurde in England nicht nur im Werk Cantillons bereits in vielerlei Hinsicht an den gedanklichen Wegen gearbeitet, die schließlich zum Werk Adam

Smiths führten. Der Geistliche **Josiah Tucker** (1711 bis 1799) hatte sich mit ökonomischen Schriften einen Namen gemacht und unterrichtete den späteren König George III. in Wirtschaftsfragen. Tuckers Vorlesungen für den Prinzen wurden 1753 unter dem Titel *The Elements of Commerce and Theory of Taxes* gedruckt. Vertrat Tucker in seiner ersten Schrift eindeutig merkantilistische Ansichten, propagierte er nun den freien Handel und sah in intensiver Handelstätigkeit ein Mittel zur Förderung des Friedens. Er legte außerdem dar, dass Reichtum dank der harten Arbeit der Arbeiterschaft entstehe. Steuern sprach er auch eine erzieherische Funktion zu. Noch vor Smith meinte er, die Eigenliebe der Menschen könne zum Wohle des Handels einer Nation dienen.

Der bedeutende Aufklärungsphilosoph **David Hume** (1711 bis 1776) war eng befreundet mit Adam Smith und Schotte wie dieser. Hume vertrat einen rigiden Empirismus. Für ihn konnten nur beschreibende Sätze wahr oder falsch sein. Normen und Werturteile besaßen für ihn keinerlei Wahrheitsgehalt. Insbesondere in seinen *Political Discourses* 1752, einer Sammlung ökonomischer Essays, lieferte Hume Beiträge zur Wirtschaftstheorie, insbesondere zur Geldtheorie, Zinstheorie und Außenhandelstheorie. In Humes Quantitätstheorie des Geldes wurde das Preisniveau unter bestimmten Voraussetzungen von der Geldmenge beeinflusst. Für Hume war Geld das Öl, das die Räder des Handels schmiere. Es gebe Waren und Arbeit einen Wertmaßstab. Die Preise verhielten sich dabei proportional zu der Menge des Geldes. Hume hielt den Außenhandel keineswegs für ein Nullsummenspiel und widersprach damit dem Merkantilismus. Außenhandel führe letztlich zum Wachstum der Wirtschaft in allen Ländern, die daran teilnähmen. Sowohl Adam Smith als auch später David Ricardo ließen sich von Humes *Discourses* inspirieren.

Die entscheidende theoretische Überwindung des Merkantilismus begann Mitte des 18. Jahrhunderts um die Zeit der Veröffentlichung von Cantillons Buch, und sie begann in der Hochburg, dem Denkzentrum, dem Herzen des Merkantilismus, in Frankreich mit der Physiokratie, die wohl als erste eigentliche Denkschule der Wirtschaftswissenschaften zu bezeichnen ist. Der Begriff Physiokratie bedeutet »Herrschaft der Natur.«

Der zentrale Kopf der Physiokraten war **François Quesnay** (1694 bis 1774), geboren als achtes von dreizehn Kindern eines Kleinbauern und Landarbeiters. Er lernte erst mit elf Jahren lesen, machte in Paris eine Lehre bei einem Kupferstecher, besuchte aber nebenbei medizinische Kurse und brachte es zum Doktor der Medizin. Nachdem er eine Professur für Chemie an der Pariser Akademie bekleidet hatte, wurde er 1749 Leibarzt der königlichen Mätresse Marquise de Pompadour, zog in das Schloss von Versailles und war dort schließlich ab 1752 Hofarzt von Ludwig XV.

Quesnay war bereits 62 Jahre alt, als ihn 1756 Denis Diderot und Jean d'Alembert zur Mitarbeit an ihrem ehrgeizigen Projekt einer umfangreichen Enzyklopädie einluden, mit dem sie das gesamte Wissen ihrer Zeit zusammentragen wollten und das zu einem der Meilensteine der Aufklärung wurde. Nachdem Quesnay für das Werk zwei philosophische Texte verfasst hatte, wandte er sich landwirtschaftlichen und ökonomischen Themen zu und vertiefte sich unter anderem in die Schriften Boisguilberts und Cantillons. Ab 1757 zeichnete er die Schwankungen in den Einkünften des Hofes auf. Schließlich legte Quesnay 1758 mit dem *Tableau économique* die erste grafische Darstellung der ökonomischen Abläufe in einer Volkswirtschaft mit den wechselseitigen Abhängigkeiten von Geld- und Güterströmen vor. Es war die erste Darstellung eines volkswirtschaftlichen Kreislaufs und eine entscheidende Vorarbeit für die spätere Volkswirtschaftliche Gesamtrechnung.

Auf den Erkenntnissen in seinem Tableau aufbauend entwickelte Quesnay die gegen die merkantilistische Wirtschaftspolitik laufende These, dass die freie Entfaltung des natürlichen Gewinnstrebens den Wirtschaftskreislauf und damit die Wohlfahrt antreibe. Allerdings sah Quesnay den einzigen produktiven Sektor in der Landwirtschaft. Handwerk und Manufakturen würden nur umwandeln, seien also eine »sterile Klasse«.

Vielen Ökonomen gilt Quesnays Werk als der Beginn der modernen Wirtschaftstheorie und -politik. Der Nobelpreisträger Wassily Leontief bezeichnete später das *Tableau économique* als Vorbild seiner Input-Output-Analyse. In Indien versuchte in den 1950er-Jahren der Statistiker **Prasanta Chandra Mahalinobis** (1893 bis 1972), mit einem an Leontiefs Input-Output-Analyse angelehntem Modell einen dritten Weg zwischen Plan- und Marktwirtschaft umzusetzen.

Der häufige Verweis, Quesnays Darstellung des Wirtschaftskreislaufs sei durch seine Sicht als Arzt auf den menschlichen Organismus und den Blutkreislauf inspiriert worden, greift zu kurz. Quesnays Denken in Positionen des Naturrechts und im mechanistischen Ansatz seiner Zeit führte zu seiner Forderung, den »natürlichen Lauf der Dinge« gewähren zu lassen.

Um Quesnay scharten sich rasch zahlreiche Anhänger. Einer der Ersten war **Jacques Claude-Marie Vincent Marquis de Gournay** (1712 bis 1759), der die Werke Josiah Childs, Josiah Tuckers und David Humes ins Französische übersetzte. Gournay machte nun in Verbindung mit den Forderungen der Physiokraten das in Boisguilberts *Factum de la France* von 1707 bereits erwähnte Laissez-faire-Motto populär.

Ebenfalls ein früher Mitstreiter war **Victor Riquetti Marquis de Mirabeau** (1715 bis 1789). Er beschäftigte sich intensiv mit dem Werk Cantillons und war ein glühender Verfechter der Nichteinmischung des Staates in den Wirtschaftsablauf. Mirabeau trat für eine Einheitssteuer ein, die auf der Grundrente fußen sollte, und entwickelte diese in seiner 1760 erschienenen *Théorie de l'impôt*. Die

1763 erschienene *Philosophie rurale*, eine der besten und umfassendsten Darstellungen der frühen physiokratischen Theorien, verfasste er gemeinsam mit seinem Freund Quesnay.

Zu nennen ist auch **Paul Pierre Mercier de la Rivière** (1720 bis 1794), der in seinem *L'ordre naturel et essentiel des sociétés politiques* von 1767 versuchte, Quesnays System zu erweitern und auch frühe Gedanken Turgots zu verfeinern. Für Mercier waren die Marktgesetze eine Form natürlicher Kräfte, die, ließe man sie frei walten, zu »natürlichen Preisen« führten.

Pierre Samuel Du Pont de Nemours (1739 bis 1817) wiederum machte ab 1768 als Herausgeber der Zeitschrift *Ephémérides du Citoyen* diese zum Sprachrohr der Physiokratie. Er soll den Begriff sogar geprägt haben mit seinem 1768 erschienenen zweibändigen *Physiocratie, ou constitution naturelle du gouvernement le plus avantageux au genre humaine*, in dem er Freihandel forderte und mit dem er Adam Smith stark beeinflusste. Du Pont de Nemours wanderte in die USA aus. Einer seiner Söhne gründete dort den noch heute existierenden Konzern DuPont.

Zeitweise gewannen die Physiokraten beträchtlichen Einfluss, doch die Schule löste sich in den 1770er-Jahren allmählich auf. Die, die an sie anknüpften, standen schon bereit. So etwa **Anne Robert Jacques Turgot** (1727 bis 1781). Er stammte aus einem Adelsgeschlecht, arbeitete zwischenzeitlich für Gournay, war eng verbunden mit Quesnay und ein leidenschaftlicher Verfechter der Aufklärung. Turgot verfasste für die *Encyclopédie* Diderots mehrere Beiträge. 1769 veröffentlichte er in drei Teilen in der von Du Pont de Nemour herausgegebenen Zeitschrift *Ephémérides du citoyen* sein Hauptwerk, das später als *Reflexions sur la formation et la distribution des richesses* in Buchform herauskam. Die darin von ihm formulierten Ideen machen ihn zu einem Denker, der über die Ansätze der Physiokraten hinausging und zu einem Wegbereiter der Klassischen Schule wurde.

Auf Turgot geht die Fruktifikationstheorie des Zinses zurück. Turgot argumentierte, dass der Kauf eines Stückes Land sich immer eher lohne, solange es für die Vergabe von Geld keinen Zins gebe. Denn auf dem Land würden beispielsweise Bäume wachsen, die man verkaufen könne. Man könne das Land aber auch vermieten oder verpachten. Aus dieser Überlegung entstand später die Auffassung in der Wirtschaftstheorie, dass der Geldzins auf Dauer höher sei als die Wachstumsrate einer Wirtschaft, was wachstumskritische Ökonomen als Argument nehmen, dass dadurch Geld dem Wirtschaftskreislauf und damit der Investition entzogen werde.

Turgot gilt auch als Begründer des Gesetzes vom abnehmenden Bodenertragszuwachs. Danach nimmt der Ertrag eines bewirtschafteten Stück Bodens bei Intensivierung des Arbeitseinsatzes zunächst stark zu, um dann langsamer zu steigen, daraufhin zu stagnieren und schließlich sogar abzufallen. Von 1774 bis 1776 war Turgot Finanzminister Ludwigs XVI. und versuchte in dieser Zeit vergeblich, den freien Handel von Getreide durchzusetzen. Er verringerte das Staatsdefizit, doch weil er sich daran machte, die Vergünstigungen vieler Adliger und Höflinge abzuschaffen, wurde er durch Intrigen schließlich gestürzt. Nach seiner Entlassung übertrug man dem deutschstämmigen Schweizer Bankier **Jacques Necker** (1732 bis 1804) das Amt. Der war durch Saatgut- und Kreditspekulationen der reichste Geschäftsmann Frankreichs geworden und hatte als Nutznießer der alten Regeln vor allem Turgots Freihandelsentscheidungen bekämpft.

Necker machte viele von Turgots Reformen rückgängig, doch 1781 erwarb er sich mit einem Bericht unter dem Titel *Compte rendu* viele Sympathien im Volk. Dieser gewährte erstmals öffentlich einen Einblick in die Staatsfinanzen, verschwieg zwar das katastrophale Defizit der Staatskasse, doch die Franzosen sahen erstmals die hohen Kosten der verschwenderischen Hofhaltung sowie die Günstlingswirtschaft. Necker wurde entlassen. Sein Nachfolger Charles Alexandre de Calonne versuchte einige von Turgots Maßnahmen wieder einzuführen. Necker kritisierte ihn öffentlich und musste zwischenzeitlich ins Exil.

1784 veröffentlichte Necker sein umfangreiches Werk *De l'administration des finances de la France*, mit dem er nicht nur Rechenschaft über seine Zeit als Generalinspekteur der Finanzen ablegte, sondern ein Handbuch für hohe Staatsbeamte vorlegte. Als 1788 erneut der Staatsbankrott drohte, rief man ihn zurück. Auf Initiative Neckers berief 1789 Ludwig XVI. die Generalstände ein. Necker versuchte nun, das aufstrebende Bürgertum zu stärken und ihre Vertreteranzahl in der Versammlung zu verdoppeln. Als sich die Nationalversammlung am 9. Juli 1789 zur verfassunggebenden Versammlung erklärte, stand man am Vorabend der Revolution. Der König entließ Necker zwei Tage später. Als die Nachricht davon die Runde machte, reagierte die Bevölkerung in der aufgeladenen politischen Atmosphäre mit heftigen Unruhen, die im Sturm auf die Bastille am 14. Juli 1789 gipfelten. Ludwig berief den soeben Entlassenen am 25. Juli 1789 wieder in sein altes Amt. Doch es war zu spät. Die Französische Revolution war ausgebrochen. Necker konnte den Posten in den Revolutionswirren nicht halten und kehrte in seine Schweizer Heimat zurück.

Die Ideen der Physiokratie hatten auch ihre Verfechter in Deutschland, Der bedeutendste Vertreter war **Johann August Schlettwein** (1731 bis 1802). Ab 1777 verfasste er an der neu eingerichteten ökonomischen Fakultät der Universität von Gießen sein 1779 erschienenes Hauptwerk *Grundfeste der Staaten oder die politische Ökonomie*. Darin schlug vor, Verwaltungen zu verbessern, das Steuersystem zu vereinfachen, betriebswirtschaftliche Erkenntnisse verstärkt einzusetzen und neue Technologien intensiv zu vermitteln. Außerdem setzte er sich für Freihandel ein.

Auch im übrigen Europa änderte sich das Denken. Italien hatte in dem Theologen und Philosophen **Antonio Genovesi** (1712 bis 1769) einen bedeutenden Denker der Aufklärung, der aber leider über die Landesgrenzen hinaus viel zu wenig bekannt ist. 1754 erhielt Genovesi den ersten Lehrstuhl für Politische Ökonomie in Neapel. Als Ökonom wird er oft als Vertreter des späten Merkantilismus verortet, weist aber in seinem Denken zum Teil darüber hinaus. In seinem 1765 veröffentlichten *Lezioni di commercio, ossia die economia civile*, dem ersten umfassenden Werk zur Nationalökonomie in Italien, entwickelte er sehr interessante Ideen zum Konsum. Luxusgüter trugen für ihn zur Stimulierung der wirtschaftlichen Entwicklung bei, würden aber dann mit der Zeit zu schlichten Gebrauchsgütern werden. Die Bedürfnisse, die dem Konsum vorausgehen und wie diese den Konsum beeinflussen, auch die Bedingungen der jeweiligen Kultur, in der ein Mensch lebt, wollte Genovesi nicht in »richtige« oder »falsche« unterteilen. Denn alles, wonach Menschen sich sehnten, hätte seine Berechtigung.

Genovesi beeinflusste später **Ferdinando Galiani** (1728 bis 1787). Dessen Hauptwerk *Della Moneta* von 1750 enthielt bereits eine Werttheorie, die auf dem Nutzengedanken fußt. Sowohl Güter als auch Dinge wie Orden erhielten laut Galiani ihren Wert durch ihre Seltenheit gepaart mit dem Nutzen, den man empfindet. Je häufiger ein Gut, desto geringer sei sein Nutzen, desto geringer falle auch sein Wert aus. Galianis Buch über den Getreidehandel *Dialogues sur le commerce des blés*, das 1770 erschien, wurde zunächst weit bekannter als *Della Moneta*, weil seine Thematik mit der großen Hungersnot im Frankreich jener Tage zusammentraf.

Zu erwähnen ist von den italienischen Wirtschaftstheoretikern dieser Zeit noch **Pietro Verri** (1728 bis 1797), der 1763 zunächst anonym die Schrift *Meditazioni sulla felicità* veröffentlichte, in der er frühe utilitaristische Gedanken formulierte. Es war Verri, der schließlich **Cesare di Beccaria** (1738 bis 1794) zu seinen wichtigen utilitaristischen Arbeiten drängte. Beccaria war der vielleicht einflussreichste italienische Ökonom des 18. Jahrhunderts. Er stammte aus einer Mailänder Adelsfamilie und gilt als einer der großen Denker des aufgeklärten Strafrechts und der utilitaristischen Haltung. Er lehrte aber als Ökonom, und seine posthum veröffentlichen Vorlesungen enthalten den Gedanken des Fortschritts, begründet durch die egoistische Natur des Menschen.

1771 veröffentlichte Verri sein bedeutendstes Werk, die *Meditazioni di economia politica*, worin er sich mit den Gesetzen von Angebot und Nachfrage beschäftigte, die Rolle des Geldes als die eines »universellen Gutes« bezeichnete und sich für freien Handel und Laissez-faire aussprach. Verri bemerkte, dass der Nutzen eines Gutes abnimmt, je mehr von ihm vorhanden sei, und gilt somit als einer der Vorläufer der Grenznutzentheorie.

Ja, die erst Mitte des 19. Jahrhunderts in vollem Umfang entstehende Grenznutzentheorie lag bereits in der Luft. Nicht nur in Italien. In Frankreich kam ihr **Etienne Bonnot de Condillac** (1714 bis 1780) auf die Spur. Er gehörte seinerzeit mit seinem Bruder, dem Abbé Gabriel Bonnot de Mably, zu den bedeutendsten Köpfen der Aufklärung in Frankreich und wurde vor allem als Philosoph des Empirismus bekannt, dessen radikale Form des Sensualismus er begründete. Für den Sensualismus kam alle Erkenntnis aus der äußeren Sinneswahrnehmung. Innere Wahrnehmung sei nur Verarbeitung und Umdeutung. Damit ging der Sensualismus sogar über den Empirismus Lockes hinaus.

Für die Wirtschaftstheorie bedeutend war Condillacs Schrift *Le commerce et le gouvernement considérés relativement l'un à l'autre* von 1776. Außer einem Plädoyer für freien Handel enthält es eine auf Nutzen und Mangel fußende Werttheorie und damit erste Gedankengänge der späteren Grenznutzentheorie. Denn der Wert eines Gutes, so Condillac, komme durch den empfundenen Mangel und Nutzen eines Gutes zustande. Im Grunde tausche man Güter mit niedrigerem Grenznutzen, um Güter mit empfundenen höheren Grenznutzen zu erhalten. William Stanley Jevons und Carl Menger erkannten später Condillacs Pionierrolle bei der Entstehung der Grenznutzentheorie.

Die Arbeiten aller dieser Denker in England, Frankreich, Deutschland und Italien – sie alle waren zumeist tief geprägt vom Gedanken der Aufklärung – führen bereits an die Schwelle des umstürzenden und die eigentliche Wirtschaftswissenschaft begründenden Werkes von Adam Smith. Mit der Aufklärung kam das Wissenschaftliche, das Systemische in das Denken, das Denken in Ursache und Wirkung, in These und im Anspruch der Beweisbarkeit. Es kommt aber auch der Gedanke an Fortschritt hinzu. Mit der Aufklärung beginnt die Moderne. Der Denkrahmen der Physiokraten wurde nicht nur von diesen Ansätzen, die weiter und tiefer gingen, allmählich überwunden.

7 Das Wirtschaften als System – Adam Smith und der Beginn der Klassischen Schule

Der Konsum ist der einzige Sinn und Zweck der Produktion, und den Interessen der Produzenten sollte man nur insoweit Beachtung schenken als nötig ist, die der Verbraucher zu fördern.
Adam Smith

Der Zeitpunkt, ab dem Wirtschaftsabläufe in einem System gedacht wurden, fällt zusammen mit der zunehmenden Industrialisierung. Wie diese Epoche korrekt zu benennen ist, die häufig auch die industrielle Revolution genannt wird, und wann diese beginnt, darüber streitet die Wissenschaft. Fest steht, die Industrialisierung begann vergleichsweise früh im 18. Jahrhundert. Wirtschaftliche Abläufe wurden zunehmend komplexer und zahlreiche Entwicklungen verliefen weit dynamischer als in Epochen zuvor. Damit eng verbunden ist auch die zunehmende Bedeutung von Kapital. Aus dem Handelskapitalismus des Spätmittelalters wurde der Industriekapitalismus.

An der Spitze der Entwicklung stand Großbritannien. Dort kamen einige Einflüsse zusammen, bei denen die Lage als Insel nicht von Nachteil war: Durch Seemacht entstand ein Weltreich, durch das Ausschalten alter Handelsrivalen wie die Niederlande und Frankreich wurde das Land zur dominierenden globalen Handelsmacht. Im Land selbst wuchs die Bevölkerung, Flüsse und Kanäle boten hervorragende Handelswege und erwiesen sich auch als perfekte Standorte für neue Manufakturen und die entstehenden Fabriken. Großbritannien produzierte Wolle und verarbeitete Baumwolle. Neue Verfahren verbesserten die Stahl- und Eisenherstellung, aber auch die Textilfertigung. Fast stakkatoartig verhalfen neue Erfindungen zu immer besseren Produktionsmöglichkeiten. Produzieren wurde vielschichtiger und das erforderte Kapital. Die Abläufe von Handel, Produktion und Geld hatten schon immer ineinandergegriffen, nun aber wurde zunehmend erkannt, wie wichtig es war, dass sie reibungslos ineinandergreifen und daher zu wissen, wie sich diese Zusammenhänge darstellten und wie sie zu steuern waren.

Es ist sicher kein Zufall, dass die Verbesserung der Wirtschaftlichkeit der Dampfmaschine durch James Watt und das entstehende Fabrikwesen in die Zeit fallen, da Watts Freund Adam Smith das wirtschaftliche Denken revolutionierte und es damit erst zu einer Wissenschaft machte.

Adam Smith (1723 bis 1790) war im schottischen Kirkcaldy als Sohn eines Beamten der Zollbehörde zur Welt gekommen. Schon mit 14 Jahren studierte er in Glasgow und Oxford Mathematik, Philosophie, Sprachen und Ökonomie. Mit 25 Jahren hielt er in Edinburgh öffentliche Vorträge über Rechtswissenschaften und Literatur, die ihn bald allgemein bekannt machten. Er erhielt eine Professur für Logik in Glasgow und im Jahr darauf den Lehrstuhl für Moralphilosophie seines Lehrers Francis Hutcheson.

1759 veröffentlichte er sein moralphilosophisches Buch *The Theory of Moral Sentiments*, das heute als ein Klassiker der Moralphilosophie gilt. Darin vertrat er die Ansicht, dass die wichtigste Triebfeder des menschlichen moralischen Handelns das Mitgefühl sei. Smith lieferte damit einen Gegenentwurf zu Thomas Hobbes' Diktum, der »Mensch ist dem Menschen ein Wolf« und dessen Schlussfolgerung, der Mensch brauche eine strikte Führung durch den Staat. Beeinflusst worden war Smith von seinem Lehrer Hutcheson und seinem Freund und Kollegen **Adam Ferguson** (1723 bis 1816), den er während des Studiums in Edinburgh kennengelernt hatte. Der hatte 1767 sein Buch *Essay on the History of Civil Society* veröffentlicht und darin in einer Synthese von politischer Ökonomie, Geschichte und Philosophie ein Bild des Menschen als liebendes, geselliges Wesen gezeichnet.

Da Smith, wie nahezu jeder Universitätslehrer seinerzeit, nur ein kärgliches Einkommen hatte, nahm er eines Tages das Angebot an, einen jungen Herzog von 1764 bis 1766 auf dessen Grand Tour durch Europa, der damals üblichen mehrjährigen Bildungsreise, als Tutor zu begleiten. Weil er sich während mancher längerer Aufenthalte langweilte, begann er an einem ökonomischen Werk zu arbeiten. Anregungen lieferten ihm seine Treffen in Paris mit François Quesnay, Anne Robert Jacques Turgot, Jean D'Alembert, Denis Diderot und Voltaire. Außerdem besuchte Smith auf seiner Reise zahlreiche Manufakturen.

Nach seiner Rückkehr nach Schottland gewährte ihm der Herzog eine lebenslange Rente und Smith konnte fortan finanziell abgesichert das Leben eines Privatgelehrten führen. Nach jahrelanger Arbeit veröffentlichte er 1776 in zwei Bänden *An Inquiry into the Nature and Causes of the Wealth of Nations*. Smith vereinte darin das ökonomische Wissen seiner Zeit, insbesondere die Ideen David Humes, Richard Cantillons, Bernard de Mandevilles und William Pettys und griff zudem die beiden widerstreitenden Denkweisen der Zeit auf, den Merkantilismus und die Physiokratie. Von den Merkantilisten übernahm er den Blick auf den Außenhandel, entledigte ihn aber der staatlichen Lenkung. Von den Physiokraten übernahm er den Blick auf die Produktion, nahm jedoch dem Produktionsbegriff seine Beschränkung auf die Landwirtschaft und machte ihn nutzbar für die beginnende Industrialisierung. Doch damit nicht genug: Zum Begründer der eigentlichen Wirtschaftswissenschaft wurde Smith, weil es ihm gelang, die wesentlichen ökonomischen Kategorien Handel und Produktion in ihrer Bedeutung und Wechselwirkung zusammenzuführen und in einem theoretisch geschlossenen System zu vereinen.

Von wesentlicher Bedeutung waren auch die Haltung und der Blick auf den Menschen, die das Buch von Smith vermittelte. Es war der Blick auf die Freiheit des Individuums. Smith warb für einen von keinerlei staatlichen Eingriffen eingeschränkten, die natürliche Tauschneigung des Menschen nutzenden Freihandel. Dieser reguliere durch den Mechanismus von Angebot und Nachfrage die Erzeugung und den Verbrauch. Antriebskräfte und Determinanten der Mechanismen des Marktes sei die von Mandeville inspirierte Aussage, dass Eigennutz dem Gemeinwohl diene, wie eine berühmte Passage in *Wealth of Nations* zeigt: »Nicht vom Wohlwollen des Metzgers, Brauers und Bäckers erwarten wir das, was wir zum Essen brauchen, sondern davon, dass sie ihre eigenen Interessen wahrnehmen ... Ja, gerade dadurch, daß er (der Einzelne) das eigene Interesse verfolgt, fördert er häufig das der Gesellschaft nachhaltiger, als wenn er wirklich beabsichtigt, das zu tun.«

Smiths Auffassung von den Marktmechanismen ging mit dem berühmten Bild der »unsichtbaren Hand« einher. Smith hat in seinem Gesamtwerk drei Mal von der unsichtbaren Hand gesprochen, immer aber in anderem Zusammenhang. Zuerst in einem Aufsatz über Astronomiegeschichte, für die Wirtschaftswissenschaft dann bedeutend in der *Theory of Moral Sentiments* und in *Wealth of Nations*. In seinem Aufsatz über Astronomiegeschichte äußerte er sich über eigensüchtige Grundbesitzer bzw. Reiche, die das nehmen, was sie wollen, aber die durch ihre Gier und die damit verbundene Bestrebung zu Verbesserungen schließlich doch den wachsenden Reichtum ganz ohne ihre Absicht fördern: »Von einer unsichtbaren Hand werden sie dahin geführt, beinahe die gleiche Verteilung der zum Leben notwendigen Güter zu verwirklichen, die zustande gekommen wäre, wenn die Erde zu gleichen Teilen unter alle ihre Bewohner verteilt worden wäre; und so fördern sie, ohne es zu beabsichtigen, ja ohne es zu wissen, das Interesse der Gesellschaft und gewähren die Mittel zur Vermehrung der Gattung.« Diese »unsichtbare Hand« ist die aus der Sicht des Moralphilosophen. In Wealth of Nations sprach Smith dann von dem einzelnen Kaufmann, der nach seinem Gewinn und seiner Sicherheit strebt und darin »von einer unsichtbaren Hand geleitet« wird, so das Gemeinwohl zu mehren und »einen Zweck zu fördern, der keineswegs in seiner Absicht lag«.

In den Zitaten spiegelt sich die Differenzierung, die Smith zwischen dem (in der Betrachtung der Physiokraten zentralen) Grundherrn und dem Kaufmann vornahm. Letztgenannter investiert durch Konsumverzicht, um Wachstum zu erzeugen und Gewinn zu mehren. Damit entwarf Smith eine dynamische Wachstumstheorie, wonach sich das Wachstum der Zukunft aus dem Kapital und der Arbeit von heute generiert. Smiths unsichtbare Hand ist nicht die Hand Gottes, wie sie über Epochen galt, sondern eine aufgeklärte im Sinne von Kants Naturabsicht.

Die »unsichtbare Hand« wurde im Laufe der Jahrhunderte zu einer vielinterpretierten Metapher. Sie ist vielleicht eine der überinterpretiertesten und eine der am meisten verdrehten der Theoriegeschichte. Zunächst war sie über Jahrhunderte kein Thema. Weder Zeitgenossen Smiths noch die ersten Nachfolger erwähnten oder diskutierten sie. Es scheint, die »unsichtbare Hand« wurde zunehmend in den Mittelpunkt gerückt und damit zu einer Interpretation zweiter und dritter Hand, nachdem sie in den Folgeauflagen von Paul Samuelsons einflussreichem, 1948 erstmals erschienenem Lehrbuch *Economics* immer öfter erwähnt wurde.

Von Gegnern des freien Marktdenkens wurde die »unsichtbare Hand« als Rechtfertigung für hemmungslosen Eigennutz interpretiert, von Befürwortern eines völlig uneingeschränkten Marktes als Freibrief gelesen. Hier sei daran erinnert, dass Smith ein Moralphilosoph war, der von den Ideen der Aufklärung beseelt war und in der Hochzeit der Aufklärung lebte. Diese wiederum war die Epoche der Amerikanischen Revolution und später der Französischen Revolution. Sie waren nicht nur die Gegenreaktion zu Feudalismus und Absolutismus, sondern auch zum Merkantilismus. Im Kern waren Aufklärung und die Haltung von Smith die Emanzipation des Individuums von jeglicher selbst ernannter Autorität: sei es die Aristokratie, die Kirche oder eine Wissenschaft (wie die Scholastik), die sich tendenziell der Widerlegbarkeit ihrer Thesen zu entziehen versuchte.

Smith wird aufgrund der »unsichtbaren Hand« von Befürwortern und Gegnern oft die Rolle des Vordenkers eines uneingeschränkten Kapitalismus zugewiesen und des Apologeten des Staatsrückzugs, gemäß dem Motto »Wenn jeder macht, was er will, wird auch der Gesellschaft geholfen«. Dies aber ist eine Fehlinterpretation. Smith taugt nicht als pauschale Referenz für die Befürwortung uneingeschränkten Freihandels oder der pauschalen Forderung nach Rückzug des Staates und Verfechtens der hemmungslosen Übung in Laissez-faire-Liberalismus.

Bei allem Vertrauen auf die Selbstregulierungskräfte des Marktes befürwortete Smith Eingriffe des Staates auf mehreren gesellschaftlichen, auch wirtschaftlich bedeutsamen Gebieten. Der Staat habe allein schon Stärke zu besitzen, um die Sicherheit von Eigentum und Wettbewerb zu gewährleisten. Auch die Landesverteidigung, die innere Sicherheit und das Bildungswesen gehörten für Smith zu seinem Aufgabenbereich, ebenso die Kontrolle des Bankwesens und die Förderung von Kunst und Kultur. Smith wies auch bereits auf mögliche Schattenseiten des von ihm befürworteten Systems hin: So riet er zur Gründung von Gewerkschaften, um den Arbeitern die Möglichkeit zu geben, sich gegen die Macht der Unternehmer zu behaupten.

Was die eigentliche mikroökonomische Analyse betraf, war Smith der Erste, der deutlich die drei Produktionsfaktoren Arbeit, Boden und Kapital unterschied. Einen wichtigen Faktor zur Erhöhung der Produktivität und damit letztlich des Wohlstands sah Smith vor allem in der seinerzeit zunehmenden Arbeitsteilung, der er besondere Aufmerksamkeit widmete. Berühmt wurde sein Beispiel einer Stecknadelmanufaktur, die er besucht hatte: Ein einzelner Arbeiter könne an einem Tag nicht einmal 20 Nadeln herstellen. Dagegen seien 10 Arbeiter, von denen jeder nur auf ein paar Handgriffe des Gesamtherstellungsprozesses spezialisiert sei, in der Lage, täglich 48.000 Nadeln zu produzieren.

Auch das Zustandekommen und die Beschaffenheit des Wertes und des Preises eines Gutes, bereits vor Smith immer wieder ein Thema, wurden von Smith eingehend analysiert, doch blieb Smiths Werttheorie letztlich vage. Einerseits sagte er, der Wert eines Gutes ergebe sich aus der Arbeit, die dafür aufgewandt wurde. Ein Diktum, das später Karl Marx von ihm übernahm und auf dem er seine Arbeitswerttheorie aufbaute. Andererseits aber bestimmte für Smith den letztlichen Wert eines Gutes dessen Tauschwert am Markt. So sprach Smith von einem »natürlichen Preis«, der sich aus der Summe der Herstellungskosten ergebe; der tatsächlich durch Angebot und Nachfrage erzielte sei der »Marktpreis«. Dieser entspräche im freien Wettbewerb langfristig dem natürlichen Preis.

Smiths berühmtes sogenanntes Wasser-Diamanten-Paradox verdeutlicht seine Zweiteilung der Wertbestimmung mit einem weiteren Blickwinkel, der Unterteilung nach Gebrauchs- und Tauschwert, die beeinflusst sind von Angebot und Nachfrage. Es findet sich bereits bei John Law in dessen Werk von 1705. Kurz gefasst besagt das Paradox: Wasser hat einen großen Nutzen, aber geringen Wert. Denn von Wasser ist im Allgemeinen sehr viel mehr vorhanden, als es Nachfrage gibt. Diamanten haben zwar einen geringen Nutzen, aber einen großen Wert. Denn die Nachfrage nach ihnen ist viel größer als ihre angebotene Menge. Deshalb differenziert Smith, indem er das Paradox aufgreift, nach Gebrauchs- und Tauschwert. Wasser habe hohen Gebrauchs- und niedrigen Tauschwert, bei Diamanten verhalte es sich umgekehrt.

Smiths *Wealth of Nations* erhielt seine Wirkmächtigkeit gerade darin, dass es ein gedankliches Fundament für die aufzubauenden freien Gesellschaften legte, in denen jeder qua Leistung Erfolg und Stellung im Leben erringen können sollte. So wie die Gründerväter in den USA aus ihren Biografien heraus es auch in die Unabhängigkeitserklärung hineinschrieben und wie es später die Revolutionäre in Frankreich mit den Schlagworten »Freiheit, Gleichheit, Brüderlichkeit« aufgriffen.

Damit war aber auch die Polarisierung hergestellt. Die Idee einer Gesellschaft, die die Interessen des Individuums schützt, die Wissen durch wissenschaftliches Vorgehen erringt, sogar fördert (somit die Idee der gesamten Aufklärung), versus die Idee einer Gesellschaft, die sich auf Überliefertes, Traditionen beruft, dies aber immer manifestiert in starren Institutionen wie Kirche und Adel. Die Aufklärung begann ihren Siegeszug und damit auch die Idee der Freiheit des Handels und des Wirtschaftens.

Mit Smith begann nun die eigentliche systematische Wirtschaftswissenschaft und damit die Klassische Schule, die sich erst Jahre nach Smiths bahnbrechendem Werk voll entfaltete. Bevor wir aber zu den immensen Auswirkungen von Smiths Werk kommen, wollen wir einen kurzen Blick aus der Sichtweise des Westens auf den Osten werfen. Japan hatte sich seit seiner Einigung durch den Feldherrn Tokugawa Ieyasu zu Beginn des 17. Jahrhunderts abgeschottet. Es trat in die Periode ein, die heute als die Edo-Zeit in den Geschichtsbüchern steht. Über Generationen herrschten fortan Shogune der Familie Tokugawa über das Inselreich. Außer Chinesen durften nur ausgesuchte niederländische Kaufleute mit Japan Handel treiben.

In diesem von Einflüssen der europäischen Geisteswelt abgeschnittenen Reich verfasste nahezu zeitgleich mit Smith der Universalgelehrte **Miura Baien** (1723 bis 1789) von 1773 bis 1789 sein Werk *Kagen. Vom Ursprung des Wertes*. Es existierte lange nur in verschiedenen Abschriften und wurde erst im 20. Jahrhundert durch die Veröffentlichungen Hajime Kawakamis popularisiert. Baien beantwortete in seiner Schrift die Fragen eines Samurai und lieferte eine umfassende Darstellung auch der gesellschaftlichen, moralphilosophischen Aspekte des guten Wirtschaftens in einem Fürstentum. Er argumentierte anders als Smith eher von der geldtheoretischen Seite, nannte die Mechanismen des Greshamschen Gesetzes (ohne dieses aus Europa zu kennen; es war in Japan bereits von anderen Autoren beschrieben worden) und kam in seiner detaillierten Analyse über die Produktionstheorie zu der Empfehlung, dass ein marktwirtschaftliches System, in dem die Produzenten im Grunde den Markt organisierten, am besten sei. Miura Baiens Leistung wird seit der Jahrtausendwende immer stärker gewürdigt, was ihm die Bezeichnung »Adam Smith Japans« eingebracht hat.

8 Zwischen Skepsis und Optimismus – die Debatten der Klassischen Schule

Je größer der Anteil des Arbeitsergebnisses, der an die Arbeiter gegeben wird, desto kleiner ist die Profitrate, und umgekehrt.   David Ricardo

Die Bevölkerung hat die dauernde Neigung, sich über das Maß der vorhandenen Nahrungsmittel hinaus zu vermehren.   Thomas Robert Malthus

Es vergingen noch mehrere Jahre nach Adam Smiths großem Wurf, bevor mit den Briten Thomas Robert Malthus, David Ricardo und John Stuart Mill sowie dem Franzose Jean-Baptiste Say jene Denker die Szene betraten, die neben Smith als die Hauptvertreter jener Theorierichtung gelten, die heute allgemein als Klassische Schule bezeichnet wird. Der älteste Vertreter dieser Denker war **Thomas Robert Malthus** (1766 bis 1834). Er war gerade einmal zehn Jahre alt, als Smith sein *Wealth of Nations* veröffentlichte. Malthus erhielt bis zum Alter von 18 Jahren Privatunterricht von seinem Vater, einem Freund David Humes. Danach studierte er Geisteswissenschaften in Cambridge und wurde Professor für Geschichte und Politische Ökonomie am College der East India Company in Haileybury in Hertfordshire.

Aufsehen und bleibenden Nachhall in der Wissenschaft erregte Malthus zuerst ironischerweise mit einem Werk, das nicht in die fortschrittsoptimistischen Töne einstimmte, die aus Smiths Buch gelesen wurden, sondern mit einem Krisenszenario: seinem 1798 erschienenem Buch *An Essay on the Principles of Population*, worin er seine berühmt gewordene Bevölkerungstheorie entwickelte.

Malthus antwortete damit auf **William Godwins** (1756 bis 1836) zweibändiges Werk an *Enquiry into Political Justice* von 1793, aber auch auf entsprechende Überlegungen Condorcets. Godwin hatte aus einem rationalen Menschenbild behauptet: Lasse man den Menschen unbeeinflusst wirken, werde man keinen Staat brauchen, denn es stelle sich automatisch eine funktionierende Gesellschaft ein. Mit seinen frühen libertär-anarchistischen Ansichten übte Godwin Einfluss auf solch gegensätzliche Ansätze aus wie John Stuart Mills Utilitarismus als auch Pierre Joseph Proudhons sozialistische Ideen.

Gegen Godwins Sicht setzte Malthus seine These von der Bevölkerungsfalle, womit er als früher Krisentheoretiker des im Grunde vom Glauben an den Segen des Fortschritts geprägten Denkens der Klassischen Schule gesehen werden kann. Malthus war überzeugt, die Bevölkerung wachse stets schneller als der landwirtschaftliche Ertrag. Folge seien Hungersnöte und wieder drastische Bevölkerungsrückgänge. Dann, wenn das Existenzminimum wieder erreicht beziehungsweise überschritten werde, würde die Bevölkerung wieder so lange wachsen, bis sie erneut zu wenige Güter für ihr Auskommen habe und sich wiederum durch Katastrophen dezimiere. Zentraler Punkt von Malthus' These war der abnehmende Grenzertrag des Bodens bei dessen zunehmender Nutzung aufgrund steigender Bevölkerung: Der landwirtschaftliche Ertrag pro Kopf nehme schließlich ab. Damit erklärte Malthus auch Hunger, Armut und Seuchen seiner Zeit. Im freien Spiel der Marktkräfte sah Malthus keinen Ausweg. Stattdessen plädierte er für sexuelle Enthaltsamkeit.

Malthus berief sich bei seinen Analysen auch auf den Deutschen **Johann Peter Süßmilch** (1707 bis 1767), der als Begründer der Demografie und Wegbereiter der quantitativen Statistik in Deutschland gilt. Für sein 1741 erschienenes Werk *Die göttliche Ordnung in den Veränderungen des menschlichen Geschlechts* hatte Süßmilch über Jahrzehnte Kirchenbücher gesichtet und sie auf seiner Suche nach einer durch Gott gegebenen Ordnung analytisch und streng wissenschaftlich im Sinne der Aufklärung ausgewertet. Als einer der Ersten stellte Süßmilch Zusammenhänge zwischen der demografischen und der wirtschaftlichen Entwicklung einer Gesellschaft her. Anders als Süßmilch, der zu dem optimistischen Schluss gelangt war, dass die Erde etwa 14 Milliarden Menschen ernähren könne, stellte Malthus sich mit seiner pessimistischen Theorie gegen den Fortschrittsoptimismus seiner Zeit. Er erntete harsche Kritik.

Tatsächlich entbehrten Malthus' Thesen zunächst empirischer Nachweise, was dazu führte, dass Malthus noch 20 Jahre nach der Erstveröffentlichung Zusätze veröffentlichte. Nichtsdestoweniger betonte Charles Darwin später, Malthus' Gedanken viel für seine Theorie der Evolution zu verdanken. Auf Malthus' Arbeit antwortete neben anderen auch Godwin 1820 mit seinem *Of Population*. Ihr gemeinsamer Landsmann **Francis Place** (1771 bis 1854) schloss sich mit seinem Buch *Illustrations and Proofs of the Principle of Population* von 1822 an. Place forderte, ähnlich wie auch Jeremy Bentham und John Stuart Mill, die Einführung einer Geburtenkontrolle, um einen Arbeitskräfteüberschuss abzubauen, Armut zu bekämpfen und Straftaten zu verringern. 1830 widersprach der britische Politiker, Sozialreformer und Unternehmer **Thomas Sadler** (1780 bis 1835) Malthus. Sadler, heute als früher Anti-Klassiker eingestuft, verneinte Malthus' Bevölkerungsthesen und argumentierte in seinem zweibändigen Werk *Law of Population*, das stark angegriffen wurde, dass das Bevölkerungswachstum mit steigendem Einkommen sinken würde.

Malthus' Thesen wurden zunächst in der Praxis widerlegt, denn technologische Entwicklungen steigerten die landwirtschaftlichen Erträge, die von Malthus prognostizierten großen Hungerkatastrophen blieben aus. Doch im 20. Jahrhundert kamen sie im Zuge der Begrenztheit der Rohstoffe auf der Erde, insbesondere der fossilen Energieträger, mit anderem Akzent virulent auf. Der Club of Rome argumentierte im Grunde malthusianisch, als er die »Grenzen des Wachstums« ausrief und auf die Knappheit der Ressourcen der Erde und die gleichzeitig exponentiell wachsende Weltbevölkerung hinwies. Auch wenn die Argumentationslinien des Club of Rome aufgrund technischer Innovationen nicht zu halten waren und Korrekturmechanismen des Marktes nicht berücksichtigte, so verweisen doch globale Entwicklungen darauf, dass Malthus' Annahme von einer Bevölkerungsfalle doch auf andere Art – etwa durch Überstrapazieren der Natur, insbesondere des Klimas – eintreten könnte.

Smiths Ideen strahlten bald nach Frankreich aus. In London wurde der im Geiste der Aufklärung erzogene Kaufmannssohn **Jean-Baptiste Say** (1767 bis 1832) im Beruf des Vaters ausgebildet. Er las Smiths Werk, war begeistert und begann, dessen Ideen in seiner Heimat zu verbreiten. Say gehörte 1799 kurze Zeit dem Tribunat Napoleons an, trat dann aber zurück, weil er Napoleons zunehmend autoritäre Herrschaft ablehnte. 1803 veröffentlichte Say in zwei Bänden sein Hauptwerk *Traité d'économie politique*, das als eines der einflussreichsten Werke der Theoriegeschichte der Wirtschaftswissenschaft gesehen werden kann. Say, immer wieder verkannt und zu gering bewertet als Popularisierer von Adam Smith, hielt bei aller Bewunderung das Werk seines Vorbilds für unsystematisch. Er sah in der Ökonomik eine empirische Wissenschaft und daher könnten durch empirische Methode und Analyse die Naturgesetze, die auf Menschen und Dinge wirkten, erkannt werden. Mathematik in der ökonomischen Darstellung lehnte er ab.

Says Herangehensweise prägte das weitere Denken, wie etwa seine Weiterführung von Smiths Ansätzen zur Rolle der drei Produktionsfaktoren (Kapital, Boden, Arbeit). Anders als Smith in seiner Werttheorie sah Say nicht nur die Arbeit als wertbestimmend für ein Gut, sondern alle drei Produktionsfaktoren Arbeit, Boden und Kapital. Er fügte sogar einen weiteren Produktionsfaktor an: die Tätigkeit des Unternehmers. Für Say wurde der endgültige Wert eines Gutes durch Angebot und Nachfrage bestimmt, insbesondere aber durch den Nutzen, der ihm zugeschrieben wird und der sich dann im Tauschpreis niederschlägt. Damit war Say, hier beeinflusst von Condillac, einer der Ersten, der Nutzen in die Werttheorie einführte. Er wies auch erstmals immateriellen Gütern wie Rechten und Dienstleistungen einen Wert zu.

Say betonte das Recht auf Eigentum, welches Wirtschaften und Handel und den daraus entstehenden Wohlstand erst ermögliche. Dieses gebe erst den Anreiz dafür. Außerdem durchzieht Says Argumentation die starke Betonung des Diktums des Laissez-faire und die nur geringe Berücksichtigung der Rolle des Staates, auch in Bezug auf den Außenhandel. Mit seinem berühmten Sayschen Theorem beschrieb er seine Sicht auf die Gesetzmäßigkeiten des Marktes. Es besagt zusammengefasst »Jedes Angebot schafft sich selbst seine Nachfrage«, ein Satz, der sich bei Say aber so nicht findet. Nach Say schafft die Güterproduktion das Einkommen, das schließlich zur Nachfrage führt.

Insbesondere in Frankreich hinterließen in dieser Zeit neben Say vor allem Ingenieure ihre Spuren in der Wirtschaftswissenschaft. Diese beachteten die von den Physiokraten noch weitgehend ausgeblendete beginnende Industrialisierung durch komplexere Manufakturen, vor allem aber das aufkommende Fabrikwesen. **Achylle Nicolas Isnard** (1749 bis 1803) veröffentlichte 1781 anonym seine Schrift *Traité des richesses*, worin er auf mathematischem Weg nachzuweisen versuchte, dass nicht nur Landwirtschaft, sondern auch industrielle Produktion Gewinne erwirtschaften könne. Neben Isnard legten danach noch die Ingenieure Jules Dupuit und Henri Fayol wirtschaftswirtschaftliche Arbeiten vor. Doch dazu später.

In England betrat nun ein neuer großer Denker die Szene, der mit seinen Ideen der noch jungen Wissenschaft dauerhaft und anhaltend neue Wege eröffnen sollte. **David Ricardo** (1772 bis 1823), von dem hier die Rede ist, erschien auf der Bühne der Wissenschaft aus überraschender Richtung, denn er wechselte von der sehr erfolgreich betriebenen Praxis in die Theorie. Ricardo war der Spross einer aus Holland stammenden jüdischen Familie erfolgreicher Börsenmakler. Schon als Junge hatte er spekuliert und war dann mit 14 Jahren in das Geschäft des Vaters eingestiegen. Trotz des Bruchs mit der Familie, den er durch seine Heirat mit einer Quäkerin herbeiführte, wurde er durch Börsenspekulationen der bekannteste Spekulant seiner Zeit und einer der reichsten Männer Englands.

Während eines Besuchs seiner sich im Kurbad Bath aufhaltenden Frau griff Ricardo dort in einer Leihbücherei nach dem Buch *Wealth of Nations* von Adam Smith, überflog zwei Seiten und ließ sich das Buch nach Hause schicken. Bis dahin, so bekannte er später, habe er sich nicht im Geringsten mit ökonomischen Fragen beschäftigt. Nun aber wurde Wirtschaftstheorie zu seiner Leidenschaft, und bald begann er sich in die Ausarbeitung eigener Ideen zu vertiefen.

Nach einigen Zeitschriftenartikeln zur Inflation, hervorgerufen durch die Kosten der Kriege gegen Napoleon, veröffentlichte Ricardo 1810 seine Schrift *The High Price of Bullion*, in der er die These vertrat, dass Inflation kausal mit der Geldmenge zusammenhänge. Mit dieser Quantitätstheorie des Geldes wirkte er auf die spätere Theorie des Monetarismus um Milton Friedman. Mit seinem Vorschlag, die ausgegebenen Banknoten von einer entsprechenden Goldmenge zu decken, um so die Preise wieder zu senken, legte er das theoretische Fundament für die spätere Currency-Schule um **Thomas Joplin**, **Robert Torrens** und **Samuel Jones-Lloyd**, den 1. Baron Overstone.

1815, mit nur 43 Jahren, zog sich Ricardo schließlich aus seinem Beruf zurück und ging fortan auf seinem Landsitz in Gloucestershire ausschließlich seinen wissenschaftlichen Neigungen nach. 1817 veröffentlichte er sein Buch *On the Principles of Political Economy and Taxation*, das ebenfalls zu einem der einflussreichsten Bücher in der ökonomischen Geschichte zählt. Wie Adam Smith in *Wealth of Nations* analysierte Ricardo die Zusammenhänge der Produktionsfaktoren Arbeit, Boden und Kapital. Doch anders als Smith, der sich auf die Entstehung von Wohlstand konzentriert hatte, erörterte Ricardo nun dessen Verteilung und ging ausführlich auch auf Reichtum und Armut ein.

Zentral in Ricardos Argumentation war wie zuvor auch bei Say die Werttheorie. Wie Smith wies Ricardo der in einem produzierten Gut enthaltenen Arbeit den entscheidenden Anteil an dessen späterem Wert zu, und er unterteilte in Gebrauchs- und Tauschwert. Jean-Baptiste Says Ansicht, wonach alle drei Produktionsfaktoren Arbeit, Boden und Kapital wertbestimmend seien, verwarf Ricardo ausdrücklich. Doch auch an Smith übte er Kritik. Für Ricardo bestimmte ausschließlich der Faktor Arbeit den Wert und damit den Preis eines Gutes, nicht etwa Angebot und Nachfrage, die Smith zusätzlich als Bestimmungsfaktoren ins Spiel gebracht hatte. Der Preis, den ein Gut am Markt erziele, so Ricardo, enthalte schließlich einen Mehrwert und der unterteile sich in Rente und Profit und sei der Lohn des Unternehmers. Hiermit war der Gedanke in der Welt, den später Karl Marx wirkmächtig aufgriff.

Ricardos werttheoretischer Ansicht widersprach bald unter anderen **Samuel Bailey** (1791 bis 1870) in seinem 1825 veröffentlichten Werk *A Critical Dissertation on the Nature, Measures and Causes of Value*, dessen Untertitel bereits darauf hinwies, dass es an Ricardo und dessen Anhänger gerichtet war. Bailey sagte nun, nicht die Arbeit, die in die Produktion eines Gutes geflossen sei, bestimme deren Wert, sondern allein das Wirtschaftssubjekt, das sich zwischen Gütern zu entscheiden hat.

Was die Betrachtung der ökonomischen Rolle von Grundbesitz betraf, strich Ricardo in seiner Grundrententheorie (er unterteilte in Bodenrente, Lagerente und Differenzialrente) Knappheit und unterschiedliche Beschaffenheit und Marktlage der Böden als wesentliche Einflussfaktoren heraus. Die Beschaffenheit der Böden führe zu verschieden hohen Produktionskosten. Daher sinke die Rente für den Kapitalgeber mit zunehmender Ausdehnung des Ackerbaus auf schlechtere Böden. Sie steige aber für die Grundbesitzer, da zunehmend Böden nachgefragt würden (die Differenzialrente – der Überschuss des besseren Bodens im Vergleich zu schlechteren Böden – steigt). Damit knüpfte Ricardo an die Arbeiten von Adam Smith an, der in seiner Analyse nach Böden für Landwirtschaft und für Bergbau unterteilt hatte und die Grundrente als Ertrag nach Abzug von Kosten und Gewinn des Pächters definierte. Er hatte auch Lage und Transportkosten und den Einfluss vergleichbarer Böden der Nachbarschaft mitberücksichtigt. Aus seinen Überlegungen zog Ricardo den Schluss, dass es schließlich Böden seien, die langfristig mit steigender Ausdehnung der Produktion den meisten Profit erzielen. Daher verkaufte er seine Wertpapiere und erwarb ausgedehnten Landbesitz.

Vor Ricardo und unabhängig, doch fast zeitgleich mit Smith hatte auch der Schotte **James Anderson** in seinen 1777 erschienenen Schriften *Observations on the Means of Exciting a Spirit of National Industry* und *An Enquiry into the Nature of the Corn Laws* eine Grundrententheorie und das Prinzip der Differenzialrente entwickelt. Für ihn bildete die Differenzialrente das an den Pächter vergebene Recht, einen Boden nutzen zu dürfen, der fruchtbarer ist als andere.

Der klassischen Theorie gab Ricardo auch die Warnung mit, dass freies Wirtschaften nicht nur zu gesellschaftlich gewünschten Ergebnissen führt. Hier formulierte er seine einflussreiche Theorie der Löhne, nach der die Löhne bei freiem Spiel der Marktkräfte stets zu einem Niveau tendieren, das den Lebensunterhalt der Arbeiter gerade noch sichert. Ricardos Methode, Sachverhalte und Fragen in sehr abstrakten, jedoch einfachen Modellen zu analysieren, prägte die weitere ökonomische Wissenschaft. Das gleiche gilt für die durch ihn eingeführte Betrachtung langfristiger Entwicklungen.

In die Geschichte der Außenhandelstheorie schließlich ging Ricardos Theorem der komparativen Kostenvorteile ein. Es erweiterte Adam Smiths Kernidee der klassischen Außenhandelstheorie, das Modell des absoluten Kostenvorteils. Smith hatte noch gesagt, ein Land solle jene Güter produzieren, die es im Vergleich am günstigsten herstellen kann. Für Ricardo hingegen lohnte sich der Handel zwischen zwei Ländern selbst dann für beide, wenn ein Land alle Güter günstiger herstellen kann als das andere. Dieses sogenannte Ricardo-Theorem wurde zu einem bedeutenden Argument für den Freihandel. Ab 1819 war Ricardo radikal-liberaler Abgeordneter des britischen Parlaments und trat im Sinne seiner Außenhandelstheorie für eine Wirtschaftspolitik ein, die nicht dem Prinzip folgt, welche Güter im Inland besser herzustellen seien, sondern über Export und Import allein durch Vergleich der Kosten entscheidet.

Obwohl Ricardo als Großgrundbesitzer von den Getreidezöllen profitierte, die während der Kriege gegen Napoleon Bonaparte eingeführt worden waren, bekämpfte er diese vehement. Berühmt wurde die ökonomische Debatte über die Corn Laws (Korngesetze), ausgelöst durch zwei Schriften von Malthus, der die protektionistischen Maßnahmen der Zölle befürwortete. Binnen weniger Wochen veröffentlichten Ricardo, **Robert Torrens** (1780 bis 1864) und **Edward West**

(1782 bis 1828) im Februar 1815 unabhängig voneinander ihre Argumente gegen die Zölle. Bemerkenswert ist, dass alle vier in diesen sogenannten Corn-Law-Pamphlets in sehr ähnlichen Formulierungen das Gesetz vom abnehmenden Ertrag fanden. Ricardo attackierte die Corn Laws, Malthus sprach sich für die Gesetze aus. Ricardo goss seine Argumente, die er bei der Corn-Law-Debatte ins Feld geführt hatte, schließlich in seinen 1817 erschienenen *Principles* in ein System.

Die Corn-Law-Debatte war nicht die einzige wissenschaftliche Kontroverse, die Ricardo mit seinem Freund Malthus austrug. Dessen zweites bedeutendes Werk war auch eine Replik auf Ricardos *On the Principles of Political Economy and Taxation* und hieß mit *Principles of Political Economy* nicht von ungefähr ähnlich. Es erschien 1820 und stellte sich in der Preis- und Werttheorie gegen Ricardo. Denn für Malthus war im Wert einer Ware nicht nur die Arbeit, sondern auch der Profit enthalten. Da aber Arbeiter nur den Wert ihres Lohnes zur Verfügung hätten, müsse es zwangsläufig zu einer Nachfragelücke kommen. Der Klassiker Malthus war also im Grunde der erste Anti-Klassiker bzw. Anti-Ricardianer. Auch mit Jean-Baptiste Say korrespondierte Malthus umfangreich. Er widersprach dessen Theorem, dass sich jedes Angebot seine Nachfrage schaffe. John Maynard Keynes ließ später wissen: »Wenn nur Malthus anstelle von Ricardo der Hauptstamm gewesen wäre, von dem sich die Ökonomie des 19. Jahrhunderts entwickelt hätte, um wieviel weiser und reicher wäre die Welt heute!«

Philosophisch und politikwissenschaftlich geht der Beginn der Klassischen Schule mit dem Beginn des Utilitarismus (vom lateinischen *utilitas* für Nutzen oder Vorteil) einher. Der Utilitarismus entstand in England und wirkte vor allem in das angelsächsische Gesellschaftsdenken, wo er als Grundströmung einer auf das Praktische gerichteten Denkhaltung auch zu Beginn des 21. Jahrhunderts noch immer großen Einfluss hat. Die Denkweise des Utilitarismus baut auf der Frage auf, welche Handlung den größten Nutzen bringt. Diese Tatsache seines in der angelsächsischen Welt anhaltenden Einflusses auf Politik, Gesellschaft und auch das ökonomische Denken und Handeln wird in Deutschland vielleicht zu wenig erkannt und wohl manche Kommunikationsschwierigkeit mit der im deutschen Denken tendenziell sehr idealistischen Grundströmung rührt daher. Denn es ist schon eine grundlegend andere Sache, ob man fragt »Was ist zu tun?« oder ob man fragt »Was sollte getan werden?«.

Der Nutzengedanke selbst war nicht neu. Seit jeher hatten Menschen sich bei Entscheidungen diese Frage gestellt. Derlei Gedanken finden sich schon in der frühen chinesischen Philosophie im Moismus von Mozi oder in Griechenland im Hedonismus von Aristippos von Kyrene. Auch lassen sich Gedankenstränge zu den Lehren des Epikur knüpfen. Mitte des 18. Jahrhunderts beschäftigte er – wie wir bereits gesehen haben – Denker wie Genovesi, Verri und Condillac.

Als Begründer des angelsächsischen Utilitarismus und damit des einflussreichsten Ideengebäudes dieser Richtung des Denkens gilt **Jeremy Bentham** (1748 bis 1832), exzentrischer Sohn eines wohlhabenden Anwalts. In seinem 1789 erschienenen Buch *An Introduction to the Principles of Morals and Legislation* arbeitete er erstmals ein utilitaristisches System aus. Bentham ging davon aus, dass es zwei urmenschliche Konstanten gebe: den Willen, Genuss zu erringen, und den Willen, Schmerz zu vermeiden. Dieses sogenannte hedonistische Prinzip bestimme die Handlungen der Menschen, auch ihre ethischen.

In Benthams Nutzenprinzip ist alles gut, was »das größte Glück der größten Zahl« ergibt oder, etwas verständlicher formuliert, was das meiste Glück für die größte Menge an Menschen bringt. Bentham erkannte jedoch, dass das gleichzeitige Verfolgen von »größtem Glück« und »größter Zahl« schnell zu Lösungskonflikten führt. Er favorisierte daher später das »Prinzip des größten Glücks« (Maximum-Happiness-Principle). Der »Nutzen«, wie Bentham ihn verstand, war keineswegs eine rechnerische oder rein egoistische Größe. Er verstand seinen Utilitarismus auch vielmehr als eine rationale Ethik für die Gesellschaft und die Gesetzgebung (seine *Principles* waren auch ursprünglich als Einleitung in das Strafrecht gedacht).

Es heißt oft, der Utilitarismus sei rein praktisch und negiere – zumindest: übersehe –, dass Handlungen auch ethisch richtig sein müssen. Daher sei der Utilitarismus rein rational, sogar gottlos und daher im Grunde – um es böse zu sagen – eine ideale Gebrauchsethik für den kalkulierenden Kaufmann und somit auch ein hervorragend geeignetes Ideenfundament für den Liberalismus. Tatsächlich wurde und wird der Utilitarismus in dieser Hinsicht fälschlich interpretiert, auch und gerade von jenen, deren radikalliberale bis libertäre Sicht sich durch eine solche Interpretation bestätigt sieht. Auch wurde Benthams Utilitarismus als ein Denken gesehen, das Unterdrückung und Folter rechtfertige, wenn es der Mehrheit nutze. Bentham aber rechtfertigte in seinem Gedankengebäude keineswegs das »Opfern« einiger weniger für das Glück der meisten. Denn derlei steht im Widerspruch zu der von ihm als hohes Gut betrachteten empfundenen Sicherheit des Individuums. Das gleiche Gesetz für alle und damit das individuelle Sicherheitsgefühl war für Bentham essenziell. So muss etwa staatliche Gewalt das Ziel haben, das Glück des Individuums nicht anzutasten. Bentham: »Warum sollte das Gesetz seinen Schutz irgendeinem empfindenden Wesen verweigern? Die Zeit wird kommen, da die Menschheit alles, was atmet, unter ihren Schirm und Schild nehmen wird.«

Ethik beziehungsweise Moral war bei den angelsächsischen Denkern wie Bentham, Hume und Smith ein wichtiges Thema. Sie hatten nur einen anderen Ansatz. Moral war für sie individuell. Sie entsteht nicht aus einer Instanz wie Gott oder Kirche. Sie entsteht im Menschen selbst. In der Praxis zeigte Bentham, was er unter angewandtem Utilitarismus verstand. Er kämpfte im Grunde für den liberalen, marktwirtschaftlich orientierten Sozial- und Wohlfahrtsstaat. Er kämpfte für die Zulassung der Gewerkschaften, für die Rechte der Frauen und den Tierschutz (Bentham: »Die Frage heißt nicht: Können Tiere denken oder reden? Sondern: Können sie leiden?«).

Es war aber nicht Bentham, sondern der Ökonom und Philosoph **John Stuart Mill** (1806 bis 1873), nach Smith ein Hauptdenker der Klassischen Schule, der den Utilitarismus popularisierte. Mill erweiterte Benthams Utilitarismus, verknüpfte Nutzen mit dem im Menschen innewohnenden Gefühl für Gerechtigkeit und beeinflusste mit seinen Überlegungen das liberale Wirtschafts- und Staatsdenken, insbesondere mit den Schriften *On Liberty* von 1859 und *Utilitarianism* von 1863.

Mill war der Sohn des Gelehrten **James Mill** (1773 bis 1827), der 1821 mit *The Elements of Political Economy* ein beachtetes ökonomisches Lehrbuch auf Basis der Ideen Ricardos veröffentlicht hatte und eng mit Jeremy Bentham befreundet war. Der hochintelligente John Stuart war von seinem Vater im Wesentlichen privat ausgebildet worden und hatte Benthams Utilitarismus von der Pike auf gelernt. 1843 legte er mit *A System of Logic* ein bedeutendes Buch zur Wissenschaftstheorie vor. 1844 folgten *Essays on Some Unsettled Questions of Political Economy*, in denen er versuchte, die ökonomische Theorie und ihre Anwendung in der Praxis zu veranschaulichen.

Das schließlich 1848 erschienene zweibändige *Principles of Political Economy*, ein fast 1000-seitiges Werk, das Mill in nur eineinhalb Jahren verfasst hatte, wurde auch dank seiner klaren Sprache eines der einflussreichsten ökonomischen Werke überhaupt. Darin gelang es ihm, die von Smith, Malthus und Ricardo entwickelten Konzepte in ein umfassendes System zu fassen, zu erläutern, zu vergleichen, zu erneuern und Lücken zu füllen. In den *Principles* fand sich erstmals die Gliederung in Produktion, Verteilung, Tausch, sozialen Fortschritt und Staatseinfluss. Vor allem strich Mill die beiden Funktionen des Marktes heraus: Zum einen diene er der Zuteilung von Gütern, zum anderen der Verteilung der Einkommen. Während der freie Markt Ersteres meist effizient löse, gäbe es bei Letzterem erhebliche Defizite, die auch staatliche Eingriffe notwendig machen könnten. Mill verknüpfte seine ökonomische Analyse auch mit soziologischen Aspekten und führte das Bild des Menschen als ein nicht nur rational ökonomisch denkendes Wesen ein. Denn für Mill beeinflussten auch Kultur, Mentalität und geografisches Umfeld die Ausgestaltung und die Abläufe in einem Wirtschaftssystem.

Von 1865 bis 1868 war Mill liberaler Unterhausabgeordneter und engagierte sich für die Rechte der Arbeiter und der Frauen, beeinflusst auch von seiner späteren Frau Harriet Taylor Mill. Zwar tief verwurzelt im Laissez-faire-Gedanken der Klassischen Schule, identifizierte Mill dennoch letztlich auch die Grenzen dieses

Wirtschaftskonzepts und betonte die Bedeutung gesellschaftlich gestaltender Maßnahmen. Er wies auf den Zusammenhang von Armut und hohem Bevölkerungswachstum hin, forderte umfassende staatliche Anstrengungen für die allgemeine Bildung, den Aufbau von Genossenschaften und die Besteuerung großer Erbschaften.

Ironie der Geschichte der Ökonomik: Obwohl Mill den Menschen als ein nicht nur rational wirtschaftlich denkendes Wesen begriff, ist es gerade er, dem man bis heute gerne die Verengung der Sichtweise der Wirtschaftswissenschaften auf den rational denkenden und entscheidenden Homo oeconomicus zuschreibt. Denn in seinem Aufsatz »On the Definition of Political Economy« von 1836 äußerte er zur Wissenschaft der »Politischen Ökonomie«, sie behandele nicht das Ganze der menschlichen Natur, sondern nur jenes Bedürfnis, das ihn nach Wohlstand streben lasse und »das in der Lage ist zu beurteilen«, welche Mittel dazu die wirksamsten sind.

Das griffen viele Ökonomen gerne auf, auch sicher vor dem Hintergrund des durchaus lauteren Wunsches, die junge Wissenschaft messbar zu machen. Jedoch ist mit der Entscheidung, das Modell des Homo oeconomicus in den Mittelpunkt der Forschung zu stellen, eine Entscheidung über die Grenzen der Wirtschaftswissenschaft verbunden. Nicht innere Abläufe und Motivationen, sondern die Linien des Wirtschaftens, des kühlen Kalkulierens sind der Gegenstand. Das Denkmodell des Homo oeconomicus (der Begriff selbst ist erstmals in Vilfredo Paretos *Manuale di economia politica* 1906 nachzulesen), wurde zu einem Kernbestandteil der Lehre, insbesondere jener, die versuchte, anhand von Modellen Instrumente für das optimale praktische wirtschaftliche Vorgehen bereitzustellen.

9 Vom Inhalt und den Methoden – die Ökonomik findet ihre Wege

Staatsverschuldung wird für uns, wenn sie nicht exzessiv ist, ein nationaler Segen sein.
Alexander Hamilton

Die Fehler, die durch die Abwesenheit von Fakten entstehen, sind weit zahlreicher und dauerhafter als jene, die aus falscher Auslegung richtiger Daten resultieren.
Charles Babbage

Nachdem Wirtschaften als System entdeckt worden war, versuchte man nun, wirtschaftliche Abläufe in ihrem Wechselspiel zu begreifen. Die von Smith begonnenen Arbeiten wurden vertieft und fortgeführt von Ricardo, Mill, Malthus und Say. Dennoch gab es zu Beginn der Klassischen Schule auch wichtige Beiträge zu Einzelfeldern wirtschaftlichen Denkens. Zu nennen sind beispielsweise die Schriften und Ideen von **Alexander Hamilton** (1757 bis 1804), einem der Gründerväter der USA, erster Schatzkanzler (Finanzminister) des jungen Staates und einer der Begründer des US-amerikanischen Finanzsystems. In seinem Aufsatz »Report on a National Bank« von 1790 legte er seine Ideen einer Zentralbank mit wesentlicher Beteiligung von privaten Anlegern vor. Diese wurde zunächst tatsächlich eingerichtet, dann aber später von Andrew Jackson abgeschafft. Als man dann 1913 das bis heute wirksame Federal Reserve System der USA etablierte, griff man auf Hamiltons Ideen zurück.

Natürlich war die Wirtschaftswissenschaft als solche noch immer in ihren Anfängen, doch erarbeiteten Denker auf vielschichtige Weise die Themen und Herausforderungen, mit denen sie sich zu beschäftigen hatte. Das waren rein praktische betriebswirtschaftliche Fragen genauso wie Fragen der Verteilung und der Gesellschaft überhaupt. Sie alle waren eng verknüpft mit den Fragen zur Freiheit des Individuums.

Zur Popularisierung des Werkes von Adam Smith trug in der ersten Hälfte des 19. Jahrhunderts die Britin **Harriet Martineau** (1802 bis 1876) bei, vor allem mit ihrem neunbändigen Werk *Illustrations of Political Economy*, das von 1832 bis

1834 erschien. Martineau verfasste zahlreiche weitere Schriften, unter anderem Werke, die viele als erste Schriften der Soziologie einstufen. Neben Martineau verbreitete der schottische Ökonom **John Ramsay McCulloch** (1789 bis 1864) unter anderem mit seinem auch ins Deutsche übersetzten populären Lehrbuch *The Principles of Political Economy* die Lehren von Smith und Ricardo.

In Frankreich erarbeitete der Mathematiklehrer **Nicolas-Francois Canard** (1750 bis 1833) in seinem bedeutendsten Werk *Principes d'économie politique* von 1801, auf mathematische Formeln gestützt, das Zustandekommen des Marktpreises durch Angebot und Nachfrage. Von späteren Denkern der mathematischen Ökonomie wie Walras und Jevons abgelehnt, von marktliberalen Kreisen in Frankreich gefeiert, wird sein Beitrag zum ökonomischen Denken zunehmend stärker gewürdigt. Geblieben ist vor allem Carnards Erkenntnis, die in dem Diktum »Alte Steuern sind gut, neue Steuern sind schlecht« zusammengefasst wird. Denn neue Steuern stören stets das wirtschaftliche Gleichgewicht. Außerdem befand er, dass Steuern sich letztlich immer proportional auf die Marktteilnehmer verteilen, gleich einer Flüssigkeit, die durch Röhren fließt.

Der britische Ökonom **Nassau William Senior** (1790 bis 1863) gilt als einer der bedeutendsten Köpfe der zweiten Generation der ricardianischen Schule. Ein Klassiker der Wirtschaftswissenschaft ist sein 1836 erschienenes Buch *An Outline of the Science of Political Economy*, worin er Ricardos Ansatz übernimmt, dass die Wirtschaftswissenschaft dazu dient, möglichst vielen möglichst viel Reichtum zu verschaffen. Mit seinem nutzenorientierten Ansatz wird Senior als Vorläufer der Grenznutzenschule gesehen. Vor allem in seiner Preistheorie sah er die Preisbestimmung auf der Nachfrageseite durch Nutzenerwägungen beeinflusst. Die Angebotsseite werde dagegen von der Knappheit der Güter und den Produktionskosten geleitet.

Auch im deutschen Sprachraum entwickelte sich das wirtschaftswissenschaftliche Denken weiter. **Heinrich Friedrich von Storch** (1766 bis 1835) stand als russischer Staatsbürger deutscher Herkunft in Zarendiensten. Sein sechsbändiges Werk *Cours d'économie politique* von 1815 ist nach wie vor wenig beachtet, reiht ihn aber unter die Klassiker ein. Es wurde von Karl Heinrich Rau ins Deutsche übersetzt. Von Storch lieferte interessante Gedanken zur Außenhandelstheorie und zur Werttheorie. Der Wert eines Gutes maß sich für ihn im Gebrauchswert und nicht, wie bei Smith und Ricardo, in der eingeflossenen Arbeit und deren Tauschwert. In der Außenhandelstheorie nahm von Storch Gedanken Ricardos in Bezug auf Produktionsvorteile vorweg. Besonders beachtenswert ist seine Konzeption immaterieller »innerer Güter«, die Überlegungen zur Dienstleistungs- und Bildungsgesellschaft früh anspricht und einen Aspekt der Theorie aufzeigt, der danach lange in der klassischen Lehre vernachlässigt wurde.

Friedrich Benedikt von Hermann (1795 bis 1868), auch der »deutsche Ricardo«

genannt, sah sich selbst als einen »Schüler« von Adam Smith. In seinem längst zum Klassiker avancierten Buch *Staatswhirtschaftliche Untersuchungen* von 1832 setzte er dem klassischen Verständnis der Lohnsumme als fixem Bestandteil der Produktionskosten die Annahme eines Lohnes als flexible Größe entgegen. Der Arbeiter schaffe durch seine Arbeit neue Werte und müsse daher bei steigendem Wohlstand einen Anteil daran erhalten. Lohn sei daher auch nicht als fixer Bestandteil der Kosten zu betrachten. Hermann wies in seinen Ausführungen neue Wege, indem er den angebotsorientierten Ansatz der Klassik um die Größen Gebrauchswert und Zahlungsfähigkeit des Käufers und um eine »subjektive Grenze« erweiterte, die die »objektive Grenze«, die Kosten des Produzenten, ergänzte. Die deutsche Finanzwissenschaft baute später auf Hermanns Analyse öffentlicher Güter auf. Hermann ist neben Thünen der womöglich bedeutendste Denker der Klassischen Schule in Deutschland und gilt als einer der Pioniere der modernen Wohlfahrtstheorie.

Der deutsche Ökonom und Landwirt **Johann Heinrich von Thünen** (1783 bis 1850) ist durch sein Werk der vielleicht bekannteste und einflussreichste Standorttheoretiker geworden, wirkte aber mit seinen Ideen weit über die Wirtschaftswissenschaften hinaus. Er war wie Alexander von Humboldt ein Schüler des Agrarwissenschaftlers Johann Beckmann und sollte sich später zudem auf Albrecht Daniel Thaer als seinen agrarwissenschaftlichen Lehrer (dessen Schüler Thünen tatsächlich zeitweise war) und auf Smith als seinen Lehrer in der Ökonomie berufen.

Thünens dreibändiges Hauptwerk war *Der isolirte Staat in Beziehung auf Landwirthschaft und Nationalökonomie*. 1826 erschien der erste Band, die zwei nachfolgenden Bände erschienen 1842 und 1863. Das Werk selbst gilt als hochkomplex und schwer zu durchdringen. Gerade mit dem ersten Band schuf Thünen einen Meilenstein der ökonomischen Theoriegeschichte. Er entwickelte darin das Modell einer imaginären Stadt, die von einer Fläche mit gleicher Bodenbeschaffenheit umgeben war, auf der Getreide zu einem gleichen vorgegebenen Preis erzeugt wurde. Daraus leitete Thünen her, dass die Rentabilität des bewirtschafteten Bodens mit zunehmender Entfernung vom Stadtzentrum abnimmt, da die Transportkosten ab einem bestimmten Punkt die zusätzlichen Erträge zu übersteigen begännen. An diesem Punkt identifizierte Thünen den sogenannten Grenzanbieter und zeigte so den Zusammenhang von Grundrente und Produktionsstandort auf.

Berühmt wurde sein Modell der sogenannten Thünenschen Ringe, bei dem erstmals geografische Faktoren in ein wissenschaftliches ökonomisches Modell eingebunden wurden und aufgrund derer er als Begründer der Standorttheorie gilt. Die Thünenschen Ringe sind verschieden genutzte Böden um eine Stadt herum, anhand derer Thünen zeigte, dass die Art der landwirtschaftlichen Nutzung von der Entfernung des bewirtschafteten Bodens zur Stadt und damit zum

Markt bestimmt wird. Im innersten Ring, dem Stadtzentrum und dem Markt nächsten Ring, war es für Thünen ratsam, Waren herzustellen, die frisch angeboten werden müssen, wie etwa Milch und Gemüse. Auch Heu, Rüben und Kartoffeln, die unter zu langem Transport leiden, sollten dort angebaut werden. Im nächsten Ring empfahl Thünen Forstwirtschaft zu betreiben, da so die hohen Transportkosten dieser Güter gesenkt werden könnten. In den äußeren Ringen sei Getreide anzubauen und Viehzucht zu betreiben.

Aus seiner Standorttheorie entwickelte Thünen schließlich die sogenannte Lagerente und damit unabhängig von Ricardo sein Modell der Differenzialrente. Daraus erarbeitete er schließlich die Grenzproduktivitätstheorie, als deren Begründer er heute ebenfalls gilt. Diese besagt, dass der Arbeitslohn dem Wert der Produktion des zuletzt eingesetzten Arbeiters entsprechen müsse. Dieses theoretische Prinzip wandte er auch auf den Kapitalzins an. Mit seiner Lohnformel stellte Thünen einen Gegenentwurf zu Ricardos Theorie der Löhne vor. Denn für Thünen konnte der Arbeitslohn, anders als für Ricardo, durchaus über dem Existenzminimum liegen. Berühmt wurde Thünens Lösungsformel vom »naturgemäßen Arbeitslohn«, wonach dieser die Wurzel des Produkts aus Existenzminimum multipliziert mit dem Arbeitsprodukt ist. Thünen war der Ansicht, dass Lohnarbeit, die Gebrauchsgüter produziere, auf dem gleichen Niveau bezahlt werden müsse wie diejenige Arbeit, die Kapitalgüter herstelle. Daher führte er auf seinem Gut sogar eine Art von Gewinnbeteiligung für seine Arbeiter ein.

Im Zusammenhang mit Thünen sei ein Blick auf dessen zeitweiligen Lehrer **Albrecht Daniel Thaer** (1752 bis 1828) geworfen. Beide kann man als bedeutende theoretische Wegbereiter des Übergangs von der feudalen Landwirtschaft hin zur nach industriellen Prinzipien betriebenen Landwirtschaft in Deutschland bezeichnen, was in einer Zeit, da die Landwirtschaft noch der wichtigste Wirtschaftsfaktor war, von immenser wirtschaftlicher Bedeutung war. Thaer führte, auch beeinflusst von den Arbeiten des britischen Agrarwissenschaftlers Arthur Young und der ökonomischen Lehren Smiths, in die bis dahin rein auf Erfahrungswerten aufbauende Agrarwirtschaft wissenschaftliche Methoden und betriebswirtschaftliche Betrachtungen ein. Sein mehrbändiges Werk *Grundsätze der rationellen Landwirtschaft* von 1809 bis 1812 wurde ein Standardwerk.

In Frankreich wirkte ein neben Ricardo und Malthus anderer bedeutender Krisentheoretiker der Epoche. Es war **Simonde de Sismondi** (1773 bis 1842), der in seinem 1819 erschienenen Werk *Nouveaux principes d'économie politique* wirtschaftliche Krisen mit der Störung des Gleichgewichts von Produktion und Konsum erklärte. Mit seinem Ansatz und seiner Forderung nach Eingreifen des Staates kann Sismondi als Vorläufer von Keynes bezeichnet werden. Sismondi erarbeitete eine von Malthus begrüßte Unterkonsumtionstheorie, nach der zu geringe Löhne zu geringerer Nachfrage führen. Dies drücke die Preise der Anbieter, die daraufhin an Produktionsgütern sparen, insbesondere an Arbeit. Sismondi entwickelte ferner das erste Wachstumsmodell auf algebraischer Basis und prägte die Begriffe »Proletariat« und »Klassenkampf« noch vor Karl Marx, der Sismondis Werke intensiv studierte, diese aber wie auch nach ihm Lenin scharf attackierte. Aufgrund seiner historischen, kultur- und sozialwissenschaftlichen Beiträge kann man Sismondi als einen Vorläufer der Historischen Schule sehen.

In England machte sich **Charles Babbage** (1826 bis 1877) daran, in diesem Zeitalter des beginnenden Siegeszugs von Maschine und Fabrikwesen sich mit diesem Feld theoretisch auseinanderzusetzen. Der Erfinder zahlreicher Rechenmaschinen betätigte sich auch als Denker auf wirtschaftswissenschaftlichem Gebiet. Sein Buch *On the Economy of Machinery and Manufactures* aus dem Jahr 1832 ist ein Klassiker früher Produktions- und Fertigungstheorie und ein bedeutendes Basiswerk frühen betriebswirtschaftlichen Denkens.

Auch der Schotte **Andrew Ure** (1778 bis 1857) zeigte sich in *The Philosophy of Manufactures* von 1835 und dem im Jahr darauf erschienenen *The Cotton Manufactures of Great Britain* wie Babbage überzeugt, dass die Mechanisierung zur Verbesserung der Arbeitsbedingungen der Arbeiter beitrage. Ure lobte die moralischen, physischen und intellektuellen Auswirkungen von Fabrikarbeit auf die Beschäftigten und stellte dar, wie mechanische und physikalische Prinzipien die Produktion effizienter machen können. Nicht vergessen werden darf in diesem Zusammenhang der irische Universalgelehrte **Dionysius Lardner** (1793 bis 1859) mit seinem Buch *Railway Economy. A Treatise on the New Art of Transport*, das vielen als eine erste Industriebetriebslehre gilt.

Zu einem Pionier späterer betriebswirtschaftlichen Denkens in Frankreich wurde **Jean-Gustave Courcelle-Seneuil** (1813 bis 1892), indem er sich in seinem *Traité théorique et pratique des entreprises industrielles, commercial et agricole ou Manuel des affaires* von 1855 mit den Aufgaben des Unternehmers auseinandersetzte. Er unterteilte in Planung, Beschaffung, Führung und Kommunikation. Jahrzehnte später griff **Henri Fayol** (1841 bis 1925) 1916 mit seinem Modell der Managementfunktionen auf die Arbeit Courcelle-Seneuils zurück, während zur gleichen Zeit in den USA Frederick Winslow Taylor den Betrieb zum Gegenstand seiner Analysen machte.

Der irische Ökonom **John Elliott Cairnes** (1823 bis 1875), ein begeisterter Anhänger der Lehren von Ricardo und John Stuart Mill, führte Mitte des 19. Jahrhunderts in Großbritannien die Klassische Schule weiter. Für ihn ließen sich die Fundamente der Wirtschaftswissenschaften aus den physischen Gegebenheiten des Menschen ableiten, etwa die Arbeitsteilung aus dem Verstand und der Fähigkeit, Probleme zu unterteilen. Cairnes erkannte aber später nicht mehr die Bedeutung der aufkommenden Grenznutzenschule.

In Deutschland war der Philosoph **Christian Jakob Kraus** (1753 bis 1807), der durch Fürsprache Immanuel Kants eine Professur in Königsberg erhalten hatte, einer der frühen Vermittler der Ideen von Adam Smith. Kraus sprach sich für die Aufhebung der Leibeigenschaft aus und für eine Verringerung staatlicher Eingriffe. Er arbeitete wie Smith auch zur Moralphilosophie, bildete deutsche Beamte aus und hatte Einfluss auf die Stein-Hardenbergschen Reformen in Preußen.

Wilhelm von Humboldt (1767 bis 1835) verfasste 1792 seine Schrift *Ideen zu einem Versuch die Gränzen der Wirksamkeit des Staats zu bestimmen*. In einer Epoche der Französischen Revolution, in der auch in Preußen nach der Regierungszeit des sogenannten »aufgeklärten« Monarchen Friedrichs des Großen Überlegungen über die Rolle des Bürgers, des Individuums hervortraten, sprach Humboldt dem Staat das Recht ab, sich um das »Wohl« des Bürgers zu kümmern, auch lehnte er es ab, dass der Staat selbst wirtschaftlich aktiv werde. Aller Fortschritt, alle positiven Entwicklungen der Menschheit in der Geschichte entstammten laut Humboldt dem freien Handeln der Menschen. Aufgabe des Staates sei es, die Freiheit des Einzelnen sicherzustellen.

Ganz andere Töne kamen mit Beginn der Romantik aus Deutschland. Sie stellten im Wesentlichen eine umfassende Gegenreaktion auf Smith und die Klassische Schule dar, insbesondere, weil die ökonomischen Ideen der Romantik am Konzept der Lenkung durch Staat und traditionelle Institutionen wie Adel und Kirche festhielten. In starker Wechselwirkung mit der Romantik stand **Johann Gottlieb Fichte** (1762 bis 1814), der, beeinflusst von Immanuel Kant, neben Schelling und Hegel der bedeutendste Kopf des deutschen Idealismus war. Bei Fichte findet sich zum ersten Mal die dialektische Schrittfolge These-Antithese-Synthese. In seiner ökonomischen Abhandlung *Der geschlossene Handelsstaat* von 1800 entwarf Fichte einen sozialistischen »Vernunftstaat«. Der einzelne habe das Recht auf Freiheit und Eigentum (das sich auf Handlungen, nicht auf Sachen bezog), geschützt durch die von ihm befugte Staatsgewalt. Das Eigentum habe aber im Rahmen der persönlichen Bedürfnisse zu bleiben. Freihandel lehnte Fichte ab, wie auch den Merkantilismus. In Fichtes geschlossenem Staat, einem Ständestaat mit den drei Klassen Bauern/Arbeiter, Handwerker und Kaufleute, sollten feste Preise garantiert sein, der Staat habe die Wirtschaft zu planen und zu organisieren (gleich einer geschlossenen sozialistischen Planwirtschaft, was auch spätere Planwirtschaften vorwegnimmt). Handel gibt es nur als Staatshandel. Der Staat weist auch jedem Einzelnen die Arbeit zu, dies nach dessen Eignung nach voriger Prüfung. Ziel von Fichtes Staat ist es, dass sich die Klassen gegenseitig kontrollieren und der Staat sich selbst auflösen könne.

Auch der idealistisch-christliche Philosoph **Franz von Baader** (1765 bis 1841) wandte sich gegen die Freiheits- und Gesellschaftsvorstellungen des Kapitalismus in England, den er in seiner Studienzeit dort kennengelernt hatte. Er sprach vom

»Proletair«, der nun vogelfrei sei, und brachte damit den Begriff in Deutschland noch vor Marx in die Diskussion. Baader sah bei Staat und Kirche den Auftrag, sich um die Entwicklung einer sich kümmernden christlichen Gesellschaft zu bemühen. Er kritisierte Adam Smith dafür, dass er nicht die steigende Armut der Arbeiter durch die Produktionssteigerung der Industrie gesehen habe, und prangerte die Kartelle der Industriellen an, die den Zweck hatten, Löhne zu drücken. Er entwarf Ideen für eine Sozialversicherung für Arbeiter und zur beginnenden Gewerkschaftsbewegung.

Als Hauptvertreter der ökonomischen Ideen der Romantik und als Gegenspieler der liberalen Staatsideen Lockes und Montesquieus sowie der ökonomischen Ideen Adam Smiths gilt der Staats- und Gesellschaftstheoretiker **Adam Müller** (1779 bis 1829). Er veröffentlichte 1809 das dreibändige Werk *Elemente der Staatskunst*. Staat, Gesellschaft und Wirtschaft wollte Müller nicht getrennt denken. Ein freier Markt führte für ihn ins Chaos, was Müller im Elend der immer größer werdenden Arbeiterschicht bestätigt sah. Er plädierte daher für das Festhalten an einer starken regulierenden Staatsmacht. Der Ständestaat und die Strukturen des feudalen Landadels seien zu bewahren. Wettbewerbsdenken wollte Müller unterbinden, stattdessen wollte er die Kooperation der Marktteilnehmer und staatliche Steuerung.

Müller wandte sich auch in seiner Geldtheorie gegen die Klassische Schule und setzte ihrer individualistisch-funktionalen Anschauung sein romantisches Weltbild entgegen. 1816 veröffentlichte er seine Schrift *Versuche einer neuen Theorie des Geldes mit besonderer Rücksicht auf Großbritannien*. Darin führte er aus, dass stabiles Geld nicht nur durch Edelmetall gedecktes Geld sei, sondern auch Papiergeld des Staates, für das ein Landesherr mit seinem Wort stehe.

Auch in der wissenschaftlichen Methodik attackierte Müller die Klassische Schule: So forderte er anstelle der Methode der Abstraktion, soziale Wirkungen im historischen Zusammenhang zu erforschen, Ideen, die später in der Historischen Schule aufgegriffen wurden. Allerdings wirkten Müllers Ideen später in den 1920er-Jahren auch inspirierend für faschistische und nationalsozialistische Gesellschaftsideen.

Wie das vom Staat ausgegebene Geld gedeckt sein soll, darüber entspann sich in Großbritannien in den 1840er-Jahren die sogenannte Banking-und-Currency-Debatte, in der die sogenannte Banking- und die Currency-Schule aufeinandertrafen. Die Debatte war im Grunde eine Fortsetzung der »Bullion-Kontroverse«. Die Vertreter der Currency-Schule traten für eine volle Golddeckung der ausgegebenen Banknoten ein. Ihre wichtigsten Vertreter waren David Ricardo, John Ramsay McCulloch und Henry Thornton. Die Banking-Schule wollte hingegen für die Deckung ausgegebener Banknoten auch Geldsurrogate wie Wechsel und Kredite zulassen und akzeptierte auch eine Schwankungstoleranz zum Gold. Die wichtigsten Köpfe der Banking-Schule waren **Thomas Tooke**, **John Fullarton**,

Robert Torrens und John Stuart Mill, wovon die beiden letztgenannten bereits in der Corn-Law-Debatte mitgemischt hatten.

In dieser Epoche der sich findenden Wirtschaftswissenschaft liegen auch viele Wurzeln weiterer, später für die Wirtschaftswissenschaften bedeutsamer Gebiete. So zum Beispiel die der Wahrscheinlichkeitstheorie, die neben der mathematischen Statistik zur Stochastik (von der griechischen »Kunst des Vermutens«) zählt. Sie hat bedeutenden Einfluss auf die spätere Spieltheorie.

Frühe Arbeiten zur Stochastik sind die des britischen Geistlichen **Thomas Bayes** (1702 bis 1761), insbesondere sein posthum 1763 erschienener »Essay Towards Solving a Problem in the Doctrine of Chances« mit dem darin enthaltenen berühmtem Bayes-Theorem, in dem es um die Berechnung der Wahrscheinlichkeit des Eintretens eines Ereignisses B nach Eintreten des Ereignisses A geht.

Weitere frühe wichtige Beiträge zur Wahrscheinlichkeits- und Differenzialrechnung lieferten der französische Mathematiker und Astronom **Pierre Simon Laplace** (1749 bis 1827) und sein Landsmann und Zeitgenosse **Marie Jean Antoine Condorcet** (1743 bis 1794). Der meinte, die Ökonomie unterliege den »Grundsätzen der Philosophie und der genauen Berechnung«. Condorcet galt als einer der bedeutendsten Mathematiker seiner Zeit. Er lernte Turgot kennen, der ihn zum Leiter des Münzwesens machte, veröffentlichte Schriften, in denen er für Freihandel plädierte, verfasste Biografien über Turgot und Voltaire, die seine eigene liberale Sicht widerspiegelten, und eine zwölfbändige Enzyklopädie, die posthum herauskam.

Wirkmächtig für die Public-Choice-Theorie und die Spieltheorie ist Condorcet mit seinem Condorcet-Paradox, das später Kenneth Arrow unabhängig von ihm beschrieb, welches die Situation darlegt, in der drei Parteien nacheinander über drei jeweils bevorzugte Alternativen abstimmen. Condorcet zeigte, dass die Reihenfolge, in der immer nur über zwei Alternativen abgestimmt wird, das Ergebnis bestimmt. Bei Ausbruch der Französischen Revolution schloss sich Condorcet den Revolutionären an, blieb aber bei seinen freiheitlichen und toleranten Ansichten, als die Revolution zu Terror überging, und starb unter ungeklärten Umständen im Kerker.

Antoine Augustin Cournot (1801 bis 1877) begründete schließlich die mathematische Schule in der Ökonomik. Zudem war er einer der Ersten, die den Nutzen der Wahrscheinlichkeitsrechnung für die Wirtschaftswissenschaften erkannten. Cournot entstammte einer Bauern- und Juristenfamilie und arbeitete zunächst als Angestellter in einer Anwaltskanzlei. Er beschäftigte sich mit Philosophie. Weil er zu der Ansicht kam, er müsse die Mathematik beherrschen, um seine Ideen adäquat darlegen zu können, beschloss er im damals bereits reifen Alter von 19 Jahren, noch einmal die Schule zu besuchen. Danach nahm er 1821 in Paris das Studium auf. Nach der Beschäftigung als Berater und Hauslehrer in Diensten eines Marschalls lehrte er Mathematik als Professor in Lyon, war Akademierektor in Grenoble und lehrte danach in Dijon. Als sein Hauptwerk gilt *Recherches sur les principes mathématiques de la théorie des richesses*, das zuerst 1838 erschien. Darin analysierte Cournot die Preisbildung im Monopol, Duopol und Oligopol. Seine Erkenntnisse prägten die Wissenschaft nachhaltig. Generationen von Studenten lernten als Punkt des Gewinnmaximums eines Monopolisten den sogenannten Cournotschen Punkt. Zudem führte Cournot die Nachfragefunktion ein. Auch der Begriff des unvollkommenen Wettbewerbs stammt von ihm. Zu Lebzeiten blieb Cournot die breite Anerkennung versagt, denn die Mathematik interessierte sich nicht für wirtschaftliche Fragen, die Ökonomen nicht für Mathematik. Er erlebte aber noch, wie seine Arbeiten durch Léon Walras und William Stanley Jevons entdeckt wurden.

In England entstand derweil eine Schule, die bis heute zu erhitzten Debatten führt. Der Unternehmer **Richard Cobden** (1804 bis 1865) hatte 1831 in Manchester die Anti-Corn Law League gegründet und 1846, nach langem politischen Kampf, gelang es ihm und seinen Mitstreitern, unter ihnen der Politiker John Bright, den Corn Laws ein Ende zu bereiten. Während der Corn-Law-Debatten war der Begriff der Manchester-Schule aufgekommen; heute spricht man meist von Manchester-Liberalismus. Premier Benjamin Disraeli benutzte ihn abschätzig. Und abschätzig wurde er weiter benutzt und so ist es auch noch heute. Der deutsche Arbeiterführer Ferdinand Lassalle variierte ihn in »Manchestertum«. Was bis heute in der Öffentlichkeit im Allgemeinen mit der Manchester-Schule verbunden wird, ist kaltherziges, profitorientiertes Unternehmertum, das den Staat zurückdrängen will, um freie Bahn für hemmungslosen Wettbewerb zu haben, und das keinerlei Empfinden für das Individuum hat. Gerade zu den nach wie vor negativen Assoziationen auch zu Beginn des 21. Jahrhunderts trägt bei, dass die Forderungen der Manchester-Liberalen mit Schlagworten verknüpft wurden, die eine negative Bedeutung erhalten haben. Wie etwa der Freihandel, für den die Manchester-Liberalen zuallererst standen. Denn diesen hielten sie für die Voraussetzung für eine gedeihliche wirtschaftliche Entwicklung.

So meinte der liberale Vordenker in Frankreich, **Frédéric Bastiat** (1801 bis 1850), der im brieflichem Austausch mit Richard Cobden stand: »Wenn Waren nicht die Grenzen passieren dürfen, dann werden es Soldaten tun.« Handel aber verringere die Gefahr, dass Völker aufeinander losgehen. Bastiat kämpfte gegen eine umfangreichere wirtschaftliche Staatstätigkeit, denn gerade darin sah er die Ursachen für Protektionismus, Unfreiheit bis hin zum Krieg. Große Staatstätigkeit begünstige sogar Militarismus.

Frédéric Bastiat war ein Kaufmannssohn, der in verschiedenen kaufmännischen Berufen eher erfolglos geblieben war, aber alle relevanten ökonomischen Werke gelesen hatte. Er wurde 1844 mit einem brillant verfassten Aufsatz über die Schutzzollpolitik in England und Frankreich schlagartig berühmt. Durch seinen anschaulichen und mitreißenden, aber auch polemischen Stil gewann er mit seinen nachfolgenden Aufsätzen und Kampfschriften, vieles davon in dem einflussreichen *Journal des Économistes* veröffentlicht, großen Einfluss. Mit **Michel Chevalier**, **Auguste Blanqui** und dem belgischen Publizisten **Gustave de Molinari** war Bastiat ein Gründer der französischen Vereinigung für den Freihandel. Bastiat war ein leidenschaftlicher Anhänger des Laissez-faire und des Rückzugs des Staates. Er empfahl die Gründung von Genossenschaften zur Bekämpfung der Armut. Später sollte einer der bedeutendsten Köpfe des deutschen Genossenschaftswesens, Hermann Schulze-Delitzsch, sich immer wieder auf Bastiat berufen.

Die Beweggründe der Manchester-Liberalen waren bei Weitem nicht nur wirtschaftspolitische und gewinnorientierte, sondern auch politische und gesellschaftliche. Sie stellten sich in ihrem Kampf für die Freiheit des Einzelnen gegen die Sklaverei und gegen den Militarismus (Wehrdienst war für sie nur Ausnutzung ärmerer Menschen). Auch waren sie gegen die Errichtung von Kolonien. Haben die Manchester-Liberalen also zu Unrecht ihren schlechten Ruf unter denen, die sich der Entwicklung des Sozialen und des Gemeinwesens verpflichtet fühlen? Bedingt. Denn sie haben erheblich dazu beigetragen, dass ihre Ideen Widerstand hervorrufen. Da sind einmal die zuweilen allzu pauschal ausgefallenen Polemiken gegen die Institution des Staates. John Bright meinte: »Die meisten unserer Missstände sind durch Einmischung des Gesetzgebers entstanden.« Und Frédéric Bastiat behauptete: »Der Staat ist die große Fiktion, nach der sich jedermann bemüht, auf Kosten jedermanns zu leben.« Zudem traten einige zentrale Protagonisten, wie etwa John Bright, sehr einseitig für die Unternehmerinteressen ein, mit Argumenten, die an eine Verfechtung des Rechts des Stärkeren grenzen. Gesetzliche Begrenzungen von Arbeitszeiten lehnte Bright mit dem Argument ab, Arbeiter seien ja erwachsene Menschen und könnten selbst entscheiden, welche Arbeitsverträge sie abschlössen.

Dem Manchester-Liberalismus wird zuweilen auch der Brite **Walter Bagehot** (1826 bis 1877) zugeordnet, obwohl dieser der Ansicht war, dass staatliche Institutionen und Eingriffe insbesondere bei kulturellen und sozialen Belangen wichtig seien. Bagehot stammte aus einer Bankiersfamilie, die eine ländliche Privatbank besaß, studierte am University College in London, wurde Redakteur des *The Economist* und Chefredakteur, nachdem er die Tochter des Gründers der Zeitschrift geheiratet hatte.

Nach einem Buch über die britische Verfassung veröffentlichte Bagehot 1873 *Lombard Street. A Description of the Money Market*. Darin beschäftigte er sich mit der Bank von England und entwarf ein eigenes Zentralbanksystem, worin er versuchte, die Idee einer staatlichen Zentralbank mit der des Laissez-faire zu vereinen, was zu jener Zeit als unvereinbar galt. Mit Aufkommen der Finanzkrise von 2007 erfuhr Bagehots Werk in Zentralbankkreisen neue Aufmerksamkeit, insbesondere das sogenannte Bagehot-Diktum, das besagt, dass die Zentralbank in Krisensituationen als »lender of last resort« (Kreditgeber der letzten Instanz) Geld an solvente Banken verleihen soll, dies aber zu hohen Zinsen, um jene Banken abzuwehren, die das Geld nicht brauchten.

Die Idee des »lender of last resort« hatte Bagehot unwissentlich aufgegriffen. Sie stammte von zwei Männern, die nicht zu den Manchester-Liberalen oder irgendeiner anderen Schule zu rechnen sind. Sie gehören zu jenen vielen Gelegenheitsökonomen, die dennoch häufig wichtige Beiträge zur Entwicklung der Wissenschaft lieferten. Die Idee des »lender of last resort« war bereits 1797 von dem Bankier **Francis Baring** in seiner Schrift *Observations on the Establishment of the Bank of England* eingeführt worden. Das theoretische Fundament lieferte dann der Bankier **Henry Thornton** (1760 bis 1815), einer der Mitstreiter Ricardos bei der Banking-Currency-Debatte, in seiner Schrift *An Enquiry into the Nature and Effects of the Paper Credit of Great Britain* von 1802. Thorntons Schrift geriet lange in Vergessenheit, bis Friedrich von Hayek sie wiederentdeckte.

Zwischenzeitlicher Vize-Chefredakteur von Walter Bagehots *Economist* war der Schotte **Robert Giffen** (1837 bis 1910). Später war er stellvertretender Handelsminister, Generalinspekteur der statistischen Behörde und Präsident der Statistical Society. Als ein leidenschaftlicher Anhänger des Freihandels wird Giffen oft zur Manchester-Schule gezählt. In der Wirtschaftswissenschaft nachhaltig berühmt wurde er für das Giffen-Paradox beziehungsweise den Giffen-Fall, dessen Beschreibung ihm Alfred Marshall in der dritten Auflage seines Buches *Principles of Economics* von 1890 zuschrieb und zu dem eine umfangreiche Literatur existiert.

Der Giffen-Fall ist die Beobachtung, dass Haushalte mit sehr geringem Einkommen bei Preiserhöhung eines lebensnotwendigen Gutes (beispielsweise Brot) von diesem nicht weniger, sondern mehr nachfragen. Dies erklärt sich dadurch, dass sie nach einer Brotpreiserhöhung den Konsum anderer, weniger lebensnotwendiger Güter (wie etwa Fleisch) einschränken. Diese Einschränkung bei der besseren Nahrung kompensieren sie mit dem vermehrten Kauf des teurer gewordenen Brotes. Je größer der Anteil des Brotkonsums am Budget, umso eher tritt der Giffen-Fall auf.

Aus Deutschland kamen verschiedenartige Beiträge. Besonderen Einfluss entfaltete **Friedrich List** (1789 bis 1846). Der Sohn eines kinderreichen Gerbers ist eine besondere Persönlichkeit der Wirtschaftsgeschichte. Weil er durch seine Veröffentlichungen auf sich aufmerksam gemacht hatte, erhielt er 28-jährig ohne entsprechende Vorbildung eine Professur für Staatwirtschaft in Tübingen, verlor aber seine Professur wegen seines Eintretens für einen deutschen Zollverein. Zu Festungshaft verurteilt floh er in die USA, wurde dort reich als Besitzer von Kohlebergwerken, verlor das Vermögen wieder, wurde Konsul, kehrte zurück nach

Deutschland und setzte sich dort für den Ausbau des Eisenbahnnetzes ein. Angefeindet und isoliert nahm er sich schließlich das Leben.

List, zu Lebzeiten kaum als Denker anerkannt, gehörte zu den frühen Kritikern der Klassischen Schule. Er setzte der Freihandelslehre von Smith und seinen Nachfolgern ein Konzept der verschiedenen produktiven und institutionellen Gegebenheiten einer Nation entgegen. Sein Hauptwerk ist das 1841 erschienene Buch *Das nationale System der politischen Ökonomie*. Darin entwarf er seine Idee der richtig eingesetzten Zollpolitik, um die Entwicklung eines Landes zu fördern. Mit Pathos und Polemik forderte er, der im tiefsten Herzen ein leidenschaftlicher Befürworter des Freihandels war, für das in Kleinstaaten zersplitterte Deutschland eine Zollunion. Im Außenhandel aber setzte er auf vorübergehende Schutzzölle. Lists endgültiges Ziel aber war eine Welt des Freihandels, was ihn aber nicht davon abhielt, scharfe Angriffe gegen Smith und Ricardo zu richten. Mit seinen Ideen regte er auch die Entwicklungstheorie der späteren Dependenztheorie an, wurde aber gerne auch von Nationalisten und später den Nationalsozialisten rezipiert und immer wieder zur Rechtfertigung von Protektionismus herangezogen. Doch List gilt auch als Vorläufer der Historischen Schule, da er den geistigen und sozialen Leistungen einer Gesellschaft erstmals einen ökonomischen Wert zuwies.

Der Staatsrechtler und Sozialwissenschaftler **Lorenz von Stein** (1815 bis 1890) begründete 1860 mit seinem *Lehrbuch der Finanzwissenschaft* die gleichnamige moderne Forschungsdisziplin, zu der vor allem zur Zeit des Merkantilismus und Kameralismus von Justi und von Vauban Pionierarbeiten geliefert worden waren. 1865 erschien Steins *Verwaltungslehre*. Darin stellte er dem Klassenstaat seiner Zeit seine Idee des Sozialstaates entgegen, der durch »soziale Verwaltung« die Verhältnisse ändern könne.

Stein meinte, der Staat habe die Einnahmen, die ihm zuflössen, zum größten möglichen Nutzen des Einzelnen einzusetzen, womit er die Utilitarismus-Ideen Benthams und Mills in die Finanzwissenschaft übertrug. Stein war überzeugt, dass dieses Prinzip letztlich auch zu den höchsten möglichen Einnahmen des Staates führen würde. Der Staat habe der Gesellschaft und dem Bürger zu dienen, die Freiheit des Bürgers sicherzustellen und die evolutionäre Entwicklung einer Gesellschaft zu gewährleisten.

In seinem *Lehrbuch der Finanzwissenschaft* hatte Stein geschrieben: »Ein Staat ohne Staatsschuld tut entweder zu wenig für seine Zukunft oder verlangt zu viel von seiner Gegenwart. (…) Es hat nie einen zivilisierten Staat ohne Staatsschuld gegeben, und wird, ja es soll nie einen solchen geben.« Das ist nicht weit entfernt von John Maynard Keynes' Worten in »Politik und Wirtschaft« von 1931: »Nehmen Sie an, Sie würden das Ausgeben unseres Einkommens völlig stoppen und den ganzen Kram sparen. Sehr bald wäre jeder arbeitslos, und binnen kurzem hätten wir keine Einkommen mehr zum Ausgeben.«

Zu den frühen Denkern der von Cournot begründeten mathematischen Wirtschaftswissenschaft im deutschsprachigen Raum gehören **Karl Heinrich Rau** (1792 bis 1870) und Hans von Mangoldt. Rau war noch vom Kameralismus geprägt, wurde aber ein Anhänger der Lehren Adam Smiths. Er ging als einer der ersten Ökonomen von einem subjektiven Wertbegriff aus. Heute wird Rau neben seinem Schüler Adolph Wagner sowie Albert Schäffle und Lorenz Stein als bedeutendster Vertreter der Finanzwissenschaft in Deutschland gesehen. Als in Deutschland die Historische Schule aufkam, nahm Rau die Rolle eines Vermittlers zur Klassischen Schule ein.

Hans von Mangoldts (1824 bis 1868) Werke wurden zunächst nur wenig beachtet. Doch heute weiß man: In seiner 1855 erschienenen *Lehre vom Unternehmergewinn* ließ er bereits Schumpeters spätere Theorie des Unternehmers anklingen, mit seinem 1863 veröffentlichten *Grundriss der Volkswirtschaftslehre* setzte er eine bedeutende Wegmarke der mathematischen Ökonomik und schuf einen Klassiker der Klassischen Schule in Deutschland, insbesondere was die Analyse der Preisbildung betraf.

Meilensteine der mathematischen Methode waren dann gegen Ende des Jahrhunderts *Mathematische Begründung der Volkswirtschaftslehre* des deutschen Ingenieurs und Mathematikers **Wilhelm Launhardt** (1832 bis 1918) von 1885 und die *Untersuchungen über die Theorie des Preises* von **Rudolf Auspitz** (1837 bis 1906) und **Richard Lieben** (1842 bis 1919) von 1889. Sowohl Launhardts Werk als auch Auspitz' und Liebens Beitrag zur Theorie der Marktformen und der Preistheorie erfuhren zunächst wenig Resonanz, weil beide Werke außerhalb der schon vorherrschenden Historischen Schule und der Österreichischen Grenznutzenschule standen.

Später erkannte man aber Launhardts mathematisch-deduktiven Beitrag zur Standorttheorie an. Insbesondere sein heute als Launhardtscher Trichter bekanntes Modell zum Verhältnis des Raums und der Entfernung zwischen Produktions- und Absatzort zum Preis und dessen Auswirkungen auf Konkurrenzbeziehungen fand Eingang in die Theorie. In dreidimensionaler Form dargestellt zeigt sich ein trichterförmiges Gebilde. Launhardt untersuchte das Angebotsdyopol, in dem die beiden Anbieter (anders als im Dyopol von Cournot, in dem eine Preisstrategie verfolgt wird) eine Mengenstrategie verfolgen. Harold Hotelling griff Launhardts Ansatz in Unkenntnis von dessen Arbeiten 1929 in seinem Aufsatz »Stability and Competition« auf und entwickelte ihn weiter, daher heißt es heute Launhardt-Hotelling-Modell. Auspitz und Lieben hingegen erfuhren ihre verdiente Würdigung durch den Einfluss, den sie auf die späteren Arbeiten von Edgeworth, Pareto und vor allem Irving Fisher bei dessen für die Lehre einflussreicher Preistheorie ausübten.

10 Arbeit und Gesellschaft – Marx und die Varianten des Sozialismus

Die Menschen können nur durch die Befriedigung ihrer materiellen und moralischen Bedürfnisse glücklich werden. Henri de Saint-Simon

Es ist nicht das Bewusstsein der Menschen, das ihr Sein, sondern umgekehrt ihr gesellschaftliches Sein, das ihr Bewusstsein bestimmt. Karl Marx

Der Kern der Klassischen Schule war der Glaube an die Entwicklung einer Wirtschaft und an den Fortschritt. Er ging einher mit der beginnenden Industrialisierung und dem Aufbau des Fabrikwesens. Ein neuer Typ des arbeitenden Menschen entstand, der Arbeiter. Menschen, oft zuvor Landarbeiter, zogen in die wachsenden Städte, arbeiteten in Gruben, in Schmelzen und in den wachsenden Fabriken. Ihre Familien waren oft mit dabei. Die Frauen und Kinder waren gern gesehene, billige Arbeitskräfte. Der Beitrag der wachsenden und immer mehr zu einem wesentlichen Bestandteil der Bevölkerung werdenden Arbeiterschicht und ihre Lebensumstände rückten nach und nach in den Blickpunkt gesellschaftlicher Wahrnehmung. Und bald gab es erste Aktivisten, Denker, die sich ihrer Belange annahmen.

Wirtschaften ist der Umgang mit knappen Gütern. Ihre optimale Verteilung in der Gesellschaft ist spätestens seit den ersten Utopien Bestandteil makroökonomischen Denkens. Letztlich liefen die Ideen der Utopisten, die nun mit der Industrialisierung aufkommenden Ideen der beginnenden Arbeiterbewegung und der ersten Sozialisten auf Antworten zu Fragen hinaus, die mit der optimalen und gerechten Verteilung von Gütern zu tun haben. Dies in einer Gesellschaft, in der Armut überwunden und der Mensch in Hinsicht auf seine Arbeit von Zwängen und Abhängigkeiten möglichst befreit ist.

Ansichten eines vormarxistischen Sozialismus in der reinen wirtschaftstheoretischen Analyse lieferte **Thomas Hodgskin** (1787 bis 1869), unter anderem mit seinem 1826 erschienenem Buch *Labour Defended against the Claims of Capital*. Darin vertrat er in einer Arbeitswerttheorie, beeinflusst von David Ricardos Arbeiten, die Ansicht, Kapital erhalte seinen Wert erst durch die mit ihm durchgeführte Arbeit. Anders als später Marx sah Hodgskin in einer künftigen gerechten Gesellschaft Privateigentum vor, sofern es selbst erarbeitet sei, wobei er auch geistige Arbeit berücksichtigte. Auch vertraute er auf den Markt und den dort im Sinne von Smiths unsichtbarer Hand wirkenden Kräften zur Festlegung der Höhe des Wertes der jeweils geleisteten Arbeit.

Die zwei wohl bedeutendsten Ansätze früher sozialistischer Gedankengebäude kamen von Robert Owen und Charles Fourier. Obwohl nahezu gleich alt und ähnlich in ihren Ansätzen, ignorierten sie einander zeitlebens. Der Brite **Robert Owen** (1771 bis 1858) war der Sohn eines wohlhabenden Sattlers, Postmeisters und Eisenhändlers und heiratete 1799 die Tochter des Besitzers einer Baumwollspinnerei im schottischen New Lanark. Er übernahm die Leitung des Betriebes und war so bereits mit 19 Jahren Direktor einer der bedeutenden Baumwollspinnereien mit 500 Arbeitern in Lancashire.

Er versuchte, die Arbeits- und Lebensbedingungen der Belegschaft rasch zu verbessern, senkte die tägliche Arbeitszeit von seinerzeit üblichen 13 bis 14 Stunden pro Tag auf 12, erhöhte die Löhne, baute eine Mustersiedlung und schuf eine Kranken- und Altersversorgung. Die Arbeiter kauften in Läden Waren nahezu zum Selbstkostenpreis – eine Einrichtung, die Vorbild für spätere Konsumvereine war –, davon abgesehen aber konnte Owen den Gewinn des Gesamtunternehmens steigern. Derart ermutigt entwickelte er umfassende Pläne für eine neue Gesellschafts- und Wirtschaftsordnung.

In den Jahren von 1813 bis 1820 erschienen Owens theoretische Hauptwerke *A New View of Society* von 1813, *Observations on the Effects of the Manufacturing System* von 1815 und 1820 *Book of the New World*. Owen war ursprünglich ein Anhänger der Ideen des Liberalismus gewesen, insbesondere des Utilitarismus Jeremy Benthams, der sogar Teilhaber an Owens Unternehmen geworden war. Allmählich aber nahm er einen sozialistischen Blickwinkel ein. Owen war überzeugt, dass der Charakter eines Menschen vornehmlich von den äußeren Umständen geformt werde, und wandte sich damit von der Sicht der betonten Selbstverantwortlichkeit des Menschen propagiert durch Bentham, Mill und Malthus ab. Damit lag Marx' späteres Diktum »Das Sein bestimmt das Bewusstsein« bereits in der Luft.

Owen entwickelte ein Konzept kleiner, genossenschaftlich und sozialistisch organisierter Gemeinschaften, warb dafür auf Vortragsreisen, fand aber kaum Gehör. 1825 gab er die Baumwollspinnerei in New Lanark auf und ging nach Indiana in den USA und gründete dort New Harmony, eine Gemeinschaft, in der er seine Ideen in die Tat umsetzen wollte. Das Projekt aber scheiterte schon nach kurzer Zeit an verschiedensten Differenzen zwischen den Beteiligten.

Obwohl Owen letztlich scheiterte, inspirierte er aber die spätere Genossenschaftsbewegung. Sein Scheitern im Sinne der Durchsetzung eines groß angelegten gesellschaftsübergreifenden Konzeptes legt nahe, dass eine Gesamtgesellschaft nach sozialistischen Prinzipien, wie immer diese ausgestaltet sind, nur funktioniert, wenn alle Beteiligten sich letztlich langfristig in der Umsetzung eines verabredeten Konzeptes einig sind. Dies kann in klar abgegrenzten Genossenschaften gelingen, ist aber schwer auf eine gesamte Gesellschaft in ihrer organisatorischen, wirtschaftlichen Vielfalt zu transponieren, in der Menschen zudem unabhängig von den gesellschaftlichen Umständen sehr verschiedenen Motivationen folgen.

Der andere große frühe Sozialist und ebenfalls ein Vordenker der Genossenschaftsbewegung, der Franzose **Charles Fourier** (1772 bis 1837), stammte aus einer reichen Kaufmannsfamilie, verarmte durch die Französische Revolution und musste sich als Angestellter verdingen. 1829 veröffentlichte er *Le nouveau monde industriél et sociétaire*. Angelehnt an die Ordnung nach naturwissenschaftlichen Gesetzen von Isaac Newton meinte Fourier, es gebe diese auch in der Gesellschaft. Sie erklimme diese in mehreren Stufen; auf deren höchster Stufe sei die vollkommene Harmonie zu erreichen. Fourier setzte, anders als Hobbes, der auf Bestrafung und Grenzen vertraute, auf das Entfalten des Prinzips der Lust und das Verfolgen aller Triebe. Er entwickelte die Idee von Lebens- und Arbeitsgemeinschaften, sogenannten Phalanxen, in denen jeder dort arbeitet, wo er will. Fourier trat auch für die sexuelle Befreiung und für die Gleichstellung der Frau ein. Einige Historiker halten ihn für den Schöpfer des Begriffs Feminismus. Er beeinflusste Marx, konnte aber durch sein hedonistisches Prinzip und seinen Ansatz, der aus der Gesellschaft heraus umgesetzt und nicht umstürzlerisch benutzt werden sollte, keinen breiten Einfluss in der sozialistischen Bewegung gewinnen.

In Frankreich gilt auch **Louis Blanc** (1811 bis 1882) als bedeutender Vertreter des genossenschaftlichen Sozialismus. Er wird zu den utopischen Sozialisten gezählt. »Jeder nach seinen Fähigkeiten; jedem nach seinen Bedürfnissen« war das berühmte Diktum von Louis Blanc, das Marx später aufgriff.

Eine neue Gesellschaftsordnung schlug auch **Claude-Henri de Rouvoir de Saint-Simon** (1760 bis 1825) vor. Der Spross einer wohlhabenden Adelsfamilie, die ihre Wurzeln laut eigener Legende auf Karl den Großen zurückführte, schloss sich 17-jährig einer Freiwilligentruppe an und kämpfte im Unabhängigkeitskrieg der USA gegen die Engländer. Während der Französischen Revolution wurde Saint-Simon durch den Aufkauf verstaatlichter Adelsgüter reich, um dann von seinem Kompagnon um den Großteil des Vermögens geprellt zu werden.

Saint-Simon bereiste Europa, wandte sich der Wissenschaft zu und brauchte derweil sein Vermögen auf. Nach ersten Schriften mit Analysen zur Gesellschaft und ersten Ideen zu deren Neuordnung veröffentlichte er 1821 das Buch *Le système industriel*. Darin beschrieb er in mehreren Briefen, die er an den König Ludwig XVIII. richtete, eine neue Gesellschaftsordnung. Er unterteilte die Gesellschaft in »Produzenten« (alle, die durch ihre Tätigkeit ihr Einkommen erwirtschaften: Arbeiter, Bauern, Bankiers, Künstler etc.) und »Müßiggänger« (Grundbesitzer, Adelige, Rentiers etc.). Das Problem sei nun, dass die »Müßiggänger« ausgerechnet die seien, die die Macht innehätten. Die Macht müsse aber in die Hände der »industriellen Klasse«, der sogenannten Produzenten gelegt werden. Dies bedeute auch – und Saint-Simon unterstrich dies – eine Ablösung des Kapitalismus durch eine neue Gesellschaftsordnung.

Zwischenzeitlich verarmte Saint-Simon gänzlich und musste sogar bei seinem alten Diener unterkommen. Doch er scharte auch immer mehr treue Schüler um sich, wurde zu einem Denker des frühen Sozialismus und einem der Vordenker der wissenschaftlichen Soziologie, die in seinem Schüler Auguste Comte einen ihrer Begründer hatte. Saint-Simons Schüler Aint-Amand Bazard und Barthélemy Prosper Enfantin entwickelten schließlich einen eindeutig sozialistischen sogenannten Saint-Simonismus mit planungswirtschaftlichen Elementen.

Deutschland hatte in **Johann Karl Rodbertus** (-Jagetzow) (1805 bis 1875), der beeinflusst von Claude Henri de Saint-Simon war, noch vor Karl Marx einen Denker mit Ideen zu einem wissenschaftlich fundierten Sozialismus. Der Enkel des deutschen Physiokraten Johann August Schlettwein veröffentlichte 1842 seine Schrift *Zur Erkenntnis unsrer staatswirthschaftlichen Zustände*. Darin griff er die Grundrententheorie Ricardos an und propagierte die Ansicht, dass allein die Arbeit Güter und Werte schaffe, weshalb den Arbeitern der »volle Arbeitsertrag« zustehe. Dem aber stünden Zinsen und Renten entgegen, weshalb Kapital und Boden langfristig zu verstaatlichen seien und eine sozialistische Gesellschaft entstehen müsse. Rodbertus lieferte auch eine frühe Unterkonsumtionstheorie, denn für ihn lag der Kardinalfehler des kapitalistischen Wirtschaftssystems darin, dass die Arbeitslöhne nicht mit den Profiten aus der Produktion stiegen, sondern tendenziell eher stagnierten. Daher würde der Anteil der Arbeiter am Sozialprodukt immer geringer und es käme zur Unterkonsumtion und dadurch zu ökonomischen Krisen und der Verelendung der Arbeiterschaft.

Schon kurz nach Rodbertus' Schrift betraten Karl Marx und Friedrich Engels die Bühne. **Karl Marx** (1818 bis 1883) hatte Rechtswissenschaften in Bonn und Philosophie in Berlin studiert und als Chefredakteur der Rheinischen Zeitung in Trier mit aufrührerischem Journalismus auf sich aufmerksam gemacht. Als die Zeitung 1844 verboten wurde, ging er mit seiner Frau Jenny nach Paris. Dort lernte er den Industriellensohn **Friedrich Engels** (1820 bis 1895) kennen. Der lenkte Marx' zunächst eher politisch-philosophisches Interesse auf die Ökonomie. Sie beide stellten »vollständige Übereinstimmung auf allen Gebieten« fest.

Engels hatte in Berlin ein Jahr lang Philosophie studiert, war für seine kaufmännische Ausbildung aber von 1842 bis 1844 nach Manchester zur Arbeit in den dortigen Betrieben seines Vaters gegangen. Seine Erfahrungen mit den Lebens-

und Arbeitsbedingungen der Arbeiter und sein Kontakt mit Anhängern des Frühsozialismus machten ihn zum Sozialisten. Er veröffentlichte 1845 sein Buch *Die Lage der arbeitenden Klasse in England*, ein bis heute grundlegendes ökonomisches Werk des theoretischen Sozialismus.

Im Februar 1848 veröffentlichten Marx und Engels gemeinsam im Auftrag des gerade gegründeten Bundes der Kommunisten das 30-seitige »Manifest der Kommunistischen Partei«, das ausgehend von einem Lob auf die Bourgeoisie im Aufruf zum Umsturz mündete: »Proletarier aller Länder, vereinigt euch!« Nach dem Scheitern der Revolution von 1848 musste Marx mit seiner Familie aus Paris fliehen und fand Zuflucht in London. Dort arbeitete er, immer finanziell unterstützt von seinem Freund Engels, besessen an seinem Gedankensystem.

Sein ökonomisches Ideengebäude hat Marx, in seiner Argumentation an Adam Smith und David Ricardo anknüpfend, im Wesentlichen in der Schrift *Zur Kritik der politischen Ökonomie* von 1859 und in dem ersten Band von *Das Kapital* von 1867 niedergelegt, in dem er sich nicht nur auf die ökonomische Theorie beschränkte, sondern erstmals Geschichte und Ökonomie in einem Modell vereinte. Auch soziologische Aspekte ließ er einfließen. Insbesondere die Wirkung des ersten Bandes von *Das Kapital* war epochal (Engels veröffentlichte nach Marx' Tod 1883 aus dessen Manuskripten 1885 und 1894 zwei weitere Bände).

Marx' ökonomisches Gedankengebäude besteht aus vier Grundpfeilern. Der erste Grundpfeiler (der dialektische Materialismus) ging davon aus, dass alle Materie – auch der Mensch und sein Geist – in der Entwicklungsgeschichte der Welt naturgesetzlich auf immer höhere Stufen steigt. Dies führe die Menschheit schließlich durch eine Art Determinismus zur höchsten Stufe des ihr möglichen Daseins, dem Kommunismus. Zu dieser Dynamik gehört der Gedanke, dass die gesellschaftlichen Verhältnisse das Bewusstsein des Menschen bestimmen.

Der zweite Grundpfeiler (der historische Materialismus) legt die historische Entwicklung des Menschen in seinem Sein dar. Für Marx war jede Epoche anhand ihrer Gesellschaftsform zu erkennen, welche wiederum durch die vorherrschenden Produktionsmittel bestimmt werde. So seien Pfeil und Bogen vom Pflug abgelöst worden und dessen Dominanz schließlich von Maschinen. In jeder Gesellschaft, den Urkommunismus ausgenommen, gebe es eine herrschende und eine beherrschte Klasse.

Im dritten Grundpfeiler seines Theoriegebäudes (der Kritik der politischen Ökonomie) analysierte Marx die Produktionsverhältnisse, und eben dieser Teil sollte am stärksten auf die Weltgeschichte und die ökonomische Wissenschaft wirken. Wie Ricardo ging Marx davon aus, dass der Wert eines Gutes von der in seine Herstellung eingeflossenen Arbeit bestimmt werde, woraus er schloss, dass Werte auch nur durch menschliche Arbeit entstehen können. Angelehnt an Ricardos Theorie der Löhne bekam der Arbeiter laut Marx in der kapitalistischen Welt nur so viel Lohn, wie er braucht, um seine Arbeitskraft zu erhalten. Diesen Lohn nannte Marx den Tauschwert, der geringer sei als der Gebrauchswert der vom Arbeiter hergestellten Güter. Die Unterteilung in Tausch- und Gebrauchswert, die Marx von Smith übernahm, führte ihn schließlich zur Theorie des Mehrwerts. Hier knüpfte er an Ricardos Mehrwertgedanken an.

Mit der Theorie des Mehrwerts versuchte Marx zu zeigen, wie es sich mit der Ausbeutung der Arbeiter durch den Unternehmer beziehungsweise Kapitalisten verhält. Der Arbeiter sei zunächst einmal abhängig vom Kapitalisten, da dieser die Produktionsmittel (Fabriken, Maschinen und Werkzeuge) bereitstellt, die der Arbeiter braucht, um seine Arbeitskraft einzusetzen. Der Kapitalist lasse den Arbeiter länger arbeiten, als dieser zum Bestreiten seines Lebensunterhalts eigentlich müsse. Dadurch erzeuge der Arbeiter Mehrwert (die Differenz zwischen Tauschwert der Arbeit und Tauschwert der von den Arbeitern produzierten Güter). Diesen Mehrwert eignet sich der Kapitalist an. Der Kapitalist sei bestrebt, den Mehrwert zu steigern, indem er immer mehr Maschinen einsetze, um immer weniger Arbeiter beschäftigen und bezahlen zu müssen. Dies treibe den technischen Fortschritt an. Doch mit steigendem technischem Aufwand sinke die Profitrate und letztlich könnten nur große Firmen durch Massenproduktion hinreichende Profitraten erzielen (Gesetz des tendenziellen Falls der Profitrate). Es käme zu zyklischen Krisen mit Entlassungen, einer immer stärker verarmenden Arbeiterklasse auf der einen Seite und der Anhäufung von Kapital bei den Kapitalisten auf der anderen Seite. Schließlich würde die Revolution ausbrechen.

Der vierte Pfeiler der Marxschen Theorie betraf schließlich Aussagen über das Erreichen und die Umsetzung der künftigen Gesellschaft, deren Ziel die Selbstbestimmung des Menschen im Einklang mit der Natur in einer Gesellschaft ohne Ausbeutung sei und die letztlich keine staatliche Gewalt mehr brauche. Auf die von Marx prophezeite Revolution durch die Arbeiterklasse folge die Übergangsphase einer sozialistischen Gesellschaft, die als, so Marx, »Diktatur des Proletariats« in einer Art Rätedemokratie die kommunistische Gesellschaft herbeiführen sollte. Schließlich verschwinde der Staat ganz: »Der Staat wird nicht abgeschafft, er stirbt ab.«

Zum Erfolg von Marx' *Das Kapital* trug auch der in weiten Strecken propagandistische Ton des Werkes bei. Vor allem aber entwarf Marx die Vision einer Gesellschaft, die einen Gegenentwurf zu bestehenden kapitalistischen darstellte. Angesichts zunehmender sozialer Konfrontation reicher werdender Unternehmer mit einer wachsenden Arbeiterklasse, die ihr Los nicht besser werden sah, war das eine ermutigende Idee.

Dass die Geschichte nicht so verlief, wie von Marx prognostiziert, hat vielerlei Gründe. Eine gängige Erklärung ist, der Kapitalismus sei schlichtweg anpassungsfähig. Durch Zugeständnisse seien etwaige Revolutionen im Keim erstickt worden. Aber auch hier gibt es neue Betrachtungsweisen. 2006 legten die israelischen Forscher Oded Galor und Omer Moav dar, dass Marx auch die Bedeutung des Faktors Humankapital für die Unternehmer vernachlässigt hatte. Bessere Maschinen erforderten besser ausgebildete Arbeitskräfte. Ab einem bestimmten Punkt werde die geringere Qualifikation der Arbeiter sonst zum Engpass für eine weitere Profitsteigerung. Hohes Bildungsniveau nutzt also den Kapitalisten und verringert die Bedeutung der Arbeiterschicht. Zudem war es auch, um den Wohlstand und das Einkommen zu steigern, im Interesse der Arbeiter, ihre Qualifikation und Bildung zu verbessern. Schulreformen, Universitäten wurden zum Interesse der Kapitalisten und der Arbeiterschicht.

Ein Teil des Zaubers des Marxschen Denkens besteht in der krassen Zweiteilung seines Werks: Einerseits der genauen, zum Teil bestechenden Analyse des Kapitalismus, andererseits der Verheißung der Überwindung aller Übel, die er mit dem Kapitalismus identifizierte, wobei er diese »Verheißung« nicht auch annähernd so klar formulierte wie die vorangegangene Analyse, was auch damit zu erklären ist, dass ihm schließlich Zeit und Kraft dazu fehlten.

Natürlich kann man Marx' Denken ebenso wie dem Denken anderer Theoretiker wie Smith, Ricardo etc. nicht vorhalten, nicht Dinge berücksichtigt zu haben, die sie in ihrer Epoche nicht kennen und wissen konnten. Jedoch muss das Gedankengebäude von Marx den Maßstäben ausgesetzt werden und bleiben, die er selbst formuliert hat. So behauptete Marx einen Determinismus der Geschichte, der nicht eintrat. Was die vage Verheißung der klassenlosen Gesellschaft betraf, öffnete Marx' Ideensystem seinen Interpreten Tür und Tor, was zu den bekannten Verwerfungen der Geschichte, aber auch den Verwerfungen der Interpretation von Marx führte. Er selbst soll angesichts der sich formierenden marxistischen Bewegung zu Engels gesagt haben, er sei kein Marxist.

Ein paar Kritikpunkte zu Marx' wie gesagt vage gebliebener Idee einer klassenlosen Gesellschaft: Er übersah die Bedeutung von Information und Motivation, die er in einer Planwirtschaft als unproblematisch betrachtete. Zudem berücksichtigte die Idee der kommunistischen Gesellschaft nicht die begrenzte Bereitschaft des Menschen, seine Entscheidungsfreiheit in Bezug auf seinen Besitz und seine Gestaltungsmöglichkeiten auf eine Gesellschaft oder Staatsmacht zu delegieren, wie sozial und gerecht sie auch immer zu sein scheint. Denn sobald es zu wirtschaftlichen Schwierigkeiten kommt, werden Menschen immer den Reflex haben, sich zuerst um egoistische Belange zu kümmern, um die Beseitigung der Nöte der Menschen, die ihnen nahestehen, statt um eine wie auch immer postulierte größere gesellschaftliche Aufgabe. Wie zudem eine Planwirtschaft ohne Zwang funktionieren soll, konnte Marx auch nicht erklären.

Zudem argumentierte Marx monokausal beziehungsweise verengt, wenn er als Gründe für Innovationen nur den Wettbewerb der Anbieter und ihre Gier nach mehr Profit sah. Er ignorierte den aus sich selbst heraus innovativen Unternehmer, der etwas Neues schaffen will, weil er das Produkt liebt, das er anbietet. Er ignorierte auch, dass es Anbieter und Produkte gibt, die nur wenig innovativ sein müssen, da sie in ihrer Perfektion dauerhaft am Markt erfolgreich sein können. Abgesehen davon blieb er die Erklärung schuldig, wie eine Gesellschaft, die zunächst durch eine »Diktatur« begründet werden sollte, sich schließlich zu einer freien Gesellschaft ohne Zwänge für das Individuum wandeln sollte.

Dennoch: Marx' Analyse der Gefahren eines hemmungslosen Kapitalismus überzeugte auch Denker der Klassischen und neoklassischen Schule und sie ist nach wie vor inspirierend für Kritik am Wirtschaftsmodell freier Märkte. Seine Schlussfolgerungen jedoch wurden und werden im Allgemeinen von der etablierten Wirtschaftswissenschaft verworfen. Auch zur Kritik des zu Beginn des 21. Jahrhunderts weltweit verbreiteten, teilweise allzu sehr die Anbieterseite begünstigenden Kapitalismus bilden Marx' Analysen neue Anregungen, auch zu Teilaspekten wie den von ihm geprägten Begriffen Warenfetisch und Geldfetisch. Diese bauen auf Marx' Beobachtung auf, dass die Menschen auf Waren und Geld Inhalte projizieren, die diesen nicht innewohnen.

Einer der frühen Gegenspieler von Marx und Engels, was die Deutungshoheit des Sozialismus betraf, war in Frankreich der von Fourier beeinflusste **Pierre Joseph Proudhon** (1809 bis 1865). 1840 veröffentlichte er seine berühmteste Schrift, worin er die Frage des Buchtitels *Qu'est-ce que la propriété?* (Was ist Eigentum?) mit »Eigentum ist Diebstahl« beantwortete. Denn für ihn waren alle Einkünfte und Güter, die nicht durch eigene Arbeit erworben wurden, unrechtmäßig. Damit verurteilte Proudhon nicht das Privateigentum an sich, sondern dessen ungerechte Verteilung. Marx attackierte Proudhon scharf, auch weil dieser eine Zusammenarbeit mit ihm abgelehnt hatte.

Für Proudhon war der Zentralstaat die Ursache der Unfreiheit und er lehnte den Sozialismus ebenso ab wie Kommunismus, Kapitalismus und die herrschende ökonomische Lehre. Die von ihm erdachte neue Gesellschaftsordnung sah wie die von Marx als endgültig postulierte klassenlose Gesellschaft keinerlei Staatsmacht mehr vor. In Proudhons Idealgesellschaft kam die Wirtschaft ohne Geld und Zinsen aus und ein Einkommen, ohne dafür gearbeitet zu haben, sollte darin unmöglich sein. Der Wirtschaftskreislauf basierte dort auf einem System des Warenaustausches von Kleinproduzenten. Güter würden in Tauschbanken mittels eines zugewiesenen Wertes verteilt werden, der sich aus den in den Gütern enthaltenen Arbeitswert, gemessen an der Zeit, zusammensetzte. 1849 wollte Proudhon seine Ideen in die Praxis umsetzen und gründete eine Volksbank, die kostenlose Kredite vergab. Doch nach einem halben Jahr musste sie wieder schließen. Mit seinen Ideen wirkte Proudhon letztlich auf das Genossenschaftswesen und auf den Anarchismus.

Auch England erfuhr eine romantisch inspirierte Gegenreaktion auf die Industrialisierung mit gewisser Resonanz. Sie war aber nicht wie in Deutschland staatspolitisch und ständisch orientiert (wie bei Fichte, Baader und Müller), sondern nahm Fragen der Kultur mit sozialistischen Anklängen auf. In England gewann in der zweiten Hälfte des 19. Jahrhunderts **John Ruskin** (1819 bis 1900), der kein Ökonom, dafür aber der einflussreichste Kulturphilosoph des viktorianischen Zeitalters war, mit seinen ökonomischen Ideen Einfluss, die ihn als eine Art »späten Frühsozialisten« ausweisen. Ruskin war begeistert von der Arbeitswelt des Mittelalters, die von Gemeinschaftsarbeit geprägt war. Bereits die Renaissance sah er als Epoche eines Auseinanderdriftens dieser Arbeitsorganisation.

Ruskin dachte übergreifend, sah die Wirtschaft nicht isoliert, sondern als Teil der Kultur. Er fürchtete, dass England durch Kohlegruben und Fabriken zerstört werde. Sein schon früher Einsatz für die Verbesserung der Bildung der Arbeiter war geleitet von seiner Überzeugung, dass der Mensch in innerem Einklang mit der Natur stehen müsse.

Das Wirtschaften habe den Sinn, das Leben der Menschen zu erweitern, nicht auf einem Minimum zu bleiben, wie es etwa Ricardo in seiner Theorie der Löhne formuliert hatte, und so prägte Ruskin das Motto »Nur Leben ist Reichtum«. Und das Leben sei jetzt. Übertriebenes Sparen lehnte er ab. Geld sei auf »noble« Weise zu verbrauchen.

Ruskin stellte sich gegen den zu seiner Zeit herrschenden Laissez-faire-Gedanken und plädierte für Eingriffe des Staates in das Marktgeschehen, da er in dem freien Spiel von Angebot und Nachfrage eine Wurzel für Ungerechtigkeit sah. Die Klassische Schule hielt Ruskin für begrifflich einengend. Sie liefere eine »Rezeptewissenschaft« für den Handel ohne Blick auf das Ganze. Arbeit müsse der Staat vergeben und es müsse nach der Güte und nicht nach der Art der geleisteten Arbeit entlohnt werden. Aktuell ist Ruskin auch durch seine Forderungen nach sorgsamen Umgang mit eigenen und fremden Ressourcen.

11 Außergewöhnliche Blickwinkel – von Bodenreformern und Anarchisten

Wer es vorzieht, seinen eigenen Kopf etwas anzustrengen statt fremde Köpfe einzuschlagen, der studiere das Geldwesen. Silvio Gesell

Zivilisation ist die Entwicklung hin zur Befreiung des Menschen von seinen Mitmenschen. Ayn Rand

Wir sind überzeugt, dass Freiheit ohne Sozialismus Privilegienwirtschaft und Ungerechtigkeit, und Sozialismus ohne Freiheit Sklaverei und Brutalität bedeutet.
Michail Bakunin

Während sozialistische Gedankensysteme im Wesentlichen an allen drei klassischen Produktionsfaktoren (Boden, Kapital, Arbeit) ansetzten, um das herkömmliche, sich über den Markt regelnde Wirtschaftssystem zu überwinden, knüpften die verschiedenen Ideen von Bodenreformern vor allem beim Produktionsfaktor Boden an, dies meist mit der Absicht, das System der freien Märkte und anderen Eigentums zu erhalten.

Bodenreformer gab es bereits in der Antike, so zum Beispiel in Rom mit den beiden Brüdern Gracchus. Theoretische Arbeiten mit bodenreformerischen Gedanken finden sich – wie bereits gesehen – später im 17. Jahrhundert wieder bei Gerrard Winstanley und danach bei **Thomas Paine** (1737 bis 1809). Paine, der vor allem mit seinen staatspolitischen Schriften hervortrat, forderte 1797 in seiner Schrift *Agrarian Justice*, allen Bürgern das Recht auf Boden zu geben. Boden dürfe man nicht brach liegen lassen.

Populär aber wurde der eigentliche Bodenreformgedanke durch das Werk von **Henry George** (1839 bis 1897). Er war in Philadelphia in ärmlichen Verhältnissen aufgewachsen, machte eine Lehre zum Schriftsetzer, wurde Reporter und schließlich Chefredakteur mehrerer Zeitungen. Zu den Themen seiner Artikel, Pamphlete und Vorträge wurden zunehmend Landflucht, Bodenspekulation und Urbanisation. 1879 veröffentlichte er zunächst im Selbstverlag sein Buch *Progress and*

Poverty, das großen Einfluss auf das ökonomische Denken über die Kreise der Bodenreformer hinaus entfaltete.

Für George gehörte der Mensch nur sich selbst und er habe das Recht, ohne Einschränkungen über seine Arbeitskraft und das daraus erzielte Einkommen zu verfügen. Zu viele Steuern, vor allem aber das Grundeigentum seien die Ursachen von Armut. Daher war Grundbesitz für George nur in engem Rahmen zulässig, und die Grundrente stehe der Allgemeinheit zu. George ersann eine Einheitssteuer, die sogenannte »single tax«, welche auf die Grundrente, also den »Gewinn des Bodens«, erhoben werden müsse. Daraus sollten dann die staatlichen Ausgaben bestritten werden. Jede andere wirtschaftliche Tätigkeit habe sich über das Prinzip des Eigentums und des freien Handels zu entfalten. George trat ausdrücklich für den Freihandel ein und attackierte Friedrich Lists Schutzzollideen. Der sogenannte Georgismus wurde eine der einflussreichsten Spielarten der Landreformbewegung.

In Deutschland traten gleich mehrere Denker mit Ideen zu Bodenreformen hervor. Zu nennen sind vor allem Friedrich Naumann und **Adolf Damaschke** (1865 bis 1935). Damaschke war in seinen Ideen beeinflusst von Henry George und veröffentlichte 1913 seine Schrift *Die Bodenreform*. Er fand in der Bibel Hinweise, wonach Gott den Menschen den Boden nur geliehen habe und der Mensch daher nur Anspruch auf die Früchte von dessen Bewirtschaftung erheben könne. Damaschke forderte unter anderem, die Gewinne aus Grundbesitz der Allgemeinheit zukommen zu lassen.

Ein besonderes Ideengebäude entwickelte der deutsche Kaufmann **Silvio Gesell** (1862 bis 1930). Seine wichtigsten Schriften sind die 1892 erschienene *Die Verstaatlichung des Geldes* und sein 1916 veröffentlichtes Hauptwerk *Die natürliche Wirtschaftsordnung durch Freihandel und Freigeld*. Gesell war als Unternehmer in Argentinien reich geworden. Vor dem Hintergrund der kriselnden Wirtschaft dort begann er sich mit Wirtschaftstheorie zu beschäftigen und erkannte die Ursachen der Ausbeutung nicht wie Karl Marx in dem Privateigentum der Produktionsmittel, sondern in Fehlern im Geldsystem und – in Anlehnung an Henry George – in der Bodenspekulation.

Gesells Lösungsvorschlag bestand im Versuch der Etablierung einer freien Marktwirtschaft bei gleichzeitiger Brechung der Macht des Geldes und der Bodenspekulation. Er strebte also eine Art Abschaffung des Kapitalismus bei gleichzeitiger Verwirklichung der freien Marktwirtschaft an. Als Kernproblem des Wirtschaftssystems sah er die Hortung von Geld und Boden, die dazu führe, dass beides nicht mehr im Wirtschaftskreislauf genutzt wurde. Abhilfe sollte das Wirtschaftsmodell der Freiwirtschaft schaffen, das getragen war von den beiden Grundideen des Freigelds und des Freilands.

Im Konzept des Freigelds wollte Gesell Papiergeld ausgegeben, das nach und nach im Nennwert sank, was dazu führt, dass Geld, das gehortet wird, an Wert verliert. Derjenige also, der Geld besitzt, sieht sich gezwungen, dieses möglichst schnell wieder auszugeben. Die Idee des Freilands bestand wiederum, in Anlehnung an Henry George, in der Vergesellschaftung des Bodeneigentums, das verpachtet wurde. Da wegen der Pachtzahlungen der Zwang bestand, das Land zu nutzen, konnte es – wie das Freigeld – auch nicht zurückgehalten werden. Das Freiland sollte frei zu bewirtschaften sein, so wie das Freigeld frei einzusetzen sein sollte. Gesell baute in seinem Modell auf den Eigennutz des Menschen und stand hier der Klassischen Schule nahe. Von den Ideen von Marx grenzte er sich ausdrücklich ab.

Vieles an Gesells Ideen war letztlich nicht praktikabel, und Versuche, sie in der Praxis zu etablieren, scheiterten, denn sowohl das Zurückhalten von Boden als auch das Zurückhalten von Geld kann auch wirtschaftlich sinnvoll sein, treibt sogar zuweilen späteres Wirtschaftswachstum an.

Die Ideen der Bodenreformer griffen immer wieder hinein in die Ideen des Genossenschaftswesens. Der deutsche Ökonom und Soziologe **Franz Oppenheimer** (1864 bis 1943) veröffentlichte 1896 sein Buch *Die Siedlungsgenossenschaft* und nannte darin das Bodenmonopol der Großgrundbesitzer und das Vorenthalten der Bodennutzung (»Bodensperre«) als Ursache gesellschaftlicher Missstände. Oppenheimer sah die Lösung in der Enteignung des Großgrundbesitzes. Der Landflucht wollte er durch Produktivgenossenschaften entgegenwirken. Durch Rückwanderung der Arbeitskräfte aus den Städten könne man auch die Löhne steigern und die schwächeren Gesellschaftsschichten schließlich »anheben«.

Oppenheimer schätzte die Analysen von Marx, bezweifelte aber wie Gesell die Realisierbarkeit von dessen Gesellschaftskonzeption, vor allem das Funktionieren einer Planwirtschaft. Aus diesem Grund entwickelte er seine Theorie des »dritten Weges« zwischen marxistischem Sozialismus und liberalem Kapitalismus. Denn erst das Konkurrenzprinzip ermögliche zusammen mit Bodenvergesellschaftung und Genossenschaftswesen einen gerechten Sozialismus. Mit der Favorisierung freien Wettbewerbs hob Oppenheimer sich von anderen Theoretikern des Genossenschaftsgedankens ab. So sah etwa **Hermann Schulze-Delitzsch** (1808 bis 1883) das Genossenschaftswesen als Korrektur des Kapitalismus, während **Friedrich Wilhelm Raiffeisen** (1818 bis 1888) in seine Konzepte staatliche Hilfe einbezog.

Auf den ersten Blick haben die genannten Bodenreform- und Genossenschaftsideen wenig oder nichts gemeinsam mit dem Anarchismus. Beim zweiten Hinsehen aber erkennt man ähnliche Motive, die auch in den Sozialismus bis hin zu Marx und Engels hineingreifen. Sie eint ein geschärfter Blick auf die Freiheit des Einzelnen, immer mit der Suche nach Befreiung von bestehenden Gesellschafts- und Besitzverhältnissen.

Der deutsche Philosoph **Max Stirner** (1806 bis 1856), dessen vielleicht bekanntestes Zitat »Mir geht nichts über Mich!« ist, kreierte die Denkfigur des Menschen, der sich auch auf geistigem Feld von allem Besitzergreifen an seiner Person befreit. Stirner ist als Vorläufer des Anarchismus zu sehen, auch wenn sich nur wenige Anarchisten auf ihn berufen. Er selbst rieb sich an den Ideen von Marx, Engels und Proudhon. Die wiederum nahmen Kenntnis von ihm, schwiegen aber vieldeutig, auch und gerade angesichts der Ungeheuerlichkeiten seiner Ideen. Zweifellos aber wirkte Stirners Denken nicht unwesentlich, so auch auf den bereits erwähnten Silvio Gesell.

Seinen radikalen Egoismus legte Stirner in seinem philosophischen Hauptwerk *Der Einzige und sein Eigentum* von 1844 dar. Mit einer Nähe zu den anarchischen Ansichten William Godwins und Proudhons setzte er sich durch seine konsequente Ablehnung jeglicher allgemeinen Humanität und durch das Verwerfen jeglichen Ideals ab. Stirner forderte die uneingeschränkte Verfügungsgewalt des Einzelnen über das private Eigentum und über sich selbst. Jede staatliche Ordnung lehnte er ab, ebenso jeden Gedanken an eine Sache oder Idee, der sich das »Ich« unterordnen müsse. Auch solidarisch geprägte Gemeinschaften verwarf er. Allein zeitweise, aber jederzeit kündbare »Vereinigungen von Egoisten« für bessere Arbeitsorganisation oder Konsum ließ er zu. Einen Wert besitze nur, was dem »Einzigen«, dem »Mir« zugutekomme.

Stirner gilt heute auch als Vorläufer des französischen Existenzialismus sowie von Friedrich Nietzsches Betrachtungen des »Übermenschen«. Seine Überlegungen sollen aber auch dem italienischen Faschismus und dem deutschen Nationalsozialismus als Vorlage gedient haben. Er übersetzte Arbeiten von Jean-Baptiste Say und 1847 Adam Smiths *The Wealth of Nations* ins Deutsche.

Die in Russland geborene amerikanische Schriftstellerin **Ayn Rand** (1905 bis 1982) erscheint ein bisschen wie eine Enkelin von Max Stirner. Sie übte und übt auf zahlreiche Anhänger libertärer Ideen großen Einfluss aus. 1957 veröffentlichte sie mit *Atlas Shrugged* ihr erfolgreichstes und berühmtestes Buch. In ihrer eigenen Philosophie, dem sogenannten Objektivismus, forderte sie, dass der Mensch sich auf seine Rationalität verlassen und diese zusammen mit seinem Eigeninteresse einsetzen solle. Laut Rand dürfe sich das Individuum niemals für andere opfern und solle niemals gezwungen werden, dies tun zu müssen. Jegliche Unterwerfung unter staatliche Maßnahmen, ob Steuern oder Militärdienst, sei abzulehnen. Rand plädierte für ein Wirtschaftssystem von uneingeschränktem Laissez-faire und sie forderte, Staat und Kirche zu trennen.

Erstaunlicherweise überschneiden sich Gedankenlinien von Anarchismus sowohl in rechten als auch linken extremen Gedankengebäuden. Max Stirner inspirierte sowohl sozialistische als auch faschistische Denker, und dies obwohl er die Beseitigung jeglicher staatlichen Ordnung forderte. Der Russe **Michail**

Bakunin (1814 bis 1876) hingegen beeinflusste mit seinen Forderungen eines linken Anarchismus, der letztlich ebenfalls ohne staatliche Macht auskommen sollte, sozialistische Denker. Den individualistischen Anarchismus Max Stirners lehnte er ab und mit Marx geriet Bakunin immer wieder in Konflikt, insbesondere weil Bakunins anarchistisches Konzept jede Herrschaft ablehnte, auch die Idee der »Diktatur des Proletariats«. Für Bakunin bestand die Menschheitsgeschichte auch nicht aus der schrittweisen Entwicklung historisch logischer Abläufe, sondern aus dem Antrieb des Menschen, revolutionäre Veränderungen herbeizuführen.

Nicht zu vergessen ist **Peter Kropotkin** (1842 bis 1921). Der Sohn eines Fürsten wurde zum Anarchisten und strandete in London, wo er als Privatgelehrter lebte. Er setzte, anknüpfend an Darwins Theorien, das Überleben durch Kooperieren in den Mittelpunkt. 1899 erschien sein Buch *Fields, Factories, and Workshops*, das als eines der wichtigsten Werke des kommunistischen Anarchismus zu ökonomischen Fragen gilt. Es enthält mit der Idee einer dezentralen, auf Selbstversorgung basierenden Wirtschaft einen alternativen Entwurf zu dem später in der Sowjetunion etablierten, zentral geleiteten System der Planwirtschaft.

Eine andere Auslegung als durch Kropotkin erfuhren die evolutionstheoretischen Ideen Darwins durch den britischen Philosophen **Herbert Spencer** (1820 bis 1903), der auf den angelsächsischen Raum großen Einfluss hatte. Spencer war mit seinen Auslassungen im Grunde der Wegbereiter des Sozialdarwinismus, denn er wandte das »Durchsetzen des Anpassungsfähigsten und Stärksten« auf die Gesellschaft an (der Satz »survival of the fittest« geht auf ihn zurück). In seiner Forderung nach Individualismus, die er auch mit dem Utilitarismus Benthams begründete, lehnte Spencer die Sozialgesetzgebung Bismarcks als Variation des Absolutismus ab.

Letztlich eint alle Anarchisten – sowohl links als auch rechts – die Forderung nach einem mehr oder minder konsequent verwirklichten Individualismus, in dem möglichst jede Unterordnung unter ein Kollektiv verschwunden ist.

12 Vom Einfluss der Gesellschaft und der Geschichte – die Historische Schule

Jeder große Fortschritt der Menschheit beginnt mit dem Zweifel und zeigt sich in einem Protest gegen überlieferten Dogmatismus.

Gustav Schmoller

Nicht jede Art von Berührung von Menschen ist sozialen Charakters, sondern nur ein sinnhaft am Verhalten des andern orientiertes eignes Verhalten.

Max Weber

In der im Grunde bis heute zweigeteilten Rezeption der Ideenwelt Adam Smiths findet sich auch die Abkopplung des ökonomischen Denkens von anderen Betrachtungsformen selbst wieder. Denn ein Mal wird Smith rein ökonomisch interpretiert, ein anderes Mal aber wird sein moralphilosophischer Ansatz integriert.

Indem sich nun die Ökonomie als neue Wissenschaft finden und konstituieren musste, grenzte sie sich rasch von anderen Wissenschaften ab und ließ häufig Smiths moralphilosophische Anregungen zurück. Dies geschah weniger durch die ersten Protagonisten selbst, die die Gefahr der Technisierung der neu entstehenden Wissenschaft manchmal nicht unbedingt sahen, als vielmehr durch die Betrachter, die sich angesichts der weitreichenden Folgen der Gedanken und Ideen Smiths primär auf das neu eröffnende theoretische Feld der reinen Wirtschaftswissenschaft und den darum entstehenden Diskurs konzentrierten.

Der Beschäftigung mit Handel, Geld, Reichtum haftete noch immer der von christlich-religiöser Ethik getränkte Ruch des Wuchers und der Geldgier an. In der Praxis wurden nun aus Guts- und Feudalherrn Fabrikanten und Kapitalisten. Deren Tätigkeit war nun aber nicht mehr religiös legitimiert, sodass sie zu einer reinen Jagd nach Profit wurde. Insofern war eine Lehre des Handels und der Produktion etwas, das außerhalb ethischer und idealistischer Betrachtungen zu stehen schien. Eine Haltung zur Tätigkeit des Wirtschaftens, die in mancherlei Hinsicht bis heute andauert.

Vielleicht ist so auch zu erklären, warum schon mit Beginn der klassischen Wirtschaftswissenschaft die Bedeutung der Analyse wirtschaftlicher Abläufe von anderen Wissenschaften mehr oder minder abgetan wurde, oder anders gesagt, warum zwar Geisteswissenschaften Eingang in die Wirtschaftswissenschaft fanden, umgekehrt aber die Wirtschaftswissenschaft nur vergleichsweise wenig in die Geisteswissenschaften, diese zumindest nicht zu einem bedeutenden Gegenstand wurde und noch immer nicht ist.

Damit verbunden ist wieder das alte »Identitätsproblem« der ökonomischen Wissenschaft, die eng verknüpft ist mit der Frage, ob man eine naturwissenschaftliche-mathematische oder eine Sozialwissenschaft betreibt. Für Smith und seine Zeitgenossen war es letzteres und folgt man der Definition **Wilhelm Diltheys** (1833 bis 1911), des großen Vordenkers der Sozialwissenschaften, ist es auch so: »Sozialwissenschaften sind die Wissenschaften vom handelnden Menschen.« Denn die Wirtschaftswissenschaften beschäftigen sich nun mal mit dem handelnden Menschen.

Man muss fragen: Fehlt es der Wirtschaftswissenschaft an Selbstverständnis, wenn sie sich vornehmlich als Werkzeugkasten vor allem mathematischer Instrumente für angenommene ewig gültige Mechanismen des Produzierens, des Handels und des Marktes sieht? Oder fehlt es vielleicht den Geisteswissenschaften an Grundinteresse an der Wirtschaftswissenschaft?

Entschiedene Schritte eines Entgegenkommens aus Richtung der Ökonomik hinein in die Geisteswissenschaften kamen durch die Historische Schule. War es Zufall, dass diese ihren Ausgang und ihr Zentrum in Deutschland hatte, dem Land, in dem in der Romantik bereits heftiger Widerspruch gegen die Klassische Schule geführt worden war, indem der Ansatz des Idealismus die Suche nach dem Ist mit der Suche nach dem Soll verband?

Am Anfang der Historischen Schule standen drei Männer, jeder von ihnen war ein Beamtensohn. Sie alle studierten Geschichte, nicht Nationalökonomie, was zu jener Zeit oft nur ein Begleitstudienfach war. In das Zentrum dieses Anfangs kann man **Wilhelm Roscher** (1817 bis 1894) stellen, der für viele der Begründer der Historischen Schule ist. Als Schüler und Protegé des berühmten Historikers Leopold von Ranke hatte er bei diesem in Berlin Altertums- und Geschichtswissenschaften studiert und setzte nun der vorherrschenden Klassischen Schule ein neues Theorie- und Lehrkonzept entgegen. Nicht nur in der bereits in der Klassik betriebenen Suche nach allgemeingültigen Gesetzen sah Roscher den Ansatz einer zu betreibenden Forschung, sondern in der Analyse der zu bestimmten Zeiten herrschenden gesellschaftlichen und ökonomischen Gegebenheiten. Darin waren sich er und seine Mitstreiter Carl Knies und Bruno Hildebrand einig.

12   Vom Einfluss der Gesellschaft und der Geschichte – die Historische Schule

Roscher, der in seine Arbeiten auch sein protestantisches Weltbild einfließen ließ, war überzeugt, dass nur die Betrachtung der Wechselwirkungen von Politik, Kunst, Wissenschaft und Religion wirtschaftliche Entwicklungen erklären könnte. Insbesondere müsse das wirtschaftliche Denken der Menschen in Bezug auf ihre Zeit gesehen werden. Die Nationalökonomie sei daher eine empirisch-beschreibende Wissenschaft und keine theoretische. Weshalb es Ziel der ökonomischen Wissenschaft sei, herauszufinden, was die Menschen in wirtschaftlicher Hinsicht wann gedacht haben. Roschers Hauptwerk ist das fünfbändige *System der Volkswirtschaft*, das zwischen 1854 und 1894 erschien. Besonderen Erfolg hatte der erste Band *Die Grundlagen der Nationalökonomie*. 1874 erschien schließlich Roschers voluminöse *Geschichte der National-Oekonomik in Deutschland*, eine historische Darlegung, in der sich beispielhaft die Methodik der Historischen Schule wiederfindet.

Die der Wirtschaftswissenschaft somit durch die Historische Schule zugewiesene Identifizierung als Sozialwissenschaft bedeutete aber nicht, dass diese sich von der Erforschung ökonomischer Mechanismen verabschiedete. So lieferte **Carl Knies** (1821 bis 1898), der zweite der drei bedeutenden Köpfe der älteren Historischen Schule, einflussreiche Beiträge zur Geldtheorie, insbesondere in seinem dreibändigen Werk *Geld und Credit*, das von 1873 bis 1879 erschien. Seine darin vorgenommene Unterteilung in Funktionen und Wesen des Geldes erfährt noch immer breite Wertschätzung. Knies gebührt das Verdienst, wesentlich zur Emanzipation der Statistik in der Wissenschaft beigetragen zu haben.

Was die Leistung für die Statistik betrifft, die im Zuge der Historischen Schule an Bedeutung gewann, muss hier kurz auch der Statistiker, Mathematiker und Ökonom **Wilhelm Lexis** (1837 bis 1914) erwähnt werden. Einige von Lexis' Forschungsbeiträgen gehören zum Rüstzeug der statistischen Wissenschaft, wie etwa das »Lexis-Diagramm«. Lexis' Arbeiten hatten vor allem Bedeutung für die Lebensversicherungswirtschaft und -wissenschaft.

Als dritter Gründungsvater der Historischen Schule gilt Knies' Lehrer **Bruno Hildebrand** (1812 bis 1878). Berühmt wurde Hildebrands Stufentheorie, nachzulesen in seinem einflussreichen Werk *Die Nationalökonomie der Gegenwart und Zukunft*, das 1848 im gleichen Jahr wie das *Manifest der kommunistischen Partei* von Marx und Engels erschien. Das Werk bildete einen Gegenpol zu deren prognostizierter Gesellschaftsentwicklung. Anders als das Zustreben auf eine klassenlose kommunistische Gesellschaft sah Hildebrand die Menschheit nach der ersten Stufe, der Naturalwirtschaft, und der zweiten Stufe, der Geldwirtschaft, auf die dritte und letzte Stufe zusteuern, die der Kreditwirtschaft.

Die zweite Generation der Historischen Schule, im Allgemeinen jüngere Historische Schule genannt, wurde angeführt von **Gustav Schmoller** (1838 bis 1917). Auch Schmoller stand für eine Auffassung von interdisziplinärer Wissenschaft und seine historischen, psychologischen, ethischen und soziologischen Betrachtungsweisen wirkten weit in verschiedene Geisteswissenschaften hinein. Als sein Hauptwerk kann man seinen zweibändigen *Grundriß der allgemeinen Volkswirtschaftslehre* bezeichnen, der 1900 und 1904 erschien und reich gespickt ist mit statistischem und empirischem Material. Er legt die Ansicht dar, dass der Staat durch gezielte Sozial- und Wirtschaftspolitik, begleitet von Reformen, die Interessen der Gruppen in der Gesellschaft auszugleichen habe, was Schmoller zu einem Vordenker des modernen Wohlfahrtsstaates machte.

Schmoller würdigte Einflüsse, unter anderem den **Georg Simmels** (1858 bis 1918), der mit seinem Buch *Philosophie des Geldes* von 1900 mit soziologischen und ethisch-philosophischen Fragestellungen auf die Historische Schule wirkte. Simmel untersuchte Geschichte und Kultur des Tausches und des Geldes und leitete daraus die Entwicklung menschlicher Beziehungen in der modernen Gesellschaft ab. Für ihn war die Geldwirtschaft die dritte große Entwicklungsstufe, die auf Sklaven- und Feudalwirtschaft gefolgt sei. In der Geldwirtschaft würden die persönlichen Unfreiheiten der Sklaverei und des Feudalismus überwunden. Sie schaffe Freiheit, dies jedoch um den Preis, dass Menschen Verbindlichkeiten eingingen. Doch bestimmte Berufe, jene, »deren Produktivität außerhalb der Wirtschaft liegt«, wie in Lehre, Medizin und Kunst, hätten sich, so Simmel, erst mithilfe der Geldwirtschaft entwickeln können.

Mit der Historischen Schule einher ging nicht nur die Auffassung der Wirtschaftswissenschaft als Geisteswissenschaft, sondern auch ein anderer Blick auf die Methodik. Mit der Österreichischen Grenznutzenschule und vornehmlich dort mit Carl Menger trug Schmoller den berühmten Methodenstreit aus, in dem es um die Frage ging, ob die Wirtschaftswissenschaft der deduktiven Methode (vom Allgemeinen auf das Besondere schließen) oder der induktiven Methode (vom Besonderen auf das Allgemeine schließen) folgen sollte. Letztere war die Methode der Historischen Schule.

Der Streit wurde zuweilen polemisch und bitter von 1883 bis 1892 geführt und endete mit einem gewissen Einlenken Schmollers, der an seinem Lebensende anerkannte, dass auch die deduktive Methode zur Wirtschaftswissenschaft gehört. Er gab aber nicht das Selbstverständnis der Vormachtstellung der Historischen Schule preis und wies der induktiven Methode Vorrang vor der deduktiven zu, denn: »Wer auf dem Boden der Erfahrung steht, der traut deduktiven Schlüssen nie ohne weiteres.«

Der Methodenstreit ist kennzeichnend für die immer wieder aufflammenden Debatten über das Selbstverständnis der Wirtschaftswissenschaft. Auch diese sind wieder verbunden mit Fragen wie der, ob es vor allem die Aufgabe sei, allgemeingültige Theorien zu entwickeln, an denen sich dann im besten Falle die Handelnden in der Wirtschaft orientieren können, was in seiner Konsequenz wieder zu der Frage führen kann, ob die Wirtschaftswissenschaft eher eine mathematische Wissenschaft ist oder sein soll.

Dahinter steckt die Wahrnehmung, dass es im Kern beim wirtschaftlichen Handeln letztlich um das Rechnen geht, um das Errechnen von Wert, Preis, Gewinn. Rechnen muss der Arbeiter, der Kaufmann, auch der Politiker, der die Volkswirtschaft gestalten will, im Grunde jeder Mensch, denn jeder handelt – auch – wirtschaftlich. Denkt man diesen Ansatz des rechnenden, kalkulierenden Individuums weiter, ist man bei dem Modell des Homo oeconomicus, der den wirtschaftswirtschaftlichen Modellen zugrunde liegt, die einen großen Raum im Kanon der Hochschullehre des 20. und des beginnenden 21. Jahrhunderts eingenommen haben.

Neben Schmoller war ein weiterer bedeutender Vertreter der jüngeren Historischen Schule **Georg Friedrich Knapp** (1842 bis 1926), ein Neffe Justus von Liebigs. Sein einflussreichstes Werk ist das 1905 erschienene *Staatliche Theorie des Geldes*, welches Keynes später ins Englische übersetzen ließ. In seiner Geldtheorie definierte Knapp Geld als wesentliches Gut des Rechts, und nur der Staat dürfe dessen Menge und Wert bestimmen. Knapp lieferte damit Argumente für eine staatliche Zentralbank und gegen die Aufhebung der Gold- und Silberdeckung von Banknoten.

Der einflussreichste Ökonom in Deutschland während der Bismarck-Zeit neben Gustav Schmoller war **Adolph Wagner** (1835 bis 1917). Bemerkenswert ist heute noch das von ihm aufgestellte Prinzip der fiskalischen Kasseneinheit, wonach die staatlichen Einnahmen und Ausgaben durch eine Kasse laufen sollten. Von Wagner stammt außerdem das »Gesetz der wachsenden Staatstätigkeit«, das sogenannte Wagnersche Gesetz. Danach werden einmal gewährte staatliche Leistungen aufgrund von Gewöhnungseffekten später nicht mehr zurückgefahren und das Niveau der Staatsausgaben steigt langfristig. Wagner hielt den Eingriff des Staates zur Sicherung sozialer Gerechtigkeit für legitim und unterteilte in der Steuerpolitik in den Hauptzweck der Gewinnung von Einnahmen für den Staat und den Nebenzweck der sozialpolitischen Steuerung der Einkommensverteilung. Weil er zudem die Verstaatlichung bestimmter Schlüsselsektoren der Wirtschaft, etwa im Verkehrswesen, der Versorgung oder von Banken befürwortete, kam Wagner in den Ruf, ein Staatssozialist zu sein.

Apropos Staatssozialist: 1872 wurde in Eisenach der Verein für Socialpolitik gegründet. Zu den Gründern gehörten Gustav Schmoller und Adolph Wagner, und bald wurden die Vereinsmitglieder wegen ihres Eintretens für staatliche Interventionen in die Wirtschaft von ihren Gegnern abwertend als »Kathedersozialisten« tituliert. Letztlich waren sie den Liberalen zu staatsgläubig, während die eigentlichen Sozialisten und Marxisten in ihnen Handlanger von Staat und Wirtschaft sahen, um die Arbeiterklasse ruhig zu stellen und zu kontrollieren. Später gehörten dem Verein auch liberale Ökonomen wie Friedrich von Hayek, Ludwig von Mises und Alexander Rüstow an.

Auch **Lujo Brentano** (1844 bis 1931) war ein »Kathedersozialist«. Der Neffe von Clemens Brentano und Bettine von Arnim gehörte zu den Gründungsmitgliedern des Vereins für Socialpolitik, trat aber später aus, da er dem Verein reaktionäre Politik vorwarf. Brentano war der vermutlich liberalste der bedeutenden Köpfe der jüngeren Historischen Schule. Er machte sich für den Freihandel stark, engagierte sich aber auch für die Belange der Arbeiter und die deutsche Gewerkschaftsbewegung. Da Brentanos sozialpolitische Aktivitäten und Ziele aber weit von den marxistischen Vorstellungen entfernt waren, beschimpfte ihn Engels als »bismarcktreuen Karrieresozialisten«. In der Wirtschaftstheorie hat Brentano das Brassey-Brentanosche Gesetz hinterlassen, wonach kürzere Arbeitszeiten und höhere Löhne die Leistungsfähigkeit von Arbeitern steigern.

Ebenfalls zur jüngeren Historischen Schule gehörte **Karl Bücher** (1847 bis 1934), der in Leipzig lehrte und einer der liberalen Köpfe der Richtung war. Er schlug sich im Methodenstreit sogar auf die Seite Carl Mengers. Mit seiner Stufentheorie trug er zu der Theorie der wirtschaftlichen Entwicklung in der Wirtschaftswissenschaft bei. Büchers Stufentheorie beruhte auf einer Betrachtung zunehmenden Ausbaus der Tauschbeziehungen. Er identifizierte die Wirtschaftsphasen der geschlossenen Hauswirtschaft, der Stadtwirtschaft und schließlich der Volkswirtschaft, in deren Abfolge sich der Tauschhandel immer stärker entwickelte.

Werner Sombart, Edgar Salin und Arthur Spiethoff waren die letzten bedeutenden Vertreter der Historischen Schule. Sie werden mit ihren Versuchen einer Erneuerung der Schule als Denker eines Neo-Historismus oder Neu-Historismus bezeichnet. Sie versuchten vor allem, die Kluft zwischen der Historischen Schule und der entstandenen neoklassischen Schule im Allgemeinen und der Grenznutzenschule im Besonderen zu überwinden.

Werner Sombart (1863 bis 1941) war ein Schüler von Gustav Schmoller. Sein Werk ist auf gewisse Weise der Versuch, die Historische Schule zu überwinden. Sombart ging weg von der Betrachtung der Stufen der Entwicklung und erforschte stattdessen das Allgemeingültige in den Wirtschaftsformen. Eines seiner Hauptwerke war *Der moderne Kapitalismus*, das in drei Bänden von 1902 bis 1927 erschien.

Im sogenannten Werturteilsstreit unterstützte Sombart Max Weber gegen Adolph Wagner, Eugen von Philippovich und Gustav Schmoller. Auch im Werturteilsstreit setzte sich der Selbstverständnisdiskurs der Ökonomik fort. Sollte die Wirtschaftswissenschaft Werturteile zulassen oder sollte sie versuchen, rein nach objektiven Kriterien zu forschen, und sich der Formulierung von Werturteilen oder Normen enthalten?

Weber und Sombart waren der Meinung, Werturteile seien wissenschaftlich nicht beweisbar und hätten in einer objektiv angelegten Wissenschaft nichts zu suchen. Weber argumentierte so vor allem in seinem berühmten »Objektivitäts-Aufsatz« von 1904. Die Gegenseite, hier insbesondere Gustav Schmoller, meinte dagegen, dass ein Verzicht auf Werturteile die Sozial- und Wirtschaftspolitik als Wissenschaft ad absurdum führen würde. Für Eugen von Philippovich, Vertreter der Grenznutzenschule, etwa war das Ziel der Wirtschaftswissenschaft, den Volkswohlstand zu steigern. In der Breite der Wissenschaft setzte sich im Wesentlichen Webers Standpunkt durch.

Sombart versuchte schließlich in seinem 1930 erschienenen Buch *Die drei Nationalökonomien* den Methodenstreit beizulegen, indem er in richtende, ordnende und verstehende Nationalökonomie unterteilte. Die »richtende« beschäftige sich mit dem, was sein solle und sei nahe an der Metaphysik und eine Normwissenschaft. Die »ordnende« analysiere, was ist und sei eine wirkliche Wissenschaft, die »verstehende« sei ein Teilsystem der Gesellschaft, die wirtschaftliche Handlungen mit gesellschaftlichen Belangen abgleiche.

In seinen späteren Jahren wandte sich Sombart immer stärker reaktionären Ideen zu und sympathisierte offen mit den Nationalsozialisten. Schon Sombarts *Die Juden und das Wirtschaftsleben* von 1902 lieferte im Widerspruch zu Max Webers berühmter Protestantismusthese das hochproblematische, negativ besetzte Bild des jüdischen Kapitalisten. Sein Spätwerk *Deutscher Sozialismus* von 1934 wird als Wegbereitung für nationalsozialistisches Wirtschaften gesehen.

Max Weber (1864 bis 1920) war Ökonom und Soziologe, gehörte der Historischen Schule nicht an, stand aber ihren Ideen nahe. In Heidelberg übernahm er den Lehrstuhl von Carl Knies, erkrankte psychisch und konnte sieben Jahre lang nicht arbeiten, kehrte dann aber in die Forschung und Öffentlichkeit zurück. Sein Bruder, der Ökonom Alfred Weber, wurde auch zu den Kathedersozialisten gezählt. Auf ihn wird später zurückzukommen sein. In seinem bekanntesten und wohl einflussreichsten Werk *Die protestantische Ethik und der »Geist« des Kapitalismus* von 1905 formulierte Max Weber seine berühmte, viel diskutierte Protestantismusthese, wonach die moderne kapitalistische Gesellschaft aus der Ethik des Protestantismus und der daraus abgeleiteten rationalen und puritanischen Lebensführung entstanden sei.

Die These ist nach wie vor populär und verbreitet, aber umstritten. Der britische Wirtschaftshistoriker **Richard Henry Tawney** (1880 bis 1962) hielt ihr in seinem 1926 erschienenen Buch *Religion and the Rise of Capitalism* entgegen, nicht der Protestantismus sei die Triebkraft für den entstehenden Kapitalismus, sondern die politischen und technischen Umwälzungen der Zeit hätten die Entstehung des Kapitalismus ermöglicht.

Webers Thesen und die Art, wie er sie darlegte, bilden bis heute die Basis für kontroverse Diskussionen und Deutungen. Nichtsdestoweniger gilt er als einer der Begründer der deutschen Soziologie und als ihr vermutlich bedeutendster Vertreter. Weber entwickelte die sogenannte verstehende Soziologie und versuchte damit, das soziale Handeln in allen seinen Ausprägungen zu verstehen und zu deuten. Anhand seiner Studien der Weltkulturen kam Weber zur Bildung sogenannter »Idealtypen« für »Recht«, »Staat«, »Wirtschaft« und »Herrschaft«. Ein Beispiel für einen solchen »Idealtypus« war die »Bürokratie«, ein Begriff, den er selbst prägte, jedoch anders interpretierte, als er heute verstanden wird. Weber kam zu dem zu seiner Zeit durchaus positiven Schluss, dass Vorschriften und Normen und auch das Beamtentum »im Idealfall« vorteilhaft seien, da sie Willkür und persönliche Abhängigkeiten der Entscheider verringern würden. Dennoch sah Weber durch eine zunehmende Bürokratie in Politik, Wirtschaft und Gesellschaft die Freiheit des Einzelnen bedroht.

Viele von Webers Werken blieben fragmentarisch und wurden erst posthum veröffentlicht, so auch 1922 sein ökonomisches Hauptwerk *Wirtschaft und Gesellschaft*, das seine Frau Marianne Weber herausgab. Darin sprach er sich für ein Wirtschaftssystem des freien Marktes aus, in dem die Marktteilnehmer ihre Entscheidungen nach Kosten und Nutzen treffen. Ein sozialer Antrieb sei dem Menschen, anders als Adam Smith das sah, nicht angeboren.

Der neben Sombart und Spiethoff bedeutendste Kopf des Neu-Historismus, **Edgar Salin** (1892 bis 1974), war beeinflusst von Max und Alfred Weber und ein Bewunderer Platons, den er als geistigen Vater aller Utopien sah. Seine zweibändige *Geschichte der Volkswirtschaftslehre* von 1923, die er 1967 zur 5. Auflage in *Politische Ökonomie* umbenannte, gilt als sein Hauptwerk, worin er die Dogmengeschichte in Zusammenhang mit den jeweiligen geistesgeschichtlichen Hintergründen stellte und seine interdisziplinäre »anschauliche Theorie« entwickelte. Salin war ein späterer Gegner der sozialen Marktwirtschaft, da er einen freien Markt als nach wie vor anfällig für Krisen betrachtete. Er befürwortete früh eine gemeinsame europäische Währung, forderte aber für deren Stabilität eine gemeinsame europäische Sozial- und Wirtschaftspolitik.

Salin beeinflusste **Arthur Spiethoff** (1873 bis 1957), der von ihm den Gedanken der »anschaulichen Theorie« übernahm. Diese sollte die »reine Theorie« ergänzen, die er in der Klassik, aber auch im Keynesianismus sah. Die »anschauliche Theorie« sei durch Verstehen gekennzeichnet, das er in den Lehren der Historischen Schule, aber auch schon bei den Merkantilisten entdeckte. Spiethoff wollte harmonisieren. Anders als die Klassik und Neoklassik, die auf der Suche nach zeitlosen Mechanismen waren, sah er viele Wirtschaftsabläufe – wie auch die Historische Schule – als in ihrer Zeit verhaftet. Er unterteilte in Epochen, die die jeweiligen Wirtschaftsstile entstehen ließen. Sein Hauptwerk *Die wirtschaftlichen Wechsellagen* veröffentlichte Spiethoff 1955 mit bereits 82 Jahren. Auch seine darauf fußende Konjunkturtheorie, die von Tugan-Baranowsky beeinflusst war, fand Resonanz, wie überhaupt Spiethoffs Denken in der frühen Bundesrepublik.

Noch einmal schlug die Romantik durch. Der romantische Universalismus des Österreichers **Othmar Spanns** (1878 bis 1950) bildete einen Nachzügler und auch seltsamen Ausläufer der späten Historischen Schule. Spann plädierte, dabei den frühen Ideen Johann Gottlieb Fichtes und Adam Heinrich Müllers nahe, als entschiedener Gegner der Lehren von Karl Marx, aber auch des Liberalismus für einen ständisch aufgebauten autoritären Staat. Dieser solle als ein Gefüge aus verschiedenen Leistungsbereichen von einer an der Spitze stehenden Führungsschicht getragen und gestaltet werden. Spanns Ganzheitslehre, sein universaler Ansatz, seine Ablehnung von Individualismus und seine Auffassung, dass der Einzelne ökonomisch und soziologisch nur als Teil der Ganzheit zu betrachten sei, kam der nationalsozialistischen Ideologie entgegen und traf in der nationalsozialistischen Bewegung auf wohlwollende Resonanz. Er trat später der NSDAP bei.

Letztlich war der Einfluss der Historischen Schule bedeutend, auch über den deutschen Sprachraum hinaus. In England hatte sie vor allem in **William James Ashley** (1860 bis 1927) und **John Kells Ingram** (1823 bis 1907) zwei wichtige Vertreter. Vor allem aber reicht die Historische Schule mit ihrem nachhaltigen Einfluss hinein bis in die Neue Institutionenökonomik.

13 Der Nutzengedanke bestimmt den Markt – die Grenznutzenschule

Die Größe eines und desselben Genusses nimmt, wenn wir mit Bereitung des Genusses ununterbrochen fortfahren, fortwährend ab, bis zuletzt Sättigung eintritt.
Hermann Heinrich Gossen

Die Wissenschaft hat nicht nur die Aufgabe, die Ideale der Gerechtigkeit zu formulieren, sie muß auch die Wege und Mittel zu ihrer Realisierung beschreiben.
Léon Walras

Aber in der Realität gibt es nicht so etwas wie eine exakte Wissenschaft.
William Stanley Jevons

Neue Schulen in den Wissenschaften entstehen auch aus der Situation, dass ein bestimmter Blickwinkel bislang vernachlässigt oder gar nicht eingenommen wurde. In der Entwicklung der Grenznutzenschule kulminiert das auf doppelte Weise. Sie nahm Defizite bei der Betrachtung des Käufers auf und sie führte endgültig die mathematische Methodik in die Wirtschaftswissenschaften ein. Außerdem übernahm sie in der Wissenschaftsmethodik mit ihrem eher deduktiven Ansatz die Gegenposition zu der zu jener Zeit vorherrschenden Historischen Schule mit ihrer eher induktiven Herangehensweise.

Es waren die nach wie vor ungelösten Probleme der Werttheorie, die die Klassische Schule beschäftigten. Was bestimmte den Wert eines Gutes? Die ursprünglichen Erklärungen Smiths und Ricardos schienen nicht auszureichen. Schon Smiths berühmtes, bereits erwähntes Wasser-Diamanten-Paradox lieferte einen Hinweis, dass nicht nur rein objektiv messbare Faktoren wie Produktionskosten den Wert bestimmen können, sondern auch subjektive. Nahezu zeitgleich mit Karl Marx, der seine Arbeitswerttheorie entwickelte, stellte die Grenznutzenschule ihren Lösungsvorschlag vor. Während Marx eine objektive Werttheorie vertrat, propagierte die Grenznutzenschule eine subjektive Werttheorie. Adam Smith und auch David Ricardo hatten den Wert eines Gutes ausschließlich anhand der darin eingeflossenen Arbeit bestimmt und waren daher der Meinung gewesen, der Wert sei objektiv bestimmbar.

Der entscheidende neue Blick der Grenznutzenschule und der sich daraus entwickelnden Neoklassik war der Wechsel von einer objektiven zu einer subjektiven Werttheorie. Noch ein weiterer Gedanke kam hinzu: Hatten sich die Überlegungen der Vertreter der Klassischen Schule noch zentral um Probleme der Produktion und des Wachstums gedreht, ging es nun verstärkt um Probleme der Verteilung (Allokation) von Gütern, also um die Effizienz der Wirtschaft.

Neu war der Gedanke nicht, dass der Wert eines Gutes anhand des Nutzens, den er für den Nachfrager hat, betrachtet werden sollte. Wie wir bereits gesehen haben, waren schon Galiani und Davanzati im Merkantilismus dem Nutzen bei der Wertbildung nachgegangen, später Condillac in der Zeit der Physiokratie und in seiner Nachfolge in der Klassischen Schule ging auch der Utilitarismus Benthams und Mills in diese Richtung. In Frankreich stellte der Ingenieur **Jules Dupuit** (1804 bis 1866) in seinem Aufsatz »De la mésure de l'utilité des travaux publics« von 1844 Überlegungen zu Preis und Nutzen eines Gutes an, lieferte erste Ansätze zu einer Kosten-Nutzen-Rechnung und kam in Widerspruch zu Jean-Baptiste Say zu dem Schluss, dass der Preis eines Gutes geringer sei als dessen Nutzen.

Das Theoriegebäude der Grenznutzenschule brachte die Nutzenperspektive letztlich so grundlegend in die Sichtweise der Wirtschaftswissenschaft ein, dass sie diese nachhaltig und tief veränderte. Im Wesentlichen vier Schulen stehen für Entwicklung und Ausbau der Grenznutzenschule: die Lausanner Schule, die Österreichische Schule, die anglo-amerikanische Schule und die ältere Stockholmer Schule.

Am Anfang der Grenznutzenschule standen drei Männer, die diese unabhängig voneinander begründeten und von denen je einer mit den drei erstgenannten Schulen in Verbindung zu bringen ist. Ein Streit brach darüber aus, wem von ihnen der Lorbeer gebührt, der Erste gewesen zu sein. Die Antwort fand sich schließlich in der Entdeckung, dass ein Vierter noch früher als sie die Idee formuliert hatte, auf der die Schule aufbaute.

Beginnen wir mit den Dreien, um dann über den Vierten zu sprechen. Einer von den Dreien ist der Schweizer **Léon Walras** (1834 bis 1910), der als Sohn des Philosophen Antoine-Auguste Walras geboren wurde. Der hochintelligente Walras führte zunächst das Leben eines Bohemiens, studierte in Paris Mathematik, aber auch Literatur und veröffentlichte einen romantischen Roman. Schließlich aber ließ er sich von seinem Vater in die Pflicht nehmen, dessen Werk fortzuführen. So gelangte er über die Philosophie zur Ökonomik, die er mathematisch anging, wodurch er zu einem bedeutenden Vertreter der mathematischen Schule der Ökonomie wurde. Beeinflusst von dem seinerzeit noch immer zu wenig beachteten Werk Cournots veröffentlichte Walras 1860 sein erstes Buch auf dem Gebiet und erregte Aufsehen. 1870 wurde er Professor in Lausanne, wo er über drei Jahrzehnte lehrte und die Lausanner Schule begründete.

1874 und 1877 erschien Walras' Hauptwerk *Éléments d'économie politique pure ou Théorie de la richesse sociale*, womit er zu einem jener Denker wurde, die in ihrem Fach so prägend wirkten, dass sich der Außenstehende wundern muss, wenn er noch nie von ihm gehört hat. Tatsächlich ist Walras vielleicht der bedeutendste Ökonom, der in der breiten Öffentlichkeit eher unbekannt ist. Auch in der angelsächsischen Sprachwelt wurde seine Bedeutung erst entdeckt, als *Éléments d'économie politique pure* 1954 ins Englische übersetzt wurde.

Walras und mit ihm die späteren Vertreter der Grenznutzenschule sagten, der Wert eines Gutes könne sich aufgrund subjektiver Beurteilung und durch seinen Konsum verändern. Die erste Einheit eines konsumierten Gutes, egal was für ein Gut das ist, besitze den größten Wert und Nutzen. Jede weitere konsumierte Einheit hat zwar auch noch Nutzen, dieser aber sinkt mit jeder weiteren konsumierten Einheit. Man spricht vom abnehmenden Grenznutzen. Es ist wie das Löffeln einer Suppe durch einen Hungrigen: Jeder weitere Löffel hat weniger Nutzen und schließlich tritt Sättigung ein.

Durch die Betrachtung des Nutzens beschäftigte sich die Theorie nun nicht mehr nur mit der Produktion und damit dem Angebot eines Gutes, sondern auch mit der Nachfrage und wie diese bestimmt wird. Nicht nur Smiths und Ricardos Ideen wurden in diesem Punkt nun als ergänzungsbedürftig erkannt, sondern auch Says Diktum von dem Angebot, das sich seine Nachfrage schaffe. Gab es also auch eine Lösung für das Gleichgewicht von Angebot und Nachfrage?

Walras wurde zum »Vater der Gleichgewichtstheorie«, denn er übertrug seine Erkenntnisse in ein Modell zur Erklärung des ökonomischen Gleichgewichts – was seine beiden Konkurrenten um die Begründung der Grenznutzenschule im Übrigen nicht taten. Über das Austarieren der Preise suchte Walras nach der Möglichkeit eines dauerhaften Gleichgewichts des Marktes. Er fragte sich, ob sich Angebot und Nachfrage auf einem Markt ausgleichen könnten und wollte den Beweis erbringen, dass der freie Markt stets zum Optimum tendiere. Er erdachte ein Modell, in dem alles gleichzeitig geschieht und das ohne die Einflussgrößen Geld und Zeit funktioniert. Ein gedachter Auktionator (der Walras-Auktionator) »ertastet« in einem Tâtonnement-Prozess (»tâtonnement« ist das französische Wort für »Versuch« oder »Tasten«) durch Kontakt mit den Marktteilnehmern den Gleichgewichtspreis.

Mit der Suche nach einem dauerhaften Gleichgewicht des Marktes sind wir bei einer weiteren zentralen Frage des ökonomischen Denkens. Ist überhaupt ein Gleichgewicht zu erreichen, wie Walras es suchte? Oder befindet sich eine Wirtschaft stets in einer Art Ungleichgewicht bzw. steuert sie von einem Ungleichgewicht zum nächsten? Hier wird es philosophisch. Denn mit der Suche nach dem stabilen Gleichgewicht ist die Ansicht zu verbinden, man könne eine Wirtschaft so steuern, dass sie permanent im Gleichgewicht ist, man könne also quasi einen »Endpunkt« der Wirtschaftssteuerung erreichen.

Der Franzose **Joseph Bertrand** (1822 bis 1900) lieferte in seinem berühmten Aufsatz von 1883 eine Anknüpfung an Walras und die Arbeiten von Cournot. Vor allem: Er argumentierte bei seiner Analyse eines Gleichgewichts im Duopol bzw. Oligopol anhand von Preisen, nicht wie Cournot anhand von Mengen und er verzichtete auf den Auktionator von Walras, der anhand von Mengen und Preisangeboten den Preis festlegte. Im Bertrand-Modell, das zum Bestand von Lehrbüchern von Generationen von Studenten wurde, wählen die Akteure Preise und nicht die Mengen. Bertrand legte außerdem dar, dass nur wenige Anbieter (im Zweifel zwei) genügen, um darüber zu einer optimalen Verteilung der Güter zu kommen. Eine Argumentation, die marktradikale Denker (wie die Chicago-Schule) gerne aufgriffen, um Tendenzen zu Monopolbildungen als weniger gefährlich für die Gesamtwirtschaft zu deklarieren.

Auf den von Walras vorgezeichneten Wegen ging **Vilfredo Pareto** (1848 bis 1923) weiter, der in Lausanne dessen Nachfolger wurde. Der Sohn eines italienischen Marchese, der als Nationalist nach Frankreich geflohen war, war in Paris zur Welt gekommen, studierte Ingenieurwissenschaften, wurde Direktor einer Bahngesellschaft in Rom, danach eines Stahlunternehmens in Florenz. Nach dem Tod der Eltern verfasste Pareto politische Schriften und hielt öffentlich Vorlesungen. Der damals bedeutendste neoklassische Ökonom Italiens, Maffeo Pantaleoni, wurde auf ihn aufmerksam und sie wurden enge Freunde. Als Pareto schließlich über Pantaleoni Léon Walras kennengelernt hatte, übernahm Pareto 1893 dessen Lehrstuhl in Lausanne, wo er zu einem der bedeutendsten Köpfe der Lausanner Schule und der zweiten Generation der neoklassischen Lehre wurde. Die wichtigsten Werke Paretos sind das 1906 erschienene *Manuale di economia politica* und der 1916 veröffentlichte zweibändige *Trattato di sociologa generale*.

Pareto war der Logik verpflichtet und stritt für Wertfreiheit in der Lehre. Aussagen über Moral seien nur zulässig, wenn die Begriffe vorher geklärt wären. Ihm gelang es, sich sowohl als Soziologe als auch als Ökonom einen herausragenden Ruf zu erarbeiten, besonders bemerkenswert aber ist seine Leistung, beide Gebiete immer wieder ineinanderwirken zu lassen. Insofern ist es fast eine Ironie, dass ausgerechnet er es war, bei dem sich in seinem *Manuale di economia politica* erstmals der Begriff des Homo oeconomicus finden lässt.

Für den Soziologen Pareto ist die Gesellschaft durch einen beständigen Wechsel von Eliten charakterisiert, die sie regieren. Diesen Eliten gehe es vor allem wertfrei um eines: um Macht. Gegen Ende seines Lebens war Pareto, der heute als Klassiker der Soziologie gilt, umstritten, da er den aufkommenden Faschismus begrüßte.

Als Ökonom verfeinerte Pareto die mathematische Gleichgewichtstheorie von Edgeworth und die Indifferenzkurvenanalyse. Mit seinem berühmten Pareto-Optimum schloss er eine theoretische Lücke der Grenznutzenlehre. Dieses beschreibt jenen Gleichgewichtszustand, bei dem kein Einzelner einer Gruppe oder Gesellschaft besser gestellt werden kann, ohne dass andere oder auch nur ein anderer schlechter gestellt werden würde. Entscheidend für die bahnbrechende Leistung Paretos war sein Verzicht auf das Messen oder Vergleichen des Nutzenempfindens, denn es ging ihm nur um den optimalen Nutzen von Güterkombinationen. Bislang hatte man – seit Bentham bis hin zu Edgeworth – Nutzen als sogenannten kardinalen Nutzen betrachtet, sodass Güter nicht nur im Nutzenrang beurteilt wurden, sondern auch im Sinne von »Gut A hat doppelt so viel Nutzen wie Gut B«. Pareto setzte dem den ordinalen Nutzen (einen nur nach Reihenfolge zu bewertenden Nutzen) entgegen. Damit konnte die Verteilung von Gütern bewertet und damit verbessert werden.

Nach Walras war der Brite **William Stanley Jevons** (1835 bis 1882) der zweite bedeutende Mann am Anfang der Grenznutzenschule. Als neuntes von elf Kindern eines wohlhabenden Eisenhändlers geboren, konnte er seinen Eintritt in das Berufsleben nicht so gestalten, wie es zunächst vorgesehen war. Das Unternehmen des Vaters brach zusammen und schwere finanzielle Not zwang Jevons, der zwar in London zunächst ein Studium aufnahm, schließlich eine Stelle als Münzprüfer in Australien anzunehmen. In Sydney beschäftigte er sich mit dem Ausbau des Eisenbahnnetzes und begann sich über die Lektüre von Dionysius Lardners *Railway Economy* auf mathematische Weise mit Ökonomie zu beschäftigen. Schon 1860 meinte er herausgefunden zu haben, was die »wahre Politische Ökonomie« sei, wie er seinem Bruder per Brief mitteilte. Jevons war ein Logiker. Sein erstes Buch veröffentlichte er über Logik – auch entwickelte er das sogenannte Logische Piano, ein Gerät, in das sich begriffslogische Sätze eingeben ließen. Wie Walras bediente er sich ausführlich der mathematischen Methode. Erst spät wurde sein Beitrag erkannt und gewürdigt. 1863 zurück in England als Dozent und Tutor in Manchester, legte Jevons 1871 sein Hauptwerk *The Theory of Political Economy* vor. Seine darin entwickelten grenznutzentheoretischen Überlegungen knüpfen an die utilitaristische Philosophie Jeremy Benthams an.

Die Wirtschaftswissenschaft verdankt Jevons das Gesetz der Unterschiedslosigkeit der Preise (auch »Jevons' Gesetz«), wonach ein Gut auf einem offenen Markt überall den gleichen Preis haben muss. Daran knüpfte später Gustav Cassel mit seinen Überlegungen zur Kaufkraftparität an. Außerdem beschrieb Jevons in dem sogenannten Jevons-Paradox, wie technologische Innovationen, die zum effizienteren Einsatz eines Rohstoffs führen, dessen Einsatzmenge insgesamt sogar erhöhen können. Jevons zeigte das in seinem 1865 erschienenen Buch *The Coal Question* anhand des vermehrten Abbaus von Kohle, nachdem James Watt die Dampfmaschine von Thomas Newcomen entscheidend verbessert hatte. Die Dampfmaschine war zu einem sehr viel effizienteren Energieträger geworden, trug aber durch ihre massenhafte Verbreitung als immer bedeutender werdendes Produktionsmittel zum verstärkten Einsatz von Kohle bei.

Der dritte Mann zu Beginn der Grenznutzenschule war, der spätere Wiener **Carl Menger** (1840 bis 1921). Als Sohn eines Anwalts geboren, studierte er in Prag und Wien und promovierte in Krakau. Zunächst arbeitete er als Wirtschaftsjournalist, begann sich aber nach und nach in die Wirtschaftstheorie zu vertiefen. 1871 veröffentlichte Menger sein Buch *Grundsätze der Volkswirtschaftslehre*, zunächst mit geringer Resonanz. Darin entwickelte er nahezu zeitgleich mit Walras und Jevons die Theorie der Grenznutzenanalyse. Ein Aspekt in Mengers Überlegungen: Ein Tausch von Gütern kommt erst dann zustande, wenn man von der nächsten Einheit eines anderen Gutes einen höheren Nutzen erwartet als vom eigenen Gut.

Menger hatte ab 1873 eine Professur für Nationalökonomie in Wien inne. Dort begründete er mit seinen Schülern Eugen von Böhm-Bawerk und Friedrich von Wieser die berühmte und wirkmächtige Österreichische Grenznutzenschule. Oft wird diese Schule auch schlicht als Österreichische Schule bezeichnet (oder auch Wiener Schule, da die meisten ihrer Denker in Wien wirkten). Doch die wirtschaftstheoretischen Analysen und Forschungen dieser Schule sind nicht allein auf Grenznutzenbetrachtungen zu reduzieren.

Eines der Fundamente der Österreichischen Schule ist – wie bereits Menger in seinem Hauptwerk umrissen hatte – die deduktive Methode: Prämissen werden genutzt, um Aussagen zu treffen und daraus schließlich Theorien abzuleiten. Damit folgt sie Karl Poppers späterem Diktum, dass verifizierende Induktion nicht möglich sei. Berühmt wurde sein Schwanenbeispiel: Von der Beobachtung »Dieser Schwan ist weiß« induktiv auf »Alle Schwäne sind weiß« zu folgern, mag dazu führen, dass dieser Aussage lange recht gegeben wird. Aber sobald der erste schwarze Schwan gesichtet wird, ist sie falsifiziert.

Nachdem nun mit Walras, Jevons und Menger die drei Männer genannt wurden, die die Grenznutzentheorie in die Welt brachten, sei nun ein Blick auf jenen wunderlichen Mann geworfen, der ihre Grundzüge bereits vor ihnen formuliert hatte, jedoch lange unbeachtet geblieben war. Er war so unbekannt, dass er noch nicht einmal vergessen genannt werden konnte. Es war ein deutscher Kaufmann und Beamter.

Hermann Heinrich Gossen (1810 bis 1858), der Sohn eines Finanzbeamten, studierte Rechtswissenschaften, arbeitete als Regierungsassessor und wurde schließlich Teilhaber einer Versicherungsfirma. Zwischenzeitlich versuchte er ohne Erfolg zu promovieren. Mit eigenem Geld ließ er schließlich ein selbst verfasstes Buch drucken und veröffentlichte es 1854 unter dem selbst für die Welt der Ökonomik umständlichen Titel *Die Entwickelung der Gesetze des menschlichen Verkehrs und der daraus fließenden Regeln für menschliches Handeln*. Das Werk fand, wenn überhaupt, ablehnende Resonanz.

Einen gehörigen Beitrag dazu, dass das so war, lieferte Gossen selbst, der sowieso als schwieriger Zeitgenosse galt, mit einem stark von sich eingenommenen Stil. Im Vorwort nahm er für sich nichts Geringeres in Anspruch, als der Nikolaus Kopernikus der Sozialwissenschaften zu sein. Den Beweis dafür fanden seine Leser allerdings zunächst nicht. Die Ideen, mit denen Gossen die spätere Grenznutzentheorie vorwegnahm, entfalten sich allerdings auch fast versteckt zwischen seinen ausschweifenden Erörterungen.

Gossen war tief erschüttert über seinen Misserfolg. Er kaufte einen Großteil der Auflage von seinem Verleger zurück und benutzte die Bücher als Heizmaterial, was einer der Gründe ist, warum die Erstauflage heute bei Sammlern hohe Preise erzielt. Verbittert nahm Gossen sich schließlich 1858 das Leben. Erst 20 Jahre nach seinem Tod erkannte man Gossens Leistung.

Im berühmten 1. Gossenschen Gesetz formulierte er den abnehmenden Grenznutzen. Der Nutzen eines Gutes sinkt ab einer bestimmten Menge des Konsums mit jeder weiteren Einheit. Dass Gossen heute als einer der außergewöhnlichen Denker der Wirtschaftstheorie anerkannt wird, lässt sich in dem von ihm formulierten sogenannten 2. Gossenschen Gesetz erahnen. Das besagt, dass wenn jemand sein gesamtes Einkommen mit maximalen Nutzen einsetzen wolle, er es auf die verschiedenen Güter so verteilen müsse, dass der Nutzen der letzten konsumierten Einheit für alle konsumierten Güter gleich ist.

Mit der Grenznutzenschule eröffneten sich der Wirtschaftstheorie vollkommen neue Felder, was ihren Blickwinkel weitete, aber auch ihr Selbstverständnis. Besonders die Österreichische Grenznutzenschule tat sich hervor. Auf Carl Mengers Arbeiten folgte die sogenannte zweite Generation mit ihren beiden herausragenden Denkern Friedrich von Wieser und Eugen von Böhm-Bawerk. Sie waren Jugendfreunde und studierten zusammen bei den großen Vertretern der Historischen Schule Carl Knies, Bruno Hildebrand und Wilhelm Roscher. Wiesers Schwester heiratete später Böhm-Bawerk.

Friedrich von Wieser (1851 bis 1926) führte in seiner 1884 veröffentlichten Habilitationsschrift *Über den Ursprung und die Hauptgesetze des wirthschaftlichen Werthes* wie auch in dem 1889 erschienenen Buch *Der natürliche Werth* die von Menger ausgearbeitete Methodik und subjektive Werttheorie weiter. Seine eigenen werttheoretischen Arbeiten verstand Wieser als »angewandte Psychologie«. Er brachte – die aufgestellten Nutzengesetze Gossens aufgreifend – den Begriff »Grenznutzen« ein und den »Knappheitsbegriff«. Das Grenznutzenprinzip erweiterte er, indem er es auch auf Kosten anwandte. Dabei zeigte er, dass nicht nur die Geldkosten in die Kostenermittlung der einzelnen Produktionsfaktoren einzubeziehen seien – so sah es die klassische Auffassung Adam Smiths und die seinerzeit in England vorherrschende neoklassische Lehre Alfred Marshalls –, sondern dass auch jene Gelegenheiten kalkulatorisch zu berücksichtigen seien, die aufgrund der getroffenen Wahl nicht realisiert werden könnten: die sogenannten Opportunitäten. Dieses Gesetz der Opportunitätskosten wurde zu einem zentralen Bestandteil der Österreichischen Grenznutzenschule. In der Geldtheorie nahm Wieser eine subjektivistische Sicht ein. Denn im Tauschwert des Geldes sah er den vorweggenommenen Gebrauchswert der für das Geld zu erwerbenden Güter.

Mit Wiesers Freund **Eugen von Böhm-Bawerk** (1851 bis 1914) ist besonders die österreichische Kapitaltheorie verknüpft. Seine Leistung ist es, den Versuch unternommen zu haben, Fragen des Lohnes, des Unternehmergewinns und des Kapitalertrags in ein einheitliches System zu fassen. Er war einer der Ersten, der eine systematische Darstellung der Zinstheorien und eine erste umfassende Zinstheorie überhaupt vorlegte. Natürlich war sein Ergebnis heftig umstritten.

Böhm-Bawerk veröffentlichte seine Geld- und Zinstheorie in dem 1884 und 1889 erschienenen zweibändigen Werk *Kapital und Kapitalzins* (erster Band: *Geschichte und Kritik der Kapitalzins-Theorien*, zweiter Band: *Positive Theorie des Kapitals*). Seine Zinstheorie war eine Zeitagio-Theorie. Darin wurde der Zins als ein Aufschlag im Jetzt betrachtet, da für Böhm-Bawerk die Menschen Güter heute höher bewerteten als in der Zukunft.

Der Grenznutzen zukünftiger Güter, so Böhm-Bawerk, nehme ab. Die Gründe seien psychischer und technischer Natur. Psychisch, weil Menschen über die Zukunft unsicher seien und sie nur eine geringe Neigung hätten, für künftige Bedürfnisse vorzusorgen. Technisch lägen die Gründe in den Produktionsumwegen. Diese seien auch der Grund für die Ungleichheit von Arbeitern und Unternehmern. Der Arbeiter brauche Güter der Gegenwart und bezahle dafür mit seiner Arbeit, einem Gut, das erst in der Zukunft wirksam werde, was daher auch mit einem »Abschlag« zu bewerten sei. Das Verhältnis von Arbeitern und Unternehmern sei lediglich der Tausch von Arbeit für die jetzige Lohnsumme gegen künftige Produkte. Der »Abschlag« sei legitim, da künftige Produkte – auch aufgrund des besagten abnehmenden Grenznutzens künftiger Güter – oft weniger wert seien als die heutigen.

Trotz der klugen Erörterungen Böhm-Bawerks verhält es sich mit der Auffassung vom Zins wie mit vielen Bereichen der Wirtschaftswissenschaft, etwa auch der Auffassung vom Geld oder mit dem Wertbegriff: Es gibt viele Ansätze und Erklärungen, viele sind einleuchtend, keiner aber klärt den Gegenstand umfassend und für alle Betrachter befriedigend. So brachte die Wirtschaftswissenschaft zum Beispiel in der Zinstheorie solch verschiedene Ansätze wie die Urzinstheorie von Silvio Gesell, den »subjektiven« Ansatz von Ludwig von Mises, Keynes' Erklärung des Zinses als Preis für den Verzicht auf Liquidität über einen bestimmten Zeitraum (Liquiditätspräferenztheorie), die dynamische Zinstheorie Schumpeters oder die Loanable funds Theory von Bertil Ohlin hervor.

Als dritter Kopf der zweiten Generation der Österreichischen Grenznutzenschule wird zuweilen **Frank Albert Vetter** (1863 bis 1949) genannt. Er gilt als Bindeglied in den USA zwischen der zweiten (um Wieser und Böhm-Bawerk) und der dritten Generation der Österreichischen Grenznutzenschule um Ludwig von Mises und später Friedrich von Hayek. Vetter arbeitete in der Wert-, Preis- und Kapitaltheorie und versuchte in seiner deduktiven Herangehensweise, Entwicklungen der Psychologie zu integrieren. In der Theorie des Zinses integrierte er den Faktor Zeit in die Bestimmung eines Zinses.

Der herausragende Kopf der dritten Generation und Vater der vierten Generation der Österreichischen Grenznutzenschule war **Ludwig von Mises** (1881 bis 1973). Der Sohn eines Eisenbahningenieurs studierte Jura in Wien, wandte sich dann aber der Wirtschaftstheorie zu und wurde ein Schüler Böhm-Bawerks. Mises arbeitete als Ökonom bei der Handelskammer in Wien, beriet die österreichische Regierung, lehrte als Privatdozent, hatte aber nie einen ordentlichen Lehrstuhl inne. In seinem Seminar in der Handelskammer zog er die vierte Generation der Österreichischen Grenznutzenschule heran, unter ihnen Gottfried von Haberler, Oskar Morgenstern und Fritz Machlup.

Auch Mises arbeitete konsequent deduktiv und schloss daher vom Allgemeinen auf das Einzelne. In seiner Marktauffassung war bereits der einzelne Eingriff des Staates der erste Schritt zum Sozialismus, denn schon diese kleine Maßnahme destabilisiere den Markt, was zwangsläufig weitere Maßnahmen nach sich ziehe, um die Folgen zu beheben, und schließlich dazu führen könne, dass man sich geradezu nach dem Sozialismus sehne.

Mises entwickelte schon 1912 in seiner Habilitationsschrift *Theorie des Geldes und der Umlaufmittel* eine Nachfragetheorie des Geldes und darin – zwei Jahrzehnte vor Keynes – die Idee einer »Vorsichtskassenhaltung«, nach der die Marktteilnehmer Geld für unvorhergesehen Ausgaben nachfragen. Mises verwarf die sogenannte Neutralität des Geldes: Eine Geldmengenerhöhung habe keine proportionale Preiserhöhung zur Folge, sondern führe zu Verwerfungen im Markt wie Über- und Fehlinvestitionen. Konjunkturschwankungen seien Folgen staatlicher Eingriffe. Sein Schluss: Jede künstliche Konjunkturbelebung trägt in sich den Keim für den nächsten Abschwung. Mises' Konjunkturtheorie baute später dessen Schüler Hayek aus.

Mit seinem 1922 erschienenen Buch *Die Gemeinwirtschaft*, in dem er die Unmöglichkeit einer funktionierenden Planwirtschaft darlegte, löste Mises die berühmte Kalkulationsdebatte aus, auf die später noch einzugehen ist. 1940 floh er aufgrund seiner jüdischen Abstammung vor den Nationalsozialisten nach New

York. Dort lehrte er als Gastprofessor und zog die Generation der sogenannten Austro-Misesians heran. Mises' Hauptwerk ist das 1940 erschienene Buch *Nationalökonomie. Theorie des Handelns und Wirtschaftens*, das überarbeitet unter dem Titel *Human Action* ab 1949 in den USA ein großer Erfolg wurde. Darin nahm Mises seine umfassende Theorie menschlichen Handelns als Basis für seine eigene Theorie, die er Praxeologie nannte. Diese sah ein lösungsorientiertes, streng subjektiv und individuell geprägtes Urteilen und Handeln vor.

Die Ökonomik sei, so Mises, der beste ausgearbeitete Teil der Praxeologie. In ihr geht es um die Mittel, um wirtschaftliche Ziele zu erreichen. Die Vergangenheit, die Geschichte gelten darin nicht. So gewinnt Mises' Ökonomik einen A-priori-Charakter, in der alles Handeln im Sinne der gegebenen Ziele zu betrachten ist. Ethische Kategorien haben keinen Platz. Darauf aufbauend entwickelte Mises seine Theorie der freien Marktwirtschaft, in der die Freiheit des Individuums immer vorne steht und jeglicher staatliche Eingriff in die Wirtschaftsabläufe abgelehnt wird. Für Mises konnte nur der Markt die Bedürfnisse der Menschen koordinieren.

Die Österreichische Schule hatte schon durch Menger Kritik am Modell des Homo oeconomicus geübt. Man sprach lieber vom Homo agens, dem handelnden beziehungsweise agierenden Menschen. So auch Mises. Aus der Ablehnung der Denkfigur des Homo oeconomicus schloss er, dass generalisierende Aussagen in einer Wissenschaft, in der es um menschliches Handeln gehe, nicht zu treffen seien. Denn Entscheidungsgrößen und Rahmenbedingungen würden sich beständig ändern. Daher sei auch die Suche nach einem – statischen – Gleichgewicht ein verfehlter wissenschaftlicher Ansatz.

Von den zahlreichen Nachfolgern von Mises in der Österreichischen Grenznutzenschule sei hier noch der geborene Österreicher **Gottfried Haberler** (1900 bis 1995) erwähnt, der zur vierten Generation der Österreichischen Schule zählt. Zusammen mit Joseph Schumpeter gilt er auch als Begründer der Schule der Harvard Economics. In seinem 1927 erschienenem Buch *Der Sinn der Indexzahlen* stellte Haberler, der bedeutende Beiträge zur Außenhandels- und Konjunkturtheorie lieferte, die Messbarkeit von Preisentwicklungen vor dem Hintergrund der Nichterfassbarkeit individueller Präferenzen heraus.

Auch für Haberler entstand Wachstum über einen weitgehend von staatlichen Eingriffen verschonten freien Markt. Wirtschaftspolitik dürfe nur durch Geldpolitik über den Kapitalmarkt betrieben werden, insbesondere über die strikte Beschränkung des Geldmengenwachstums und über den Preis-Zins-Mechanismus.

Während also Mengers Ideen in der Österreichischen Grenznutzenschule weitergeführt wurden, die Ideen von Walras dann in der vor allem durch Pareto geprägten Lausanner Schule, griff in England der unitaristische Geistliche **Philipp**

Henry Wicksteed (1844 bis 1927) die Ideen von Jevons auf. Wicksteed war zunächst von Henry George beeinflusst und bestritt mit Vorträgen unter anderem zu Aristoteles, Thomas von Aquin und Dante seinen Lebensunterhalt. Weil er nie einen Hochschulposten bekleidete, blieb er immer ein akademischer Außenseiter und ist Fachfremden vor allem außerhalb des angelsächsischen Raums kaum bekannt. Mit *The Alphabet of Political Science* legte Wicksteed jedoch 1888 ein Werk vor, dessen Bedeutung erst nach und nach erkannt wurde und seinen Verfasser aus späterer Sicht zu einem wichtigen Vertreter der Grenznutzenschule in England machte. Für Wicksteed waren die Gesetzmäßigkeiten der Werttheorie vor allem von Fragen des Angebots beeinflusst, die Produktionstheorie von denen der Nachfrage. Obwohl er rein rationale Entscheidungen in seiner Analyse in den Mittelpunkt stellte, wies er auch auf andere Einflussgrößen hin: Traditionen, der Wunsch, anderen zu imponieren, Gewohnheiten oder die Absicht, anderen zu helfen. Nutzen, so Wicksteed, könne zwischen Personen nicht verglichen werden.

14 Ob und wie Sozialismus funktioniert – Debatten über Theorie und Umsetzung

Jeder von uns gedachte damals den Himmel zu stürmen ... Wir haben ihn nicht erstürmt, aber aus den Wolken sind wir doch auch nicht gefallen.

Karl Kautsky

An Stelle der Diktatur der Arbeiterklasse werden wir eine Diktatur einiger Dutzend Personen vor uns haben.

Georgi Plechanow

Auf die Fundierung der marxistischen Theorie von Marx und Engels, die in Anlehnung an die von ihnen vorgenommene Abgrenzung auch oft als »wissenschaftlicher Sozialismus« bezeichnet wird, folgte eine umfangreiche und wirkmächtige theoretische Rezeption. Einerseits kam es zum Kampf um die reine marxistische Lehre, die spätestens nach dem Tod von Engels 1895 entbrannte, andererseits nahmen andere Denker das marxistische Fundament und entwickelten neue Richtungen. Diese reichten von anarchistischen bis hin zu jenen Ideen, die versuchten, Kapitalismus und Marxismus in einem Sozialismus zusammenzuführen. So entwickelten sich Richtungen wie Bolschewismus bzw. Marxismus-Leninismus, Menschewismus und Trotzkismus und ferner der Austromarxismus.

In Deutschland erdachte **Ferdinand Lassalle** (1825 bis 1864) früh eine Art Reformismus, in dem er in einem evolutorischen Ansatz auch dem Staat eine bedeutende Rolle bei einem gewünschten Übergang vom Kapitalismus zum Sozialismus beimaß. Bekannt wurde das von Lassalle beschriebene »eherne Lohngesetz« beziehungsweise »eiserne Lohngesetz«, das an Ricardos Theorie der Löhne anknüpfte. Es besagte, dass der durchschnittliche Lohn immer zum Existenzminimum tendiere.

Der Marxismus entwickelte sich insbesondere zu einem Marxismus der Aktivisten, was etwa der französische Denker **Georges Sorel** (1847 bis 1922) 1908 in seinem Werk *Le décomposition de marxisme* monierte. Auch eine Vereinnahmung durch das Bürgertum sah er, weshalb er eine Umsetzung über den französischen Syndikalismus forderte, einem sozialistischen Gesellschaftsentwurf, der vorsah, dass die Gewerkschaften die Produktionsmittel und die Wirtschaft kontrollieren. Weder Parteiensystem noch eine parlamentarische Staatsform war vorgesehen. Sorel wirkte auf den Syndikalismus, der an die genossenschaftlichen und gewerkschaftlichen Ideen des von Proudhon propagierten Sozialismus anknüpfte.

Als »Vater des russischen Marxismus« wird oft **Georgi Plechanow** (1856 bis 1918) bezeichnet. Er übersetzte Karl Marx in die russische Sprache und übte auf **Wladimir Iljitsch Lenin** (1870 bis 1924), dem letztlich dominierenden Denker und Akteur der Revolution in Russland, großen Einfluss aus. Sie arbeiteten zeitweise eng zusammen und gründeten 1900 die Zeitschrift *Iskra*, doch 1903 kam es zwischen den beiden zum Bruch, als sich die Sozialdemokratische Partei Russlands in London in die revolutionären »Bolschewiki«(»Mehrheit«) unter der Führung Lenins und in die auf Reformen setzenden »Menschewiki« (»Minderheit«) spaltete. Plechanow unterstützte Letztere und ließ wissen, Lenin verwechsle die Diktatur des Proletariats mit der Diktatur *über* das Proletariat. Zudem war Plechanow überzeugt, dass halbfeudale Gesellschaften wie die russische vor der eigentlichen Revolution erst eine Art »kapitalistische« Revolution erfahren haben müssten.

Die Bolschewisten unter Lenin setzten auf eine »demokratische Diktatur der Arbeiter und Bauern« unter Führung einer revolutionären Elite, um eine zunächst sozialistische und dann kommunistische Gesellschaft zu errichten. Als eine Art Gegenpol zu Abtrünnigen seiner Marxinterpretation legte Lenin 1917 seine Schrift *Der Imperialismus als höchstes Stadium des Kapitalismus* vor, die zum Leitfaden der marxistisch-leninistischen Interpretation wurde. Er setzte sich durch. Ab Mitte der 1920er-Jahre entwickelte sich der Marxismus-Leninismus zur Ideologie der nach der Revolution in Russland gegründeten Sowjetunion.

Bedeutenden theoretischen Einfluss auf die Wirtschaft des neuen Staates hatte – neben den offenkundigen Einflüssen der Theorien von Marx und Engels – der ukrainische Ökonom **Michail Iwanowitsch Tugan-Baranowski** (1865 bis 1919). Er war zunächst Marxist, übernahm aber später die Gedankengänge des Revisionismus Eduard Bernsteins, verfocht also das Ziel der schrittweisen Wandlung des kapitalistischen Gesellschaftssystems in ein sozialistisches, und dies über einen parlamentarischen Weg.

Tugan-Baranowsky wurde vor allem durch seine Krisentheorie bekannt, die er hauptsächlich in seinen *Studien zur Theorie und Geschichte der Handelskrisen in England* ausführte, die 1894 erschienen und 1901 in deutscher Übersetzung veröffentlicht wurden. Darin erklärte er die Ursachen für wirtschaftliche Krisen im Kapitalismus mit Missverhältnissen von Investition, Konsum und Sparen sowie mit der mangelnden Planung der Produktion, die zu Reibungen zwischen den

Produktionsbereichen führe. Damit widersprach er Marx, der in der fallenden Profitrate eine Ursache für den kommenden Zusammenbruch des Kapitalismus gesehen hatte.

In der in den 1890er-Jahren geführten Diskussion um die Wege der industriellen Entwicklung Russlands machte sich Tugan-Baranowsky für ein marktwirtschaftliches Gesellschaftssystem stark, wobei er mit der marxistischen Theorie argumentierte. Mit seiner 1898 erschienenen Schrift *Geschichte der russischen Fabrik* wirkte er auf die russische Sozialdemokratie und beeinflusste Lenin und seine spätere »Neue ökonomische Politik« (NEP).

Einer der einflussreichsten Ökonomen der frühen Sowjetunion war in den 1920er-Jahren **Jewgeni Preobraschenski** (1886 bis 1937). Er hatte mit Bucharin 1920 das *ABC des Kommunismus* verfasst, in dem der Aufbau der zentralen Planwirtschaft mit Großbetrieben und der allmählichen Abschaffung des Geldes durch eine staatliche Zentralbuchhaltung propagiert wurde. 1926 veröffentlichte Preobraschenski mit seinem Buch *Neue Ökonomik* eines der ersten Werke zur sozialistischen Wirtschaftspolitik. Mit dem Vorschlag, eine sozialistische Industrialisierung der Sowjetunion über Monopolisierung und über Preispolitik zu etablieren, glaubte er, dass auf totalitäre Gewalt verzichtet werden könnte. Preobraschenskis Ideen lieferten die Blaupause für das Vorhaben einer Industrialisierung mittels einer Planwirtschaft, unter anderem unterstützt durch weitgehende Autarkie und gleichzeitigen Konsumverzicht. Während aber Preobraschenski die Steuerung der Planwirtschaft über Preise anstrebte, setzte Stalin in der sowjetischen Wirtschaftspraxis auf deren Durchsetzung durch totalitäre Gewalt. Preobraschenski selbst fiel Stalins Terror durch Erschießen zum Opfer.

Zu den wohl wichtigsten wirtschaftstheoretischen Denkern des eigentlichen Marxismus-Leninismus gehören neben Preobraschenski vor allem Nicolaj Bucharin und **Alexander Wassiljewitsch Tschajanow** (1888 bis 1937 oder 1939). Letzterer veröffentlichte 1923 zunächst in deutscher Sprache *Die Lehre von der bäuerlichen Wirtschaft*. Darin legte er dar, dass er die Zukunft der russischen Landwirtschaft in der Weiterentwicklung der bäuerlichen Familienwirtschaft sah, unterstützt durch ein Genossenschaftswesen und ein Beratungssystem. Damit stellte er sich in klaren Gegensatz zur Lehre der »Agrar-Marxisten«, die seit Beginn der 1920er-Jahre in der Sowjetunion Einfluss gewann und schließlich die Zwangskollektivierung herbeiführte. Tschajanows Werk wird heute vor allem von Entwicklungsökonomen hochgeschätzt.

Nicolaj Bucharin (1888 bis 1938) war ein enger Kampfgefährte Lenins und zwischenzeitlich Chefredakteur der *Prawda*. Er setzte sich für Lenins »Neue ökonomische Politik« (NEP) ein, die eine zentral gelenkte Wirtschaft vorsah, aber Elemente einer freien bäuerlichen Wirtschaft mit kleinen freien Märkten enthalten sollte. Bucharins wichtigstes theoretisches Werk war das 1917 erschienene Buch *Imperia-*

lismus und Weltwirtschaft. 1929 verlor Bucharin sämtliche politische Ämter, weil er sich gegen Stalins Zwangskollektivierung und überhastete Industrialisierungsmaßnahmen gestellt hatte. Zwischenzeitlich teilrehabilitiert, wurde er später im Rahmen des größten Schauprozesses der Stalinära hingerichtet.

Einer der bedeutendsten Wirtschaftswissenschaftler der Sowjetunion der 1930er- und 1940er-Jahre war der gebürtige Ungar **Eugen (bzw. Jenö) Varga** (1879 bis 1964). Er forschte vor allem zu Fragen des Übergangs vom Kapitalismus zum Sozialismus, so unter anderem in seinem Hauptwerk *Die wirtschaftlichen Probleme der proletarischen Diktatur* von 1920. Später lieferte er Beiträge zu einer marxistischen Konjunkturanalyse. Von 1927 bis 1947 leitete Varga das Institut für Weltwirtschaft und Weltpolitik in Moskau. Als er in seinem 1946 erschienenen Buch *The Economic Transformation of Capitalism at the End of the Second World War* dem Kapitalismus eine größere Stabilität attestierte, als die marxistische Lehre diesem bisher zugebilligt hatte, fiel er in Ungnade, wurde aber 1949 rehabilitiert.

Im deutschen Sprachraum stellte sich früh der Österreicher **Karl Kautsky** (1854 bis 1938) an die Spitze des Kampfes um die Deutungshoheit der marxschen Lehre. Kautsky arbeitete mit Carl Bernstein (zu ihm später) bei der Zeitschrift *Der Socialdemokrat*. Er wurde enger Mitarbeiter von Friedrich Engels und nach dessen Tod der neue Wortführer des reinen Marxismus. Kautsky konnte die SPD zwischenzeitlich auf einen streng marxistischen Kurs lenken. Anders aber als Rosa Luxemburg lehnte er einen revolutionären Umsturz ab. Er wandte sich gegen Tugan-Baranowskis Kritik an Marx' These der fallenden Profitrate, widersprach aber Marx' Krisentheorie.

Einer der prägendsten Köpfe bei der Fortführung der Theorien von Marx und Engels war **Rosa Luxemburg** (1870 bis 1919). Sie knüpfte an Kautskys Gedanken zur Krisentheorie an, sah aber dessen Ideen zum gesellschaftlichen Reproduktionsprozess als unvereinbar mit der Marxschen Lehre. Luxemburg war in Polen in eine begüterte Kaufmannsfamilie geboren worden, hatte sich früh in der Arbeiterbewegung engagiert, was sie zur Emigration zwang und sie schließlich nach Berlin führte. Insbesondere in ihrem Buch *Akkumulation des Kapitals*, das 1913 erschien, vertrat sie die These, der Kapitalismus werde aufgrund seines Gewinnstrebens irgendwann an die Grenzen des eigenen Landes stoßen und daher zum Imperialismus führen.

Auf Luxemburgs Thesen antwortete der österreichische Politiker und Publizist **Otto Bauer** (1881 bis 1938) in der von Karl Kautsky geleiteten Zeitschrift *Die neue Zeit* im gleichen Jahr mit einem Aufsatz mit gleichem Titel wie das Buch Luxemburgs. Bauer widersprach Luxemburgs und auch Marx' Reproduktionsschemata, also der Darstellung der Abläufe, wie Kapital sich durch Produktion reproduziert und akkumuliert. Für Bauer gab es eine Anpassungsfähigkeit des Kapitalismus, der durch den Mechanismus seiner Produktionsweise »selbsttätig Überakkumulation und Unterakkumulation aufhebt«.

Der sogenannte »Streit um die marxschen Reproduktionsschemata« war im Grunde ebenfalls ein Streit um die »reine Lehre«. Luxemburg beklagte deren Aufweichung, auch durch Bauer. Der veröffentlichte 1936 sein Buch *Zwischen den Weltkriegen? Die Krise der Weltwirtschaft, der Demokratie und des Sozialismus* und mahnte im Titel nicht nur vor dem tatsächlich bald ausbrechenden nächsten Weltkrieg, sondern präsentierte darin sein Konzept des »integralen Sozialismus«, mit dem er versuchte, die weltweit auseinanderdriftende Arbeiterbewegung wieder zusammenzuführen.

Der Pole **Oskar Ryszard Lange** (1904 bis 1965) versuchte später, unter anderem in seinem Buch *On the Economic Theory of Socialism* (Co-Autor Fred Manville Taylor) von 1938, die Arbeitswertlehre von Marx mit der neoklassischen Preistheorie zu verbinden. Mit seinem Konzept, in einer Planwirtschaft das Preissystem der Marktwirtschaft »als ob« zu nutzen, glaubte er einen Weg gefunden zu haben, über den sich die sozialistische Planwirtschaft als dem freien Markt überlegen erweisen könnte. Diese Überlegung wurde auch zu einem zentralen Punkt der noch zu besprechenden Kalkulationsdebatte.

Wesentliche Beiträge zu den Debatten um den Marxismus lieferte auch der Austromarxismus. Seine wichtigsten Vertreter waren neben dem bereits erwähnten Otto Bauer Rudolf Hilferding, Emil Lederer und Max Adler. Der Austromarxismus blieb im Kern der reinen Lehre von Marx treu, entwickelte aber Interpretationen, die sich mit dem Ziel eines pluralistischen Staates zu vertragen schienen.

Der österreichisch-deutsche Ökonom **Rudolf Hilferding** (1877 bis 1941) war vielleicht der brillanteste Kopf des Austromarxismus. Er veröffentlichte 1910 mit seinem Hauptwerk *Das Finanzkapital* eine Studie über den Kapitalismus, in der er die verschiedenen Kapitalformen betrachtete und die Geldtheorie von Karl Marx erweiterte. Berühmt wurde Hilferdings Stamokap-Theorie. Staatmonopolistische Unternehmer verdrängen demnach kleinere Unternehmer, bilden Monopole und beherrschen schließlich gemeinsam mit Banken die Wirtschaft und den Staat. Daher müsse die Arbeiterschaft sich des Finanzkapitals bemächtigen. Hilferding, der in der SPD mit Kautsky das Heidelberger Programm von 1925 verfasste, in der Weimarer Republik zweimal Finanzminister war und später unter ungeklärten Umständen in einem Gestapo-Gefängnis im besetzten Paris starb, beeinflusste sowohl Lenin als auch Rosa Luxemburg.

Emil Lederer (1882 bis 1939) grenzte sich in zwei wichtigen Punkten von seinen Mitstreitern ab: Zum einen wies er der rasant wachsenden Schicht von Beamten und Angestellten eine große gesellschafts- und wirtschaftspolitische Bedeutung zu und regte daher unter anderem in seiner 1912 erschienenen Schrift *Die*

Privatangestellten in der modernen Wirtschaftsentwicklung an, dass sich die marxistische Theorie dieser soziologischen Entwicklung annehmen solle. Zum anderen formulierte Lederer eine kontrovers aufgenommene Ansicht zur Krisentheorie: Für ihn war es die Konzentration des Kapitals, die letztlich zur Destabilisierung des kapitalistischen Systems führen werde.

Wie gesagt tendierte der Austromarxismus zuweilen in die Ideenwelt der Sozialdemokratie, die mit dem Parlamentarismus und einer evolutorischen Entwicklung zum Sozialismus sympathisierte. So suchte **Max Adler** (1873 bis 1937), einer der umstrittensten Vordenker der frühen österreichischen Sozialdemokratie, nach Verbindungen zwischen den Lehren von Marx und Immanuel Kant und trat für das Erreichen der Rätedemokratie über den Parlamentarismus und somit die Verwirklichung des Sozialismus ein. Als sein wichtigstes Werk gilt *Die Staatsauffassung des Marxismus* von 1922.

Auch der unter dem Pseudonym **Alexander Parvus** publizierende Russe **Israil Lasarewitsch Helphand** (1867 bis 1924), der bei Karl Bücher studiert hatte, ist als bedeutender marxistischer Autor zu erwähnen, der sich jedoch später vor allem als Sozialdemokrat begriff. Parvus lieferte frühe grundlegende Arbeiten zur Konjunkturtheorie, insbesondere zu der späteren Theorie der langen Wellen Kondratjews. Als Mechanismus, welcher zu Entwicklungswellen führt, erklärte er die verschieden ausgeprägten Potenziale von Ländern, die sich in ihrer Entwicklung überlagern.

Einer der bedeutendsten Denker eines Sozialismus, der sich hin zu Ideen der Sozialdemokratie entwickelte, war **Eduard Bernstein** (1850 bis 1932), der die Wandlung der SPD zu einer sozialdemokratischen Partei geistig vorbereitete. Mit seinem 1899 veröffentlichten Buch *Die Voraussetzungen des Sozialismus und die Aufgaben der Sozialdemokratie* begründete er den sogenannten Revisionismus (von Revision: »noch einmal hinsehen«). Bernstein setzte sich in seinen Analysen kritisch mit der Wertlehre von Karl Marx auseinander und versuchte, die Grenznutzentheorie mit dem Marxismus zu verbinden. Zudem lehnte er die von Marx und Engels von Hegel übernommene dialektische Methode und die daraus abgeleitete Vorhersage künftiger gesellschaftlicher Prozesse ab. Weder sei eine Verschlechterung der Lage der Arbeiter eingetreten, noch sei mit einer weiteren Akkumulation des Kapitals zu rechnen. Im Gegenteil: Der Kapitalismus habe sich als anpassungs- und reformfähig erwiesen. Auch sei nicht über eine Revolution, sondern über den Weg des Parlamentarismus eine egalitäre sozialistische Gesellschaft zu erreichen. Bernstein maß dem Genossenschaftswesen in einer sozialistischen Wirtschaft eine wichtige Rolle zu.

Mit seinen Thesen geriet Bernstein in Opposition zu Kautsky, August Bebel und Rosa Luxemburg. 1921 bestimmte er wesentlich das revisionistische und damit eher sozialdemokratische denn marxistische Görlitzer Programm der SPD.

Endgültig übernahm die SPD Bernsteins Standpunkt dann nach seinem Tod im Godesberger Programm von 1959.

Ob Marxismus, insbesondere Planwirtschaft funktionieren kann, darüber entzündete sich zwischen marxistischen Denkern und Denkern der neoklassischen Schule die Kalkulationsdebatte oder Sozialismus-Debatte. Sie wurde im Grunde über Jahrzehnte geführt, hatte aber einige signifikante Höhepunkte. Ein für die Debatte wichtiger Beitrag zu Anfang war der Aufsatz »Il ministro della produzione nello stato collettivista« (dt. »Das Produktionsministerium im kollektivistischen Staat«) von **Enrico Barone** (1859 bis 1924) aus dem Jahr 1908, der erst in der englischen Übersetzung 1935 durch Friedrich von Hayek, der Barones Ansatz scharf attackierte, breite Aufmerksamkeit fand. Barone hatte behauptet, in einer Wirtschaft mit zentraler Lenkung und ohne Privateigentum könne durch Schattenpreise ein perfektes Marktgleichgewicht erreicht werden. Hayek widersprach.

Weit früher ausgelöst hatte die Debatte bereits Ludwig von Mises. In seinem Buch *Die Gemeinwirtschaft* von 1922 hatte er behauptet, Planwirtschaft könne nicht funktionieren, denn Preise für die Produktionsfaktoren seien darin schlichtweg nicht zu bestimmen. Genauer gesagt konstatierte Mises, dass es in einer sozialistischen Wirtschaft unmöglich sei, Aufwand und Erfolg einer wirtschaftlichen Handlung so zu errechnen, dass diese mit anderen Handlungen vergleichbar zu machen wäre, zudem könne eine sozialistische Wirtschaft keine Organisationsform finden, in der Einzelne unabhängig handeln können, »ohne es zu einem jeder Verantwortung baren Hasardieren zu machen«. Mises traf diese Aussagen aus seiner Prämisse, dass es so etwas wie ein statisches Gleichgewicht nicht gebe, da Wirtschaft einer permanenten Dynamik unterliege.

Oskar Lange und Fred Manville Taylor antworteten darauf 1938 in ihrem bereits erwähnten einflussreichen Buch *On The Economy of Socialism*. Darin stellten sie Mises' Kritik das Modell des »dritten Weges« entgegen – in Form eines Konkurrenzsozialismus, des sogenannten Lange-Lerner-Modells, bei dem ein Planungsstab den Markt simuliert. Das Modell sah die freie Wahl von Beschäftigung, Arbeitsplatz und Konsum vor, blieb aber letztlich doch ein inkonsistentes Modell einer staatlich gelenkten und somit nicht frei operierenden Wirtschaft, womit auch letztlich Mises' und Hayeks Einwände nicht zerstreut werden konnten.

Der andere Namensgeber des Lange-Lerner-Modells war der in Russland geborene Amerikaner **Abba Ptachya Lerner** (1903 bis 1982). Er war ein Schüler von Lionel Robbins und wurde dann bei einem Aufenthalt in Cambridge zu einem der linken Anhänger der Lehre von Keynes. Lerner verdankt die Wirtschaftswissenschaft das Lerner-Symmetrietheorem, wonach der Effekt einer Exportsteuer derselbe wie der eines Importzolls ist, sowie auch bedeutende Beiträge zur Außenwirtschaftstheorie wie das Faktorpreisausgleichstheorem (Lerner-Samuelson-Theorem), das erklärt, dass freier Handel von Gütern unter bestimmten Bedingungen zu einem Ausgleich der Faktorpreise führt, vor allem von denen für Kapital und Arbeit. Sein Beitrag zu dem Lange-Lerner-Modell eines »dritten Weges« findet sich vor allem in seinem wohl wichtigsten Buch *Economics of Control* von 1944.

Ein Blick noch auf die Entwicklung sozialistischer Theorien in Großbritannien. Dort wandte sich der erfolgreiche Unternehmer **Charles Booth** (1840 bis 1916) beeinflusst von Auguste Comtes Arbeiten der Soziologie zu und lieferte Ende der 1880er-Jahre eine der ersten soziologischen Arbeiten in Großbritannien. Zu dem Team, das in Feldanalysen in London vor allem den Ursachen von Armut nachspüren sollte, gehörten seine Cousine **Beatrice Potter** (1858 bis 1943) – später nach ihrer Heirat Beatrice Webb – und ihr späterer Mann **Sidney Webb** (1859 bis 1947). Aus den Arbeiten von Booth und den Webbs entwickelten sich sozialdemokratische Ansätze und die Fabian Society (eine der Vorläuferorganisationen der Labour Party), zu der auch George Bernard Shaw stieß, der selbst einige ökonomische Schriften verfasste. Die Webbs kämpften für die Abschaffung der Armengesetze und forderten die Errichtung von landesweiten Arbeitsämtern. Beatrice Webb veröffentlichte 1919 *The Wages of Men and Women: Should they be equal?*

Zuletzt ein Blick auf bedeutende spätere sozialistische Wirtschaftstheoretiker. Der Pole **Michal Kalecki** (1899 bis 1970) war ein überzeugter Anhänger der Ideen von Karl Marx, versuchte aber, marxistische und klassische Konzepte zu verbinden. Daran anknüpfend entwickelte er in seinem 1933 in Polnisch erschienenem Buch *Próba teorii koniunktury* ein Modell langfristigen Wachstums, das einige Ideen von Keynes vorwegnahm, etwa die, das Wachstum sei durch Nachfrage bestimmt und werde durch Investitionen angetrieben. Kalecki war der Ansicht, dass Vollbeschäftigung Wirtschaftsschwankungen ausschließen könnte. Zunächst blieb er mit seinen Ideen unbeachtet, schlichtweg weil er in Polnisch veröffentlichte. Später wurde Kalecki aber von keynesianischen Denkern entdeckt, insbesondere Joan Violet Robinson und Nicholas Kaldor ließen sich von ihm inspirieren.

Der sowjetische Mathematiker und Ökonom **Leonid Witaljewitsch Kantorowitsch** (1912 bis 1986) versuchte auf mathematischem Weg, optimale Beschaffungs- und Distributionslösungen zu erarbeiten, suchte vor allem nach der optimalen Planung in einer zentral gelenkten Wirtschaft und entwickelte unabhängig von George Dantzig und Tjalling Charles Koopmans Kernideen der späteren linearen Programmierung. Mit Letzterem erhielt er 1975 den Nobelpreis.

Als bedeutender Kopf, in dessen Arbeiten sich schließlich das Ende der sozialistischen Wirtschaftssysteme ab 1989 spiegelt, soll der Ungar **János Kornai** (geb. 1928) erwähnt werden. Er hielt Gastprofessuren an der London School of Economics (LSE), in Stanford, Yale und ist einer der wenigen Ökonomen der ehemaligen Ostblockstaaten, die in der westlichen Welt nicht nur Akzeptanz erfuhren, sondern hohe Anerkennung. Kornai lieferte einen wertvollen Beitrag zum Einsatz mathematischer Methoden für die Optimierung der Planwirtschaft, so in seinem 1967 veröffentlichten Buch *Mathematical Planning of Structural Decisions*.

Als Kornais wichtigstes Werk gilt das 1980 in zwei Bänden erschienene *Economics of Shortage*, worin er darlegte, dass permanenter Mangel für eine Planwirtschaft typisch ist, da jedes Unternehmen, sei es auch noch so ineffizient, sich vom Staat geschützt weiß. Nach dem Zusammenbruch des kommunistischen Systems hatte Kornais Buch erheblichen Einfluss auf die Überlegungen zur Transformation der planwirtschaftlichen Wirtschaftssysteme. Zu Beginn des 21. Jahrhunderts war es in China ein großer Verkaufserfolg und wird häufig als Lehrbuch genutzt. Den Transformationsprozess in Osteuropa begleitete Kornai unter anderem mit seinem 1990 erschienenen Buch *The Road to a Free Economy*. Vor allem in Ungarn und Polen hielt man sich an Kornais Rat, jegliche Privatisierung gegen Entgelt durchzuführen und auf starke Investoren zu setzen.

Als Vertreter einer marxistischen Ökonomik in der zweiten Hälfte des 20. Jahrhunderts sind letztlich noch der Belgier **Ernest Mandel** (1923 bis 1995) und der Neuseeländer **Ronald Meek** (1917 bis 1978) zu nennen. Mandel galt als trotzkistischer Denker. Sein Hauptwerk ist die zweibändige *Marxistische Wirtschaftstheorie* von 1968. Meek, ein Schüler Sraffas, versuchte die Werttheorie von Marx mit der klassischen Werttheorie zu verbinden.

15 Das Gleichgewicht von Angebot und Nachfrage – die neoklassische Schule

Wir können nicht die goldenen Sande des Lebens zählen, wir können nicht die »unbezifferbaren Lächeln« der Seen der Liebe beziffern; doch wir scheinen zu der Wahrnehmung fähig zu sein, dass es da ein »Größer«, dort ein »Weniger« einer Vielzahl von Genusseinheiten, einer Masse von Glück gibt; und das ist genug.
Francis Ysidro Edgeworth

Marshall tat etwas sehr viel Effektiveres als die Antwort zu ändern. Er änderte die Frage.
Joan Violet Robinson

Die neoklassische Schule entwickelte sich ausgehend von der Klassik und der Grenznutzenschule. In Übersichten über die Geschichte der Wirtschaftstheorie überschneiden sich oft beide: Manche Neoklassiker werden als Vertreter der Grenznutzenschule eingeordnet und umgekehrt. Auf jeden Fall lieferte die neoklassische Schule das Rüstzeug, welches Studenten der Wirtschaftswissenschaften weltweit im Laufe des 20. Jahrhunderts lernen mussten und immer noch müssen.

Beginnen wir mit dem Vater der Neoklassik an sich, **Alfred Marshall** (1842 bis 1924), der mit der von ihm begründeten Cambridge-Schule ebenfalls immer wieder in die Grenznutzenschule eingeordnet wird. Marshall war der Sohn eines Angestellten der Bank of England und sollte nach väterlichem Willen eigentlich Geistlicher werden, konnte es aber durchsetzen, Mathematik zu studieren, und wandte sich, auch umgetrieben von der Frage, wie die sozialen Probleme der Zeit zu lösen seien, schließlich der Ökonomik zu. Er erhielt eine Dozentenstelle in Cambridge, musste aber, als er gegen die seinerzeit zölibatären Regeln für die Lehrkörper verstieß – er heiratete die Ökonomin Mary Paley (1850 bis 1944), von da an **Mary Paley Marschall** –, Cambridge verlassen und wurde Direktor am University College in Bristol.

1879 veröffentlichten die beiden Eheleute das Buch *The Economics of Industry*, eines der ersten Lehrbücher, die die Grenznutzentheorie behandelten. Marshall bewunderte John Bates Clark und die Denker der Klassischen Schule. Er bewunderte zudem Thünen und Cournot und war distanziert bis ablehnend zu den Ideen von Walras, Jevons und Menger. Stark beeinflusst war Marshall auch von **Henry Sidgwick** (1838 bis 1900), der Moralphilosophie in Cambridge lehrte. Der hatte sein 1883 erschienenes *The Principles of Political Economy* in einen positiven und einen normativen Teil unterteilt und damit auch die Anforderungen für Produktion (positiv) und Verteilung (normativ) definiert. Im normativen Teil forderte Sidgwick, utilitaristisch begründet, eine Umverteilung durch den Staat, denn der Grenznutzen des Geldes sei für Arme größer als für Reiche. Sidgwick, der eine Verteilungsgerechtigkeit letztlich auch für rational begründet hielt, wurde zu einem Vordenker der späteren Wohlfahrtstheorie.

1890 veröffentlichte Marshall sein Hauptwerk *Principles of Economics*, an dem er zwanzig Jahre gearbeitet hatte. Die Arbeit war überschattet gewesen von Krankheit, aber auch von Marshalls Detailversessenheit. Seine Ideen waren mittlerweile bereits durch seine Vorlesungen bekannt geworden, nun wurde das Buch zu einem großen Erfolg und für Jahrzehnte zum Standardwerk der Wirtschaftswissenschaft. Es gilt als eines der wichtigsten und einflussreichsten Werke der Wirtschaftswissenschaft überhaupt. Zum Erfolg trug bei, dass Marshall sich um Verständlichkeit bemühte und den mathematischen Teil weitgehend in die Anhänge verbannte.

Insbesondere auf den Ideen Marshalls in diesem Werk basiert die zentrale Analyse von Angebot und Nachfrage in den Universitäten des 20. Jahrhunderts und des beginnenden 21. Jahrhunderts. So führte Marshall die Ceteris-paribus-Methode in die Analyse ein: Während alle anderen Variablen unverändert blieben, wurde nur eine variiert, um den Effekt auf das Ganze zu beobachten. Auch führte er lang- und kurzfristige Betrachtungen (»long run« und »short run«) durch. Marshall verbesserte die Analyse der Werttheorie und es gelang ihm, die objektive Werttheorie der Klassiker mit der neuen subjektiven Werttheorie der Grenznutzenschule zu verbinden, indem er mit Angebotskurve und Nachfragekurve das kurz- und das langfristige Verhalten des Marktes darstellte. Die steigende Angebotskurve (je höher der Preis, desto mehr wird angeboten) stellte das objektiv gesteuerte Verhalten der Anbieter dar, die nicht mehr oder noch nicht anbieten, wenn der Preis eines Gutes nur noch den Herstellkosten entspricht. Die fallende Nachfragekurve (je höher der Preis, desto weniger wird nachgefragt) zeigte das subjektive Verhalten der Nachfrager, die nicht mehr nachfragen, wenn der Preis eine bestimmte Nutzenerwartung nicht mehr erfüllt. Im Schnittpunkt der beiden Kurven lag der Gleichgewichtspreis.

Für Marshall waren Geld- und Gütermärkte zweierlei. Geld sah er lediglich als einen »Treibstoff« des Systems. Die eigentlichen Werte aber lägen in den Gütern. So war für ihn die Erhöhung der Geldmenge nur Auslöser von Preiserhöhungen, sie ändere aber nicht die Austauschverhältnisse der Güter zueinander. Auf lange

Sicht, so Marshall, pendele sich unter der Annahme sich frei bildender Löhne, Zinsen und Preise ein Gleichgewicht ein. Zeit seines Lebens hegte Marshall Sympathien für den Sozialismus, vor allem für die humanen Anliegen, von denen er aber meinte, dass sie in einem sich entwickelnden sozialen Kapitalismus besser umzusetzen seien als in einem sozialistischen Wirtschaftssystem.

Ebenfalls wesentliche Beiträge zum Werkzeugkasten der Neoklassik lieferte der Amerikaner **John Bates Clark** (1847 bis 1938), den Marshall bewunderte. Clark hatte unter anderem in Deutschland studiert und war zunächst von der Historischen Schule beeinflusst, löste sich aber von ihr. Bedeutend ist seine Grenzproduktivitätstheorie, weshalb er auch als bedeutender Vertreter der angelsächsischen Grenznutzenschule eingeordnet wird.

Clark entwickelte in seinem Buch *The Distribution of Wealth* von 1899 ebenfalls eine Grenzproduktivitätstheorie, in der Produktion und Verteilung so ineinanderwirken, dass letztlich jeder äquivalent zu seinem Input seinen Anteil am Output erhält. Bekannt aber wurde vor allem das Clarksche Gesetz. Danach setzte sich der Nutzen eines Gutes aus verschiedenen Bestandteilen zusammen. Jeder davon habe seinen eigenen Nachfrager. Der Wettbewerb der jeweiligen Nachfrager untereinander um den jeweils wichtigsten empfundenen Grenznutzen dieses Gutes bestimme dann den Preis. Denn für Clark ist es der letzte Zuwachs zum Vermögen oder Besitz des Nachfragers, der den Ausschlag ergibt. Mit seiner Kapitaltheorie, wonach sich Kapital durch Enthaltsamkeit bilde, stellte sich Clark gegen Eugen von Böhm-Bawerk, mit dem er eine jahrelange Kontroverse darüber führte. Clark lehnte die aufkommende institutionelle Schule ab, zu deren Wegbereitern Clarks Schüler Veblen gehörte. Clarks Sohn **John Maurice Clark** (1884 bis 1963) wurde ironischerweise einer ihrer wichtigen Vertreter.

Arthur Cecil Pigou (1877 bis 1959), Sohn eines bereits pensionierten Offiziers hugenottischer Abstammung, war ein Exzentriker. Er war menschenscheu, was vermutlich mit seinem zeitweiligen Dienst als freiwilliger Sanitäter im Ersten Weltkrieg zusammenhing, und blieb lebenslang unverheiratet. Während seines Studiums in Cambridge wurde Pigou einer der Lieblingsschüler Alfred Marshalls. Pigous Aussage »It's all in Marshall« wurde in Cambridge zu einem geflügelten Wort. Vor allem Pigou erweiterte das neoklassische Marshallsche Theoriegebäude. Pikanterweise war Keynes, der später Pigous Gegenspieler wurde, zeitweilig Pigous Assistent. Der Respekt, den beide Männer jeweils für den anderen empfanden, blieb aber lebenslang. Von den Arbeiten Pigous wurden *Wealth and Welfare* von 1912 und dessen Weiterführung *Economics of Welfare* von 1920 prägend für die Wohlfahrtsökonomik.

Pigou war der Ansicht, dass sich der Wohlstand dann erhöht, wenn das Sozialprodukt steigt, sich die Einkommensverteilung ändert oder Rationalisierungen bei der Verwendung der Einkommen eintreten. Bedeutend für die Finanzpolitik und Beschäftigungstheorie wurde Pigous Buch *Theory of Unemployment* von 1933. Pigou lieferte auch wesentliche Beiträge für die spätere Umweltpolitik und schuf die theoretischen Fundamente für steuernde Eingriffe des Staates. In seiner späteren Kontroverse mit Keynes versuchte er, dessen Ansichten mit der neoklassischen Schule zu versöhnen. So bezweifelte er Adam Smiths Ansicht, dass das, was für ein Individuum gut sei, notwendigerweise immer auch der Allgemeinheit zugutekäme und ebenso wie Keynes es schloss, konnte auch nach Pigous Ansicht der Markt versagen. Doch anders als Keynes, der bei Unterbeschäftigung die Löhne im gleichen Maß wie die Preise fallen sah, wandte Pigou ein, dass es – selbst, wenn das so sei – zu einer Zunahme des Realwerts des Vermögens komme. Dies führe zu steigender Nachfrage nach Konsumgütern und zu einer Überwindung der Krise. Eine These, die als Pigou-Effekt bekannt wurde.

Auch auf das Marktversagen, welches dadurch entstehe, dass soziale und private Kosten nicht übereinstimmten, wies Pigou hin. Aufgrund dieser Überlegungen verdanken wir ihm das Verursacherprinzip, wonach der, der die Umwelt schädigt, auch dafür zahlen muss. Der Begriff Lebensqualität, der sich später zu einer sehr viel beliebteren Vergleichsgröße als der des Lebensstandards entwickelte, wurde von Pigou eingeführt. Verursacher negativer externer Effekte (etwa Fabriken, die durch das Ausstoßen schädlicher Stoffe Umweltschäden verursachen) müssten in ihre Kalkulation die Kosten, die dadurch der Gesellschaft entstehen, mit einbeziehen. Er schlug eine Steuer vor, die in der Wirtschaftswissenschaft als Pigou-Steuer berühmt wurde. Verursacher positiver externer Effekte hingegen waren nach Pigous Ansicht zu subventionieren. Die wohlfahrtstheoretischen Ansätze Pigous wurden zu Eckpfeilern späterer Umweltpolitik und zudem zur theoretischen Basis für Eingriffe des Staates in die Wirtschaft.

Anders als Keynes, der den Blick auf die Einflüsse der Wirtschaftspolitik lenkte, war Pigou ein strenger Theoretiker und blieb als Berater auch eher erfolglos, so etwa bei der von Keynes heftig kritisierten, aber von Pigou befürworteten Wiedereinführung des Goldstandards unter dem Schatzkanzler Winston Churchill, der einst in der Eliteschule Pigous Mitschüler gewesen war.

Francis Ysidro Edgeworth (1845 bis 1927) war der große Außenseiter der Neoklassik. Der Sohn einer wohlhabenden anglo-irischen Familie wuchs auf dem Familienbesitz in dem nach der Familie benannten Edgeworthtown in Irland auf. 1881 veröffentlichte er sein Buch *Mathematical Physics*, das als Klassiker der mathematischen Wirtschaftswissenschaft gilt. Edgeworth verehrte Marshall, der wiederum Edgeworth lobte, was aber nicht verhinderte, dass beide zu Gegenspielern wurden. 1888 erhielt Edgeworth eine Professur in London und zwei Jahre später den Lehrstuhl für Politische Ökonomie in Oxford. Im gleichen Jahr wurde er der erste Chefredakteur des gerade gegründeten *Economic Journal*. 1911 gab er das Amt an John Maynard Keynes weiter. Edgeworth hatte keine Schüler und er unterließ es, während er konsequent für Marshalls neoklassische Lehre eintrat, ein Gesamtkonzept seiner Ideen zu formen.

Eigentlich erst nach seinem Tod wurde Edgeworths Leistung ausreichend gewürdigt. Zahlreiche Beiträge wurden zum Rüstzeug der Wirtschaftstheorie, wie die von ihm entwickelte Indifferenzkurvenanalyse mit den verschiedenen Güterkombinationen, die den gleichen Nutzen bringen, und auch das Modell der Edgeworth-Box, bei der die Indifferenzkurven zweier Tauschpartner gegeneinandergesetzt werden. Ferner ging das Edgeworth-Steuerparadox in die Lehre ein. Danach wird eine Steuererhöhung eigentlich im Preis weitergegeben. Es kann aber zu Situationen kommen, dass diese Preiserhöhung einen Rückgang der Nachfrage bewirkt, was dazu führt, dass der Preis schließlich gesenkt werden muss.

In Schweden entstand Ende des 19. Jahrhunderts die Schwedische Neoklassische Schule (ein von Bertil Ohlin geprägter Begriff). Dazu gehörten als wichtigste Vertreter Knut Wicksell und Gustav Cassel. Der wohl wichtigste Beitrag **Knut Wicksells** (1851 bis 1926) zur ökonomischen Wissenschaft war seine Anwendung der Idee des Grenznutzens auf verschiedene Bereiche der Geldtheorie. So 1896 in seinem Buch *Finanztheoretische Untersuchungen*, in dem er ein Prinzip der gerechten Besteuerung erarbeitete. Wicksells Äquivalenzprinzip im Steuerrecht, wonach der zahlt, der einen Vorteil einer Leistung hat, strahlt noch heute auf die Neue Institutionenökonomik aus.

In seinem 1898 veröffentlichten Werk *Geldzins und Güterpreise*, das die moderne Makroökonomik begründete, formulierte Wicksell, der seine Beweise nahezu ohne mathematische Darlegungen führte, die Ansicht, dass Inflation und Deflation nicht allein von der Geldmenge bestimmt werden: Wichtig sei die Beziehung des »normalen Zinses« zum »natürlichen Zins«. Der normale Zins ist für Wicksell der Zins auf den Kapitalmärkten, also der Geldzins. Der natürliche Zins ist jener Zins, bei dem Angebot und Nachfrage zusammenfallen, also der reale Zins. Anpassungsprozesse zwischen normalem und natürlichem Zins veränderten die Preise. Der Wicksellsche Prozess beschreibt die Situation, in der der Geldzins unter dem natürlichen Zins liegt und Banken Geldschöpfung unter dem »natürlichen Zins« vornehmen, was zu Wirtschaftswachstum, aber auch höheren Löhnen und Inflation führt.

In der praktischen Wirtschaftspolitik war Wicksell für den freien Wettbewerb, befürwortete aber auch staatliche Eingriffe, sogar Verstaatlichungen. Auch sympathisierte er mit der Gewerkschaftsbewegung, trat für eine Verteilung des Reichtums zur Beseitigung von Klassenunterschieden ein und forderte hohe Erbschaftsteuern. Wicksell veröffentlichte wie sein schwedischer Kollege Gustav Cassel viele seiner wissenschaftlichen Arbeiten auf Deutsch. Deshalb kannten viele Ökonomen des angelsächsischen Sprachraums seine Schriften nicht, und die in Deutschland vorherrschende Historische Schule interessierte sich aufgrund ihres

Wissenschaftsansatzes nicht für seine Ideen. Erst nach Wicksells Tod, gegen Ende der 1920er- und zu Beginn der 1930er-Jahre, vor allem nachdem auf Initiative von Keynes *Geldzins und Güterpreise* ins Englische übersetzt worden war, entdeckte die ökonomische Wissenschaft Wicksells Bedeutung. Irving Fisher sowie solch gegensätzliche ökonomische Denker wie Friedrich von Hayek und John Maynard Keynes griffen seine Ideen auf. In Schweden knüpften später Gunnar Myrdal, Bertil Ohlin und die Stockholmer Schule an Wicksell an.

Gustav Cassel (1866 bis 1945) war ein Rivale Knut Wicksells. Weil er seine Ablehnung der Grenznutzenlehre als auch der Lehren von Keynes auch unerbittlich formulierte, blieb die Beliebtheit unter seinen Kollegen sehr überschaubar. Anders als Keynes meinte Cassel in der Einkommenstheorie, dass Sparen keineswegs die Nachfrage mindere. In der Zinstheorie stellte er sich gegen Böhm-Bawerks Verständnis des Zinses als Aufschlag. Für Cassel war der Zins ein Preis, der für das Warten auf Kapital beziehungsweise seine Nutzung gezahlt wird. 1918 veröffentlichte er sein bekanntestes Buch, das in Deutsch verfasste *Theoretische Sozialökonomie*. Cassel verwarf alle Werttheorien, auch die von Marx. Allein im Preis, so Cassel, drücke sich der Wert aus. Denn der Preis bilde den zu erkennenden Wert und allein Knappheit eines Gutes bestimme ihn, nicht sein Nutzen oder soziologische oder ethische Faktoren. Zudem reguliere der Preis angesichts der Knappheit eines Gutes letztlich dessen Nachfrage durch den Kunden.

Cassel gilt auch als Wegbereiter der Kaufkraftparitätentheorie, die versucht, den Wechselkurs von Währungen anhand ihrer Kaufkraft zu erklären. Diese geht aus von Jevons' Gesetz der Unterschiedslosigkeit der Preise (auch »Jevons' Gesetz«), wonach ein Gut auf einem offenen Markt überall den gleichen Preis haben muss. Auch Ricardos Analysen zur Kaufkraftparität im Außenhandel spielen mit hinein. Wirft man vor diesem Hintergrund einen Blick auf die Welt und betrachtet ein bestimmtes, in jedem Land gleiches (homogenes) Produkt, so besagt die Kaufkraftparitätentheorie, dass eine Währung gegen andere Währungen jeweils in einem Verhältnis getauscht wird, sodass man mit einer Einheit der Währung überall die gleiche Menge des Produktes kaufen kann. Berühmt zur Feststellung der Kaufkraft von Währungen ist der sogenannte Big-Mac-Index, bei dem der in US-Dollar umgerechnete Preis von Big Macs in den verschiedenen Ländern der Welt dargestellt wird. Demnach gehört die norwegische Währung zu den Währungen mit der höchsten Kaufkraft, die südafrikanische zu jenen mit der niedrigsten Kaufkraft. Es gibt noch weitere Indizes, so den iPad-Index und den KFC-Index. Cassels letzte Worte waren: »Eine Weltwährung!«

Als Außenseiter und Mittler ist der Schwede **Johan Henrik Åkerman** (1896 bis 1959) zu sehen, der mit seinem in deutscher Sprache verfassten und zum Klassiker avancierten Buch *Die sozialökonomische Synthese* von 1938 in seiner Analyse sich auch soziologischer Elemente bediente. Åkerman war beeinflusst von der deutschen Historischen Schule und stand der Stockholmer Schule und ihrer Betonung der mathematischen Methode kritisch gegenüber. Durch seinen Versuch, den sozial- und naturwissenschaftlichen Dualismus der Wirtschaftswissenschaften aufzubrechen, gilt Åkerman als Begründer einer eigenen, der sogenannten Lund-Schule. Er wirkt erst allmählich nach, nicht zuletzt durch seinen Einfluss auf die Neue Institutionenökonomik.

Zu den Hauptvertretern der Neoklassik in den USA zählt **Irving Fisher** (1867 bis 1947), obwohl man ihn auch als großen Außenseiter der Ökonomik bezeichnen kann. Fisher war ein Exzentriker und Universalkönner. So entwickelte er Aktienindizes und ein Karteikartensystem namens Rolodex, durch das er reich wurde. Fisher glaubte an die Eugenik und trat zwischenzeitlich für die Geldideen Silvio Gesells ein.

In seinen Arbeiten bediente sich Fisher ausgiebig der mathematischen Methode und er kann zu den bedeutenden Köpfen der Geld-, Preis-, Nutzen- und insbesondere der Zinstheorie gezählt werden. Fisher trennte nach nominalem und realen Zinssatz, ging dem Verhalten des Zinses bei Veränderungen von Preisen nach und versuchte Instrumente zu entwerfen, um Preisniveaus zu stabilisieren. Wichtige Arbeiten sind seine 1892 veröffentlichte Dissertation *Mathematical Investigations in the Theory of Value and Prices* (die als Basisarbeit für die moderne Preis- und Nutzentheorie gilt), sein 1907 erschienenes Buch *The Rate of Interest* und *The Theory of Interest* von 1930. Die beiden letztgenannten Bücher gehören zu den grundlegenden Werken der modernen Zinstheorie.

2018 lehnte die Bevölkerung der Schweiz bei einer Volksabstimmung die Einführung des sogenannten Vollgelds ab. Die Idee geht auf Irving Fisher und Frank Knight zurück, die sie Anfang der 1930er-Jahre unter dem Eindruck des Börsen-Crashs von 1929 zur Stärkung des Finanzsystems propagierten. Knight verfasste 1933 eine Denkschrift, die Fisher unterzeichnete. Danach soll es nur der Zentralbank eines Landes gestattet sein, Buchgeld zu schaffen und nicht, wie es im allgemeinen Finanzsystem üblich ist, auch den Banken.

16 Wenn der Markt in der Krise ist – der Keynesianismus

Die Schwierigkeit liegt nicht so sehr in den neuen Gedanken, als in der Befreiung von den alten.
John Maynard Keynes

Der Börsencrash von 1929, dem in den USA die Große Depression und eine weltweite Wirtschaftskrise folgten, verlangte nach Antworten und Erklärungen. Brauchte man auch neue Ideen in der Theorie und neue Instrumente für die Wirtschaftspolitik? Man machte sich an die Analyse.

Dem Crash war ein Boom vorangegangen, auf dessen Höhepunkt selbst Menschen mit kleinem Einkommen und wenigen Ersparnissen begonnen hatten, auf Kredit Aktien zu kaufen. Dann, an einem Tag im Herbst 1929 war es vorbei. Die Kurse brachen ein und der Zusammenbruch setzte sich in den nächsten Tagen fort. Wie hatte der Aktienmarkt sich so überhitzen, wie die Erwartungen von Wachstum in solch ein Chaos münden können? In diesem Moment trat **John Maynard Keynes** (1883 bis 1946) in den Mittelpunkt des theoretischen Diskurses, mit Ideen zu Erwartungen und zum kurz- und langfristigen Gleichgewicht von Märkten, die er schon in den Jahren zuvor nach und nach entwickelt hatte.

Der Streit der Experten dauert an, ob Keynes in der wirtschaftswissenschaftlichen Theorie eine Revolution losgetreten hat oder lediglich eine Evolution der herkömmlichen Lehren bewirkte. Fest steht, Keynes ist zweifellos einer der bedeutendsten und einflussreichsten Denker der ökonomischen Wissenschaft. Er wurde quasi in die Universität von Cambridge hineingeboren. Keynes' Vater John Neville Keynes war ein angesehener Professor für Ökonomie, seine Mutter Florence Ada Keynes später der erste weibliche Bürgermeister der Stadt. Schon der junge Keynes zeigte, dass er hochbegabt war. Er studierte zunächst Mathematik, danach Ökonomie. Alfred Marshall und Arthur Cecil Pigou gehörten zu seinen Lehrern. Nach Tätigkeit im Indienministerium begann er, zurück in Cambridge, Ökonomie zu lehren. 1911 wurde er Nachfolger von Francis Ysidro Edgeworth als erstem Chefredakteur des *Economic Journal*, der einflussreichsten ökonomischen Zeitschrift Großbritanniens.

Während des Ersten Weltkrieges arbeitete Keynes für das britische Schatzamt und gehörte 1919 der britischen Delegation bei der Friedenskonferenz in Paris an. Da er die Deutschland auferlegten hohen Reparationen ablehnte, trat er zurück, und legte seine Warnungen im gleichen Jahr in der aufsehenerregenden Schrift *The Economic Consequences of the Peace* (dt. *Die wirtschaftlichen Folgen des Friedensvertrages*) dar. Daraufhin widmete er sich verstärkt der Geldtheorie. 1923 veröffentlichte Keynes den *Tract on Monetary Reform*. Darin empfahl er, eine Währung nach innen stabil zu halten, und wenn nötig nach außen eine Währung abzuwerten. Hauptziel sei es, Inflation und Deflation, deren auch gesellschaftlich schädliche Auswirkungen er analysierte, gar nicht entstehen zu lassen. Den Neoklassikern, die weiter darauf vertrauten, dass jeder Markt langfristig sein Gleichgewicht wiedererlangen werde, schleuderte er bereits im *Tract on Monetary Reform* die berühmten Worte »Langfristig sind wir alle tot« entgegen.

1930 folgte das zweibändige *A Treatise on Money*, worin Keynes seine Geldtheorie umfassend darlegte. War Keynes' *Tract on Monetary Reform* noch im Zeichen der neoklassischen Schule verfasst worden, brach er nun damit. Nun ging es um Ungleichgewichte und Übergangsprozesse im Geldsystem, wobei Keynes an Wicksells Ideen von Inflation und Deflation anknüpfte. Bahnbrechend war Keynes' neue Sicht der Auswirkungen des Zinses auf Investitionen und Preise. Auch seine Betrachtungen des wirtschaftlichen Ungleichgewichts durch mangelnde Nachfrage waren neu. Das Werk aber hatte Schwächen, die auch Keynes erkannte und die er in seinem nächsten Werk im Rahmen einer umfassenden Theorie auszuräumen versuchte.

Um Keynes gruppierte sich der berühmte »Cambridge Circus«, eine Lese- und Diskussionsgruppe junger Ökonomen, zu denen neben Piero Sraffa, James Meade und Joan Robinson auch deren Mann Austin Robinson und Richard Kahn gehörten. Hier ließ Keynes seine Ideen diskutieren und auf Fehler prüfen. Die Gruppe half ihm auch bei der Arbeit für sein wichtigstes Werk, das 1936 erschienene *The General Theory of Employment, Interest, and Money*. In dem komplexen Buch gab Keynes neue Antworten auf eine drängende Frage jener Zeit: Wie kann die Wirtschaftspolitik die seit Jahren dauernde Große Depression überwinden, die dem Kurssturz von 1929 gefolgt war? Keynes fand völlig neue Antworten auf die Frage nach Zusammenhängen von Erwartungen, Einkommen und Beschäftigung in einer Volkswirtschaft und revolutionierte damit die ökonomischen Wissenschaften und die Wirtschaftspolitik.

In der *General Theory* baute Keynes zwar auf der klassischen und der neoklassischen Lehre auf, war aber überzeugt, man müsse den Blickwinkel ändern. Dies tat er, indem er Grundannahmen der Klassischen Schule umkehrte. Keynes ritt in dem Buch auch eine Attacke auf den Homo oeconomicus: »Die außerordentliche Leistung der klassischen Theorie war, die Anschauungen des ›natürlichen Menschen‹ zu überwältigen und gleichzeitig falsch zu sein.« Er sprach auch von »Animal Spirits«, die oft beim Verhalten des Menschen in der Masse walten. Für Keynes spielten, anders als bei den Neoklassikern, auch die Erwartungen der Marktteilnehmer eine bedeutende Rolle.

Die klassische Theorie war zudem in ihrem Kernansatz von der Prämisse ausgegangen, dass in einer Krise die Löhne sinken und dass die Unternehmer aufgrund der niedrigeren Kosten für Arbeit und Kapital schließlich wieder mehr produzieren und somit wieder Leute einstellen würden. Dies aber, so zeigte die Realität der letzten Jahre, war ausgeblieben, ebenso wie Says Annahme, dass jedes Angebot sich nach diesen Prämissen schließlich seine Nachfrage schaffe.

Ein Vorläufer von Keynes sei hier zwischendurch erwähnt: der Brite **John Atkinson Hobson** (1858 bis 1940), der in seinem mit dem berühmten Bergsteiger Alfred Frederick Mummery verfassten Buch *The Physiology of Industry* von 1889 und seinem Buch *Work and Wealth* interessante Beiträge lieferte. Er widersprach dem Sayschen Theorem, dass jedes Angebot sich seine Nachfrage schaffe, und entwickelte eine Unterkonsumtionstheorie, wonach ungleich verteiltes Einkommen zur Krise führe. In seinem Buch *Imperialism* von 1902 wandte Hobson die Unterkonsumtionstheorie auf den Kolonialismus an und vertrat die These, dass Investitionen in armen kolonisierten Ländern den Reichtum nur im Mutterland steigerten. Lenin griff Hobsons eher sozialdemokratische Ideen auf und nutzte sie bei der Ausarbeitung seiner Krisentheorie. Keynes sah Hobson als »Vorreiter der ökonomischen Theorie«.

Für Keynes war das Gleichgewicht einer Wirtschaft, die nachhaltig aus den Fugen geraten war, nur durch staatliche Stimulierung mittels Investitionen wieder herstellbar. Er verdeutlichte das mit einem berühmt gewordenen Beispiel: »Jede individuelle Sparentscheidung bedeutet sozusagen die Entscheidung, heute auf ein Mittagessen zu verzichten. Aber es bedeutet nicht notwendigerweise die Entscheidung, eine Woche oder ein Jahr später Mittag zu essen oder ein Paar Stiefel zu kaufen oder etwas anderes zu einem speziellen Zeitpunkt zu verbrauchen. Folglich verdirbt es das Geschäft jener Anbieter von Mittagessen, ohne das Geschäft der Anbieter anzuregen, die von einer späteren Konsumentscheidung profitieren würden.«

Die Unsicherheit über die Zukunft bestimmt also die Entscheidungen der Marktteilnehmer. Ein Unternehmer produziere nur, wenn er erwartet, dass seine Güter auch gekauft werden. Daher entscheide die Nachfrage und nicht das Angebot, ob ein Unternehmer investiere. Auch widersprach Keynes der neoklassischen Ansicht, dass der Zins jederzeit für einen Ausgleich zwischen Sparen und Investieren sorgt. Im Gegenteil: In wirtschaftlich schlechten Zeiten nähme das Sparen zu und die Nachfrage sinke auch über diesen Effekt.

Wenn nun also Unternehmer aufgrund geringer Nachfrageerwartung nicht ausreichend investierten, müsse der Staat als Investor auftreten und durch die von ihm geschaffene Nachfrage nach Gütern und Arbeitskräften die Wirtschaft beleben. Zusätzlich unterstützend sei eine begleitende Politik niedriger Zinsen. Keynes machte dabei das Multiplikatorprinzip zu einem zentralen Punkt der Wirtschaftstheorie – ein Prinzip, das aber auch schon vor Keynes erkannt worden war, etwa durch Knut Wicksell. Die eigentliche Erfindung des Multiplikatorprinzips wird dem Briten **Richard Kahn** (1905 bis 1989) zugeschrieben. Er stellte es 1931 in seinem Aufsatz »The Relation of Home Investment to Unemployment« vor. Kurz gesagt zeigt der Multiplikator etwa an, dass die Produktion überproportional zunimmt, wenn die Investition – des Staates – um eine Einheit steigt.

Mit seinen revolutionären Ideen stieß Keynes vor allem in der jüngeren Generation der Ökonomen rasch auf große Resonanz und es bildete sich eine neue Richtung der Nationalökonomie: der Keynesianismus, der die ökonomische Wissenschaft in zwei Lager spaltete, die sich bis heute im Kern um die Frage streiten, was im Falle des Ungleichgewichts in der Wirtschaft zu tun ist: auf staatlicher Seite zu sparen oder um den Preis höherer Verschuldung zu investieren.

In der praktischen Wirtschaftspolitik begann der amerikanische Präsident Franklin Delano Roosevelt nach langem Zögern, Keynes' Ideen ab 1938 umzusetzen. Keynes selbst nahm während des Zweiten Weltkrieges aktiv starken Einfluss auf die britische Wirtschaftspolitik, insbesondere auf die Finanzierung des Krieges. Bereits ab 1941 war er an den Plänen einer internationalen wirtschaftlichen Neuordnung für die Nachkriegszeit beteiligt. Auf den berühmten Konferenzen von Bretton Woods und Savannah gelang es ihm jedoch nicht, seine Vorstellungen eines internationalen Clearingsystems auf Kontenbasis und einer Buchwährung, die Zahlungsflüsse zwischen Ländern ausglich, durchzusetzen. Übernommen wurde hingegen der Vorschlag des amerikanischen Politikers Harry Dexter White, den US-Dollar zur Leitwährung zu bestimmen, gekoppelt an eine Golddeckung. Später sollte der Monetarismus, der Keynes bekämpfte, paradoxerweise gerade sein Konzept autonomer nationaler Währungen übernehmen.

Spätestens mit der *General Theory* war also der Keynesianismus in der Welt und damit die neben dem Marxismus einzige Richtung des ökonomischen Denkens, die nach einem Menschen benannt ist. Als wichtige Vertreter des frühen Keynesianismus sind Nicholas Kaldor und Alvin Harvey Hansen zu nennen, ferner **Ralph George Hawtrey** (1879 bis 1975) und vor allem – und das, obwohl er sich nicht als Keynesianer sah – der Brite **John Richard Hicks** (1904 bis 1989). Er erhielt 1972 zusammen mit Kenneth Arrow den Nobelpreis für Wirtschaftswissenschaften für »bahnbrechende Arbeiten zur Theorie des allgemeinen ökonomischen Gleichgewichts und zur Wohlfahrtstheorie«.

Die Wissenschaft verdankt Hicks, einem der wirkmächtigsten Ökonomen des 20. Jahrhunderts, mehrere Theoreme und Modelle, die auch seinen Namen tragen, so das Kaldor-Hicks-Kriterium und das Hicks-Hansen-Diagramm oder die Hickssche Nachfragefunktion. Sein Buch *The Theory of Wages* von 1932 beeinflusste die moderne Lohn- und Arbeitsmarkttheorie, in seinem Buch *Value and Capital* von 1939 entwickelt er eine temporäre Gleichgewichtsanalyse als Gegenstück zu der Periodenanalyse Marshalls und sein Spätwerk *A Market Theory of Money* sah er als »Renovierung« der Geldtheorie, indem er neoklassische und keynesianische Ansätze mit eigenen Ansätzen ergänzte.

In dem 1937 erschienenen Aufsatz »Mr. Keynes and the ›Classics‹: A Suggested Interpretation« brachte Hicks das IS-LM-Modell in die Welt. Dieses besteht aus einer Kombination des Gleichgewichtsmodells für den Gütermarkt (IS-Modell für Investment-Saving-Modell) und des Gleichgewichtsmodells für den Geldmarkt (LM-Modell für Liquidity preference-Money supply-Modell). Das IS-LM-Modell zeigt laut John Richard Hicks jene Kombination von Zinssatz und Volkseinkommen, bei der auf dem Güter- und auf dem Geldmarkt Gleichgewicht von Angebot und Nachfrage herrscht. Es reduzierte aber auch Keynes' Gedanken auf die kurzfristige Betrachtung. Seit der Italiener Franco Modigliani 1944 in seiner als Aufsatz veröffentlichten Dissertation »Liquidity Preference and the Theory of Interest and Money« das IS-LM-Modell mit dem Arbeitsmarkt verband, spricht man von der neoklassischen Synthese.

Dennoch wurde das Modell als keynesianisches Modell gelehrt, obwohl es wie gesagt eher eine »neoklassische Synthese« ist. Paul A. Samuelson machte das Modell schließlich 1948 in seinem einflussreichen Lehrbuch *Economics: An Introductory Analysis* populär und gerade Samuelson, über den später vertiefend zu sprechen ist, steht für die neoklassische Synthese, den Versuch, Keynes mit der Neoklassik zu versöhnen. Hicks war im Übrigen später selbst nicht mehr überzeugt von seiner Darstellung des IS-LM-Modells, die Keynes' Denken auf statische Betrachtungsweise reduzierte, aber fassbar machte. Gleichzeitig aber war das Dynamische in Keynes' Denken weggekürzt worden.

Auf der Kritik an dem IS-LM-Modell baute der Monetarismus auf. Dieser konstatierte einen Verdrängungseffekt (Crowding-out) kreditfinanzierter zusätzlicher staatlicher Nachfrage. Staatliche Nachfrage berge die Gefahr, private Nachfrage zu verdrängen. Wenn zum Beispiel Bürger in staatliche Schuldpapiere investierten, investierten sie weniger in Schuldpapiere des Privatsektors. Dem Verdrängungseffekt könne daher vor allem mit einer Verringerung des Haushaltsdefizits entgegengesteuert werden.

Auch der Amerikaner **Alvin Hansen** (1887 bis 1975), der »amerikanische Keynes«, hatte einen wesentlichen Anteil am IS-LM-Modell. In den USA wurde das IS-LM-Modell sogar als Hicks-Hansen-Synthese gelehrt. Bereits in seinem Buch *Business-Cycle Theory* von 1927 gab er einen Überblick über die Konjunkturtheorie, typisierte die bisherigen Ansätze und wies den Weg zu Keynes. Seine Anwendung keynesianischer Ideen auf die Konjunkturtheorie baute er in seinem Buch *Business Cycles and National Income* im Jahr 1951 aus. Hansens Stagnationsthese, wonach kapitalistische Volkswirtschaften aufgrund zu geringen Bevölkerungswachstums und mangelnder räumlicher Expansion stagnieren, gilt heute als weitgehend widerlegt, sein Buch *A Guide to Keynes* jedoch als hervorragender Wegweiser durch Keynes' Werk.

Nicholas Kaldor (1908 bis 1986) war ein geborener Ungar, der später in Großbritannien zum Lord erhoben wurde. Er veröffentliche 1934 mit seinem Aufsatz »The Equilibrium of the Firm« einen bedeutenden Beitrag zur Gleichgewichtsanalyse. Er war anfangs beeinflusst von seinem Lehrer Lionel Charles Robbins und vertrat die Neoklassik und die Österreichischen Grenznutzenschule, schloss sich aber nach Erscheinen der *General Theory* der keynesianischen Revolution an. Bedeutende Modelle der Konjunktur- und der Wachstumstheorie tragen Kaldors Namen. So entwickelte er mit John R. Hicks das berühmte Kaldor-Hicks-Kriterium, was eine Erweiterung des Pareto-Optimums darstellte. Danach ist das Optimum der Wohlfahrt noch nicht erreicht, solange mögliche Gewinner einer Umverteilung potenzielle Verlierer entschädigen könnten und sich danach immer noch besser stellen würden als zuvor.

Der in Ungarn in eine Adelsfamilie geborene spätere Amerikaner **Tibor Scitovsky** (1910 bis 2002) stellte Anfang 1940er-Jahre den sogenannten Scitovsky-Doppeltest vor, der das Kaldor-Hicks-Kriterium prüft, und zeigte, dass es Situationen geben kann, in denen der Übergang von einer Verteilungssituation A zu einer Verteilungssituation B ebenso gut ist wie der von der Verteilungssituation B zu A (Scitovsky-Paradox).

Schon früh bildeten sich im Keynesianismus auch Strömungen heraus, die Keynes' Lehre auf verschiedenartige Weise fortführten, insbesondere Postkeynesianer und Linkskeynesianer. Während die Linkskeynesianer in verschiedenen Konzepten einen sozialistisch orientierten Umbau des Wirtschaftssystems unterstützen wollten (zu ihnen werden Joan Violet Robinson, Piero Sraffa und auch Abba Ptachya Lerner gezählt), gelten im Allgemeinen als postkeynesianisch alle späteren und aktuellen Erweiterungen des keynesianischen Ideensystems. Zu nennen sind insbesondere Evsey David Domar, Roy Forbes Harrod, der frühe Paul A. Samuelson und John Richard Stone.

Das IS-LM-Modell fand auch Eingang in die Abgrenzung, um die sich die Linkskeynesianer wie **Joan Violet Robinson** (1903 bis 1983) bemühten, die das IS-LM-Modell verächtlich als »Bastard-Keynesianismus« bezeichnete. Robinson gehörte schon in jungen Jahren zum »Cambridge-Circus« um Keynes. Sie war streitlustig und einer der brillanten Köpfe der Wirtschaftswissenschaften des 20. Jahrhunderts. Weil sie eine Frau war, wurde ihr Anerkennung aber nur zögerlich zuteil. Erst mit 63 Jahren konnte sie in Cambridge als ordentliche Professorin ihre

Antrittsvorlesung halten. Immer wieder wurde sie für den Nobelpreis gehandelt, erhielt ihn aber nie.

1933 hatte Robinson *The Economics of Imperfect Competition* veröffentlicht. In den USA erschien im selben Jahr *The Theory of Monopolistic Competition* des Harvard-Professors **Edward Hastings Chamberlin** (1899 bis 1967). Beide Werke gelten als grundlegende Arbeiten auf dem Gebiet der Monopoltheorie und als Meilensteine der Analyse unvollkommenen Wettbewerbs. Weder vollkommene Monopole noch vollkomme Konkurrenz seien in der Realität anzutreffen, meinte Chamberlin; die Marktteilnehmer verfolgten aber eine Art monopolistischen Wettbewerb, indem sie eine Quasi-Monopol-Stellung anstrebten. Robinson meinte, das Ziel der Vollbeschäftigung sei in der Wirtschaftspraxis auf falsche Weise angestrebt worden. Und zwar durch den Aufbau eines militärisch-industriellen Komplexes im Zweiten Weltkrieg und danach im Kalten Krieg. Sie plädierte für eine Produktion mit gesellschaftlichem Nutzen und meinte, dass Vollbeschäftigung nicht im Interesse der Unternehmer sei, da die Gefahr der Arbeitslosigkeit disziplinierend auf die Arbeitnehmer wirke.

Vom Marxismus grenzte Robinson sich allerdings scharf ab, unter anderem in ihrem berühmten Buch *An Essay on Marxian Economics* von 1942, in dem sie Marx' Arbeitswerttheorie verwarf und auf Widersprüche zwischen dem ersten und dritten Band von *Das Kapital* hinwies. Im ersten Band erkläre Marx, dass im Kapitalismus eine erhöhte Arbeitsproduktivität zu einer Erhöhung der Ausbeutung führe, im dritten Band aber meine er, eine erhöhte Arbeitsproduktivität führe zu abnehmenden Unternehmensprofiten (Gesetz des tendenziellen Falls der Profitrate). Damit sei eine Steigerung der Löhne impliziert. Robinson würdigte zwar Marx als Wissenschaftler, tadelte aber seine ideologische Einstellung. In ihrem 1956 erschienenen Buch *The Accumulation of Capital*, das den gleichen Titel wie das berühmte Buch Rosa Luxemburgs trägt, widersprach sie ausdrücklich deren These der Tendenz freier Märkte zum Imperialismus. In der Theorie erweiterte Robinson die Keynessche Lehre von der Kurzfrist- zur Langfristbetrachtung und sah als Voraussetzung für das langfristig stetige Wachsen einer Wirtschaft im Gleichgewicht den Gleichschritt des Wachstums von technischem Fortschritt, Produktion und Arbeitskräftepotenzial.

Der italienische Ökonom **Piero Sraffa** (1898 bis 1983) war eng befreundet mit dem Revolutionär Antonio Gramsci, den er auch finanziell unterstützte. Während seines Studiums in Cambridge lernte Sraffa Keynes kennen, lehrte danach in Italien, musste aber nach der Machtübernahme von Mussolini und der Faschisten emigrieren und ging zunächst über London schließlich zurück nach Cambridge. Dort gehörte er der »Cafeteria Group« um Ludwig Wittgenstein und Frank Plumpton Ramsey ebenso an wie Keynes' »Cambridge Circus«.

Da Sraffa fürchterlich schüchtern war, war es für ihn eine Qual, Vorlesungen zu halten. So verhalf ihm Keynes zur Stelle eines Bibliothekars am King's College, zu dessen Aufgabe auch die Edition der Werkausgabe von David Ricardo gehörte. In zwanzig Jahren veröffentlichte Sraffa eine zehnbändige Edition, in der es ihm gelang, die Ideen Ricardos für die keynesianische Lehre zu erschließen und somit die Schule der Neo-Ricardianer zu begründen. Sraffas Hauptwerk ist das 1960 erschienene dünne Buch *Production of Commodities by Means of Commodities. Prelude to a Critic of Economic Theory*, worin er die neoklassische Grenznutzentheorie einer Kritik unterzog, indem er das Zustandekommen der Preise nicht als Ergebnis von Knappheit oder Mangel, sondern als Ergebnis von Produktionsbedingungen definierte. Damit versuchte Sraffa, ein neues Preisverständnis zu etablieren, wonach Preise eine soziale Funktion haben, keine individuelle wie in der Neoklassik.

Sraffa schuf eine Theorie, mit der langfristig Krisen beizukommen sei, dies auf der Basis der sogenannten Profitrate (Profitrate ist ein eher marxistischer Terminus, Rendite der eher klassische Terminus), die nach seiner Ansicht sinkt, wenn die Löhne steigen. Das führe dazu, dass Unternehmer zu neuen Techniken wechseln, bei denen die Profitrate höher ist. Mit der Zeit aber kann es sein, dass sie zurückwechseln, ein sogenanntes reswitching betreiben.

Auch **James Edward Meade** (1907 bis 1995), der 1977 den Nobelpreis für seine Forschungen zur Außenhandelstheorie und Wirtschaftspolitik erhielt, gehörte dem »Cambridge-Circus« an. Meade war ein entschiedener Befürworter staatlicher Umverteilungspolitik und obwohl er sich eher gegen direkte Eingriffe des Staates in die Wirtschaftspolitik aussprach, befürwortete er steuerpolitische und geldpolitische Maßnahmen, erstere für das Erreichen der Vollbeschäftigung, letztere für das Erreichen einer ausgeglichenen Zahlungsbilanz.

Meade wird zum Postkeynesianismus gezählt, wie auch der Brite **John Richard Stone** (1913 bis 1991). Stone war als Schüler Richard Kahns, der ebenso zum »Cambridge-Circus« gehörte, stark beeinflusst von den Lehren von Keynes. Er selbst trug mit seinen Arbeiten entscheidend zur Entwicklung von Systemen der volkswirtschaftlichen Gesamtrechnung bei. So erstellte er 1941 gemeinsam mit Meade die erste Volkswirtschaftliche Gesamtrechnung für Großbritannien, und zwar zur Schätzung der Ressourcen der britischen Volkswirtschaft für die Kriegsführung. Stone setzte sich mit verschiedenen ökonomischen Gebieten auseinander und veröffentlichte 1952 mit Deryck A. Rowe und weiteren Autoren *The Measurement of Consumers' Expenditure and Behaviour in the United Kingdom, 1920–1938*, eine frühe Untersuchung über Konsumentenverhalten. Für seine Beiträge zur Volkswirtschaftlichen Gesamtrechnung und zur Verbesserung der empirischen Analyse erhielt Stone (ab 1978: Sir) 1984 den Nobelpreis für Wirtschaftswissenschaften.

Ein weiterer Postkeynesianer war der amerikanische Ökonom **Hyman Philip**

Minsky (1919 bis 1996), dem die Wissenschaft die Hypothese der Finanzinstabilität verdankt. Minsky beschrieb die Tendenz von Finanzmärkten zur Instabilität. Anfangs würden Investoren abgesichert investieren, bei anhaltender Stabilität gingen sie in risikoreicheres und über Kredite finanziertes Spekulieren über. Bald reichten die Gewinne nur noch aus, um die Zinsen der Kredite zu bedienen. Das Investitionsverhalten geht in ein Schneeballsystem über. Nun werden Kredite aufgenommen, um Kreditzinsen zahlen zu können, und irgendwann platzt die Blase. Es kommt zum plötzlichen Kollaps, dem sogenannten Minsky-Moment, dem Zusammenbruch einer vermeintlich gesunden Konjunktur mit anschließender Finanzkrise. Eigentlich fast vergessen, wurde Minsky mit seinen Analysen in der Finanzkrise ab 2007 plötzlich wieder aktuell.

Auch ein herausragender Kopf der Postkeynesianer war der in Polen geborene spätere Amerikaner **Evsey David Domar** (1914 bis 1997). Er erarbeitete unabhängig von dem Briten **Roy Forbes Harrod** (1900 bis 1978) das berühmte Harrod-Domar-Modell, ein keynesianisches Wachstumsmodell. Harrod hatte seine Lösung bereits 1939 veröffentlicht, Domar stellte seine 1946 in seinem Aufsatz »Capital Expansion, Rate of Growth, and Employment« vor. Dieses Wachstumsmodell erweiterte das nachfrageorientierte keynesianische Gleichgewicht um die langfristige Betrachtung. Domar legte dar, dass die Voraussetzung für ein langfristiges konstantes wirtschaftliches Gleichgewicht ein konstantes Wachstum des Volkseinkommens sei, die Wirtschaft wiederum wachse nur, wenn beständig investiert werde. Als Lösung sah Domar eine Reduzierung der Sparquote und technischen Fortschritt, die beide durch entsprechende Politik des Staates gelenkt werden müssen.

Was war mit den Ideen von Keynes in Deutschland? Dort veröffentlichte **Carl Föhl** (1901 bis 1973) unabhängig von Keynes' *General Theory* 1937 seine Dissertation *Geldschöpfung und Wirtschaftskreislauf*, die der modernen Konjunktur- und Verteilungstheorie zuzuweisen ist. Föhl schuf darin ein Kreislaufmodell, in dem staatliche Nachfrage die Konjunktur ankurbelt und Arbeitsplätze schaffen kann. Michal Kalecki und Ernst Friedrich Schumacher zollten Föhl später ihre Anerkennung, auch Erich Schneider. Föhl entwickelte später noch das sogenannte Föhl-Theorem, wonach Steuern auf Gewinne unter bestimmten Voraussetzungen direkt an Konsumenten weitergereicht werden. Die breite Anerkennung blieb Föhl versagt, sicher auch wegen Deutschlands Isolierung in der Wissenschaft angesichts des Nationalsozialismus. Darin ging es ihm wie **Hans Peter** (1898 bis 1959), der mit seinen wissenschaftlichen Leistungen etwa zur Wachstumstheorie wegen deren Unterdrückung durch die Nationalsozialisten erst spät Anerkennung erfuhr.

Später war **Erich Schneider** (1900 bis 1970) als Vertreter der mathematisch orientierten Volkswirtschaftslehre ein bedeutender Verfechter der Lehre von Keynes. Er war aber auch von Alfred Marshall beeinflusst und inspiriert. Schneider lieferte wichtige Beiträge zur modernen Preistheorie, insbesondere in seiner 1932 erschienenen Habilitationsschrift *Reine Theorie monopolistischer Wirtschaftsformen*. Außerdem knüpfte er an Keynes' kreislauftheoretische Ansätze an und erweiterte und dynamisierte sie. Seine letztlich vierbändige *Einführung in die Wirtschaftstheorie* wurde zum maßgeblichen Lehrbuch an deutschen Universitäten. Schneider trug maßgeblich dazu bei, dass die ökonomische Wissenschaft in Deutschland wieder Anschluss an die Entwicklungen im skandinavischen und angelsächsischen Raum bekam.

Eine Synthese traditioneller deutscher Finanzwissenschaft mit den Ideen von Keynes schuf der Amerikaner mit deutschen Wurzeln **Richard Musgrave** (1910 bis 2007), insbesondere mit seinem Buch *The Theory of Public Finance* von 1959, worin er als die drei wesentlichen sozialen Funktionen des Staates Allokation, Distribution und Stabilisierung nannte.

Der amerikanische Ökonom **Arnold Harberger** (geb. 1924) entwickelte das in der Finanzwissenschaft bedeutsame Harberger-Dreieck, das zeigt, dass der Wohlfahrtsverlust (bzw. Mehrbelastung oder Excess Burden) bei Einführung einer neuen Konsumsteuer zu begrenzen ist, wenn diese Steuer möglichst viele Steuerzahler trifft. Harbergers Modell zeigte zudem die Bedeutung der Elastizität von Angebot und Nachfrage auf. Diese spielt auch eine Rolle bei der Steuerinzidenz, der Abwälzung erhobener Steuern auf andere Marktteilnehmer.

In Schweden verhalf die Stockholmer Schule den Ideen von Keynes zum Durchbruch. Ihre wichtigsten Vertreter waren Erik Lindahl, Gunnar Myrdal und nicht zuletzt Bertil Ohlin mit seinem Anspruch, den Keynesianismus vorweggenommen zu haben.

Vor der Stockholmer Schule steht theoriehistorisch **Eli Filip Heckscher** (1879 bis 1952). Heckschers Hauptwerk ist das zweibändige *Merkantilismen* (Der Merkantilismus) von 1931. Heckscher trug vor allem zur Außenhandelstheorie bei. Sein Name lebt in dem berühmten Heckscher-Ohlin-Theorem weiter, dessen Idee er in seinem Aufsatz »The Effect of the Foreign Trade on the Distribution of Income« darlegte, einer Arbeit aus dem Jahr 1919, die breite Aufmerksamkeit durch ihre englische Übersetzung in 1949 erhielt. Heckschers Ansatz wurde später von seinem Schüler **Bertil Ohlin** (1899 bis 1979) weitergeführt. Das Heckscher-Ohlin-Theorem erklärte Außenhandel anhand der differierenden Ausstattung mit Produktionsfaktoren in den handelnden Ländern. Vor allem kamen Heckscher und Ohlin zu dem Schluss, dass sich jedes Land schließlich auf die Produktion jener Güter konzentriere, auf dessen Produktionsfaktoren es am stärksten zurückgreifen kann.

Erik Lindahl (1891 bis 1960) veröffentlichte 1919 seine berühmt gewordene Dissertation *Die Gerechtigkeit der Besteuerung*. Darin schlug er zur Finanzierung öffentlicher Güter ein Verfahren vor, das einer Lösung durch Marktmechanismen sehr ähnlich ist. Man bezeichnet das somit zu erreichende Gleichgewicht als Lindahl-Gleichgewicht und die für die Konsumenten ermittelten Preise als Lindahl-Preise. Lindahl entwickelte als Schüler Knut Wicksells dessen Ansätze weiter. In seinem *Penningpolitikens Medel* (Die Mittel der Geldpolitik) von 1930 entwarf er ein zweistufiges Zentralbanksystem für eine Währungsunion unabhängiger Staaten, das bei der Schaffung der Europäischen Zentralbank zwar diskutiert, aber nicht aufgegriffen wurde.

Gunnar Myrdal (1898 bis 1987), ein Schüler von Wicksell und Cassell, war vielleicht der einflussreichste schwedische Ökonom des 20. Jahrhunderts. Er gilt als ein wesentlicher theoretischer Wegbereiter und Umsetzer des schwedischen Konzepts vom Wohlfahrtsstaat und somit auch einer an Keynes anknüpfenden antizyklischen Finanzpolitik. Myrdal gehörte dem schwedischen Reichstag an und war zwischenzeitlich Handelsminister einer sozialdemokratischen Regierung. Er machte sich stark für tief greifende Interventionen des Staates in die Wirtschaft und eine aktive Bekämpfung der Arbeitslosigkeit. Durch umfangreiche staatliche Umverteilungsmaßnahmen wollte Myrdal gleichmäßige und beständige Einkommenserhöhungen für alle Schichten erreichen.

Myrdal führte zudem die Ex-ante- und die Ex-post-Analyse in die Wirtschaftswissenschaft ein. Erstere versucht, zukünftige ökonomische Zusammenhänge zu analysieren, letztere zielt dagegen auf die Erforschung von Entwicklungstrends vergangener Perioden ab. 1970 erhielt Myrdal mit seiner Frau Alva Myrdal den Friedenspreis des Deutschen Buchhandels (Alva Myrdal wurde 1982 zusammen mit Garcia Robles mit dem Friedensnobelpreis ausgezeichnet) und 1974 gemeinsam mit Friedrich von Hayek den Nobelpreis für Wirtschaftswissenschaften.

Keynesianisches Denken prägte das wirtschafts- und sozialpolitische Agieren nicht nur im Rahmen der Versuche, die weltweite Große Depression nach 1929 zu überwinden, sondern auch mit der Einrichtung von Wohlfahrtstaaten in Skandinavien und Großbritannien nach dem Zweiten Weltkrieg. In Großbritannien erfolgte das nicht zuletzt durch den bereits 1942 von dem Ökonomen und Politiker **William Beveridge** (1879 bis 1963) ausgearbeiteten Beveridge-Plan, auf dessen Basis weitreichende Sozialreformen durchgeführt wurden. Das staatliche Gesundheitssystem wurde geschaffen und der Staat versuchte, über erhebliche Lenkungsmaßnahmen Vollbeschäftigung zu erreichen. In der Bundesrepublik Deutschland lieferte Karl Schiller ab Mitte der 1960er-Jahre die sozialdemokratische Variante des Keynesianismus in der praktischen Wirtschaftspolitik. Noch 1971 rief US-Präsident Richard Nixon aus: »Wir sind jetzt alle Keynesianer!«

Seit Keynes ist die ökonomische Lehre der Marktwirtschaft und damit die Wirtschaftspolitik in zwei Lager gespalten. Soll die Wirtschaft durch steuerliche Maßnahmen (Fiskalpolitik) gesteuert werden, was Keynesianer befürworten, oder durch Geldpolitik (Monetarismus), was Anhänger der klassischen marktliberalen Lehre bevorzugen? Soll eher die Nachfrage (durch staatliche Investitionen und durch Erhöhung der Löhne) stimuliert werden (Keynesianer) oder aber die Angebotsseite (klassische Marktliberale)? Soll die Wirtschaft als Ganzes gesteuert werden (Globalsteuerung, was Keynesianer befürworten), oder der Markt seinen eigenen Steuerungsmechanismen überlassen werden (was Marktliberale fordern)?

Politiker zogen keynesianische Maßnahmen in Phasen von Konjunkturabschwüngen heran und rechtfertigten damit auch erhöhte Staatsdefizite. Keynes und seine Ideen wurden zur allseitigen Referenz für die Wohlfahrtsstaaten Europas. Allerdings wurden entgegen der Keynesschen Lehre in der nächsten Aufschwungphase diese Defizite meist nicht wieder abgebaut, was der Akzeptanz des Keynesschen Theoriegebäudes schadete. Als sich in den konjunkturellen Krisen der 1970er-Jahre zeigte, dass keynesianische Maßnahmen nicht mehr halfen, diese Krisen sogar zu verstärken schienen, kam es zum Aufstieg der Gegenbewegung der marktliberalen Theorie – in Gestalt des Marktliberalismus.

17 Von der Freiheit des Marktes und des Menschen – der Neoliberalismus und seine Facetten

Dass in die Ordnung einer Marktwirtschaft viel mehr Wissen von Tatsachen eingeht, als irgendein einzelner Mensch oder selbst irgendeine Organisation wissen kann, ist der entscheidende Grund, weshalb die Marktwirtschaft mehr leistet als irgendeine andere Wirtschaftsform.
Friedrich von Hayek

Anbieter und Nachfrager suchen stets – wo immer es möglich ist – Konkurrenz zu vermeiden und monopolistische Stellungen zu erwerben oder zu behaupten.
Walter Eucken

Der französische Philosoph Louis Rougier, der Werke zur Erkenntnis- und zur Wissenschaftstheorie vorgelegt hatte, war 1932 in die Sowjetunion gereist und hatte den Eindruck gewonnen, dass eine Planwirtschaft nicht funktionieren könne. Im August 1938 lud er in Paris mehrere Ökonomen, Philosophen und andere Denker zum »Colloque Walter Lippmann«. Die weltpolitische Lage war angespannt. Man befand sich am Vorabend des Zweiten Weltkrieges. Angesichts des Siegeszuges planwirtschaftlicher und autoritärer Gesellschaftsformen wie des Kommunismus in der Sowjetunion und des Faschismus und des Nationalsozialismus wollten die Teilnehmer Formen eines neuen Liberalismus diskutieren. Zu den Teilnehmern gehörten unter anderen Jacques Rueff, Raymond Aron, Michel Polanyi, Ludwig von Mises, Friedrich von Hayek, auch die Deutschen Alexander Rüstow und Wilhelm Röpke.

Walter Lippmann (1889 bis 1974), der dem Treffen seinen Namen lieh, war einer der bedeutendsten amerikanischen Publizisten des 20. Jahrhunderts. 1937, also im Jahr vor dem Treffen, hatte er in seinem Buch *An Inquiry into the Principles of the Good Society* versucht, die liberale Idee gegen Keynesianismus und Kollektivismus (worunter er den Kommunismus und Faschismus verstand, zu dem er aber auch die Wirtschaftspolitik Franklin Delano Roosevelts zählte) wieder zu beleben.

Kollektivismus, so Lippmann, habe militärischen Charakter, Liberalismus pazifistischen. Lippmann sah die Rolle des Staates lediglich als die eines Schlichters oder Schiedsrichters. Er solle lediglich die Gleichheit vor dem Gesetz garantieren, der Gestaltung von Wohlfahrt und der Gesellschaft habe er sich jedoch zu enthalten.

In den Diskussionen des »Colloque Walter Lippmann« kam man überein, dass ein neuer Liberalismus anders gestaltet sein müsse als jener des reinen Laissez-faire, wie er sich beispielsweise im Manchester-Liberalismus niedergeschlagen hatte. Der deutsche Ökonom Alexander Rüstow schlug als Bezeichnung für den neuen Ansatz »Neoliberalismus« vor. Der Vorschlag wurde angenommen und in das Abschlussprotokoll übernommen. Doch schon in diesem Protokoll überdeckte der Begriff die tief greifenden Meinungsverschiedenheiten, die während des Kolloquiums zutage getreten waren und die Teilnehmer in zwei Lager gespalten hatte. Das eine Lager befürwortete radikale Marktliberalität und den Rückzug des Staates (Hayek, Mises), das andere (Rüstow, Röpke) sah den Staat als Garant für eine dauerhaft freie Marktwirtschaft, der gerade dann eingreifen sollte, wenn Freiheit, Fairness und soziale Gestaltung der Gesellschaft unter die Räder zu kommen drohten. Für Hayek aber war der Sozialstaat ein grauenhafter Mix aus Sozialismus und Kapitalismus.

In den Personen Hayek und Rüstow lässt sich die Kontroverse der beiden bald auseinanderdriftenden Richtungen des Neoliberalismus veranschaulichen. Rüstow wollte später den von ihm geprägten Begriff Neoliberalismus davor retten, ein Schimpfwort zu werden, wie er es bald und zur Wende zum 21. Jahrhundert auch wurde. Denn man setzte ihn schließlich mit den Vorstellungen der Marktliberalen um Hayek gleich. Rüstow nannte Hayeks Liberalismus abschätzig einen Paläoliberalismus, da er veralteten liberalen Haltungen nahestehe, etwa gerade denen des Manchester-Liberalismus. Hayek und Mises waren für Rüstow »ewig gestrig«. Er plädierte für einen Staat, der über den Interessengruppen der Gesellschaft stand und der sicherstelle, dass Wirtschaft nur ein Mittel zum Zweck des guten Lebens in einer fairen Gesellschaft ist. Der Staat habe die faire Leistungskonkurrenz zu gewährleisten. Insbesondere Bereiche, in denen der Marktmechanismus nicht greife, müsse der Staat selbst bedienen.

Friedrich von Hayek (1899 bis 1992) war ein Schüler von Ludwig von Mises und stammte aus einer Wiener großbürgerlichen Medizinerfamilie. Ab 1931 hatte er Gastvorlesungen an der London School of Economics gehalten, nahm die britische Staatsbürgerschaft an und wurde zu einem der bedeutendsten Vertreter der Österreichischen Schule. Hayek profilierte sich als einer der bedeutenden Gegenspieler von Keynes – ihre Kontroverse hielt die beiden Männer aber nicht davon ab, sich gegenseitig sehr zu schätzen. Hayek prophezeite, dass Keynes' Idee des billigen Geldes und der Staatsinvestitionen zu Inflation und Massenarbeitslosigkeit führen werde.

Wirtschaft und Gesellschaft befinden sich laut Hayek in einem permanenten Lernprozess. Die Preisbildung auf Märkten mit Konkurrenz dient den Marktteilnehmern als Hilfe, um sich an Vorgänge anzupassen, deren Hintergründe sie nicht voll erfassen können. Marktpreise sind also ein Kommunikationssystem. Hayek differenzierte nach »Kosmos«, der spontanen Ordnung, und »Taxis«, einer in einer Organisation zielgerichteten Ordnung. Dem lag auch seine Idee zugrunde, ein parlamentarisches Zweikammersystem mit völlig verschiedenen Kompetenzen zu errichten. Hayek forderte Staatszurückhaltung und strikte Gewaltenteilung, damit die Demokratie nicht an Parteienmacht zugrunde gehe. Außerdem trat er für ein Geldsystem ein, das nicht auf dem staatlichen Monopol, sondern auf konkurrierenden Währungen beruht. In sozialer Hinsicht sprach er sich für die Sicherung des Existenzminimums durch den Staat aus und betonte, dass dieses Existenzminimum mit dem Reichtum der Gesellschaft auch steige.

1944 erschien Hayeks Buch *Der Weg zur Knechtschaft* und wurde zum Bestseller. Darin konstatierte er, dass der Nationalsozialismus nicht eine bloße Reaktion auf den Sozialismus, sondern dessen logische Folge gewesen sei, denn jede Planwirtschaft werde, auch wenn es nicht beabsichtigt sei, in der Despotie enden. Auch den Wohlfahrtsstaat sah er darin als Gefahr für die Freiheit. Hayek trat für die Marktwirtschaft ein, weil er fest davon überzeugt war, dass der Markt selbst viel mehr Wissen generieren könne, als es ein Individuum oder ein Expertengremium kann. Aus dieser Annahme baute er sein Konzept der Trennung von Handlungs- und Regelebene der Wirtschaftsabläufe auf, unter anderem in seinem Buch *The Constitution of Liberty* (dt. *Die Verfassung der Freiheit*) von 1960. Hayek ging 1950 nach Chicago, 1962 nach Freiburg. Es wurde still um ihn, aber das änderte sich, als er 1974 den Nobelpreis erhielt. Nun wurden seine Ideen wiederentdeckt und Hayek zunehmend zum Stichwortgeber der marktliberalen Wende unter US-Präsident Ronald Reagan und der britischen Premierministerin Margaret Thatcher. Berühmt wurde der Moment, als Margaret Thatcher, zu jenem Zeitpunkt bereits Premierministerin, während des Vortrags eines eher linken Redners Hayeks Buch *The Constitution of Liberty* aus ihrer Tasche zog, auf den Tisch knallte und ausrief: »Das ist, woran wir glauben!«.

Alexander Rüstow (1885 bis 1963) war der Spross einer preußischen Offiziersfamilie, promovierte in Philosophie über das Lügner-Paradox und hatte im Verlagswesen, im Reichswirtschaftsministerium und als Verbandsfunktionär gearbeitet. Er kam in Kontakt und Austausch mit Walter Eucken und Wilhelm Röpke und begann, mit ihnen über die Erneuerung des Liberalismus nachzudenken. 1933 musste er emigrieren und fand Exil in der Türkei, wo er in Istanbul eine Professur für Wirtschaftsgeografie und Wirtschaftsgeschichte erhielt. Rüstow wurde zu einem bedeutenden Ideengeber für die Neugestaltung der Wirtschaftsordnung im Nachkriegsdeutschland, wohin er 1949 zurückkehrte und 1950 eine

Professur in Heidelberg übernahm. In diesem Jahr veröffentlichte er auch seinen Aufsatz »Zwischen Kapitalismus und Kommunismus«, in dem er beiden im Titel genannten Wirtschaftsformen eine Absage erteilte. Jedem der beiden Konzepte wohne ein übertriebener Materialismus inne, denn jedes stelle Ökonomie ins Zentrum. Beide Konzepte führten zur Unfreiheit. Im Kapitalismus geschehe das durch die Monopolbildung, im Kommunismus durch die Herrschaft einer Partei. Rüstow fordert, in einer Gesellschaft die Bedingungen für das Funktionieren der Automatismen einer freien Marktwirtschaft zu schaffen. Deren Zusammenspiel von Eigennutz und Gemeinwohl führe zu Gleichklang. Da in einer Wirtschaft aber Tendenzen zur Monopolbildung und zu Kartellabsprachen bestehen, forderte Rüstow starke staatliche Wettbewerbsbehörden.

Anders als der Liberalismus Rüstows stand der Liberalismus von Hayek und auch Mises und seiner dortigen Schule der Austro-Misesians dem zum Teil radikalen Liberalismus in der USA nahe, verkörpert auch in den anarchistischen Denkkategorien Ayn Rands, in denen der Staat als Unterdrücker des Individuums gesehen wird. In diesem Zusammenhang ist auch der Anarchokapitalismus des amerikanischen Ökonomen und Philosophen **Murray Rothbard** (1926 bis 1995) mit seinem radikal gegen den Staat gerichteten Freiheitsansatz zu nennen. Rothbard verfocht das naturrechtlich begründete Recht des Menschen auf Selbsteigentum (der Mensch gehört damit sich selbst und niemand anderem, warum auch nur er über seinen Körper und seine Lebensweise bestimmen dürfe). So sagte Rothbard, der Mensch habe das Recht, Glücksspiel, Pornografie und Prostitution zu betreiben, sofern es vollkommen freiwillig sei. Staatliche Zwänge wie Schulpflicht und Wehrpflicht lehnte er ab.

Von Ludwig von Mises und der Österreichischen Grenznutzenschule beeinflusst war auch der Brite **Lionel Charles Robbins** (1898 bis 1984), der neoklassisch geprägte Gegenspieler der Keynesianer in Großbritannien. Robbins leitete lange Jahre die ökonomische Abteilung der London School of Economic (LSE) und hatte Hayek dorthin geholt. In seinem Buch *Essay on the Nature and Significance of Economic Science* von 1932 attackierte Robbins mit seiner berühmt gewordenen Definition die normative Ökonomik: »Ökonomie ist eine Wissenschaft, die menschliches Verhalten als Beziehung zwischen Zielen und knappen Mitteln mit alternativen Verwendungen untersucht.«

Wirtschaftswissenschaft, so Robbins, beschreibe nicht verschiedene Arten des menschlichen Handelns, sondern einen besonderen Aspekt davon. Auf diese Weise wies Robbins in zwei Richtungen: In eine wirtschaftswissenschaftliche Methodik, die in ihrem Instrumentarium streng von rationalen Handlungen ausgeht und die so diese Wissenschaft fast paradoxerweise für alle Bereiche des menschlichen Verhaltens öffnete, sofern man in einer Situation rationales Vorgehen annahm. Damit trug Robbins dazu bei, dass Teile der Wirtschaftswissenschaft zu einer Sozialwissenschaft wurden, die am stärksten wissenschaftlich rationale Aussagen von normativen Aussagen und Werturteilen trennt. Damit aber zog Robbins die Wirtschaftswissenschaft auch vom weiten Feld der Wohlfahrtsökonomik zurück. Ökonomie sollte nicht mehr wirtschaftspolitisch gedacht werden, sondern allein vom Knappheitsgedanken. Damit wurde der Blickwinkel vom allgemeinen objektiven Bedarf auf den Bedarf des Individuums verschoben. Kaldor und Hicks stimmten Robbins teilweise zu, normative Aussagen aus der Wirtschaftswissenschaft herauszuhalten, mochten ihm aber nicht darin folgen, dass man keine Instrumente zur Bewertung sozialer Fragen heranziehen könne.

Die an der Universität von Chicago entstandene Chicago-Schule ist in ihrer inhaltlichen Vielfalt breit gefächert. Im Kern steht sie für ein Eintreten für das freie Spiel der Marktkräfte und die gleichzeitige Forderung nach Rückzug des Staates, außerdem trat sie dafür ein, ökonomische Prinzipien auf die Analyse aller Lebensbereiche anzuwenden. Sie ist stark beeinflusst von den Ideen des Libertarismus Rothbards, Mises' und Rands. Die Chicago-Schule ist jene Schule, aus der die meisten Nobelpreisträger der Wirtschaftswissenschaft hervorgegangen sind, und sie hat wie keine andere das Denken in der Wirtschaftswissenschaft, aber auch in der praktischen Wirtschaftspolitik in der zweiten Hälfte des 20. Jahrhunderts beeinflusst.

Nachdem bereits der Außenseiter Thorstein Bunde Veblen und John Maurice Clark in Chicago gelehrt hatten, bildete sich aber erst nach ihnen eine erste Schule und damit die erste Generation der Chicago-Schule heraus, vor allem mit Frank H. Knight und Jacob Viner. Beide waren lange Jahre auch Herausgeber des einflussreichen *Journal of Political Economy*.

Frank Hyneman Knight (1885 bis 1972) lehnte den Keynesianismus und überhaupt alle -ismen ebenso entschieden ab wie die mathematische Methode. Er sah in der Wirtschaftswissenschaft eine Sozialwissenschaft, der man naturwissenschaftliche Methoden nicht aufdrängen dürfe. Insofern stand er auch den Ideen der Österreichischen Schule nahe. In seinem 1921 erschienenen Buch *Risk, Uncertainty, and Profit* grenzte Knight Risiko von Unsicherheit ab. Risiko sei kalkulierbar, Unsicherheit nicht. Unsicherheit sei die Basis für Unternehmergewinn. Gerard Debreu sah das spätere Arrow-Debreu-Gleichgewichtsmodell in dem Buch vorweggenommen. Trotz vehementer Befürwortung freier Märkte wies Knight auf die Gefahren von Monopolisierung und von ungleichen Einkommen hin.

Jacob Viner (1892 bis 1970), Sohn rumänischer Einwanderer, war ein Schüler Frank W. Taussigs, des »amerikanischen Alfred Marshall«, und wie Knight ein früher Gegner der Ideen von Keynes, die er nur als »in the short run« gültig sah. Doch Viner kritisierte auch Hayek und die Österreichische Schule. Schon mit 32 Jahren war er ordentlicher Professor an der University of Chicago. Viner hatte breite Interessen und wehrte sich gegen seine Verortung in der Chicago-Schule und als

Monetarist. Besonders hervorzuheben sind seine Beiträge zur Außenhandelstheorie.

Zur Nachkriegsgeneration gehörte **Jacob Marschak** (1898 bis 1977). Marschak arbeitete als Stochastiker und forschte zu Entscheidungen bei unvollständiger Information. Vor allem aber führte er die Teamtheorie ein, wobei er den Nutzen von Teams und des einzelnen Individuums zur Informationsbeschaffung in die Forschung einbrachte, insbesondere mit seinem Aufsatz von 1954 »Towards an Economic Theory of Organization and Information«, die unter anderen Hurwicz weiterentwickelte.

Marschak war fünf Jahre Direktor der Cowles Commission und wurde dann von Tjalling Koopmans abgelöst. Die Cowles Commission hatte 1932 der Ökonom **Alfred Cowles** (1891 bis 1984) in Colorado Springs als Forschungsinstitut gegründet. Der Schwerpunkt des Instituts lag in der mathematischen und statistischen Analyse wirtschaftlicher Fragen. Ebenfalls 1932 gründete Cowles die Zeitschrift *Econometrica*, die großen Einfluss in der Wirtschaftswissenschaft gewann. Cowles selbst veröffentlichte darin im Jahr darauf den Aufsatz »Can stock market forecasters forecast?«, in dem er nach jahrelanger Auswertung zahlreicher Quellen darlegte, dass niemand Aktienkurse zuverlässig antizipieren könne. Der Grund, warum man dennoch sogenannten Aktienexperten zuhöre, sei der Wunsch, dass man hoffe, dass es doch jemanden gibt, der wisse, was die Zukunft bringt. 1938 schlug Cowles einen Aktienindex vor, der zur Basis des späteren Standard and Poors 500 Index wurde.

1939 zog die Cowles Commission nach Chicago und wurde an die University of Chicago angegliedert. Für die Cowles Commission arbeiteten zahlreiche spätere Nobelpreisträger wie Tjalling Koopmans, Kenneth Arrow, Trygve Haavelmo, Gerard Debreu, Herbert Simon, James Tobin, Franco Modigliani, Harry Markowicz und Lawrence Klein. Unter der Leitung von Marschaks Nachfolger Koopmans kam es in den 1950er-Jahren aufgrund zunehmender Spannungen mit der University of Chicago zur Umbenennung in Cowles Foundation und zur Angliederung an die Yale University.

Zu späteren Generationen der Chicago-Schule zählen Milton Friedman mit dem Monetarismus, Gary Becker mit seiner Ausdehnung des Forschungsgegenstands der Ökonomik auf menschliches Verhalten, George J. Stigler mit seiner Preistheorie, aber auch Ronald Henry Coase mit seiner Neuen Institutionenökonomik.

Milton Friedman (1912 bis 2006) veröffentlichte 1962, auf dem Höhepunkt der in den Industriestaaten betriebenen keynesianischen Politik, das nur 200 Seiten starke Buch *Capitalism and Freedom*. Er schwamm gegen den Strom, indem er die Rücknahme des staatlichen Einflusses auf das Wirtschaftsgeschehen forderte. Denn staatliche Eingriffe würden erst alle Probleme schaffen, die der Staat vorgebe zu bekämpfen: Arbeitslosigkeit, Konjunkturschwäche, Inflation.

Mit Friedman wurde die Gegenbewegung zum Keynesianismus in Gestalt des Monetarismus popularisiert. Als Vorläufer von Friedmans Monetarismus gilt der Amerikaner **Clark Warburton** (1896 bis 1979) mit seinen Aufsätzen gegen den Keynesianismus kurz nach Ende des Zweiten Weltkrieges. Zudem gilt er als Pionier einer neuen Quantitätstheorie des Geldes und als ein erster Monetarist.

Der Monetarismus Friedmans besagte im Kern, dass es die Geldpolitik sei, die die Konjunktur steuere, womit nicht dem Staat, sondern der Zentralbank die Konjunktursteuerung zugewiesen wird. Friedman argumentierte mit der Geldmenge. Inflation entstehe immer, wenn diese schneller wachse als die Wirtschaft. Die Geldmenge müsse entlang der Entwicklung der Produktion gesteuert werden.

Die Ursachen des Börsencrashs von 1929 sah Friedman zum Beispiel in einer zu restriktiven Geldpolitik. Im Allgemeinen solle die Geldmenge stetig pro Jahr um etwa 3 bis 5 Prozent wachsen. Ansonsten müsse man die Märkte frei agieren lassen. So schaffe man Preisstabilität und die Voraussetzung für hohes Wirtschaftswachstum. Vereinfacht betrachtet ist der Monetarismus eine Neuauslegung und Vertiefung der Quantitätstheorie des Geldes unter Berücksichtigung der Wirksamkeit des Sayschen Theorems. Friedman wurde neben Paul A. Samuelson der vermutlich einflussreichste Ökonom der zweiten Hälfte des 20. Jahrhunderts. Er lieferte wegweisende Arbeiten auf den verschiedensten Gebieten der Wirtschaftstheorie. 1976 erhielt er den Nobelpreis.

Zum Siegeszug des Monetarismus hat später flankierend auch **Robert Joseph Barro** (geb. 1944) mit seinem einflussreichen Aufsatz »Are Government Bonds Net Wealth?« von 1974 beigetragen. Darin traf er die Aussage, Steuersenkungen würden nicht zu dem gewünschten Effekt auf das Wachstum führen, da die Marktteilnehmer sich auf höhere Steuern in der Zukunft einstellten. Daher würden sie eher sparen, als das Geld in Konsum zu stecken. Barro war anfangs eher keynesianischen Positionen zugeneigt, wandte sich aber dann der Neuen Klassischen Makroökonomik zu, auf die später einzugehen ist.

Was den Werkzeugkasten der Wirtschaftswissenschaften betraf, plädierte Friedman für ein Instrumentarium, das dem Ziel der Wirtschaftswissenschaften dient, wobei das Ziel ist, Ergebnisse für die Anwendung in der Praxis zu generieren. Er propagierte, angelehnt an Hayeks Vorschlag eines Mindesteinkommens, die Idee der negativen Einkommensteuer. Wer unter ein bestimmtes Jahreseinkommen gerate, müsse vom Staat das Geld erhalten, um ein festgesetztes Grundeinkommen zu erreichen, das jeder haben müsse, um sein Leben bestreiten zu können. Ein Ansatz, der einen starken sozialen Impuls verriet.

Dennoch: Eine offene Flanke für den Angriff auf ihre Denkweise schufen Friedman und Hayek selbst. Denn manches erwies sich in der politischen Praxis genau als das, was ihnen häufig unterstellt oder angekreidet wurde: Sie beide seien blind für die Rechte Schwächerer und lieferten die theoretische Argumentationshilfe für Stärkere, ihre Rechte gegen Schwächere zum Teil rücksichtslos durchzusetzen, sei es Verbraucherschutz oder die Eindämmung der Macht großer Unternehmen. Ein Angriffspunkt findet sich auch in den Rollen, die Friedman und seine Chicago Boys und auch Hayek in Bezug auf das Pinochet-Regime in Chile spielten. Sie berieten tatkräftig die Diktatur in Wirtschaftsfragen und sie verharmlosten und relativierten die von der Diktatur praktizierte Unterdrückung.

In der breiten Öffentlichkeit weniger bekannt, in der Zunft aber jedem ein Begriff ist **Gary Stanley Becker** (1930 bis 2014); ebenfalls einer der einflussreichen Denker der Wirtschaftstheorie der zweiten Hälfte des 20. Jahrhunderts. Er beschäftigte sich mit dem menschlichen Verhalten und dem »Humankapital«. *Human Capital* heißt auch sein einflussreiches Buch von 1964. Becker argumentierte im Sinne der Theorie der rationalen Entscheidungen (Rational Choice Theory), auf die später genauer einzugehen ist, dass Investitionen in Bildung, aber auch Gesundheit einer rationalen wirtschaftlichen Wahl unterliegen, da diese die Produktivität erhöhen würden. Jacob Mincer (1922 bis 2006) flankierte diese Gedanken mit der von ihm entwickelten Mincer-Einkommensgleichung, die das Einkommen als Funktion von Bildung und Erfahrung erklärt.

Becker dachte außerdem über innere Konflikte bei Entscheidungsprozessen nach. Etwa, dass zum rationalen Handeln auch das Übertreten von Regeln und Gesetzen gehören kann, wenn ein erwarteter Gewinn so hoch ist, dass die Strafe in Kauf genommen wird. Zu der Idee für sein Forschungsgebiet kam Becker im Übrigen, als er sich auf dem Weg zu einer Prüfung verspätete, daher sein Auto falsch parkte und einen Strafzettel riskierte, weil die verpasste Prüfung schwerer gewogen hätte.

Kaum einen Bereich menschlicher Entscheidungsfindung ließ Becker bei seiner ökonomischen Betrachtung aus, so auch die Entscheidung, wie viele Kinder Paare haben wollen, und er erweiterte die Betrachtung des menschlichen Verhaltens in der Wirtschaft erheblich, blieb aber ein Anhänger des Modells des Homo oeconomicus. Das ist aus seinem Verständnis des utilitaristischen Nutzenkalküls nachvollziehbar. Denn Becker sagte, dass der Mensch – wenn auch oft unbewusst – letztlich jede Entscheidung einem Für-und-Wider-Vergleich aussetze: sei es der Verbrecher, der das Für und Wider eines Banküberfalls abwäge, sei es die Entscheidung, wen man heirate, ob man jemanden schlage etc. Deshalb sagte Becker auch, Straftäter würden nicht von höheren Strafen abgeschreckt, sondern von einer höheren Wahrscheinlichkeit, erwischt zu werden. 1992 erhielt Becker für seine Arbeiten den Nobelpreis.

George J. Stigler (1911 bis 1991), ein Schüler von Frank Knight, erklärte in seinen Arbeiten, warum häufig nachgefragte Güter weit geringere Schwankungen im Preis aufweisen als selten nachgefragte. Er wies nach, warum das Beschaffen von Marktinformationen und der damit verbundene Zeitaufwand ein Kostenfaktor ist und beeinflusste damit die Public-Choice-Theorie. 1946 veröffentlichte er sein einflussreiches Buch *The Theory of Price*. Stigler stellte das sogenannte Survivor-Prinzip auf. Darin ging er davon aus, dass auf einem Markt mit Konkurrenz der eine oder andere Marktteilnehmer irgendwann, und wenn auch nur zufällig, die optimale Lösung finden werde, was dann die anderen zwinge, diese Lösung zu übernehmen. Der Wettbewerb selektiere auf diese Weise die effizienteste Lösung.

Stiglers Ansatz der Durchsetzung des Überlegenen, das sogenannte »survival of the fittest«, zuerst geprägt von Herbert Spencer, einem Vorläufer des Sozialdarwinismus, wurde von Stiglers Gegnern genauso gewertet: als Sozialdarwinismus. Durch seine Modelle und seine empirische Methode, die Sammlung und Analyse von Daten, wurde Stigler ein Begründer der Informationsökonomik. Zu erwähnen ist hier sein Aufsatz »The Economics of Information« von 1961, in dem er sich den Kosten der Informationssuche auf Märkten widmete. 1982 erhielt er für seine Arbeiten zu den Strukturen von Betrieben, der Funktionsweise von Märkten und den Wirkungen und Gründen von staatlichen Regulierungen den Nobelpreis.

Als herausragender Vertreter der späteren Chicago-Schule neben Gary Becker ist **Richard Posner** (geb. 1939) zu nennen. Er forscht in der ökonomischen Analyse des Rechts (Economic Analysis of Law). Seine wichtigsten Arbeiten sind sein grundlegendes und einflussreiches *Economic Analysis of Law* von 1973 und *Antitrust Law* von 1976. Es geht Posner um die volkswirtschaftliche Effizienz als Maßstab für die Beurteilung der Gerechtigkeit einer Handlung. Hinter der Idee steht das Ziel der Erhöhung des Wohlstands und die Idee, dass es erstrebenswerter sei, dass dieser allgemein steige. Denn allzu große Umverteilung – die zwar wichtig sei – führe dahin, dass die Anreize für den Einzelnen geringer seien und daher weniger Anstrengung stattfinde und im Ergebnis schließlich die Schwächsten sogar eher leiden.

Wie schon die Auseinandersetzung zwischen Hayek und Rüstow gezeigt hatte, suchte der Neoliberalismus im deutschsprachigen Raum, einen Weg zwischen Laissez-faire und staatsgelenkter Wirtschaft zu etablieren. Dieser fand gestalterisch schließlich Ausdruck im Ordoliberalismus, der sich in der Freiburger Schule manifestierte, die von Walter Eucken, Franz Böhm, Leonhard Miksch und Hans Großmann-Doerth begründet wurde. Nach den Vorstellungen der Ordoliberalen sollte der Staat den Rahmen für ein Funktionieren der Marktkräfte setzen und eingreifen, sofern diese versagten, dies aber nur, um das Funktionieren des Marktes wiederherzustellen, was im Grunde im besten Fall letztlich aus den Marktkräften selbst geschehen sollte. Insbesondere Einschränkungen des Wettbewerbs durch starke Marktkräfte, also Monopol- und Kartellbildungen sollten unterbunden werden.

Walter Eucken (1891 bis 1950), einer der bedeutendsten Köpfe dieser Theorierichtung, war der Sohn des deutschen Philosophen und Literaturnobelpreisträgers Rudolf Eucken. Er lehrte ab 1925 in Tübingen, später in Freiburg und begründete dort mit seinem Freund Franz Böhm zu Beginn der 1930er-Jahre die Freiburger Schule. Eucken nahm das Begriffssystem seines Lehrers Heinrich Dietzel auf und entwickelte sein eigenes sogenanntes Ordo-Schema, um die verschiedenen Wirtschaftstypen aufzuzeigen. Er nannte sie Zentralverwaltungswirtschaft (Planwirtschaft) und Verkehrswirtschaft (freie Marktwirtschaft).

In das Zentrum seiner Differenzierung stellte Eucken die Art und Weise der Entscheidungsbildung in den von ihm benannten Systemen, was er in *Die Grundlagen der Nationalökonomie* 1940 darlegte. In seinem 1952 posthum erschienenen Buch *Grundsätze der Wirtschaftspolitik* trat er dafür ein, in der Wirtschaftspolitik in Ordnungen statt in Interventionen zu denken. Er wollte staatliches Handeln auf die Gestaltung der Spielregeln der Marktwirtschaft konzentrieren, ohne in die Marktabläufe einzugreifen. Das zentrale Ziel dieser Trennung war es, staatliche und wirtschaftliche Macht zu begrenzen. Dieser Geist schlägt sich auch in Ludwig Erhards berühmter Äußerung nieder, dass »ebenso wie der Schiedsrichter nicht mitspielen darf, auch der Staat nicht mitzuspielen hat«.

Eucken war wohl der in Deutschland einflussreichste Ökonom in der zweiten Hälfte des 20. Jahrhunderts, nicht zuletzt, weil Ludwig Erhard und Karl Schiller Konzepte von ihm in der wirtschaftspolitischen Praxis umsetzten. Dennoch sind viele Empfehlungen Euckens nicht oder nur halbherzig umgesetzt worden. So hatte er eine sehr viel weiter reichende Gesetzgebung gegen Kartelle und Monopolbildung vorgesehen. Er hatte auch gefordert, dass das Bankensystem so gestaltet werde, dass es Privatbanken unmöglich gemacht wäre, die Geldmenge zu beeinflussen.

Zu Euckens Mitstreitern gehörte der Jurist **Franz Böhm** (1895 bis 1977), der neben Hans Großmann-Doerth den rechtstheoretischen Rahmen der Freiburger Schule lieferte. Böhm sprach von der »Privatrechtsgesellschaft« und betonte die herausragende Bedeutung des Kartell-, Vertrags- und Haftungsrechts. **Leonhard Miksch** (1901 bis 1950), der auch in Freiburg lehrte, wurde ein enger Berater Ludwig Erhards. Hervorzuheben ist Mikschs frühe Arbeit des Ordoliberalismus *Wettbewerb als Aufgabe* von 1937 und die darin verfolgte Leitidee des »Ordnens in Freiheit« als Rahmensetzung für eine Wirtschaft, die in ihrer Freiheit nicht aus ebendieser Freiheit heraus gestört oder zerstört wird. Miksch beeinflusste mit dieser Arbeit das spätere Gesetz gegen Wettbewerbsbeschränkungen.

Außer den Vertretern der Freiburger Schule und ihrem Konzept des Ordoliberalismus gehört neben Alexander Rüstow und Wilhelm Röpke auch Alfred Müller-Armack zu den »Vätern« der Sozialen Marktwirtschaft, die als Wirtschaftskonzept in der Bundesrepublik Deutschland nach dem Zweiten Weltkrieg in Angriff genommen wurde. **Alfred Müller-Armack** (1901 bis 1978) war es, der den Begriff Soziale Marktwirtschaft prägte. Er lehrte in Münster, später in Köln und stand mit der Freiburger Schule in engem Austausch. Er war in den 1950er-Jahren enger Mitarbeiter Ludwig Erhards, unter anderem Staatssekretär im Bundeswirtschaftsministerium, und konnte so erreichen, dass sein Modell in weiten Teilen in die Tat umgesetzt wurde. Außerdem engagierte er sich aktiv bei der Gründung und dem Aufbau der EWG, der Vorläuferin der EU.

Müller-Armack, der anfangs vor allem Konjunkturforschung betrieben hatte, setzte sich in der Konjunkturpolitik für eine strikte Einhaltung der Geldwertstabilität ein. Unter seinen zahlreichen Publikationen ist das 1947 erschienene Buch *Wirtschaftslenkung und Marktwirtschaft* das bedeutendste, denn es stellte die zentrale Programmschrift seines Konzepts der Sozialen Marktwirtschaft dar. Dieses baut weder auf die von Adam Smith angenommene »unsichtbare ordnende Hand« der Marktkräfte noch auf dessen These, dass in erster Linie egoistisches Handeln des Einzelnen zum Wohle der Gesellschaft ausreichend beitrage. Auch das von Smith angenommene Mitgefühl des Menschen wurde von Müller-Armack als nicht hinreichend für das Erreichen einer fairen Gesellschaft empfunden.

Laut Müller-Armack stellt die Soziale Marktwirtschaft den Menschen in den Mittelpunkt, Wirtschaft hat für den Menschen zu wirken, nicht der Mensch für die Wirtschaft. Daher sei es Aufgabe des Staates, eine funktionierende Wettbewerbsordnung bereitzustellen und zu schützen. Die Gestaltung durch den Staat solle dabei kein Agieren im Marktgeschehen sein, sondern lediglich ein Setzen von Rahmenbedingungen.

Wilhelm Röpke (1899 bis 1966) ging in der NS-Zeit wie Rüstow ins Exil, war eng befreundet mit Ludwig Erhard und zählt neben Müller-Armack und Walter Eucken zu den wichtigsten theoretischen Wegbereitern der Sozialen Marktwirtschaft. Wie Eucken betonte Röpke das Ineinanderwirken von Staat, Gesellschaft und Wirtschaft, wobei der freie Wettbewerb als Ordnungsinstrument wirke. Röpke setzte sich dafür ein, kleinere Unternehmen stärker in den Mittelpunkt ökonomischer Betrachtung zu rücken. Vehement lehnte er die Bildung der Europäischen Wirtschaftsgemeinschaft (EWG) ab, da sie nur neue Abschottung bedeute und neue Monopole schaffe.

Als eines von Röpkes Hauptwerken gilt das Buch *Die Lehre von der Wirtschaft* von 1937, in dem er die Leitlinien seines ökonomischen Denkens darlegte. Röpke versuchte die zuweilen widerstreitenden Anforderungen von wirtschaftlichem und gesellschaftlichem Handeln bestmöglich auszutarieren. Er betonte die Freiheit des Einzelnen, warnte aber vor der Bedrohung der freien Gesellschaft durch übertriebenen Individualismus, vor Moral ohne wirtschaftlichen Sachverstand und vor Profitstreben ohne Moral.

Zwei Denker seien in Zusammenhang mit der Sozialen Marktwirtschaft noch erwähnt: **Erich Preiser** (1900 bis 1967) und sein Beitrag zur Konjunkturtheorie und **Herbert Giersch** (1921 bis 2010), einer der einflussreichsten Ökonomen der

Bundesrepublik, Schüler August Löschs, Nachfolger Erich Schneiders in Kiel, dort später auch Präsident des Instituts für Weltwirtschaft. Er begrüßte zunächst Instrumente der Konjunktursteuerung und die Konzertierte Aktion Karl Schillers, nahm später aber als konsequenter Vertreter der Sozialen Marktwirtschaft eine zunehmend marktliberale Haltung ein, insbesondere unter dem Eindruck des Deficit-Spending, das er ablehnte. Giersch forderte eine strenge Verfolgung der Geldwertstabilität. Sein in zwei Bänden 1960 und 1977 erschienenes Lehrbuch *Allgemeine Wirtschaftspolitik* wurde zum Standardwerk.

Wenn man nun denkt, im angelsächsischen Sprachraum sei anders als im deutschen Sprachraum nicht über Fairness beziehungsweise Gerechtigkeit in einer freien Gesellschaft nachgedacht worden, dann muss spätestens jetzt der amerikanische Philosoph **John Rawls** (1921 bis 2006) mit seiner liberalen Staatsphilosophie genannt werden. Rawls war zwar kein Ökonom, seine Ideen wurden aber immer wieder herangezogen, um den Rahmen staatlicher Gestaltung in einem marktwirtschaftlichen System zu erörtern. Das Zentrum seines Werks bildet sein 1971 erschienenes Buch *A Theory of Justice* (dt. *Theorie der Gerechtigkeit*), das heute als Meilenstein gilt und Rawls für viele zu dem wichtigsten Denker des 20. Jahrhunderts auf dem Feld der Staatsphilosophie macht. Eine moderne Staatsphilosophie erschöpfte sich für Rawls nicht nur in der Beschäftigung mit Fragen und Regeln des gesellschaftlichen Zusammenlebens, sondern zu ihren Aufgaben gehöre auch, sich mit der Verteilung von Gütern und den ungleichen sozialen Voraussetzungen in der Gesellschaft auseinanderzusetzen.

Rawls' Denken setzte an einer Kritik des utilitaristischen Prinzips vom »größten Glück der größten Zahl« an. Gerade ein Denken, das fordert und fördert, was der größten Mehrheit die meisten Vorteile bringt, könne zur Verletzung der Rechte Einzelner oder von Minderheiten führen. In *A Theory of Justice* versuchte Rawls daher ein Konzept zu entwickeln, das das allgemeine Gerechtigkeitsempfinden des Menschen besser berücksichtigt. Dabei griff er vor allem auf Immanuel Kant zurück, dessen kategorischer Imperativ Rawls' Werk durchzieht (»Handle so, dass die Maxime deines Willens jederzeit zugleich als Prinzip einer allgemeinen Gesetzgebung gelten könnte«).

Ein zentrales Prinzip in Rawls' Theorie einer gerechten Gesellschaft war der Anspruch, dass ihr jedes Mitglied zustimmen könne, auch wenn es seine eigene Stellung in dieser Gesellschaft noch nicht kenne. Wichtig dafür ist, dass jeder das gleiche und größtmögliche Maß an Freiheiten, Rechten und an Chancen besitzt. Maßnahmen, die zu sozialer Ungleichheit beitragen, können nur gerecht sein, wenn sie letztlich auch den Benachteiligten zu einer verbesserten Stellung verhelfen. Insofern ist Rawls' Konzept das einer Freiheit, in der die Verbesserung der Umstände der Schwächeren zur zentralen Aufgabe gehört.

Beide Lager des früh gespaltenen Neoliberalismus, das des sozialen und geordneten Liberalismus und das des deregulierenden Marktliberalismus, traten in der zweiten Hälfte des 20. Jahrhunderts ihren Siegeszug an. Schließlich aber gewann der angelsächsische deregulierende Marktliberalismus die Oberhand und wird zu Beginn des 21. Jahrhunderts weithin als *der* Neoliberalismus identifiziert. Der Marktliberalismus erfuhr seine Renaissance, als in den 1970er-Jahren die Wirtschaft in vielen Staaten in eine Stagflation geriet: Die Wachstumsraten sanken, die Inflation aber stieg. Dies war ein Effekt, den der Keynesianismus im Wesentlichen ausgeschlossen hatte.

Der Marktliberalismus, insbesondere in Form des Monetarismus, begann mit den deregulierenden wirtschaftlichen Maßnahmen ab Ende der 1970er-Jahre und Anfang der 1980er-Jahre durch die britische Premierministerin Margret Thatcher (»Thatcherismus«) und den US-Präsidenten Ronald Reagan. Er setzte sich mit dem großräumigen Zusammenbruch der sozialistischen Staatenwelt ab 1989 sowie den marktwirtschaftlichen Umwandlungen der Wirtschaft Chinas durch Deng Xiaoping fort. Das sich wiedervereinigende Deutschland hielt am Konzept der Sozialen Marktwirtschaft im Prinzip zwar fest, doch verlor es an Prägnanz. Wie auch in den anderen Sozialstaaten Europas setzten unter dem Druck der Globalisierung Privatisierungen ein, wurde das Sozialsystem erheblich reformiert, sodass auch hier der Neoliberalismus des deregulierenden Lagers Einzug hielt.

Als theoretischer Stichwortgeber gerade für die von Ronald Reagan eingeführte Wirtschaftspolitik »Reagonomics« wird außer Hayek und der Chicago-Schule immer wieder der Ökonom **Arthur Betz Laffer** (geb. 1940) genannt. Er wurde berühmt mit einer Kurve, die er zum ersten Mal bei einem Abendessen mit Vertretern der Nixon-Regierung 1974 in einem Washingtoner Restaurant auf eine Serviette zeichnete. Die Laffer-Kurve beschreibt in einem umgedrehten »U«, dass bei einem Steuersatz von 0 Prozent die Steuereinnahmen auch null sind. Doch bei einem Steuersatz von 100 Prozent seien die Steuereinnahmen ebenfalls null, da dann niemand mehr einen Anreiz zum Arbeiten hat. In der Mitte zwischen diesen beiden extremen Werten liegt ein Steuersatz, der dem Staat maximale Einnahmen verschafft. Die Laffer-Kurve wurde zu einem Grundpfeiler der angebotsorientierten Wirtschaftspolitik während Ronald Reagans US-Präsidentschaft ab 1980.

Neben Laffer gehörte auch der Kanadier **Robert Mundell** (geb. 1932) zu den geistigen Vätern der sogenannten Reagonomics. Mundell veröffentlichte 1963 den Aufsatz »Capital mobility and stabilization policy under fixed and flexible exchange rates« und stellte darin unabhängig von dem Briten **Marcus Fleming** (1911 bis 1976) das spätere Mundell-Fleming-Modell vor, in dem eine kleine Volkswirtschaft und deren Handels- und Kapitalströme mit anderen Ländern analysiert werden. Mundell kam zu dem Schluss, dass von den drei Zielen geldpolitische Unabhängigkeit, feste Wechselkurse und freie Kapitalströme (Mundell-Fleming-Trilemma) nur maximal zwei Ziele zur gleichen Zeit erreicht werden können, woraus er folgerte, dass nachfrageorientierte Wirtschaftspolitik ineffektiv sei, denn sie behindere die Politik der Zentralbanken. Vielmehr ist eine gemeinsame Geldpolitik von Handel treibenden Staaten ratsam, da diese stabilisierend das Preisniveau der Währungszonen ausgleiche.

Mit seinen Überlegungen – vor allem seiner Theorie des optimalen Währungsraums – wurde Mundell zu einem der geistigen Väter des Euro. Bei homogenen Wirtschaftsräumen, die nicht verschieden auf wirtschaftliche Schocks reagieren, empfehle sich eine gemeinsame Währung. Voraussetzungen dafür waren nach Mundell ein gemeinsamer Arbeitsmarkt, ein Steuersystem, das gegebenenfalls Geld von einem Land ins andere transferieren kann, freier Kapitalverkehr und diversifizierte Wirtschaftsstrukturen.

Mundell schuf auch das theoretische Fundament für die Liberalisierung der Finanzmärkte im Zuge der Globalisierung. 1999 erhielt er für »seine Analyse der Geld- und Fiskalpolitik in verschiedenen Wechselkurssystemen und für seine Analyse optimaler Währungsgebiete« den Nobelpreis für Wirtschaftswissenschaften.

18 Das Unternehmen, die Arbeit und das Wachstum – von Schumpeter, Samuelson, Antworten auf Keynes und dem Nobelpreis

Wachstum ist ein Prozess schöpferischer Zerstörung.

Joseph Schumpeter

Ich habe keine Wirtschaftsausbildung und hasse sie von Herzen.

Alfred Nobel

Durch die Debatten der Neoklassik und des Keynesianismus untereinander und gegeneinander erhielten die großen öffentlichkeitswirksamen Diskussionen eine sehr starke gesamtwirtschaftliche und damit makroökonomische Gewichtung. Darüber darf aber nicht vergessen werden, wie signifikant sich mit dem Wechsel zum 20. Jahrhundert auch das mikroökomische Denken bis hinein ins betriebswirtschaftliche Denken entwickelte.

Mit der Industrialisierung war das Fabrikwesen als Forschungsfeld der Theorie hinzugekommen. Babbage, Ure und Courcelle-Seneuil hatten Pionierarbeit geleistet. Mit der fortschreitenden Technik, Innovationen im Maschinenbau, der Eisenbahn, der Elektrizität, dem Aufstieg der chemischen Industrie, dem Ausbau der Massenfertigung, dies einhergehend mit neuen Varianten der Arbeitsteilung, insbesondere der Erfindung der Fließbandfertigung, die Henry Ford wirksam verfeinerte, wurden Abläufe in Unternehmen zunehmend zum Theoriegegenstand.

Die Linie der theoretischen Analyse der Rolle des Unternehmens und des Unternehmers begann sich daher nun über eine verstärkt zusätzliche mikroökonomische bis hin zu einer betriebswirtschaftlichen Analyse zu entwickeln. Sie zieht sich über die umfassende Sicht des großen Denkers Schumpeter mit dem Unternehmer als Dreh- und Angelpunkt seiner Theorien über neue Forschungsfelder der Konjunktur- und Wachstumstheorie inklusive der Entwicklung neuer Instrumente der Volkswirtschaftlichen Gesamtrechnung und Stochastik bis hin zu dem Versuch, lose Enden von Neoklassik und Keynesianismus wieder zusammenzuführen.

Was das betriebswirtschaftliche Denken betrifft, so entwickelte es sich zu Beginn des 20. Jahrhunderts durch die Arbeiten von Henri Fayol in Frankreich und **Frederick Winslow Taylor** (1856 bis 1915) in den USA weiter. Fayol entwarf Führungsprinzipien und Organisationsprinzipien und legte sie insbesondere in seinem Buch *The Principles of Scientific Management* von 1911 dar. Fayols und Taylors Ansätze im Rahmen seines sogenannten Scientific Management – auch Taylorismus genannt – waren mechanistisch und sahen den Menschen als Funktionseinheit, als ein rational zu betrachtendes und zu optimierendes Rädchen im Produktionsprozess. Japanische Produktionsplaner wie **Toichiro Araki** (1895 bis 1977) übernahmen Elemente davon. In den USA verehrte **Frank Bunker Gilbreth** (1868 bis 1924) zunächst die Arbeiten Taylors, wandte sich dann aber mit seiner Frau **Lillian Moller Gilbreth** (1878 bis 1972) in späteren Arbeiten humanistischeren Ansätzen zu.

In der Sowjetunion wurde der Taylorismus von Leo Trotzki und Lenin bei ihrer Einführung einer Planwirtschaft aufgegriffen und schließlich in der Stachanow-Bewegung pervertiert (angelehnt an den Arbeiter Alexej Stachanow, der 1935 angeblich in einer Schicht den Tagesplan um das 14-Fache überboten hatte). Im Westen nutzte man Taylors Ansätze, um eine rigorose Arbeitseffizienz durchzusetzen, ohne dies aber an eine Erhöhung von Löhnen oder Freizeit zu koppeln. Dies war aber eine Uminterpretation von Taylors eigentlichem Ansatz. Er hatte dem Arbeiter in der Leistungsvorgabe eine Entscheidungsmöglichkeit an die Hand geben wollen, entweder mehr zu verdienen oder mehr Freizeit zu bekommen.

Im volkswirtschaftlichen Denken nahm sich nun – vor allem, was die theoretische Erörterung der Dynamik der Wirtschaft und die des Kapitalismus im Besonderen betrifft – mit Joseph Schumpeter zweifellos einer der interessantesten und inspirierendsten Denker des Themas an. **Joseph Alois Schumpeter** (1883 bis 1950) war der Sohn eines Tuchfabrikanten aus Mähren, studierte bei Friedrich Wieser und Eugen von Böhm-Bawerk und trat mit den berühmt gewordenen Worten an, der »beste Liebhaber Wiens, der beste Reiter Österreichs und der größte Ökonom der Welt« zu werden. Leider aber konnte er, wie er bekannte, nur zwei dieser Ziele erreichen, da er »einen schlechten Sattel geerbt« habe.

Viele halten Schumpeter neben Keynes für den bedeutendsten Ökonomen des 20. Jahrhundert. Bereits 1908 mit nur 25 Jahren erregte er mit seinem Buch *Das Wesen und der Hauptinhalt der theoretischen Nationalökonomie* Aufsehen. Das Buch war eine Reaktion auf den Methodenstreit zwischen Menger und Schmoller. Schumpeter wollte nichts weniger, als die Wirtschaftswissenschaft zu einer solch exakten Wissenschaft machen, wie es die Naturwissenschaften sind. Daher sprach er sich für die mathematische Methode von Jevons und Walras als Analysewerkzeug für die Zusammenhänge wirtschaftlicher Entscheidungen aus, hielt aber auch die Anwendung der historischen Methode für wichtig und schuf für das ihm vorschwebende Konzept den Begriff des »methodologischen Individualismus«, in dem er aber jeglicher Psychologie eine Absage erteilte. Denn für den Nationalökonomen gehe es nur um das, was zum Erreichen des Zieles wichtig sei. Sein Aufruf, psychologischen »Ballast über Bord zu werfen«, wirkte auf die Wirtschaftswissenschaften und somit auf den Hauptstrom der Lehre im 20. Jahrhundert.

1912 erschien Schumpeters Buch *Theorie der wirtschaftlichen Entwicklung*, das bahnbrechenden Einfluss auf die moderne Konjunktur- und Wachstumstheorie hatte. Darin erklärte der erst 28-jährige Schumpeter, der Marx verehrte, die Dynamik des Kapitalismus. Anders als Marx aber analysierte Schumpeter nicht aus der Betrachtung der Geschichte die Entwicklung der menschlichen Gesellschaft anhand der wirtschaftlichen Prozesse, sondern er stellte den schöpferischen Antrieb des dynamischen Unternehmers, der nicht allein vom Profit getrieben ist, in den Mittelpunkt. Somit unterteilte Schumpeter auch eindeutig in Kapitalist und Unternehmer.

Der dynamische Unternehmer beziehungsweise der Pionierunternehmer, der letztlich immer wieder zerstört, um Neues aufzubauen, erreiche mit stets neuen Produktionsmethoden neue Innovationsstufen. Wachstum ist ein Prozess schöpferischer Zerstörung ist Schumpeters vielleicht berühmteste Aussage. Für Schumpeter ist das kapitalistische System nie im Gleichgewicht, im Gegenteil: Gleichgewicht wäre sein Ende. Mit einer Innovation erarbeitet der Unternehmer einen Monopolgewinn, ruft Nachahmer auf den Plan und muss neue Kombinationen finden. Aus dem Wechselspiel solcher Innovations- und Nachahmungsprozesse entstehen Konjunkturzyklen.

Der britische Ökonom **Mark Casson** (geb. 1945) lieferte später unter anderem mit seinem Buch *The Entrepreneur. An Economic Theory* von 1982, in dem er an die Arbeiten Schumpeters anknüpfte, wichtige Beiträge zur Theorie des Unternehmers. Casson definiert den Unternehmer als eine auf Entscheidungen über knappe Ressourcen spezialisierte Person und forderte, die Bedeutung der spekulativen Tätigkeit von Unternehmern in die Theorie stärker einzubinden.

Als Person war Schumpeter widersprüchlich, so auch in der Politik. Als österreichischer Finanzminister musste er nach neun Monaten zurücktreten, als Präsident einer Bank führte er diese in den Ruin. Von Keynes' Werk wurde er in eine Krise gestürzt. Seine eigene Geldtheorie, die er gerade herausgeben wollte, als Keynes seinen *Treatise on Money* 1930 veröffentlichte, kam erst nach seinem Tod heraus.

In seinem zweibändigen Werk *Business Cycles* von 1939 integrierte Schumpeter den dynamischen Unternehmer in die Erklärung von Konjunkturschwankungen. Dynamische Unternehmer würden entweder geballt auf die Wirtschaft wirken oder gar nicht, womit die starken Schwankungen in der wirtschaftlichen Entwicklung zu erklären seien.

Schumpeter machte drei Arten von Konjunkturzyklen aus, die er jeweils mit den Arbeiten ökonomischer Denker verband und die so vor allem durch ihn bleibend in die Diskurse der Wirtschaftswissenschaft Einzug gehalten haben. Da ist einmal der Juglar-Zyklus, benannt nach dem Franzosen **Clément Juglar** (1819 bis 1905). Der hatte in seinem 1862 veröffentlichtem Buch *Des crises commerciale et de leurs retours* anhand seiner Analyse von Wirtschaftsschwankungen in den USA, Großbritannien und Frankreich in der ersten Hälfte des 19. Jahrhunderts vier Phasen ausgemacht: Expansion, Krise, Depression und Aufschwung. Diese wiederholten sich in einem Zyklus von 7 bis 11 Jahren. Das Ende der Expansion erklärte Juglar mit steigenden Zinsen durch hohe Kreditnachfrage, die das Spekulieren und Investieren schließlich zusammenbrechen ließen. Als weiteren Zyklus nannte Schumpeter den kürzer laufenden Kitchin-Zyklus nach dem britischen Statistiker **Joseph Kitchin** (1861 bis 1932) von 1923. Dieser verlief über einen Zyklus von etwas mehr als drei Jahren.

Am berühmtesten ist der lang laufende Kondratjew-Zyklus nach dem russischen Ökonom **Nikolaj Kondratjew** (1892 bis 1938), der über 47 bis 60 Jahre festgelegt ist. Kondratjew knüpfte an die Arbeiten zu Konjunkturzyklen von Marx und Rotbertus an, die bereits Zyklen von 7 bis 11 Jahren identifiziert hatten. Doch Kondratjew suchte nach längeren Zyklen. Er entdeckte über Jahrzehnte laufende Perioden. In seinem 1925 veröffentlichten Aufsatz »Nol'schije cikly kon'junktury« (»Die langen Zyklen der Konjunktur«) gelang es ihm, die berühmt gewordenen »Kondratjew-Wellen« nachzuweisen. Danach wechselten Perioden von 45 bis 60 Jahren, in denen vor allem wirtschaftliches Wachstum und Wohlergehen herrschen, mit ähnlich langen Perioden von wirtschaftlichem Niedergang und Stagnation.

Kondratjew sah die von ihm identifizierten Wellen von gesellschaftlichen Veränderungen und Innovationen ausgelöst. Den sogenannten »ersten Kondratjew« identifizierte er in den 1780er-Jahren und der ersten industriellen Revolution durch die Einführung der Fabrikarbeit und vor allem durch den Einsatz der Dampfmaschine. Nach einem Abschwung habe um die Mitte der 1840er-Jahre der »zweite Kondratjew« begonnen, ausgelöst vor allem von der aufkommenden Eisenbahn. Der »dritte Kondratjew« nahm seinen Anfang mit der Einführung der Chemie, Elektrotechnik und dem Schwermaschinenbau und endete mit einem beginnenden Abschwung um 1914/20. Als dieser in die Weltwirtschaftskrise der 1930er-Jahre mündete, schien Kondratjews These bestätigt.

Nach Konratjews Tod – er wurde nach langjähriger Haft im Zuge von Stalins »großer Säuberung« erschossen – identifizierte man um 1940 analog zu Krondatjews Theorie den Beginn des »vierten Kondratjew«, als dessen Auslöser man die zunehmende Automatisierung, die Entwicklung des Automobils zum Massenverkehrsmittel sowie die industrielle Nutzung des Erdöls sah. Heute heißt es, die Welt befinde sich im »fünften Kondratjew«, geprägt von der Informationstechnologie und -wirtschaft.

Überhaupt erweiterte die Wirtschaftstheorie beständig den Werkzeugkasten für die Planung und quantitative Messung, insbesondere die des Wachstums. Durch Arbeiten von Statistikern und Stochastikern entstand eine Forschung zur Entwicklung von Preisen, zur Vorhersage von Konjunkturschwankungen, zur Messung von Verteilung, zur Produktivität der Wirtschaft.

Bereits 1871 hatte der deutsche Ökonom und Statistiker **Étienne Laspeyres** (1834 bis 1913) einen Index vorgestellt, in dem reine Preisänderungen jährlich ermittelt werden, dies anhand eines festgesetzten Warenkorbs. Im Vergleich der Jahre wird so die Inflation ermittelt. Der Laspeyres-Index ging ebenso in die Historie ein wie der von **Hermann Paasche** (1851 bis 1925) erstellte Preisindex. Anders als der Laspeyres-Index misst der Paasche-Index nicht nur die Veränderung der Preise eines Warenkorbes über verschiedene Zeitperioden, sondern berücksichtigt auch die Veränderung im Warenkorb selbst. Da der Paasche-Index sehr aufwändig zu ermitteln ist, wird er für die Berechnung amtlicher Statistiken allerdings selten genutzt. Auch der Amerikaner Irving Fisher erstellte einen Preisindex.

Ralph Nelson Elliott (1871 bis 1948), Angestellter im US-Außenministerium, entwickelte die auf Fibonacci-Zahlen aufbauende Elliott-Wellen-Theorie zur Vorhersage von Entwicklungen auf Finanzmärkten, dies unter Einbeziehung psychologischer Einflüsse.

Der amerikanische Statistiker und Ökonom **Max Otto Lorenz** (1876 bis 1959) ersann 1905 die Lorenzkurve. Dort werden auf je einer Achse das Einkommen und die Bevölkerung von 0 bis 100 Prozent dargestellt. Eine komplette Gleichverteilung des Einkommens würde eine Gerade zeigen, die vom Nullpunkt im gleichen Abstand zwischen der Einkommensachse und der Bevölkerungsachse ansteigt. Je stärker die tatsächliche Kurve sich unter dieser »Ideallinie« der vollkommenen Gleichverteilung des Einkommens abhebt, desto größer ist die Ungleichverteilung.

Der Italiener **Corrado Gini** (1884 bis 1965) stellte 1912 den Gini-Koeffizienten vor, der mathematisch mit der Lorenzkurve zu verknüpfen ist. Der Wert 0 des Gini-Koeffizienten stellt die absolute Gleichverteilung dar, der Wert 1 heißt, nur eine Person erhält das gesamte Einkommen bzw. Vermögen.

Die Volkswirtschaftliche Gesamtrechnung führte der Amerikaner **Simon Kuznets** (1901 bis 1985) weiter, ein Schüler Wesley Clair Mitchells. Für Großbritannien hatte bereits Colin Grant Clark in »The National Income 1924–31« von 1932

Arbeiten auf diesem Gebiet geliefert. Kuznets erhielt für seine Arbeiten auf diesem Gebiet 1971 den Wirtschaftsnobelpreis. Obwohl er kein Keynesianer war, wurden seine Arbeiten gerne von ihnen aufgegriffen. Auf Simon Kuznets werden wir noch einmal später zurückkommen.

In Frankreich legte der Ökonom **Jean Fourastier** (1907 bis 1990) mit seinem Hauptwerk *Le Grand Espoir de XXe siècle* von 1949 ein Drei-Phasen-Modell der wirtschaftlichen Entwicklung eines Landes vor. Er unterteilte die Wirtschaft in Agrar-, Industrie- und Dienstleistungssektor – eine Einteilung, die von dem Neuseeländer **Allan George Barnard Fisher** (1879 bis 1976) 1939 und dem Australier **Colin Grant Clark** (1905 bis 1989) 1940 eingeführt worden war. Für Fourastier ist die wirtschaftliche Entwicklung eines Landes ein Wechsel des jeweils dominierenden Sektors. Das sei zunächst der Agrarsektor, dann der Industrie- und schließlich der Dienstleistungssektor.

Auch dem Niederländer **Jan Tinbergen** (1903 bis 1995) verdankt die Wirtschaftswissenschaft bedeutende Beiträge in der Ökonometrie, noch mehr aber in der Theorie der Wirtschaftspolitik. Vor allem machte er theoretische Modelle der Wirtschaftswissenschaft überprüfbar. Mit seinem 1939 erschienenen Buch *Statistical Testing of Business-Cycle Theories* gehört er für viele zu den Begründern der quantitativen Analyse in der Wirtschaftswissenschaft. Im zweiten Band dieses Werkes entwickelte er das erste ökonometrische Modell der USA: In 48 Gleichungen wies Tinbergen regelmäßige Bewegungen im Wirtschaftskreislauf des Landes in den Jahren 1919 bis 1932 nach. Die Anhänger Tinbergens meinten, nun seien Konjunkturschwankungen vorherzusehen, Kritiker meinten, die Modelle seien zu einfach, insbesondere seien wirtschaftliche Abläufe nicht nur durch mathematische Gleichungen zu erfassen. Berühmt wurde die sogenannte Tinbergen-Regel, wonach für jedes wirtschaftspolitische Ziel ein entsprechendes wirtschaftspolitisches Instrument zum Einsatz kommen müsse. Tinbergens Buch *Economic Policy* von 1956, in dem er verschiedene Typen ökonometrischer Modelle diskutierte und sich für eine stets ganzheitliche Betrachtung aussprach, wurde zum Standardwerk.

Tinbergen war schließlich zusammen mit dem Norweger Anton Ragnar Kittil Frisch der erste Preisträger des sogenannten Wirtschaftsnobelpreises. Dieser Preis gehört nicht zu jenen Preisen, die Alfred Nobel einst gestiftet hatte. Er wurde erst 1968 von der schwedischen Reichsbank »im Gedenken an Alfred Nobel« ins Leben gerufen und 1969 erstmals verliehen. Nobel hatte die Ökonomie einst sogar bewusst nicht aufgenommen, da er sie anders als die Kategorien Chemie, Physik, Medizin, Literatur und Frieden für zu weich und unpräzise und ihnen nicht ebenbürtig hielt. In einem erst im Jahr 2001 veröffentlichten Brief bekannte er sogar: »Ich habe keine Wirtschaftsausbildung und hasse sie von Herzen.«

Anton Ragnar Kittil Frisch (1895 bis 1973), der erste Preisträger des Wirtschaftsnobelpreises neben Tinbergen, war ein weiterer Wegbereiter der ökonometrischen und statistischen Methode, insbesondere der Zeitreihen- und Regressionsanalyse. Er war es auch, der den Begriff »Ökonometrie« prägte, ebenso den Begriff »Makroökonomik«. Für ihn waren die Marktformen Monopol und vollkommene Konkurrenz lediglich theoretische Pole.

Ein Schüler Frischs war der Norweger **Trygve Haavelmo** (1911 bis 1999). Haavelmo erhielt für seine »Erklärung der wahrscheinlichkeitstheoretischen Grundlagen der ökonomischen Methodik und für seine Analyse simultaner ökonomischer Strukturen« 1989 den Nobelpreis für Wirtschaftswissenschaften. Berühmt ist das von ihm formulierte Haavelmo-Theorem, wonach eine durch Steuern finanzierte Erhöhung der Staatsausgaben zu einem Wirtschaftsaufschwung führen kann. Denn laut Theorem kompensierten die Haushalte die höheren Steuern durch geringeren Konsum, aber auch durch geringeres Sparen. Daher führe 1 Euro weniger Einkommen durch höhere Steuern bei den Haushalten nicht zu 1 Euro weniger Konsum. Beim Staat aber führe 1 Euro an höheren Steuereinnahmen zu höheren Ausgaben von 1 Euro. Über das Multiplikatorprinzip entstehen daher insgesamt höhere Ausgaben und mehr Produktion, also der Wirtschaftsaufschwung.

Als einer der Väter der modernen Konjunkturforschung gilt der Amerikaner **Lawrence Robert Klein** (1920 bis 2013). Er versuchte, die Konjunkturprognosen zu verbessern, um die antizyklische Globalsteuerungstheorie von Keynes mit Instrumenten für die wirtschaftspolitische Praxis flankieren zu können. Bekannt wurde er 1947 mit seinem Buch *The Keynesian Revolution*. In der McCarthy-Ära blieb ihm, weil er in den 1940er-Jahren der kommunistischen Partei in den USA angehört hatte, eine Professur versagt. Er ging 1954 nach Großbritannien an die Universität von Oxford. 1955 entwickelte er das Klein-Goldberger-Modell, das auf Arbeiten von Jan Tinbergen aufbaute. Klein arbeitete mit mathematischen Modellen und Gleichungen, um die Abläufe der Wirtschaft nachzubauen, und hatte mit seinen Prognosen Erfolg. Mithilfe der sich entwickelnden Datenverarbeitung entwickelte er Modelle, die ihm Regierungen für hohe Honorare abkauften. 1980 erhielt er den Nobelpreis. Die von ihm geschaffenen sogenannten Klein-Modelle verloren aber allmählich an Bedeutung, da sie zu komplex waren und andere, einfachere Modelle sich als handhabbarer erwiesen. Dennoch nutzen Notenbanken Klein-Modelle zuweilen als Gegencheck ihrer Entscheidungen.

Von Schumpeter beeinflusst fand der Amerikaner **Robert Merton Solow** (geb. 1924), der seine Dissertation bei Wassily Leontief machte, in Ideen und Innovationen die eigentlichen Antriebskräfte für Wachstum. Aufgrund seiner Ansätze sehen viele in ihm daher den Vater der modernen neoklassischen Wachstumstheorie. Insbesondere in seinem Aufsatz »A Contribution to the Theory of Economic Growth« von 1956 wies Solow mit seiner entworfenen Wachstumstheorie und dem darin zentralen Solow-Modell nach, dass technischer Fortschritt erheblich zum wirtschaftlichen Wachstum beiträgt.

Solows Modell war auch eine theoriekritische Antwort auf das Harrod-Domar Modell, das langfristiges Wachstum vor allem in Bezug auf Kapital und Einkommen betrachtete und mit fixen Faktorproportionen arbeitete. Solow ersetzte die fixen durch variable Faktorproportionen und stellte den keynesianischen Ansätzen des Harrod-Domar-Modells einen neuen optimistischen technischen Ansatz entgegen, der auf den Einfluss technischer Innovation abhob. Während das Harrod-Domar-Modell auf ein potenziell instabiles Wachstum hinauslief, ergab das Solow-Modell ein stabiles und potenziell unbegrenztes Wachstum.

Harrod und Domar hatten den Einfluss von Arbeit ausgeklammert. Solow dagegen erklärte Wachstum vor dem Hintergrund des Einsatzes von Arbeitskraft, Kapital und Technologie. Das Solow-Modell arbeitetet zudem mit exogenen Sparentscheidungen. Damit unterscheidet sich das Solow-Modell auch vom Ramsey-Cass-Koopmans-Modell, einem neoklassischen Wachstumsmodell mit endogener Sparentscheidung. Dieses Modell baute auf **Frank Plumpton Ramseys** (1903 bis 1930) Aufsatz »A Mathematical Theory of Saving« von 1928 und deren Erweiterungen durch **David Cass** (1937 bis 2008) und Tjalling Koopmans 1965 auf.

In seinem Modell, das wegen des Beitrags von **Trevor Winchester Swan** (1918 bis 1989) auch Solow-Swan-Modell genannt wird, kam Solow zu dem Schluss, dass langfristiges Wachstum nur dann gewährleistet sei, wenn es dauerhaften technischen Fortschritt gäbe. Das war eine Absage an Konjunkturprogramme und die Empfehlung, Innovation und Forschung zu fördern. Empirische Belege fand Solow ein Jahr nach seinem Aufsatz am Beispiel der USA heraus. Deren Wirtschaftswachstum war in der ersten Hälfte des 20. Jahrhundert vor allem durch technologischen Fortschritt entstanden. Arbeit und Kapital hatten nur einen vergleichsweise geringen Beitrag dazu geleistet. 1987 erhielt Solow den Nobelpreis.

Der Amerikaner **Paul Romer** (geb. 1955) entwickelte Solows Ansätze unter anderem im **Romer-Modell** weiter, indem er Bildungspolitik und den staatlichen Ordnungsrahmen integrierte und Konsumverzicht als Investition in Fortschritt zu einem wesentlichen Bestandteil von Wachstum erklärte. Hier zeigen sich Ansätze einer »neuen« Wachstumstheorie, der sogenannten endogenen Wachstumstheorie, die eine Alternative zur Wachstumstheorie der Neoklassik bildet. Ebenfalls aus der Kritik an der neoklassischen Wachstumstheorie entstanden in den späten 1970er-Jahren das Auerbach-Kotlikoff-Modell (auch AK-Modell) der Amerikaner **Alan J. Auerbach** (geb. 1951) und **Laurence Kotlikoff** (geb. 1951) und 1992 das damit eng verwandte Rebelo-Modell des portugiesischen Ökonomen **Sérgio Rebelo** (geb. 1959).

Die für die Analyse der Entscheidungen von Unternehmen wichtige Standorttheorie blieb in der ersten Hälfte des 20. Jahrhunderts eine deutsche Domäne. Nach den Beiträgen von Thünen und Launhardt im 19. Jahrhundert hatte **Alfred Weber** (1868 bis 1958), der jüngere Bruder Max Webers, 1909 mit seinem Buch *Über den Standort der Industrien* und dem Weberschen Standortmodell, in dem er den optimalen Standort eines Unternehmens anhand der Faktoren Arbeitskosten, Transportkosten und Agglomerationsorientierung analysierte, neue Wege aufgezeigt.

1940 folgte ein neuer Beitrag zur Standorttheorie durch **August Lösch** (1906 bis 1945), den er in seinem Buch *Die räumliche Ordnung der Wirtschaft* mit dem Untertitel »Eine Untersuchung über Standort, Wirtschaftsgebiete und internationalen Handel« vorstellte. In seiner Analyse des Raums als ökonomischem Faktor griff Lösch auf Alfred Weber zurück und entwickelte die Arbeiten Thünens weiter. Er arbeitete wirtschaftliche Schwankungen ein und berücksichtigte Bevölkerungsbewegungen.

In den 1980er-Jahren entstand, unter anderem an Schumpeters Theorie des Unternehmers sowie Hayeks Ansatz des Wettbewerbs als Entdeckungsverfahren und Roland Coases *The Nature of the Firm* anknüpfend, die neue Forschungsdisziplin der Evolutionsökonomik. Diese beschäftigt sich mit der Analyse wirtschaftlichen Wandels und der Rolle, die das Wissen dabei spielt. Die Evolutionsökonomik greift außerdem zurück auf Arbeiten Amen Alchians zur Anpassung von Unternehmen an ihre Umwelt.

Von Einfluss waren auch die ressourcentheoretischen Ansätze von **Edith Penrose** (1914 bis 1996). Sie verstand Unternehmen als Systeme von materiellen und immateriellen Ressourcen, die in jedem Unternehmen anders verteilt und kombiniert sind. Aufgabe des Managements sei es, diese Ressourcen optimal zu nutzen. Bekannt wurde der Penrose-Effekt: Da im Laufe der Zeit auch das Management in seinen Fähigkeiten schwanke, dieses also eine schwankende Ressource sei, schwanke – was empirisch auch bestätigt wurde – auch das Wachstum des Unternehmens. Penroses Hauptwerk ist das Buch *The Theory of the Growth of the Firm* von 1959.

Interessante Beiträge zur Evolutions- wie der Institutionenökonomik lieferte auch der deutschstämmige Soziologe und Ökonom **Albert Otto Hirschmann** (1915 bis 2012). So untersuchte er in *National Power and the Structure of Foreign Trade* von 1945 die Instrumentalisierung des Außenhandels durch Staaten. Der Analyse der wirtschaftlichen und politischen Auswirkungen von politisch motivierter Abwanderung widmete er sich im 1970 veröffentlichten *Exit, Voice and Loyalty*. In dem 1977 erschienenen *The Passions and the Interests* vertrat er die These, der Eigennutz sei das geistig-moralische Fundament des Kapitalismus. Dieser sei Ende des 18. Jahrhunderts in der sich zuspitzenden Aufklärung dem Handeln aus Leidenschaft als rationale Ordnungsmaxime entgegengesetzt worden.

Hirschmann gilt mit Gunnar Myrdal auf dem sehr heterogenen Feld der Polarisationstheorien als Begründer der regionalen Polarisationstheorie. Polarisationstheorien arbeiten anders als die neoklassische Theorie nicht mit einem dynamischen oder statischen Gleichgewichtsmodell, sondern gehen davon aus, dass Entwicklungen und Evolutionen in der Wirtschaft zu bestimmten Momenten entstehen oder durch Unternehmen oder Branchen (sektorale Polarisationstheorie) oder durch bestimmte Regionen (regionale Polarisationstheorien), etwa durch Standortvorteile.

Auch weil er es in Vielseitigkeit und Bedeutung mit Schumpeter aufnehmen kann, sei jetzt **Paul Anthony Samuelson** (1915 bis 2009) erwähnt, einer, der von sich selbst sagte, er sei »der letzte Generalist der Ökonomie«. Hochbegabt nahm Samuelson das Studium bereits mit 16 Jahren auf, studierte wie sein Freund Milton Friedman in Chicago, machte seinen Doktortitel in Harvard und lernte dort bei Hansen. Schumpeter und Leontief betreuten seine Dissertation.

1941 stellte Samuelson mit **Wolfgang Friedrich Stolper** (1912 bis 2002) das an das Heckscher-Ohlin-Theorem anknüpfende Stolper-Samuelson-Theorem vor, das zur Erklärung von Einkommensverteilungseffekten durch Außenhandel beitrug. 1947, in dem Jahr, in dem er ordentlicher Professor am MIT in Boston wurde, erschien Samuelsons Buch *Foundations of Economic Analysis*, das als Meilenstein und Klassiker der modernen mathematischen Wirtschaftswissenschaft gilt. Im Jahr darauf veröffentlichte *Economics: An Introductory Analysis*, das zu dem meistverkauften Lehrbuch wurde und das er später immer wieder aktualisierte. Damit popularisierte er die Theorie von Keynes und erweiterte sie.

Letztlich war Samuelson ein entscheidender Kopf der neoklassischen Synthese, in der versucht wurde, die Lehren von Keynes mit denen der Neoklassik zu versöhnen. Samuelson stand für eine Wirtschaftstheorie, die sich den Veränderungen anpasst. Doch weder schloss Samuelson sich dem Liberalismus und Monetarismus Friedmans an noch dem Keynesianismus. Vor allem den Anhängern der reinen Lehre von Keynes blieb er zutiefst suspekt, auch weil er immer wieder keynesianische Modelle modifizierte und kritisierte. Samuelson trat für eine exakt vorgehende Wissenschaft ein und wies Angriffe auf die Wirtschaftswissenschaften zurück. Das Problem liege in der Politik.

Zahlreiche Modelle der Ökonomik tragen Samuelsons Namen. So entwickelte er aufbauend auf Überlegungen Eli Heckschers, Bertil Ohlins und Abba Ptachya Lerners das Lerner-Samuelson-Theorem, nach dem der Handel zwischen zwei Ländern zur Angleichung der Faktorpreise von Arbeit und Kapital führen kann. Der Balassa-Samuelson-Effekt hingegen legt dar, dass Währungen von weniger entwickelten Ländern tendenziell unterbewertet seien – dies sagt der Balassa-Effekt nach dem geborenen Ungarn und späteren Amerikaner Béla Balassa – und sie im Prozess des wirtschaftlichen Vorwärtsstrebens höhere Inflationsraten in

Kauf nehmen müssten als Industrieländer (Samuelson-Effekt). Samuelson beriet Dwight D. Eisenhower und John F. Kennedy. 1970 erhielt er den Nobelpreis für Wirtschaftswissenschaften für »sein wissenschaftliches Werk, in dem er statische und dynamische ökonomische Theorien weiterentwickelt und das Niveau der Analyse in der Ökonomie erhöht hat«.

In seinem 90. Lebensjahr sorgte Samuelson 2004 mit seinem Aufsatz »Where Ricardo and Mill Rebut and Confirm Arguments of Mainstream Economics Supporting Globalization« für Aufsehen, indem er nachwies, dass Freihandel auch schädlich sein kann. Damit zeigte er aber vor allem, dass Theoreme in der Wirtschaftswissenschaft immer wieder wenigstens zum Teil widerlegt werden können. Auch und gerade das hat Folgen. Denn wenn ein Theorem nicht allgemeingültig ist beziehungsweise im Verdacht steht, unter bestimmten Umständen nicht zu gelten, schwächt das zunächst einmal die Annahme einer stringent mathematisch logischen Wissenschaft, die den Gegenstand umfassend zu erklären in der Lage ist. Die Kritik macht die logisch-mathematische Wirtschaftswissenschaft keineswegs obsolet oder stellt sie infrage, ruft sie aber auf, die Praxisnähe der Annahmen zu prüfen, auf denen sie aufbaut. Zudem öffnet sie wieder den Blick auf die sozialwissenschaftlichen Aspekte und Einflüsse auf den Betrachtungsgegenstand.

Viele Ansätze der Wirtschaftstheorie des weiteren 20. Jahrhunderts waren Reaktionen auf Keynes und bargen Ansätze einer sich formierenden Gegenbewegung. Von besonderer Bedeutung ist der Neuseeländer **Alban Housego Phillips** (1914 bis 1975). Seine berühmte Phillips-Kurve präsentierte er 1958 in seinem Aufsatz »The Relation Between Unemployment and the Rate of Change of Money Wage Rates in the United Kingdom, 1861–1957«. Anknüpfend an eine bereits 1926 in einem Aufsatz von Irving Fisher beschriebene Beobachtung war er nach der Analyse des Verlaufs von Arbeitslosenquoten und Löhnen zu dem Schluss gekommen, dass die Löhne steigen, wenn die Arbeitslosenquote sinkt. Umgekehrt gehen sinkende Löhne mit steigender Arbeitslosigkeit einher. Das durch Robert Solow und Paul Samuelson erweiterte Modell einer modifizierten Phillips-Kurve, in dem die Lohnsteigerungsrate durch die Inflationsrate ersetzt wurde, entwickelte sich schließlich zu einem bedeutenden Instrument der Wirtschaftspolitik der 1960er- und 1970er-Jahre. Im Übrigen war Fishers Beobachtung des Zusammenhangs von Lohnsteigerungsraten und Arbeitslosenquote nicht neu in der Wirtschaftswissenschaft. Unter anderen hatten bereits John Law und David Hume darauf verwiesen, später auch Jan Tinbergen und Lawrence Klein.

Doch hohe Inflation ging in der Praxis mit hoher Arbeitslosigkeit einher und 1968 widerlegte der Aufsatz »Money-Wage Dynamics and Labor Market Equilibrium« von **Edmund Phelps** (geb. 1933) den Ansatz der Phillips-Kurve und stützte die Gegenbewegung, angeführt durch Milton Friedman. Phelps hatte in der Wachstumstheorie an die Arbeiten von Solow angeknüpft und legte nun dar, dass Arbeitslosigkeit keinen Zusammenhang mit der Inflation habe. Unternehmer und Verbraucher richteten sich nach zukünftig erwarteten Teuerungsraten, weshalb der von Phillips beschriebene Zusammenhang nur kurzfristig greife. Mit seinen Betrachtungen unterstrich Phelps die Maxime der angebotsorientierten Wirtschaftspolitik und auch die der Neutralität des Geldes, nach der in der Wirtschaft langfristig nominale Größen keinen Einfluss auf reale Größen hätten. Ein Eckpfeiler der keynesianischen Theorie war erschüttert. In der wirtschaftlichen Praxis widerlegte in den 1970er-Jahren die weltweite Stagflation (wirtschaftliche Stagnation, die mit Inflation einhergeht) die Phillips-Kurve.

Aufmerksamkeit hatte bereits Phelps' Aufsatz »The Golden Rule of Capital Accumulation« von 1961 erregt. Darin wies er darauf hin, dass die optimale Sparquote erreicht sei, wenn der Zinssatz gleich der Wachstumsrate sei. Das träfe dann ein, wenn alle Löhne konsumiert und alle Zinseinkommen gespart werden, weshalb nicht die Produktion pro Kopf, sondern der Konsum pro Kopf maximiert werden müsste. Diese Erkenntnis ging als »Goldene Regel der Akkumulation« in die Wachstumstheorie ein. 2006 erhielt Phelps für »seine Analyse intertemporaler Zielkonflikte in makroökonomischer Politik« den Nobelpreis.

Der in Russland geborene spätere Amerikaner **Wassily Leontief** (1906 bis 1999) lehrte lange Jahre in Harvard. Er entwickelte die Input-Output-Analyse, die inspiriert war von den Wirtschaftskreislaufgedanken François Quesnays. Zwar hatten auch David Ricardo, Léon Walras und auch Karl Marx diese wieder aufgegriffen, doch erst Leontief gelang es, Wirtschaftskreisläufe mithilfe von Matrix-Tabellen in praktisch anwendbare Modelle zu überführen. Nun konnten die Beziehungen der Produktionsbereiche einer Volkswirtschaft in Bezug auf Einsatz (Input) und Ausstoß (Output) dargestellt werden. 1953 machte Leontief anhand empirischer Studien des US-amerikanischen Außenhandels auf Widersprüche zum Heckscher-Ohlin-Theorem aufmerksam. Nach diesem Theorem hätten die kapitalreichen USA vor allem kapitalintensive Güter exportieren müssen, führten aber, wie Leontief ermittelte, im Vergleich zu ihren Importen arbeitsintensivere Produkte aus. Seine Feststellung ging als Leontief-Paradox in die ökonomische Wissenschaft ein. 1973 erhielt Leontief für »die Ausarbeitung der Input-Output-Analyse sowie für ihre Anwendung auf wichtige ökonomische Problemstellungen« den Nobelpreis für Wirtschaftswissenschaften.

19 Über Wechselwirkungen von Wirtschaft und Gesellschaft – Wirtschaftsgeschichte, Soziologie und Entwicklungstheorien

Die Menschen entdecken sich in ihren Waren wieder, sie finden ihre Seele in ihrem Auto, ihrem Hi-Fi-Empfänger.
Herbert Marcuse

Wenn die Entwickelten schnell wachsen, wachsen die sich Entwickelnden schnell, wenn die Entwickelten schwächer werden, werden die sich Entwickelnden schwächer.
Arthur Lewis

Wirtschaftswissenschaft war wie gesagt immer ein Nachdenken über Fragen des reinen Wirtschaftens hinaus, schon allein deshalb, weil in die Entscheidungen des Wirtschaftens viele Aspekte menschlicher Bedürfnisse, Emotionen, Einstellungen und Werte hineinspielen. Doch in der Neoklassik und den anschließenden Kontroversen mit dem Keynesianismus wurden solche Sichtweisen oft ausgeblendet. So diente die in Hochschulen gelehrte Wirtschaftswissenschaft häufig als Instrumentenkasten für die Analyse rein rational wirtschaftlichen Handelns und der Erklärung rein wirtschaftlicher Mechanismen.

Seit jeher aber gehört zu den vielen Gedankengebäuden ökonomischer Denker auch der Blick auf Fragen der Gesellschaft. Adam Smith dachte sie in seinem Werk mit, tief beeinflusst von seiner eigentlichen Profession als Moralphilosoph. Der ethische Rahmen war ihm zu seiner Zeit vermutlich so selbstverständlich, dass er ihn kaum betonte. Dieser floss ein in Smiths politische Ansätze in *Wealth of Nations*, wird aber bei der Rezeption von Anhängern und Gegnern seiner Ideen aus jeweils verschiedenen Gründen beiseitegelassen. Später, beim perspektivisch geweiteten Blick der Historischen Schule, standen aber dann auch primär nichtökonomische Aspekte wie historische und soziologische im Zentrum der Betrachtung.

Neben der Auseinandersetzung zwischen keynesianischen und neoklassischen Ideen entstanden tatsächlich zudem zeitgleich neue Blickrichtungen auf die Ökonomie, diese beeinflusst von Soziologie, Politologie und Geschichtswissenschaft. Auf diese umfassende Betrachtungsweise hatte **Karl Polanyi** (1886 bis 1964) mit seinem Buch *The Great Transformation* von 1944 großen Einfluss. Nach Polanyi war die Wirtschaft im industriellen Zeitalter nicht mehr in die Gesellschaft eingebettet – eben aber diese »Embeddedness« forderte er. Der Mensch werde nur noch anhand wirtschaftlicher Entscheidungsgrößen wie Gewinn und Reichtum beurteilt. Die Marktwirtschaft führe letztlich nur zum Denken in Gewinnmaximierung, Güter werden für Gewinn und nicht mehr für Bedarf gefertigt. Die Wirtschaft bestimme längst das Leben. Genau umgekehrt aber müsse es sein: Die Wirtschaftsprozesse müssten eingebettet werden in die Bedürfnisse der Menschen.

In Frankreich eröffnete die Annales-Schule neue Blickwinkel für die Geschichtswissenschaft, aber auch für die Wirtschaftswissenschaft. Sie blickte auf lange Entwicklungszeiträume, sammelte intensiv Zahlenmaterial und rückte insbesondere wirtschaftliche Aspekte ins Zentrum. Der berühmteste Vertreter der Annales-Schule war **Fernand Braudel** (1902 bis 1985). Er veröffentlichte 1979 sein dreibändiges historisches Hauptwerk (dt. *Sozialgeschichte des 15. bis 18. Jahrhunderts*) und lieferte eine Einteilung verschiedener Betrachtungsebenen der Zeit. Er sah die sogenannte longue durée (in der vor allem gesellschaftliche und geografische Gegebenheiten wirken, die sich kaum oder gar nicht ändern) als entscheidende Zeiterfahrung, die zwischen der gerade stattfindenden Geschichte und der lang betrachteten weiten Geschichte laufe.

Der deutsche Ökonom **Adolph Lowe** (1893 bis 1995), den das Hitler-Regime in das britische und dann amerikanische Exil trieb und der sich auch um die Konjunkturtheorie verdient machte, versuchte, aus der Wirtschaftswissenschaft eine Sozialwissenschaft zu machen. Lowe wollte in seinem 1935 erschienenen Buch *Economics and Sociology* die Wirtschaftswissenschaft aus der neoklassischen Umklammerung lösen; vor allem kritisierte er deren konformes und einseitiges Denken in beschränkten Instrumenten und Modellen und versuchte, sie in eine plurale und soziologische Richtung zu bringen.

Der deutsche Theologe, Philosoph und Ökonom **Oswald von Nell-Breuning** (1890 bis 1991) arbeitete als einer der bedeutendsten Vertreter der katholischen Soziallehre wesentlich an der berühmten, 1931 veröffentlichten Sozialenzyklika *Quadrogesimo anno* von Papst Pius XI. mit. Darin benannte Nell-Breuning das Subsidiaritätsprinzip, das in seinem Wesen bereits bekannt war. Dieses besagt, dass einem Bedürftigen Hilfe immer von der ihm nächsten und kleinsten gesellschaftlichen Einheit zuzukommen habe. Erst wenn diese Gemeinschaft überfordert sei, habe eine größere wie der Staat einzugreifen. Insofern sei der Staat auch kein Selbstzweck. Seine Gedanken zur Subsidiarität baute Nell-Breuning in seinem dreibändigen Hauptwerk *Wirtschaft und Gesellschaft heute* aus, das zwischen 1956 und 1960 erschien. Dort stellte er Subsidiarität als einen der drei Grundpfeiler der katholischen Soziallehre heraus, zu denen er noch Personalität und Solidarität zählte. Nell-Breuning beeinflusste wesentlich die Sozialordnung der Bundesrepublik Deutschland.

Für einen erweiterten Blick auf die Fragen der Ökonomik ist auch der deutsch-amerikanische Philosoph **Herbert Marcuse** (1898 bis 1979) von Bedeutung, insbesondere mit seinem Buch *One-Dimensional Man: Studies in the Ideology of Advanced Industrial Society* von 1964 (dt. *Der eindimensionale Mensch*), in dem er Konsumfixierung und »Scheinsachzwänge« in das Zentrum der Analyse stellte. Die durch »ideologisierte« Technik und Wissenschaft gesteuerte Konsumgesellschaft zwänge den Menschen mit ihren Anforderungen in eine eindimensionale Abhängigkeit aus Fremdbestimmung und falschen Bedürfnissen, einhergehend mit einseitiger Spezialisierung. Marcuse sah als Lösung das Beenden von Konkurrenzkampf und die Schaffung von Sensibilität.

In Südamerika entwickelte sich seit den 1960er-Jahren die Dependenztheorie als Ergänzung und Erweiterung der klassischen Ökonomik. Das ging mit einer Modifizierung der marxistischen Wirtschaftstheorie einher. Besonders inspirierte hier der peruanische Philosoph **José Carlos Mariátegui** (1894 bis 1930) mit seinem Buch *Siete ensayos de interpretación de la realidad peruana* (dt. Sieben Essays über die Interpretation der Realität Perus), einem der einflussreichsten Werke des lateinamerikanischen Marxismus. Darin übertrug er, angeregt von Lenins *Die Entwicklung des Kapitalismus in Russland*, die marxistische Analyse und Theorie auf die Verhältnisse in Peru. Er kam zu dem Schluss, dass eine bürgerliche Revolution nicht möglich sei, um die mit der feudalen Oberschicht verschmolzene Bourgeoisie zu entmachten, die gemeinsam mit ausländischen Monopolen die breite Bevölkerung ausbeute. Nur eine sozialistische Revolution könne das erreichen. Mariáteguis Buch beeinflusste Politiker ebenso stark wie zahlreiche Rebellenbewegungen.

Der herausragende Kopf der Dependenztheorie war der argentinische Ökonom **Raúl Prebisch** (1901 bis 1986), der von 1950 bis 1963 auch die Leitung der von ihm mitbegründeten UN-Wirtschaftskommission für Lateinamerika CEPAL innehatte. Als Prebischs Hauptwerk kann sein Buch *The Economic Development of Latin America and Its Principal Problems* bezeichnet werden, das 1950 erschien. Darin entwickelte er die »Theorie der peripheren Ökonomie«, wonach es »Länder des Zentrums« wie die Industrienationen des Westens gab und »Länder der Peripherie«, die Entwicklungsländer.

In der Armut in den Entwicklungsländern sah Prebisch auch die Gefahr, dass die dort eingeführte Demokratie nicht im Volk akzeptiert werde. So forderte er für die Länder Südamerikas ein durch den Staat gelenktes Wachstum. Der Staat müsse gewährleisten, dass Wachstum gleichmäßig erfolge, und er müsse krasse Verwerfungen durch Umverteilung beseitigen sowie Monopolbildungen und überhaupt Machtkonzentrationen unterbinden.

Für Prebisch war Freihandel Gift für die Wirtschaft unterentwickelter Länder, da ihre Produkte dadurch im Preis gedrückt würden. Denn Entwicklungsländer fungierten für die Industrienationen vor allem als Rohstofflieferanten und sie seien abhängig von den Industrieländern (daher auch der Name Dependenztheorie), denn sie müssten sich an deren Pfade der Entwicklung anpassen. Aus diesem Grund (hier sind die Gedanken Friedrich Lists zu erkennen) seien für Entwicklungsländer Handelssubventionen einzuführen. Bekannt wurde die Prebisch-Singer-These, die Prebisch unabhängig von und nahezu zeitgleich mit dem deutsch-britischen Ökonomen **Hans Wolfgang Singer** (1910 bis 2006) entwickelt hatte. Die Prebisch-Singer-These besagt, dass die Preise von landwirtschaftlichen Erzeugnissen aus Entwicklungsländern langfristig im Vergleich zu den Preisen von industriellen Erzeugnissen aus den Industrieländer sinken. Daher sei Freihandel ungünstig für Entwicklungsländer. Prebisch forderte Importsteuern auf Rohstoffe, die in den Industrieländern zu erheben seien und dann als Art von industriefördernder Rückerstattung den Entwicklungsländern überwiesen werden sollten, was sich in der Praxis aber als nicht durchsetzbar erwies.

Die Dependenztheorie verlor mit dem Aufbrechen der Front der Entwicklungsländer durch die Weiterentwicklung einiger zu Schwellenländern spätestens in den 1970er-Jahren ihre zum Teil breite Popularität. Dennoch griffen in der Praxis gerade einige lateinamerikanische Regierungen auf Prebischs Vorschläge zurück.

Zu nennen ist auch der brasilianische Ökonom **Fernando Henrique Cardoso** (geb. 1931), der die Entwicklungshemmnisse aus den tradierten Handelsmustern der Kolonialzeit erklärte und 1969 gemeinsam mit dem chilenischen Soziologen Enzu Falletto Verné mit *Dependencia y desarollo en América Latino* ein einflussreiches Buch der Dependenztheorie veröffentlichte. Cardoso war einer der wenigen Theoretiker, die ihr Wissen in der Praxis anwandten. Er war zunächst Außenminister, dann Finanzminister Brasiliens. Als Finanzminister gelang es ihm, die Hyperinflation des Landes durch die sehr bedachte und schonende Einführung der neuen Währung Real zu stoppen. Er griff zunehmend zu marktliberalen Instrumenten, bezeichnete diese aber als sozialdemokratisch, weil der Staat eine gewisse Kontrolle auf das Wirtschaftsgeschehen ausübte. Cardoso wurde schließlich auch aufgrund seines Erfolgs für zwei Amtszeiten zum brasilianischen Präsidenten gewählt und amtierte von 1994 bis 2003.

Andere Entwicklungstheorien, diese aber schwerpunktmäßig im Sinne der Betrachtung der Entwicklung einer einzelnen Volkswirtschaft und nicht im Sinne der Kluft zwischen Industrieländern und armen Ländern, lieferten Alexander Gerschenkron und Walt Whitman Rostow.

Alexander Gerschenkron (1904 bis 1978) war als Jugendlicher mit seiner Familie aus dem revolutionären Russland geflüchtet. Er wurde als Wirtschaftshistoriker Professor in Harvard. 1947 beschrieb er den berühmt gewordenen Gerschenkron-Effekt, der besagt, dass man durch das Verschieben des Basisjahres die Wachstumsrate einer Zeitreihe verändern kann. Er entdeckte dies bei der Überprüfung der Angaben der Sowjetunion zu ihren bedeutenden Wachstumsraten. In einem 1951 veröffentlichten Aufsatz, der Basis für sein 1962 erschienenes Buch *Economic Backwardness in Historical Perspective* wurde, beschrieb Gerschenkron, dass eine gewisse ökonomische Rückständigkeit eines Landes in manchen Bereichen günstig für dessen allgemeinen Aufschwung sein könne. Auch dies lieferte für ihn eine Erklärung für den »Aufschwung« der Sowjetunion. Ähnlich wie Rostow, zu dessen Ideen er sich aber eher distanziert verhielt, sah Gerschenkron als wesentlichen Grund für einen Aufschwung eine technologische Innovation, einen »great spurt«. Für Gerschenkron waren die Banken entscheidend für die Industrialisierung eines Landes. Im ersten Schritt müsse der Staat finanzieren, im zweiten die Banken, später könnten sich Unternehmen sogar selbst finanzieren.

Walt Whitman Rostow (1910 bis 2003) war wie Gerschenkron Kind russisch-jüdischer Einwanderer in die USA. Sie waren Sozialisten und benannten ihren Sohn nach dem berühmten amerikanischen Dichter. Rostow aber wurde weder links, noch zeigte er poetische Züge in seiner Arbeit. Er lehrte an der Columbia University, in Oxford und am MIT. Er war beteiligt an der Entwicklung des Marshall-Plans, tummelte sich in der Politik, verfasste Reden für Eisenhower und beriet Kennedy. Später war er Sicherheitsberater Lyndon B. Johnsons und geriet wegen des eskalierenden Vietnamkrieges in die Kritik. In seinem 1960 erschienenen Buch *The Stages of Economic Growth: A Noncommunist Manifesto* stellte der erklärte Antikommunist Rostow ein nichtkommunistisches Stufenmodell wirtschaftlichen Wachstums vor. Das fünfstufige Rostow-Modell geht von der traditionell agrarischen 1. Stufe zu der 2. Stufe, dem Übergang zu 3., dem Take-off mit rasantem Wachstum über 4. der Reifephase bis zu 5. der Stufe des Massenkonsums. Das letzte Stadium führe zum Entstehen des Wohlfahrtsstaates.

Der bereits erwähnte Simon Kuznets erntete neben seinen schon genannten Forschungen zur Volkswirtschaftlichen Gesamtrechnung Anerkennung für seine Arbeiten zur Theorie wirtschaftlichen Fortschritts in Entwicklungsländern. Er hatte beobachtet, dass die Rahmenbedingungen wirtschaftlich unterentwickelter Nationen völlig anderer Art sind als diejenigen, mit denen einst heutige Industrieländer aufgestiegen sind. Dies führte dazu, die These zu verwerfen, wonach alle Länder durch die gleichen wirtschaftlichen und gesellschaftlichen Entwicklungsstadien gehen. Kuznets' berühmte Kuznets-U-These schließlich (benannt nach dem umgestülpten »U« in ihrer grafischen Darstellung) legte dar, dass während eines wirtschaftlichen Entwicklungsprozesses die Ungleichheit der Einkommensverteilung zunächst zunimmt, später aber wieder abnimmt.

Der von der Karibikinsel St. Lucia stammende britische Ökonom **William Arthur Lewis** (1915 bis 1991) ist ein weiterer bedeutender Kopf der Entwicklungsökonomie. Er verwarf aufgrund der Betrachtung der Einflussfaktoren auf Preise von Stahl und Kaffee die neoklassische Prämisse, dass die Menge an verfügbarer Arbeit begrenzt sei, und setzte seine These von der »unbegrenzten Verfügbarkeit an Arbeitskräften« dagegen. Sein Modell der dualen Wirtschaft (bestehend aus Agrarsektor und Industriesektor) stellte Lewis 1954 in seinem Artikel »Economic Development with Unlimited Supplies of Labour« vor, das später als Lewis-Modell bezeichnet wurde: Weil Arbeitskräfte aus dem Agrarsektor – vor allem wegen Überbevölkerung – in Entwicklungsländern unbegrenzt zu rekrutieren seien, seien die Löhne niedrig, Agrarprodukte billig und die Profite hoch. Das Ergebnis sei eine »duale Wirtschaft«. Der Agrarsektor diene dem Industriesektor als Reservoir billiger Arbeitskräfte. Letztlich sei der Unternehmer entscheidend für das Wachstum, denn seine Reinvestition der Gewinne plus einer Steigerung der Löhne im Industriesektor liefern die Basis dafür. 1955 veröffentlichte Lewis *The Theory of Economic Growth*, das neben dem 1966 erschienenen Buch *Development Planning* zu seinen wichtigsten Arbeiten zählt. 1979 erhielt er für seine bahnbrechenden Leistungen bei der Erforschung landwirtschaftlicher und entwicklungspolitischer Fragen in Entwicklungsländern zusammen mit Theodore William Schultz den Nobelpreis für Wirtschaftswissenschaften.

Der Amerikaner **Theodore William Schultz** (1902 bis 1998) war ein Schüler von John Rogers Commons und lieferte bedeutende theoretische Beiträge zu Problemen des Wirtschaftswachstums in Entwicklungsländern. Er widersprach Lewis' Modell und meinte, dass beispielsweise ein Abzug von Arbeitskräften des Agrarsektors diesen sehr wohl negativ beeinflusse. Eines der vielen Wachstumshemmnisse sah Schultz in der Geringschätzung der Agrarproduktion durch die jeweils verantwortlichen Regierungen. Vor allem zu hohe Steuern auf Agrarüberschüsse dämpften in seinen Augen die Entwicklungsbemühungen. Durch vergleichsweise geringe Investitionen in Humankapital, so Schultz, könne man letztlich einen ständigen und regelmäßigen Zufluss an Einkommen erzeugen. Sein 1971 erschienenes Werk *Investment in Human Capital. The Role of Education and Research* gilt mittlerweile als Klassiker, Schultz, obwohl nicht dessen Urheber, gilt neben Becker und Mincer als einer der bedeutendsten Denker der Theorie des Humankapitals.

Bedeutende Beiträge zu Wechselwirkungen von Gesellschaft, Wirtschaft und Wachstum kamen auch von Wirtschaftshistorikern. Der Brite **Eric Hobsbawm** (1917 bis 2012), ein marxistisch orientierter Universalhistoriker, prägte in seinem dreibändigen Hauptwerk mit den Büchern *The Age of Revolution* von 1962, *The*

Age of Capital von 1975 und *The Age of Empire* von 1987 den Begriff des »langen 19. Jahrhunderts«, das er in der Epoche von 1789 bis 1914 verortete. Der Amerikaner **Charles Poor Kindleberger** (1910 bis 2003) legte mit *World in Depression 1929–1939* von 1973 ein wichtiges Werk vor, das die Verantwortung der USA für die Weltwirtschaft betonte. Hier wie auch in seinem Buch *Maniacs, Panics, and Crashes* von 1978 sah er als wichtiges Gegenmittel bei Finanzmarktkrisen den »lender of last resort« (Kreditgeber der letzten Instanz).

Der amerikanische Soziologe **Immanuel Wallerstein** (geb. 1930) knüpfte an die Arbeiten von Karl Marx, Fernand Braudel und der Annales-Schule sowie an Raúl Prebisch und die Dependenztheorie an. Von Marx übernahm er den materialistischen Blickwinkel, von der Annales-Schule die Untersuchung der historischen Entwicklung wirtschaftlicher Vernetzungen und von der Dependenztheorie das Zentrum-Peripherie-Modell, das er mit den Analyseachsen »Zeit« und »Raum« weiterentwickelte. Den Ursprung des modernen »Welt-Systems« siedelte Wallerstein im Nordwesteuropa des 16. Jahrhunderts an. Seine Analyse entfaltete er in seinem vierbändigen Hauptwerk *The Modern World-System*. Demnach gibt es nur *eine* Welt und somit ein Welt-System, das geprägt ist von den drei Zonen Kern, Peripherie und Semiperipherie, die in einem Spannungsverhältnis zueinander stehen und deren Ordnung vor allem von der Arbeitsteilung zwischen ihnen bestimmt wird. Die Entwicklung eines Landes hänge von seiner Zonenzugehörigkeit ab.

Wallerstein, der die Geistes- und Sozialwissenschaften als »Diener des Kapitalismus« sieht, prognostiziert für das 21. Jahrhundert ein Ende des Kapitalismus und den Beginn einer »sozialistischen Weltregierung«, die ein Weltwirtschaftssystem einführt, das zwar nach Marktgesetzen funktioniert, aber monopolistische Tendenzen strikt bekämpft. Seine äußerst kontrovers diskutierte Ideen fanden zu Beginn des 21. Jahrhunderts Eingang in die Diskussion um die Entwicklungen der Globalisierung.

Auch aus der deutschen Betriebswirtschaftslehre kamen Anregungen zu erweiternden Sichtweisen auf dem Feld der Ökonomik. So von **Edmund Heinen** (1919 bis 1996), einem Schüler Erich Gutenbergs und Fritz Schmidts. Heinen lehnte in seinem sozioökonomischen Ansatz die verengende Sicht auf einen rational handelnden Homo oeconomicus ab, integrierte Sozialwissenschaften und auch Mathematik in seine Betrachtung und machte sich dafür stark, das Ziel einer Unternehmung nicht in Gewinnmaximierung, sondern in einer Nutzenmaximierung zu sehen. Die Aufgabe jeglicher Wirtschaftswissenschaft sei zudem nicht nur das Erklären, sondern auch das Gestalten von Abläufen.

Einen nachhaltigen Beitrag zum Verständnis menschlichen Handelns in der Ökonomie lieferte der amerikanische Soziologie **Abraham Maslow** (1908 bis 1970) mit seinem berühmt gewordenen Aufsatz »A Theory of Human Motivation«

von 1943. Darin stellte er seine Bedürfnispyramide vor, die zum bekanntesten Modell für die Klassifizierung von Motiven wurde und nicht nur die Sozialwissenschaften, sondern insbesondere die Motivations- und Konsumentenforschung beeinflusste.

Maslow hatte erkannt, dass die einzelnen Bedürfnisse den Menschen verschieden wichtig sind, und ordnete sie hierarchisch in Form einer Pyramide. Die Basis und unterste Ebene der Pyramide bilden die wichtigsten und zuallererst zu stillenden Bedürfnisse wie Atmen, Trinken, Essen, Schlafen, also jene Bedürfnisse, die den Menschen am Leben halten. Die darüber liegende Hierarchieebene enthält die Sicherheitsbedürfnisse. Dann folgen die Bedürfnisse nach Liebe und Anerkennung. Darauf die Geltungsbedürfnisse und schließlich an oberster Stufe der Pyramide das Bedürfnis nach Selbstverwirklichung.

Eine strenge Abfolge der Hierarchien – die Maslow auch nicht unterstellte – findet in der Praxis nicht zwingend statt, ist aber häufig zu beobachten. Oft aber streben Menschen schon nach der Befriedigung »höherer« Bedürfnisse, während die bestimmter »niedrigerer« nur zu einem gewissen Grad erreicht ist. Je nach Charakter eines Menschen können zudem die Abfolgen der Bedürfnishierarchie differieren. Aus seinem Modell folgerte Maslow auch den Weg des Einzelnen zur Selbstverwirklichung.

20 Das Wesen und die Bedeutung der Institutionen – alte und Neue Institutionenökonomik

Erwarten sie von Politikern einfach nicht, dass sie sich anders verhalten, als es ihren Interessen entspricht.
James M. Buchanan

Die Zeiten sind sicherlich vorbei, in denen Ökonomen detailliert analysieren, wie zwei Individuen am Waldrand Nüsse gegen Beeren tauschen, und glauben, ihre Analyse des Tauschprozesses wäre komplett.
Ronald Coase

Die deutsche Historische Schule wirkte nach, sowohl in Deutschland als auch in den USA. In den USA entstand die alte Institutionenökonomik, die auf sie zurückgriff, und die wiederum hatte zahlreiche Überschneidungen mit der in Deutschland aus der Historischen Schule hervorgegangenen sozialrechtlichen Richtung bzw. Schule. Diese Theorierichtung verschrieb sich der Analyse des Zusammenhangs von Wirtschaft und Recht und erforschte dabei insbesondere den rechtlichen Rahmen, der für eine funktionierende Wirtschaft und Gesellschaft gegeben sein muss.

Der bedeutendste Vertreter der sozialrechtlichen Schule war **Karl Diehl** (1864 bis 1941), der die Funktion des Eigentums in den Mittelpunkt stellte. Diehls Hauptwerk ist das vierbändige *Theoretische Nationalökonomie*, das er von 1916 bis 1933 veröffentlichte, womit seine Veröffentlichung nahezu deckungsgleich mit der Existenz der Weimarer Republik ist. Diehl betonte in seinem Werk, dass wirtschaftliche Handlungsweisen nur in ihrem jeweiligen Rechtssystem gelten und sich mit den gesellschaftlichen Rahmenbedingungen ändern. Die Werttheorie knüpfte er an die Frage der Verteilung, nicht der Produktion. Verteilung werde von Machtverhältnissen bestimmt. Damit wandte Diehl sich gegen Theorien, die Allgemeingültigkeit beanspruchten, insbesondere gegen die klassische und neoklassische Theorie und vor allem gegen die von Böhm-Bawerk in seinem Aufsatz »Macht oder ökonomisches Gesetz« von 1914 aufgestellte Behauptung, Machtverhältnisse würden die Preisbildung nicht beeinflussen. Karl Diehl beeinflusste später auch das ordoliberale Denken Walter Euckens.

Zu erwähnen ist auch **Heinrich Dietzel** (1857 bis 1935), der ein Schüler Adolph Wagners war und weder der Historischen noch der Grenznutzenschule zustimmen mochte. Man ordnet ihn mit seinen Ansätzen als Vertreter einer deutschen Neoklassik ein. Wie die Klassische Schule sah er den Wert eines Gutes von den Produktionskosten bestimmt, der Preis aber bilde sich aufgrund der Nutzenpräferenzen der Marktteilnehmer. Daher bewertete Dietzel ähnlich wie Diehl die Ausarbeitung von Werttheorien skeptisch. In seinem Hauptwerk *Theoretische Socialökonomik* von 1895 unterteilte Dietzel die Wirtschaftsformen in Konkurrenz- und Kollektivsystem. Es gebe nur Mischformen beider Systeme, da keines in seiner reinen Ausformung existieren könne. Auch Dietzel beeinflusste Walter Eucken, vor allem bei dessen später erstellten Idealtypenlehre.

Die in den USA entstehende ältere Institutionenökonomik oder institutionelle Schule nahm ein weiter gefasstes Blickfeld ein als die sozialrechtliche Schule. Sie schöpfte aus der philosophischen Schule des amerikanischen Pragmatismus, aus den Ideen Darwins, der Soziologie und eben auch aus der Historischen Schule.

Geistige Vorläufer der eigentlichen älteren institutionellen Schule waren Thorstein Bunde Veblen und **Henry Carter Adams** (1851 bis 1921). Adams, der auch in Deutschland studiert hatte und von der Historischen Schule beeinflusst war, forderte eine Legalisierung der Gewerkschaften und eine Regulierung des Eisenbahnwesens in den USA und war damit ein Außenseiter der Lehre jener Tage.

Thorstein Bunde Veblen (1857 bis 1929) gilt manchen als Begründer des Institutionalismus schlechthin. Der in den USA geborene Sohn norwegischer Einwanderer war ein Sonderling, sprach als Kind eher norwegisch und studierte später Philosophie. Ab 1891 lehrte er an der Universität von Chicago, ab 1900 als Assistenzprofessor. Höhere akademische Weihen erhielt er nie. Später lehrte er in Stanford und New York. 1899 veröffentlichte Veblen sein zum Klassiker gewordenes Buch *The Theory of the Leisure Class* (dt. *Die Theorie der feinen Leute*), in dem er seine Ansichten zu dem die Wirtschaft und die Gesellschaft prägenden Handeln der Menschen darlegte.

Anders als die Klassische und die neoklassische Schule war Veblen der Ansicht, dass der Mensch keineswegs rational handelt. Vor allem sei der Mensch gesteuert von seinen Instinkten und Trieben. Veblen identifizierte den »räuberischen Trieb«, der dem Ego und der Selbsterhaltung folgt, und den »erschaffenden Trieb«, der die Lebensumstände und die Gesellschaft verbessern wolle. Beide Triebe wirkten antagonistisch, weshalb der Mensch in seinem Verhalten unberechenbar sei und die Gesellschaft in einem andauernden dynamischen Prozess von Veränderungen und Konflikten halte.

Eine besondere Abart des egoistischen Triebs sah Veblen in der modernen

Gesellschaft beim Konsum. So kaufen reiche Leute zuweilen Güter nicht wegen ihres Nutzens, sondern wegen ihres vergleichsweise hohen Preises. Denn Konsum teurer Güter zeige anderen den eigenen Erfolg. Diese Betrachtung ist als Veblen-Effekt berühmt geworden. Auch Ausdrücke wie »demonstrativer Konsum« und »finanzielle Nachahmung« führte Veblen in diesem Zusammenhang ein.

Neben Trieben werden Mensch und Gesellschaft laut Veblen noch von Institutionen beeinflusst. Unter diesem Begriff, dem die alte institutionelle Schule ihren Namen verdankt und als deren Begründer Veblen meist genannt wird, verstand er verfestigte Denkgewohnheiten, die vor allem auf das Festhalten an Bestehendem abzielen.

In seinem 1904 erschienenem Buch *The Theory of Business Enterprise* erörterte Veblen die institutionellen Probleme von Unternehmen und beeinflusste damit spätere Arbeiten von Keynes, Schumpeter und Galbraith. Veblen hob hervor, dass das Denken der Finanzbranche, die er als Institution »Geschäftswelt« definierte, gegen das Denken der Techniker, Produzenten und Arbeiter kämpfe, die er in der Institution der »Industriewelt« zusammenfasse. Letztlich, so Veblen, behindere die »Geschäftswelt« die »Industriewelt« bei der Realisierung der potenziellen Möglichkeiten.

Als Vertreter der sich schließlich konstituierenden Schule der sogenannten älteren Institutionenökonomik sind vor allem John Rogers Commons, Wesley Clair Mitchell und John Maurice Clark zu nennen. Diese Denkschule entwarf eine alternative Lehre zu den Standpunkten der Klassischen und der neoklassischen Schule. Vor allem fand hier der Mensch als soziales und historisch geprägtes Wesen zentrale Aufmerksamkeit, insbesondere das Bild des egoistisch rational und rein kalkulatorisch handelnden Homo oeconomicus griff hier nicht. An seine Stelle trat das Modell eines Menschen, der trotz seiner egoistischen Interessen (und manchmal gerade wegen seiner egoistischen Interessen) in einem sozialen Gefüge handelt. Gerade daher werden die Einflüsse der von Menschen geschaffenen Institutionen auf die Wirtschaft betrachtet und analysiert.

Im Grunde fanden so Adam Smiths beide frühere Menschenbilder zusammen: das des in der *Theory of Moral Sentiments* beschriebenen Menschen, der über Empathie und Mitgefühl verfügt, und das des in *Wealth of Nations* beschriebenen egoistischen Menschen, dessen Handeln der Gemeinschaft weiterhilft. In der alten Institutionenökonomik wurden nun Institutionen (anders als bei Veblen) als von Menschen gemachte und von Menschen vielfältig und vielschichtig beeinflusste, dauerhafte stabile Einrichtungen für Gesellschaft und Wirtschaft verstanden. Das können Behörden, Schulen, Universitäten sein, aber auch die Kirche und Vereine.

Am Anfang der alten Institutionenökonomik stand der Amerikaner **John Rogers Commons** (1862 bis 1945). Er war ein Schüler von **Richard Theodore Ely** (1854 bis 1943), der zur Wende zum 20. Jahrhundert zu den bekanntesten amerikanischen Ökonomen zählte. Auch Ely, der in Deutschland bei Carl Knies und Adolph Wagner studiert hatte, war in seinem Werk bereits institutionellen Ansätzen gefolgt. Er hatte den Blick der Wirtschaftswissenschaft sehr weit gefasst, insbesondere in seinem Hauptwerk *Outlines of Economics* von 1893. Darin versammelte er rechtliche, historische und statistische Analysen, schlug eine Brücke von der deutschen Historischen Schule zur alten institutionellen Schule in den USA. Commons aber bezog nun konsequent Soziologie, Rechtswissenschaft und die Geisteswissenschaften in die Betrachtung mit ein. Den Grundstein seines Denkens legte er mit seinem Buch *Legal Foundations of Capitalism* von 1924. Sein Hauptwerk ist aber das zweibändige, 1934 veröffentlichte *Institutional Economics*. Darin stellte er sein Konzept des institutionellen Handelns vor. Dies sah eine Wirtschaftsordnung und -praxis vor, in der Marktprozesse nicht nur individuell ablaufen, sondern auch – im Sinne einer evolutorischen Entwicklung der Wirtschaft und Gesellschaft – in Diskursprozessen zwischen den Institutionen.

Der Amerikaner **Wesley Clair Mitchell** (1874 bis 1948) hatte bei dem Philosophen und Soziologen John Dewey studiert und bei Veblen. Mitchell lieferte wesentliche Beiträge zum Verständnis von Konjunkturzyklen, so in seinem 1913 veröffentlichten Buch *Business Cycles*. Anders als Veblen und Commons griff Mitchell die herkömmliche ökonomische Lehre nicht an, sondern versuchte, anhand statistischer Daten neue Hypothesen abzuleiten.

Mitchell, der sowohl die Planwirtschaft als auch eine vollkommen freie Marktwirtschaft ablehnte, plädierte für regulierende Eingriffe in die Wirtschaft. Vor allem Konjunktur und Geldwirtschaft waren für ihn eng verknüpft. Im Fehlen einer Koordinierung der komplexen Geldwirtschaft sah er eine latente Bedrohung für die Konjunktur. 1927 veröffentlichte er seine einflussreichste Arbeit, *Business Cycles. The Problem and its Setting*, in der er auch die damals neuen Erkenntnisse Nikolai Kondratjews zu Konjunkturzyklen berücksichtigte. Nach Mitchells Ansicht folgten in einem Konjunkturzyklus jeweils vier Phasen aufeinander: Prosperität, Rezession, Depression und schließlich erneuter Aufschwung. Mitchells Arbeiten beeinflussten die weitere Konjunkturzyklusforschung.

Wenn man nicht zu den großen Strömungen seiner Zeit gehört, hat man es schwer, Gehör zu finden. So ging es auch dem Amerikaner **Herbert Joseph Davenport** (1861 bis 1931). Er gilt nach wie vor als Geheimtipp der Zunft. Davenport hatte bei dem von ihm verehrten Veblen seinen Doktor gemacht, schloss sich aber weder der sich entwickelnden institutionellen Schule an noch der Österreichischen Grenznutzenschule oder der Lausanner Schule, sondern erarbeitete ein ganz eigenständiges Ideensystem, in das er Ideen der beiden letztgenannten Schulen integrierte.

Davenport veröffentlichte zwei bedeutende Bücher. 1908 erschien *On Value and Distribution*, in dem er wortphilosophische Begriffe wie »Nutzen« oder

»Wert« hinterfragte, sie so gedanklich auf ihre eigentliche Bedeutung zurückführte und darauf aufbauend eine ethisch-gesellschaftliche Analyse anregte: Was bedeutet es beispielsweise, vom Nutzen eines Bankraubs zu sprechen? Für den einen (den Bankräuber) ist er ökonomisch sinnvoll, für nahezu jeden anderen ethisch verwerflich.

In Davenports zweitem Buch, dem 1913 erschienenen *The Economics of Enterprises*, stand der Unternehmer im Mittelpunkt. Davenport identifizierte ihn als Akteur, der versucht, den Gleichgewichtspreis zu finden, und nahm Überlegungen von Hayek und Mises vorweg, die diesen Ansatz später vertieften. Auch in diesem Buch attackierte Davenport die Grenznutzenvorstellungen seiner Zeit. Denn nicht nur rationale Überlegungen zum Grenznutzen beeinflussten Kaufentscheidungen, so Davenport, sondern auch reine Bedürfnisse und Mangelempfinden hätten Einfluss. Bei der Preisbildung verwies Davenport zudem auf psychologische Einflussgrößen wie Vorurteile und ethische Einstellungen mit Bezug auf Preisfindung. Die Kunst betreffend sah er künstlerischen und moralischen Wert als Faktoren, die gemeinhin unbeachtet blieben. Im Grunde war Davenports Denken somit ein Angriff auf den Homo oeconomicus.

Die an die ältere Institutionenökonomik anknüpfende Neue Institutionenökonomik vertiefte schließlich die Erforschung der Einflüsse von Institutionen auf die Wirtschaft als auch die Analyse der Regeln, die zwischen Institutionen ablaufen. Als Vordenker der Neuen Institutionenökonomik gilt **Armen Alchian** (1914 bis 2013), der an der UCLA lehrte, aber der Chicago-Schule nahestand. Hervorzuheben ist sein Aufsatz »Uncertainty, Evolution, and Economic Theory« von 1950, in dem er evolutionstheoretische Mechanismen zur Erklärung des Entscheidungsverhaltens von Unternehmen heranzog.

Immer wieder war in der Wirtschaftstheorie auch die Bedeutung von Eigentum für die wirtschaftliche Entwicklung betont worden, aber eine Theorie des Eigentums wurde erst in den 1960er-Jahren im Rahmen der Neuen Institutionenökonomik mit der Theorie der Verfügungsrechte entwickelt, der Property-Rights-Theory, vor allem durch Harold Demsetz und auch Amen Alchian. Diese zählt vier Verfügungsrechte auf: 1. Das Recht, eine Sache zu nutzen; 2. Das Recht, die Erträge daraus zu behalten, aber auch die Pflicht, die Verluste daraus zu tragen; 3. Das Recht, eine Sache zu verändern; 4. Das Recht, über diese Sache zu verfügen (sie z. B. zu verkaufen und den Erlös zu behalten).

Begründet aber hat die Neue Institutionenökonomik 1960 ein Aufsatz des Briten **Ronald Harry Coase** (1910 bis 2013) mit dem Titel »The Problem of Social Cost«, der auch ein Meilenstein der Theorie der Verfügungsrechte ist. Coase überwand das Problem, das schon Pigou geschildert hatte. Ein Produzent (Coase übernahm sogar ein Beispiel Pigous) verursacht externe Effekte: Eine Bahn fährt über eine Schienenstrecke, produziert Funkenflug und entzündet die Ernte eines Bauern. Bei Pigou hatte der Bahnbetreiber als Verursacher die sogenannte Pigou-Steuer zu zahlen. Coase versuchte nun, dieses Verursacherprinzip zu überwinden. Darin wird durch Verhandlungen der Betroffenen untereinander nach der wirtschaftlichen effizientesten Lösung gesucht. Das Ziel ist es dabei, durch die Verfügungsrechte den Zugriff auf Ressourcen zu regeln, um die Ressourcen letztlich auch schonen zu können. Ergebnis war das Coase-Theorem (so benannt von George Stigler). Darin wird durch Verhandlungen der Betroffenen untereinander nach der wirtschaftlichen effizientesten Lösung gesucht. Das Ziel ist es dabei, durch die Verfügungsrechte den Zugriff auf Ressourcen zu regeln, um die Ressourcen letztlich auch schonen zu können. Die in den Verhandlungen gefundene effizienteste Lösung ist dabei völlig unabhängig von der anfänglichen Verteilung der Verfügungsrechte. Das Modell unterliegt aber auch der Kritik. Wie ist die Machtverteilung zwischen den Verhandlungspartnern? Werden durch die Verhandlungslösung tatsächlich alle externen Effekte kompensiert? Ist die Ermittlung aller Schäden letztlich nicht teurer als eine pauschale Steuer?

Coase hatte zudem auch schon 1937 mit seinem Aufsatz »The Nature of the Firm«, den er bereits während seines Grundstudiums ausgearbeitet hatte, die zur Neuen Institutionenökonomik zählende moderne Transaktionskostentheorie begründet. Er erklärte verschiedene Größen und Strukturen von Unternehmen und deren Wachstum damit, dass bestimmte Transaktionskosten, vor allem wenn sie wiederkehren, geringer ausfallen, wenn die Transaktionen innerhalb eines Unternehmens ausgeführt werden können.

Ein Unternehmen wächst schließlich so lange, bis die Transaktionskosten im Binnenverhältnis so steigen, dass schließlich die Inanspruchnahme des Marktes und der Leistungen externer Dienstleister preiswerter wird. Über diesen Ansatz lässt sich auch das Entstehen von Institutionen erklären. So gibt es Banken, weil sie Unternehmen Transaktionskosten bei der Kreditsuche sparen. Diese Erkenntnisse von Coase waren auch von großem Einfluss auf die ebenfalls zur Neuen Institutionenökonomik gehörende Prinzipal-Agent-Theorie. 1991 erhielt Coase für seine Arbeiten den Nobelpreis für Wirtschaftswissenschaften.

Es sind einige Teildisziplinen, in die sich die Neue Institutionenökonomik unterteilt. Die erwähnte Property-Rights-Theorie gehört dazu und auch die Prinzipal-Agent-Theorie. Sie analysiert das Verhalten zwischen Auftraggeber (Prinzipal) und Beauftragten (Agent) in einem wirtschaftlichen Verhältnis. Dies kann zwischen Institutionen sein, aber auch das Binnenverhalten in Institutionen betreffen.

So beschrieb der deutsche Ökonom **Roland Vaubel** (geb. 1948) ein Prinzipal-Agent-Problem, als er darauf verwies, dass Gehälter in internationalen Organisationen deshalb überdurchschnittlich ausfallen, weil es zu viele Kontrollstufen gibt, die zu kostenintensiv sind, um die Kontrolle tatsächlich auszuüben. Der

Agent (Steuerzahler) sieht – ob zu recht oder nicht – zu hohe Kosten der Kontrolle des Prinzipals (Angestellten der Organisation).

Die Transaktionskostenökonomik wiederum analysiert die Gründe und die Effizienz des organisierten Tausches zwischen Institutionen der Wirtschaft. Außerdem gehören zur Neuen Institutionenökonomik die Verfassungsökonomik und die Neue Politische Ökonomie (auch Ökonomische Theorie der Politik oder Public-Choice-Theorie genannt). Die Public-Choice-Theorie versucht, mittels ökonomischer Theorien politisches Verhalten zu erklären, und untersucht, wie öffentliches und privates Interesse zu verbinden und auszugleichen sind. Sie erklärt außerdem, warum Organisationen jeglicher Art – staatliche oder nichtstaatliche – wachsen und wie und warum Eigennutz ihr Handeln antreibt. So nimmt sie sich aus wirtschaftstheoretischem Blickwinkel Fragen der Politik an und schlägt so einen Bogen zu den Politikwissenschaften.

Zu den Gründern der Public-Choice-Theorie gehört **Anthony Downs** (geb. 1930) mit seinem Buch *An Economic Theory of Democracy* aus dem Jahr 1957. Es war auch seine Dissertation. Radikal kam er zu dem Schluss, dass Parteien Stimmenmaximierung und Wähler Nutzenmaximierung betrieben. Bedeutende Beiträge zur Public-Choice-Theorie lieferten zudem James M. Buchanan, Mancur Olson und Armen A. Alchian, Duncan Black und Kenneth Arrow.

James McGill Buchanan (1919 bis 2013) entstammte der Chicago-Schule und war ein Schüler Frank Knights. Für seine Arbeiten erhielt Buchanan 1986 den Nobelpreis für Wirtschaftswissenschaften. In seinem mit Gordon Tullock verfassten und 1962 erstmals erschienenen Buch *The Calculus of Consent* versuchte er, den Konflikt zwischen individueller Freiheit und kollektivem Handeln zu lösen. Dieser gehe einher mit der Bereitschaft der frei handelnden Individuen, sich den Entscheidungen von Institutionen zu unterwerfen, auch wenn dies zu individuellen Nachteilen führt.

Ausgangspunkt für Buchanans Theorie war seine Beobachtung der steigenden Staatsausgaben, dies auch, weil Lobbygruppen und Unternehmensvertreter Subventionen und staatliche Aufträge ergatterten. Damit verbunden war auch der Kampf von Politikern, für ihre Heimatregionen staatliche Mittel zu erkämpfen. Für Buchanan gingen alle Beteiligten der Maxime der rationalen Gewinnmaximierung nach. Diese neue Sichtweise in einem Feld zwischen Ökonomik und Politikwissenschaft bildet das Herz der Public-Choice-Theorie.

Laut Buchanan spielen bei der Entscheidungsfindung zudem die damit verbundenen Kosten eine Rolle. Die höchsten Kosten entstehen durch den Willen, eine einstimmige Entscheidung herbeizuführen. Die Kosten sinken mit immer geringeren Anforderungen an die Größe der Mehrheit, die für eine Entscheidung gefordert sind. Für Buchanan unterliegen Politiker den gleichen Interessen wie jeder andere Mensch: »Erwarten sie von Politikern einfach nicht, dass sie sich anders verhalten, als es ihren Interessen entspricht.« Man müsse daher die Rahmenbedingungen, die Institutionen und die öffentliche Kontrolle so gestalten, dass dem Rechnung getragen wird. Buchanan hielt seine Grundidee für so einfach, dass er in einem autobiografischen Text wissen ließ: »Wenn Jim Buchanan einen Nobelpreis bekommen kann, dann kann das jeder.«

Auch Buchanans einstiger Co-Autor **Gordon Tullock** (1922 bis 2014) war immer wieder für den Nobelpreis im Gespräch. Er entwickelte 1967 die Theorie des Rent-seeking in seinem Aufsatz *The Welfare Costs of Tariffs, Monopolies, and Theft*. Den Begriff selbst prägte dann Anne Krueger 1974. Rent-seeking ist das Suchen nach einer – wie es im deutschen Sprachraum auch genannt wird – politischen Rente: der Versuch von Akteuren der Wirtschaft, staatliche Transferleistungen zu ergattern. Eng verknüpft ist das Rent-seeking mit der Tätigkeit des Lobbying. Aber auch Bestechung ist damit verbunden. Letztlich ist also Rent-seeking der Versuch, sich den Regeln des Marktes zu entziehen, dies mit der Hilfe von staatlichen Zuwendungen. Das Tullock-Paradox beschreibt das Phänomen der vergleichsweise geringen Kosten des Rent-seeking im Vergleich zu den Gewinnen, die es bringt.

Der Amerikaner **Mancur Olson** (1932 bis 1998) legte 1965 mit seinem Buch *The Logic of Collective Action* eine tief greifende Theorie zum politischen und wirtschaftlichen Verhalten von Interessengruppen vor. Er analysierte die Gründe, warum sie zusammenfinden oder warum sie oft trotz breiten Interesses nicht zustande kommen oder scheitern. Ein besonderes Problem sei dabei das des Trittbrettfahrens (Free-Rider-Problem) und die Situation, dass ein Gruppenmitglied meint, sein Beitrag zur Gruppe sei nahezu bedeutungslos (Trivial-Contribution-Problem).

In seinem 1982 veröffentlichten *The Rise and Decline of Nations*, das als bahnbrechendes Werk der Public-Choice-Theorie gilt, entwickelte Olson, der ebenfalls immer wieder als Kandidat für den Nobelpreis galt, die These, dass es einen »Lebenszyklus« von Nationen gibt. Mit zunehmendem Reichtum, so Olson, würde die Dynamik einer Wirtschaft in Statik übergehen, Randgruppen, die zum Teil recht klein sind, würden durch Absprachen mit anderen Gruppen Macht erkämpfen, ihre Interessen durchsetzen und damit den Schwerpunkt in der Volkswirtschaft von Wachstum auf Verteilung verlagern. Eine Nation könne daher Dynamik und Wettbewerbsfähigkeit bewahren, wenn es ihr gelänge, das kollektive Handeln von Verteilungskoalitionen zu unterbinden.

Ein anderes Feld der Neuen Institutionenökonomik, die Sozialwahltheorie (Social Choice Theory), oft fälschlicherweise mit der Theorie der rationalen Entscheidungen (Rational Choice Theory) gleichgesetzt, hat Überschneidungen mit der Public-Choice-Theorie und mit der Wohlfahrtstheorie.

Als Gründer der Sozialwahltheorie gelten **Kenneth Joseph Arrow** (1921 bis

2017) und **Duncan Black** (1908 bis 1991). Arrow veröffentlichte 1951 sein Buch *Social Choice and Individual Values*. Darin stellte er das sogenannte Arrowsche Unmöglichkeitstheorem vor. Es behandelt das Problem, nach welchem Verfahren und in welcher Reihenfolge abgestimmt werden soll, wenn diejenigen, die abzustimmen haben, verschiedene Präferenzen zu den einzelnen zur Abstimmung stehenden Alternativen haben. Arrows ernüchternde Erkenntnis: Nur durch die – diktatorische – Festlegung eines Wahlverfahrens, insbesondere das der Reihenfolge der Abstimmungen, zum Beispiel durch ein einzelnes Individuum, kann man das Problem lösen. Arrow ging es nicht um die einzige Lösung, sondern um die Eingrenzung der Möglichkeiten und Kriterien für das beste Verfahren, insofern auch um eine neue pragmatische Herangehensweise. Vorläufer dieser Überlegungen war unter anderem der bereits genannte Condorcet (auf den Black explizit verwies) mit seinem Condorcet-Paradox.

In der Ökonomik baute auf dem Unmöglichkeitstheorem später das sogenannte Gibbard-Satterthwaite-Theorem auf, das konstatierte, dass jedes nicht-diktatorisch erstellte Wahlverfahren anfällig sei, strategisch manipuliert zu werden. Arrow widmete sich später der Umwelt- und der Gesundheitsökonomia, denn die zentrale Aufgaben des Staates sah er in der Alterssicherung und der Gesundheitsversorgung.

Zusammen mit dem geborenen Franzosen **Gérard Debreu** (1921 bis 2004) hatte Arrow 1954 zudem den bahnbrechenden Aufsatz »Existence of an Equilibrium for a Competitive Economy« veröffentlicht, in dem die Existenz und Stabilität eines allgemeinen Gleichgewichts in einer Marktwirtschaft beschrieben wurde: Das Arrow-Debreu-Gleichgewichtsmodell war eine Weiterentwicklung des Gleichgewichtsmodells von Walras und erweiterte dies um unsichere Erwartungen. Arrow entwickelte diese Ideen weiter und erhielt 1972 den Nobelpreis für seine Arbeiten in der Gleichgewichtstheorie und in der Wohlfahrtsökonomie.

Debreu erhielt 1983 den Nobelpreis. In seinem Buch *Theory of Value: An Axiomatic Analysis of Economic Equilibrium* von 1959, das als Meilenstein der Gleichgewichtstheorie gilt, lieferte er eine auf streng mathematischen Modellen aufbauende Beweisführung von Adam Smiths »unsichtbarer Hand«. Debreu kam zu dem Ergebnis, dass sich in einem freien Markt nicht nur ein effizientes, sondern ein annähernd gerechtes Marktgleichgewicht bilde. Debreus Modellen wurde jedoch immer wieder vorgeworfen, sie seien realitätsfremd, so ging er beispielsweise von vollkommener Konkurrenz und der vollkommenen Information aller Marktteilnehmer aus.

George Arthur Akerlof (geb. 1940) wurde berühmt durch seinen 1970 erschienenen Aufsatz »The Market for Lemons« und dem dort beschriebenen sogenannten Lemons-Problem. Darin analysierte er das Verhalten der Marktteilnehmer bei ungleichen Informationen, dies am Beispiel eines Gebrauchtwagenmarktes. Er kam zu dem Schluss, dass freie Märkte nicht funktionieren, wenn Käufer und Verkäufer über unterschiedliche Informationen verfügen. Wenn Käufer zum Beispiel nicht nachprüfen können, ob höherwertige Autos ihren Preis wert sind, kaufen sie diese nicht. Verkäufer bieten dann billigere Gebrauchtwagen (Lemons) an, da diese höhere Renditen bringen. Es kommt zu einem informationsbedingtem Marktversagen durch Negativauslese. Dieser könne mit einer Verbesserung des Informationsstands des benachteiligten Marktteilnehmers begegnet werden, zum Beispiel durch neutrale Gutachter.

Akerlof wurde mit seinem Aufsatz zum Begründer der modernen Informationsökonomik. Er sprach sich später dafür aus, mehr Aufmerksamkeit auf die Ideen von Keynes zu richten, da die neoklassische Lehre Gesichtspunkte des Verhaltens und gesellschaftlicher Normen bei menschlichen Entscheidungen vernachlässige.

2001 erhielt Akerlof zusammen mit seinen Landsmännern Michael Spence und Joseph Stiglitz den Nobelpreis für »ihre Analyse von Märkten mit asymmetrischer Information«. **Andrew Michael Spence** (geb. 1943) ist ein Schüler Thomas Schellings und Kenneth Arrows. Spence wies darauf hin, dass besser informierte Marktteilnehmer Maßnahmen treffen, die für sie mit Kosten verbunden sind, um glaubwürdig Informationen an schlechter informierte Marktteilnehmer weiterzugeben, mit dem Ziel, den eigenen Erfolg am Markt zu verbessern. Hinter Spences Job-Market-Signaling-Theorie steht der Gedanke, dass der Verkäufer über das, was er anbietet, besser informiert ist als der Käufer.

In seinem Aufsatz »Job Market Signaling« von 1973 stellte Spence diese Theorie vor, die sich mit diesem Phänomen in Bezug auf Arbeitsuchende beschäftigt. Der Arbeitsuchende sendet an den potenziellen Arbeitgeber Signale, etwa über seine besonders gute Qualifikation. Er hilft diesem damit im eigenen Interesse bei dessen Auswahl, wird im besten Fall eingestellt und bekommt sogar ein besseres Gehalt. Spences Ideen waren wichtig für die Arbeiten von William Vickrey und James A. Mirrlees. Spence forschte auch zur Spieltheorie. Überhaupt reichen die Analysen von Akerlof und Spence bereits in die Spieltheorie hinein.

William Vickrey und James Alexander Mirrlees erhielten 1996 den Nobelpreis für ihre »grundlegenden Beiträge zur ökonomischen Theorie über Anreize bei asymmetrischer Information«. **William Spencer Vickrey** (1914 bis 1996) hatte 1947 seine aufsehenerregende Dissertation *An Agenda for Progressive Taxation* veröffentlicht und danach wichtige Beiträge zur Frage optimaler Einkommensteuersysteme geliefert. Jeder Steuerzahler, so Vickrey, würde in die Entscheidung, wie viel er arbeite, seine erwarteten Steuerzahlungen einfließen lassen. Daraus folgerte Vickrey, dass eine Besteuerung, die letztlich die Einkommen mehr oder minder ausgleiche, die Leistungsbereitschaft des Einzelnen reduziere. Anknüpfend an Vickreys Modell zur optimalen Einkommensbesteuerung dehnte **James**

Alexander Mirrlees (geb. 1936) dessen Anwendung auch auf andere Gebiete aus und beeinflusste insbesondere die Steuerpolitik und die Tarifpolitik von Versicherungsunternehmen.

Ebenfalls einen wesentlichen Beitrag zur Neuen Institutionenökonomik lieferte der amerikanische Ökonom und Wirtschaftshistoriker **Douglass Cecil North** (1920 bis 2015) mit seiner Theorie des institutionellen Wandels. North gehörte zu den Begründern und Hauptvertretern der neuen Wirtschaftsgeschichte (auch New Economic History), von ihren Vertretern als Kliometrie bezeichnet (nach Klio, der Muse der Geschichte und Metrie, der Kunst des Messens), einem Zweig der Wirtschaftsgeschichte, der in den USA begründet wurde und dort besondere Bedeutung gewann. In diesem Feld forschte North zunächst in der amerikanischen Wirtschaftsgeschichte, dehnte seine Arbeit aber auf die europäische aus.

North sah die institutionellen Rahmenbedingungen als wesentlich für die Beschaffenheit einer Wirtschaft. In seinem Buch *Structure and Change in Economic History* von 1981 ging er vor allem den staatlichen Rahmenbedingungen nach und analysierte Veränderungen von Anreizstrukturen im Spannungsfeld der Struktur von Eigentumsrechten und der Rechtsordnung, die dynamisches wirtschaftliches Handeln begünstigt oder hemmt.

In seinem 1990 erschienenen Buch *Institutions, Institutional Change and Economic Performance* integrierte North den Einfluss menschlicher Subjektivität und auch den von Ideologien und erklärte, weder die neoklassische Theorie noch die Public-Choice-Theorie könnten das Handeln des Menschen als unvollkommenes Wesen abbilden oder beantworten. Indem North den Menschen auch als kognitiv begrenzt identifizierte, ebnete er den Weg für stärkere verhaltenstheoretische Einflüsse auf die Wirtschaftswissenschaft.

Robert William Fogel (1926 bis 2013) war neben North der zweite bedeutende Vertreter der Kliometrie. 1993 erhielten er und North den Nobelpreis für Wirtschaftswissenschaften. Fogel trug insbesondere mit seinem Buch *Railroads and American Economic Growth* von 1964 methodisch und inhaltlich zur Kliometrie bei. Dank statistischer Methodik mit weitgefasstem Blickwinkel zeigte Fogel auf, dass die Transportkosten durch die Eisenbahn bei ihrem Durchbruch im 19. Jahrhundert nur geringfügig sanken (höchstens um 3, oft aber nur um 1 Prozent). Sie sei daher nur ein Faktor von vielen der Industrialisierung gewesen. Fogel erntete Kritik. Einige meinten, er habe andere Vorteile zu wenig beachtet. 1974 veröffentlichte Fogel mit Stanley Lewis Engerman das Buch *Time on the Cross. The Economics of American Negro Slavery*, das die wirtschaftlichen Aspekte der Sklaverei analysierte und darlegte, dass Sklaverei sich für die Südstaaten sehr wohl gelohnt habe. Das Buch war hochumstritten, obwohl seine Autoren die Sklaverei ausdrücklich verdammten.

Der Inder **Amartya Kumar Sen** (geb. 1933) schuf mit seinem 1970 erschienenen Buch *Collective Choice und Social Welfare*, in dem er eigene Aufsätze zusammenfasste, einen Klassiker der Sozialwahltheorie in der Neuen Institutionenökonomik. Das 6. Kapitel enthält seinen Aufsatz »The Impossibility of a Paretian Liberal« von 1970, in dem er sein Modell vom Paradox des Liberalismus vorstellte, eine Ergänzung des Arrow-Theorems. Sen kam zu dem Schluss, dass das Verfolgen des liberalen Pareto-Optimums (ein Individuum kann nur besser gestellt werden, wenn ein anderes schlechter gestellt wird) im Widerspruch zu den einzelnen privaten Präferenzen der Abstimmenden steht, welche laut liberalem Anspruch ebenso wichtig sind.

In seinem 1981 erschienenen Buch *Poverty and Famines* erklärte Sen Hungersnöte nicht nur durch Missernten oder Naturkatastrophen, sondern auch damit, dass bestimmte Bevölkerungsgruppen nicht genug Anrechte auf eigenes Land und damit die direkte Möglichkeit haben, Nahrung zu produzieren, oder nicht hinreichende Tauschmöglichkeiten besitzen. 1998 erhielt Sen für »seine Beiträge zur Wohlfahrtsökonomie« als erster Ökonom aus Asien den Nobelpreis für Wirtschaftswissenschaften.

Sen ist ein Denker der Wirtschaftswissenschaft, der für die verschwimmenden Grenzen zwischen Sozialwahltheorie, der Theorie der rationalen Entscheidungen hin zur Wohlfahrtstheorie, der Entwicklungsökonomik und bis hinein in die Philosophie steht. Insofern ist er ein Ökonom, der zeigt, auf welchen Feldern die Wirtschaftswissenschaft anzuwenden ist und wie Disziplinen der Sozialwissenschaften die Wirtschaftswissenschaften befruchten können. Sen steht damit beispielhaft für den zunehmend geforderten wissenschaftlichen Pluralismus in der Wirtschaftswissenschaft.

Wie stark die Neue Institutionenökonomik die Wirtschaftswissenschaften auch in den zwei ersten Jahrzehnten des 21. Jahrhunderts mitprägt, zeigen die Nobelpreisvergaben von 2009 und 2017. Im Jahr 2009 erhielten ihn der Amerikaner **Oliver Eaton Williamson** (geb. 1932) und die Amerikanerin Elinor Ostrom, die damit die erste Frau war, die mit diesem Preis ausgezeichnet wurde.

Williamson, dessen wichtigste Bücher *Markets and Hierarchies* von 1975 und *The Economic Institutions of Capitalism* von 1985 sind, erhielt den Preis »für seine Analyse ökonomischen Handelns im firmeninternen Bereich«. Als Vertreter des Gebietes der Transaktionskostenökonomie in der Neuen Institutionenökonomik wurde er berühmt für sein Modell des Williamson-Trade-off, das er 1968 in seinem Aufsatz »Economies as an Antitrust Defense: The Welfare Tradeoffs« vorstellte und mit dessen Hilfe die Auswirkungen von Unternehmensfusionen auf die Gesamtvolkswirtschaft analysiert werden können.

Elinor Ostrom (1933 bis 2012) hatte sich als Umweltökonomin einen Namen gemacht und erhielt den Nobelpreis »für ihre Analyse ökonomischen Handelns im Bereich Gemeinschaftsgüter«. In ihrem einflussreichen Buch *Governing the Com-*

mons: The Evolution of Institutions for Collective Action von 1990 formulierte sie Wege und Regeln erfolgreichen kollektiven Handelns bei knappen Ressourcen. Die Arbeiten Ostroms knüpfen an die Arbeiten von Malthus und Pigou an, aber auch die vom Biologen **Garrett Hardin** (1915 bis 2003) in seinem einflussreichen Aufsatz »The Tragedy of the Commons« von 1968 beschriebene »Tragik der Allmende« spielt mit hinein. Sie beschreibt die Situation, dass begrenzte Ressourcen, wenn sie Allgemeingut sind, von Menschen so lange genutzt werden, bis sie erschöpft sind.

2016 erhielten der Amerikaner **Oliver Hart** (geb. 1948) und der Finne **Bengt Holmström** (geb. 1949) den Nobelpreis »für ihre Beiträge zur Vertragstheorie«. Die Arbeiten von Hart und Holmström greifen tief in die Prinzipal-Agent-Theorie hinein. Während Holmström darüber forscht, wie Anreize für Verträge ausgestaltet werden können, damit die Vertragstreue verbessert wird, setzt sich Hart mit der Unvollkommenheit von Verträgen auseinander und erarbeitet Vorschläge, wie diese etwa über die Regelung von Besitzrechten zu verbessern sind.

21 Verhalten und Strategien – Finanzmarkttheorie, Spieltheorie, experimentelle Ökonomik, Glücks- und Verhaltensökonomik

Niemand ist schlauer als der Markt. Eugene Fama

Sie haben doch keine Nutzenfunktion im Kopf, um dann auszurechnen, wie Sie Ihren Nutzen optimieren. Reinhard Selten

Viele Arbeiten der Neuen Institutionenökonomik sind eng verknüpft mit strategischem und spieltheoretischem Denken. Die Grenzen in der modernen Wirtschaftswissenschaft sind daher zwischen Institutionenökonomik in ihren zahlreichen Facetten mit anderen Teilbereichen, wie der Finanzmarkttheorie, Spieltheorie, experimenteller Ökonomik, Glücks- und Verhaltensökonomik, fließend. Geht es um moderne theoretische Ansätze, die sich intensiv in der Wirtschaftspraxis niederschlagen, spielen Modelle der Finanzmarkttheorie in der Praxis der sich geradezu unheimlich entwickelnden und expandierenden Finanzmärkte nicht selten eine wesentliche Rolle.

So erarbeitete **Harry Max Markowitz** (geb. 1927) für die Portfolioanalyse aus den vielfältigen Einflüssen auf Rendite und Risiko von Aktien ein einfaches und handhabbares, zweidimensionales Modell. Dies legte er in seinem Aufsatz »Portfolio Selection« von 1959 dar. **William Forsyth Sharpe** (geb. 1934) entwickelte mit seinem Capital Asset Pricing Model (CAPM) ein Instrument, das zum Handwerkszeug jedes Analysten und Fondsmanagers wurde. Es baut auf den Voraussetzungen der Portfolio-Selection-Theorie von Markowitz sowie auf Tobins Arbeit zur Keynesschen Liquiditätspräferenz auf. Sharpes Modell ist ein Gleichgewichtsmodell für den Kapitalmarkt. Es lieferte die theoretische Begründung für die Bedeutung von Risikostreuung: Gerade durch Verteilung über Branchen sei ein Risiko zu mindern. Das Platzen der Technologieblase (Dotcom-Blase) im Jahr 2000, bei der viele Anleger nur auf Aktien dieser Branche gesetzt hatten, gab ihm recht.

Merton Howard Miller (1923 bis 2000) war ein Anhänger der Chicago School. Er entwickelte mit dem italienisch-amerikanischen Ökonom **Franco Modigliani** (1918 bis 2003) das Modigliani-Miller-Theorem, das sie 1958 gemeinsam in dem Aufsatz »The Cost of Capital, Corporation Finance and the Theory of Investment« vorstellten und das wesentlich zur modernen Investitions- und Finanzierungstheorie beitrug. Miller erklärte das abstrakte und komplizierte Modigliani-Miller-Theorem 1991 in seinem Buch *Financial Innovations and Market Volatility* so: Man müsse sich eine Firma wie eine große Schüssel vorstellen, gefüllt mit Vollmilch. Der Farmer könne nun den Rahm abschöpfen und zu einem höheren Preis verkaufen. Es bliebe Magermilch zurück, die er nur zu einem geringeren Preis verkaufen könne. Das Modigliani-Miller-Theorem weise nun darauf hin, dass unter der Annahme, dass es keine Kosteneinflüsse gebe, der Rahm plus Magermilch den gleichen Preis erzielen kann wie die Vollmilch allein. Das Modell führte zu dem Schluss, dass egal welcher Finanzierungsform sich das Management bei seiner Expansion bedient, ob es ein Kredit, die Ausgabe neuer Aktien oder eine Reinvestition der Gewinne ist, der Unternehmenswert nicht verringert werde. Diese Sicht veränderte die Unternehmensbewertung und beeinflusste damit auch das Investitionsverhalten im ausgehenden 20. Jahrhundert.

1990 erhielten Merton, Sharpe und Markowitz für ihre Arbeiten zur Finanzierungs- und Kapitaltheorie den Nobelpreis. Modigliani hatte den Nobelpreis drei Jahre zuvor im Jahr 1987 für seine »bahnbrechende Analyse des Sparverhaltens und der Finanzmärkte« erhalten. Von seinen Arbeiten sei noch die sogenannte Lebenszyklushypothese (Life-Cycle-Hypothesis) erwähnt, die versucht, das Sparverhalten von Menschen über ihre Lebensspanne zu erklären. Er hatte sie bereits 1953 und 1954 gemeinsam mit seinem Studenten Richard Brumberg entwickelt.

Aus der Zusammenarbeit von **Robert Carhart Merton** (geb. 1944) mit **Myron Samuel Scholes** (geb. 1941) und **Fischer Sheffey Black** (1938 bis 1995) entstanden richtungsweisende Arbeiten über die Bewertung von Aktienoptionen, vor allem das berühmte Black-Scholes-Modell von 1973, das als Meilenstein in der Finanztheorie gilt. 1997 erhielten Merton und Scholes (Fischer Black war mittlerweile verstorben) den Nobelpreis für Wirtschaftswissenschaften für ihre »neue Methode der Bewertung von Derivatinstrumenten«.

Merton wandte als Mitbegründer und als einer der Direktoren (neben Myron S. Scholes) des Hedgefonds Long-Term Capital Management (LTCM) ab 1994 das Black-Scholes-Modell auch in der Praxis an. Nach zunächst sehr großem Erfolg kam LTCM 1998 im Zuge von Turbulenzen auf den Finanzmärkten, insbesondere in der Währungskrise Russlands, in massive Schwierigkeiten. Schließlich mussten mehrere Großbanken in einer Rettungsaktion über 3 Milliarden US-Dollar zuschießen; man befürchtete sogar einen Zusammenbruch des US-Finanzsystems. 2000 wurde der Fonds aufgelöst. Seitdem hat das Modell von Black, Scholes und Merton an Akzeptanz verloren.

1970 stellte der Amerikaner **Eugene Francis Fama** (geb. 1939) die Markteffizienzhypothese auf, wonach Finanzmärkte dann effizient sind, wenn die Informationen in die Kurse bereits einbezogen sind und die Marktteilnehmer durch technische Analysen oder andere Mittel nicht mehr in der Lage sind, sich Vorteile zu verschaffen. Später entwickelte Fama mit **Kenneth French** (geb. 1954) das Fama-French-Dreifaktorenmodell, das als Erweiterung von Sharpes Capital Asset Pricing Model gesehen wird. 2013 erhielt Fama gemeinsam mit seinen Landsleuten Robert J. Shiller und Lars Peter Hansen »für ihre empirische Analyse von Kapitalmarktpreisen« den Nobelpreis.

Robert James Shiller (geb. 1946) hatte im Jahr 2000, auf dem Höhepunkt der Börseneuphorie um die digitale New Economy, in seinem Buch *Irrational Exuberance* (dt. *Irrationaler Überschwang*) vor der Baisse gewarnt. Seine Thesen wurden durch die Ereignisse bestätigt. **Lars Peter Hansen** (geb. 1952) arbeitet mit mathematischen Schätzmethoden, die in ökonometrischen Modellen Anwendung finden.

Neuere Wege in der Ökonometrie, Statistik und Stochastik, die sowohl auf Verhaltensökonomik, aber auch die Finanzmarkttheorie ausstrahlten, zeigten die Amerikaner Heckman und McFadden auf. Sie erhielten 2000 den Nobelpreis für Wirtschaftswissenschaften. **James Joseph Heckman** (geb. 1944) entwickelte die »Heckit-Methode« beziehungsweise Heckman-Korrektur, mit der Verzerrungen in Stichproben auszugleichen sind, und versucht Maßnahmen zu beurteilen, indem er Stichproben eine Gegenstichprobe entgegenstellt, die die eigentliche Grundgesamtheit repräsentativ abbildet. Die Heckman-Korrektur trägt beispielsweise dem Umstand Rechnung, dass ausgewählte Arbeitslose, die an einer Qualifizierungsmaßnahme teilnehmen, logischerweise zu einem größeren Prozentsatz neue Arbeit bekommen als die Gesamtheit der Arbeitslosen, denn sie waren vermutlich zum einen schon stärker motiviert – da sie sich meldeten – und hatten zum anderen – weil sie ausgewählt wurden – bessere Voraussetzungen als die Grundgesamtheit.

Daniel McFadden (geb. 1937) forschte zu dem Einfluss von Wahlentscheidungen und fand heraus, dass bei begrenzten Wahlmöglichkeiten bestimmte Entscheidungen vorhersehbar sind, wie etwa die Wahl des Wohnortes oder des Arbeitsortes. Von dieser Erkenntnis ausgehend konnten spätere Beobachtungen in ihrer Genauigkeit erhöht werden. Besonders zu nennen ist McFaddens Aufsatz »Conditional Logit Analysis of Qualitative Choice Behaviour« von 1974.

Ebenfalls bedeutend für die Ökonometrie, ebenso aber für die Finanzmarktanalyse sind die Arbeiten des Amerikaners **Robert Fry Engle** (geb. 1942) und des Briten **Clive William John Granger** (1934 bis 2009). Sie hatten statistische Verfahren ausgearbeitet, mit denen Modelle über längere Zeiträume überprüft werden können und erhielten 2003 den Nobelpreis. Besonders hervorzuheben ist Engles ARCH-Modell (autoregressive conditional heteroscedasticity), ein stochastisches Modell zur Zeitreihenanalyse, das in der Finanzanalyse zur Bewertung von Risiken eingesetzt wird.

Mitte des 20. Jahrhunderts entstand mit der Spieltheorie eine neue, sehr spannende Disziplin in der Ökonomik. Tatsächlich befasst sie sich mit dem Verhalten der Teilnehmer von Spielen, die die erwartete Reaktion eines anderen, sei es ein Verbündeter oder ein Gegenspieler, in ihre Entscheidungen mit einbeziehen müssen.

Vorarbeiten zu der Spieltheorie lieferte neben den Überlegungen Condorcets (speziell in seinem bereits erwähnten Condorcet-Paradox) auch **Harold Hotelling** (1895 bis 1973), dem wir bereits in Zusammenhang mit der Weiterentwicklung von Launhardts Standorttheorie mit seinem erschienenen Aufsatz »Stability and Competition« von 1929 begegneten. In dem gleichen Aufsatz widmete er sich dem Problem, das als Hotellings Gesetz in die Wirtschaftswissenschaft einging und seinen Niederschlag in dem Eisverkäufer-am-Strand-Problem findet. Dieses beschreibt den Wettbewerb zwischen zwei Eisverkäufern an einem begrenzten Strand, die im gleichen Abstand voneinander – und jeweils vom Ende des Strands – ihre Ware anbieten. Sobald nun einer sein Einzugsgebiet vergrößern will, rückt er näher an den anderen. Der reagiert, indem er ebenfalls dem Konkurrenten näher rückt. Schließlich stehen sie dicht nebeneinander in der Mitte des Strandes. Dies aber hat den Effekt, dass Badegäste an den äußeren Rändern des Strandes den Weg als zu weit betrachten. Aufgrund seines ebenfalls herausragenden Aufsatzes »The Economics of Exhaustible Ressources« von 1931 gilt Hotelling auch als Begründer der modernen Theorie erschöpflicher Ressourcen. Hotelling lieferte außerdem auch Beiträge zur Preis-, Kapital- und Gleichgewichtstheorie. Zu seinen Schülern gehörten Milton Friedman und Kenneth Arrow.

Mit dem Eisverkäufer-am-Strand-Problem verwandt ist das Braess-Paradox zur Verkehrsplanung von 1968 nach dem deutschen Mathematiker **Dietrich Braess** (geb. 1938). Dieses beschreibt ebenfalls eine Situation, in der das Marktoptimum verfehlt wird, weil sich Beteiligte nicht absprechen. Hier geht es darum, dass der Bau einer zusätzlichen Straße, der eigentlich auf den ersten Blick neue Möglichkeiten für den Verkehr eröffnet, die Gesamtsituation für alle verschlechtert.

Wie sich bereits an vielen Beispielen gezeigt hat, sind die Gebiete, Felder, Teildisziplinen der Ökonomik nicht nur mit fließenden Grenzen versehen, sondern bringen auch zum Teil vollkommen überraschende Verbindungen zutage. Das zeigt sich am Beispiel **Heinrich von Stackelbergs** (1905 bis 1946). Er gilt als einer der bedeutendsten und weltweit anerkanntesten Ökonomen der ersten Hälfte des

20. Jahrhunderts. Stackelberg, ein überzeugter Nationalsozialist, erregte 1934 als erst 29-Jähriger Aufsehen mit seinem Buch *Marktform und Gleichgewicht*. Darin lieferte er unter anderem einerseits einen bedeutenden Beitrag zur Oligopoltheorie. So brachte seine Analyse ihn zu der Aussage, dass es eine vollkommene Konkurrenz am Markt nicht gebe, sondern wenige Anbieter in einer oligopolartigen Situation in der Lage sind, die Preise zu bestimmen. Neu – und unter anderem später auch für die Marketinglehre wichtig – war seine Berücksichtigung von Produktqualität und Vertriebswegen als Parameter im Wettbewerb. Berühmt ist vor allem das in dem Buch vorgestellte Stackelberg-Duopol, das auf dem Modell Cournots aufbaute. In diesem strategischen Spiel entscheidet der Marktführer von zwei Unternehmen zuerst, ohne seine Entscheidung rückgängig machen zu können, danach entscheidet sich das sogenannte marktfolgende Unternehmen. Das Stackelberg-Duopol ging in die Spieltheorie ein und ist eng verknüpft mit den Analysen um das später von John Forbes Nash beschriebene Nash-Gleichgewicht.

Stackelbergs nationalsozialistische Grundüberzeugung (er war bereits 1931 in die NSDAP eingetreten und trat später auch der SS bei) ging ein in die Schlussfolgerungen seiner Forschung. Da eine vollkommene Konkurrenzsituation praktisch nie gegeben sei, müsse ein starker Staat eingreifen (er sah das Italien Benito Mussolinis als Vorbild), der als anführende Kraft im Oligopol jene Ergebnisse erzwänge, die bei vollkommener Konkurrenz eingetreten wären.

Die Fundamente der eigentlichen Spieltheorie als Disziplin legten John von Neumann und Oscar Morgenstern mit ihrem Buch *Theory of Games and Economic Behaviour* von 1944. Der amerikanisierte, aber in Schlesien geborene Ökonom **Oscar Morgenstern** (1902 bis 1977) war auf einen Aufsatz des Mathematikers von Neumann mit dem Titel »Zur Theorie der Gesellschaftsspiele« gestoßen und nahm Kontakt zu ihm auf. **John von Neumann** (1903 bis 1957) war in Budapest geboren, kam aus einer wohlhabenden geadelten jüdischen Bankiersfamilie und hatte sich früh als Wunderkind erwiesen. Neumann wurde einer der bedeutendsten Mathematiker des 20. Jahrhunderts und trug erheblich zur Weiterentwicklung der Mengenlehre, der Funktionalanalysis und der Quantentheorie bei. Auch beeinflusste er maßgeblich die Computertechnologie.

In ihrem gemeinsamen Buch knüpften Morgenstern und Neumann an Neumanns Arbeiten zur Wahrscheinlichkeitstheorie an. Sie befassten sich ausschließlich mit sogenannten Nullsummenspielen. Diese sind gekennzeichnet durch die Situation: Was der eine gewinnt, verliert der andere. Die gegengerechneten Gewinne und Verluste der Beteiligten ergeben in der Summe Null. Ein Beispiel aus der Wirtschaftspraxis ist das Aushandeln von Löhnen.

Da die Analysen und Ergebnisse der Spieltheorie vor allem Hilfe bei der Lösung von Konfliktsituationen versprechen, stieß die neue Wissenschaftsdisziplin – auch angesichts des Kalten Krieges – zunächst vor allem auf das Interesse von

Militärstrategen. In der Wirtschaftswissenschaft war das Interesse anfangs eher gering. Die Spieltheorie entwickelte sich aber bis zum Ende des 20. Jahrhunderts, auch angesichts einiger vergebener Nobelpreise zur Forschung auf diesem Gebiet, zu einem bedeutenden Feld der modernen Wirtschaftstheorie.

Eines der berühmtesten Modelle der Spieltheorie ist das Gefangenendilemma. Der Begriff wurde von dem amerikanischen Mathematiker **Albert William Tucker** (1905 bis 1995) geprägt. Er benutzte das Modell 1950 bei einem Vortrag. Zwei schuldige Gefangene, die gemeinsam eine Straftat begangen haben, befinden sich in getrennten Räumen. Keiner weiß von den Aussagen des anderen und kann diese daher nur ahnen. Wegen der Haftstrafen, die sich aus dem jeweils eigenen Verhalten ergeben, ist es das Beste, wenn beide schweigen. Wenn aber einer gesteht, während der andere schweigt, kann der Geständige seine Haftstrafe mindern, während der andere die Höchststrafe erhält. Die Folge ist, dass beide gestehen und die Höchststrafe erhalten.

Im Frühjahr 1950 reichte der erst 21-jährige Mathematiker **John Forbes Nash** (1928 bis 2015) in Princeton eine nur 27-seitige Dissertation ein. Nash lieferte in seiner Arbeit eine Lösung für Konfliktsituationen, in denen Marktteilnehmer in sogenannten nichtkooperativen Spielen um die Führung konkurrieren. Das Nash-Gleichgewicht beschreibt eine Situation, in der es für keinen der Beteiligten (»Spieler«) sinnvoll ist, von seiner Strategie abzuweichen. Zumindest ein Nash-Gleichgewicht gibt es laut Nash in jedem Spiel mit gemischten Strategien mit beliebig vielen Spielern; auch für das Gefangenendilemma. Nash verbrachte wegen Schizophrenie schließlich nahezu zwei Jahrzehnte in Krankenhäusern. Sein tragisches Leben wurde in dem Film *A Beautiful Mind* erzählt.

Die moderne Spieltheorie ist ohne Nashs Arbeit nicht denkbar, denn das Nash-Gleichgewicht erlaubte es nun, Nullsummenspiele auf mehrere Spieler anzuwenden und zu lösen. 1994 erhielt Nash gemeinsam mit John Harsanyi und Reinhard Selten den Nobelpreis »für ihre grundlegende Analyse der Gleichgewichte der Theorie nichtkooperativer Spiele«.

Der Amerikaner **John Charles Harsanyi** (1920 bis 2000) entwickelte ein Modell, wie Spiele mit unvollständiger Information als Spiele mit vollständiger Information simuliert werden können. Besonderen Einfluss hatte sein Aufsatz »Games with Incomplete Information Played by Bayes Players« von 1967/68. **Reinhard Selten** (1930 bis 2016), der bislang einzige deutsche Nobelpreisträger für Wirtschaft, entwickelte das Nash-Gleichgewicht weiter. In seinem bekannten Aufsatz »The Chain Store Paradox« von 1978 analysierte er das Verhalten eines Monopolisten, auf dessen Markt plötzlich Konkurrenten drängen. Das Handlungsparadox besteht darin, dass das für alle Konkurrenten beste Verhalten wäre, wenn der Monopolist kooperativ reagieren würde, also etwa keinen Preiskrieg eröffnete. Bei einem Preiskrieg würden alle Konkurrenten Verluste machen. Ohne

Preiskrieg aber erzielte der Monopolist Gewinn, wenn auch einen geringeren. Selten hielt eine solche Situation des reinen rationalen Handelns aber für wenig plausibel und führte irrationales Verhalten ein, wie das Szenario der kurzfristigen Abschreckung, also das des Preiskrieges.

Wiederholt bekräftigte Selten, dass die Spieltheorie ebenso wenig wie die klassische und neoklassische Theorie die Realität und das Agieren der Marktakteure abbilde und forderte eine fundamental neue Herangehensweise in der mikroökonomischen Theorie, da ihre Annahmen weltfremd seien. Später begann Selten, mit Laborexperimenten wirtschaftliches Verhalten zu erforschen, und war damit neben Vernon L. Smith und Daniel Kahneman einer der Begründer der experimentellen Ökonomik.

Die Spieltheorie wurde auch in anderen Gebieten angewandt. Der in den Niederlanden geborene **Tjalling Charles Koopmans** (1910 bis 1985), ein Pionier der mathematischen Ökonomie und der Ökonometrie, erarbeitete neue mathematische Ansätze in der Allokationstheorie (der Theorie der optimalen Verteilung von Ressourcen) und integrierte Ideen der Spieltheorie, insbesondere in seinem einflussreichen Aufsatz »Activity Analysis and its Applications« von 1953. Koopmans erweiterte darin die bereits von George Dantzig erarbeitete Aktivitätsanalyse, die der heutigen linearen Programmierung entspricht, und erhielt 1975 für seinen Beitrag zur Theorie der optimalen Allokation (Verteilung) der Ressourcen zusammen mit Kantorowitsch den Nobelpreis für Wirtschaftswissenschaften.

Einer der bedeutendsten Spieltheoretiker war der Amerikaner **Thomas Crombie Schelling** (1921 bis 2016). Sein 1960 erschienenes Buch *The Strategy of Conflict* gilt als eines der einflussreichsten Bücher nach dem Zweiten Weltkrieg und beschäftigt sich wie das ebenfalls einflussreiche *Arms und Influence* von 1966 mit Konfliktstrategien im atomaren Wettrüsten des Kalten Krieges.

In *Strategy of Conflict* stellte Schelling auch den berühmt gewordenen Schelling-Punkt vor (oder auch Fokalpunkt). Dieser beschreibt bei jeder Person denjenigen Punkt, an dem sie »erwartet, was der andere erwartet, was sie erwartet zu tun«. Schelling machte das an einem Beispiel fest. Er fragte, wo man sich wann am ehesten treffen würde, wenn man einen Fremden in New York treffen müsste, aber außer der Stadt nur den Tag wisse und *dass* man sich treffen will, sonst nichts. Schelling stellte diese Aufgabe einer Gruppe seiner Studenten. Ergebnis war: Mittag, Grand Central Station, am Infoschalter. Es war der nach eigenen rationalen Erwartungen unter Einbeziehung der Erwartungen dessen, den man treffen will, wahrscheinlichste Zeitpunkt und Ort, sich treffen zu können: der Schelling-Punkt.

2005 erhielt Schelling den Nobelpreis. Insbesondere in seinen Beiträgen, die sich unter anderem mit dem Verhalten von Menschen im Verkehr, von Eltern in der Kindererziehung oder Tricks, um sich das Rauchen abzugewöhnen, auseinandersetzen und damit Psychologie, Alltag, Wirtschaftswissenschaft, Politikwissenschaft und Philosophie vernetzen, zeigt sich, wie in einem dynamisch und übergreifend verstandenen Wissenschaftsansatz die Disziplinen ineinandergreifen können. 1964 war Schelling, auf dem Höhepunkt des Kalten Krieges, als Berater an Stanley Kubricks Film *Dr. Seltsam oder Wie ich lernte, die Bombe zu lieben* beteiligt, der die Logik der gegenseitigen Abschreckungstaktiken satirisch aufs Korn nahm. Schelling war im Übrigen der Meinung, dass es im Konfliktfall von Vorteil ist, wenn der Gegner irrationale Handlungen im Vorgehen des anderen befürchtet, dies beispielsweise, wenn man einen schwer berechenbaren Befehlshaber in den eigenen Reihen hat.

Ein großer Teil der Forschung des israelischen Mathematikers **Robert Aumann** (geb. 1930), der 2005 mit Thomas C. Schelling den Nobelpreis erhielt, ist die Frage, welchen Einfluss Erwartungen in der Zukunft auf die Entscheidungen der Marktteilnehmer haben. So entscheidet sich ein Beteiligter an Kartellabsprachen, der nur einmal einen Preis kurzfristig setzen muss, beim Streben nach Gewinnmaximierung für das Unterbieten des Kartellpreises. Was aber, wenn Kartellunternehmer Jahr für Jahr aufeinandertreffen? Der Unterbietende wird bestraft werden. Insofern ist es besser, sich nicht rational gewinnmaximierend zu verhalten. Aumann schuf mathematische Modelle zur Erklärung dieser Situationen der »Macht der Bindung«.

Der amerikanische Ökonom und gebürtige Pole **Leonid Hurwicz** (1907 bis 2008) begründete die Mechanismus-Design-Theorie, die zur Spieltheorie gezählt wird. Weiterentwickelt wurde diese dann durch die Amerikaner **Eric Stark Maskin** (geb. 1950) und **Roger Bruce Myerson** (geb. 1951). Alle drei erhielten 2007 für ihre Arbeiten den Nobelpreis. Die Mechanismus-Design-Theorie geht davon aus, dass auf dem Markt Unvollkommenheit bei der Verteilung der Güter herrscht. Sie analysiert außerdem die Mechanismen und Gründe von Marktversagen, um Lösungswege zu entwickeln, die eine Annäherung an einen vollkommenen Markt ermöglichen. Bedeutende Beiträge lieferte diese Theorie zum Trittbrettfahrer-Phänomen, wenn beispielsweise bestimmte Marktteilnehmer sich der Beteiligung an den Kosten öffentlicher Güter (etwa Umweltkosten oder Kosten für Infrastruktur) entziehen, aber von deren Angebot dennoch profitieren.

Im ausgehenden 20. Jahrhundert versuchte die Wirtschaftswissenschaft auch Erkenntnisse aus der Glücksforschung zu integrieren. In der sogenannten Glücksökonomik kam es bald zu dem Konsens, dass Einkommenszuwächse nur kurzfristig das Glück erhöhten, vor allem aufgrund des Easterlin-Paradoxes. Das hatte der amerikanische Ökonom **Richard Ainley Easterlin** (geb. 1926) in seinem 1974 erschienenen Aufsatz »Does Economic Growth Improve the Human Lot?« vorgestellt. Dieses Paradox erklärte, dass Menschen in Industrieländern nicht nennenswert glücklicher wurden, wenn sich ihr Einkommen verdoppelte. Daraus entstand ein Angriff auf das materialistische Denken. Der britische Ökonom **Richard Layard** (geb. 1934) leitete daraus sogar eine Rechtfertigung für höhere Einkommensteuern ab. Layard – bekannt wurde sein Buch *Die glückliche Gesellschaft*, 2005 – definiert Glück so: »Glück bedeutet, wenn wir uns wohl fühlen«; was allerdings eine Definition ist, bei der es schwerfällt, darauf wissenschaftlich aufzubauen.

Die Glücksökonomen knüpfen im Allgemeinen an Jeremy Bentham an. Doch Glück lässt sich nicht messen, noch weniger vergleichen. Allerdings hatte die Glücksökonomie um 2007 Konjunktur. Diese aber ebbte ab, als zunehmend Kritik an den paternalistischen Folgerungen daraus aufkam. Wer legt fest, was Glück ist? Wenn es der Staat ist, kann das zur staatlichen Despotie führen. Im Übrigen hat Jeremy Bentham seine Idee vom »größten Glück der größten Zahl« gegen Ende seines Lebens nicht mehr gemocht.

Es kam zu Kritik an der Glücksökonomie: Umfragen, die Glücksökonomen veranstalteten, wurden als Methode, um tatsächliches Glück zu messen, infrage gestellt. Glück sei zudem an die Verhältnisse gebunden. Kritik kam vor allem von Gary Becker, einem Verfechter des Modells des Homo oeconomicus. Ausgehend von der Neurowissenschaft erklärte er, dass der Mensch nicht unendlich sein Glück proportional zum Erfolg steigern könne. Man empfinde Glück vor allem, wenn man sich selbst permanent steigert oder wenn man andere übertrumpft. Glücksgefühle seien ein Steuermechanismus der Natur. Der Mensch aber durchschaue nicht, dass Glück sich nicht andauernd steigern ließe. Insofern sei das Easterlin-Paradox nicht paradox, sondern nur Beleg für die Beschaffenheit der menschlichen Psyche.

Doch am Modell des von Gary Becker so leidenschaftlich propagierten Homo oeconomicus wurde ebenfalls weiter gesägt, nunmehr vonseiten der Verhaltensökonomik. Diese versucht, das tatsächlich zu beobachtende Verhalten von Menschen und die damit verbundenen Entscheidungen zu untersuchen. Laut Verhaltensökonomik reicht es nicht, Instrumente zu schaffen für Akteure, die nur rational und profitmaximierend handeln. Denn das bedeutet, viele Determinanten ihres Handelns auszublenden. Menschen handeln auch moralisch, ethisch, sie folgen Moden oder entscheiden nicht rational, sondern aus dem Bauch heraus.

Der amerikanische Politikwissenschaftler **Herbert Alexander Simon** (1916 bis 2001) lehrte ebenfalls in Chicago, allerdings am Illinois Institute of Technology, später an der Carnegie Mellon University in Pittsburgh. Er erhielt 1978 den Nobelpreis. In seinem Buch *Administrative Behaviour* entwickelte er 1947 eine neuartige Unternehmenstheorie, die vor allem die Entscheidungsbildung in großen Organisationen analysierte. Besonderes Augenmerk legte er dabei auf die Einflüsse der persönlichen und sozialen Bindungen der Menschen, die in Unternehmen Entscheidungen treffen. Er zog den Schluss, dass das Bild vom Kosten und

Nutzen rational kalkulierenden Homo oeconomicus in der Realität nicht zutrifft, dies auch, weil für den Einzelnen die Kosten der Informationsgewinnung oft zu hoch sind. Auch weil Menschen wüssten, dass es unmöglich ist, die Zukunft vollkommen vorauszuplanen, würden sie oft Dinge eher auf sich zukommen lassen. Danach sind Menschen nicht auf der Suche nach einem ökonomischen Optimum, wären also keine »optimizer« (Optimierer), sondern befriedigten lediglich ihre Bedürfnisse und seien daher »satisfier« (Befriediger). Simon stellte auch das vermeintlich in Unternehmen herrschende Prinzip der Gewinnmaximierung infrage. Denn aufgrund der unterschiedlichen persönlichen rationalen und emotionalen Ziele der Menschen seien nicht die »besten Lösungen« zu erreichen, sondern nur »zufriedenstellende«. Simon entwickelte aus diesen Ansätzen über die Jahre das Konzept der begrenzten Rationalität der Verhaltensökonomik, das er 1957 in seinem Aufsatz »A Behavioral Model of Rational Choice« vorstellte. Dieses widmet sich der Analyse der – im Vergleich zum Konzept des Homo oeconomicus realistischeren – Situation, dass das entscheidende Individuum zwar rational handeln will, dem aber Kosten, Mühen und Nutzenerwägungen entgegenstehen können, und man manchmal entscheidet, obwohl man zur Absicherung einer optimalen Entscheidung noch weitere Mühen hätte auf sich nehmen müssen.

Einer der bedeutendsten Denker der Verhaltensökonomik ist der amerikanisch-israelische Psychologe **Daniel Kahnemann** (geb. 1934). Er erhielt 2002 zusammen mit Vernon Lomax Smith den Nobelpreis für Wirtschaft. Beide bauten auf Simons Überlegungen auf. Kahneman verfasste zahlreiche Aufsätze mit **Amos Tversky** (1937 bis 1996), von denen der 1979 veröffentlichte Aufsatz »Prospect Theory: An Analysis of Decision Under Risk« als der bedeutendste und als einer der wichtigsten auf dem Gebiet der verhaltensorientierten Finanzierungslehre (Behavioural Finance), einer Teildisziplin der Verhaltensökonomik, gilt.

Kahneman und Tversky schlossen in ihrer Neuen Erwartungstheorie (Prospect Theory), dass das Nutzenempfinden sehr viel differenzierter ist und auch nicht mit dem Bild des logisch agierenden Homo oeconomicus allein zu erklären ist. Denn nutzenorientierte Entscheidungen würden durch »Verzerrungen« wie Sturheit, Selbstüberschätzung oder Angst vor Verlusten getroffen, aber auch durch »Verzerrungen« in der Wahrnehmung, etwa bei der Beurteilung von Wahrscheinlichkeiten.

Gegen Ende der 1970er-Jahre begannen Kahneman und Tversky ihre Zusammenarbeit mit Richard Thaler an der Stanford University. Ab den 1980er-Jahren publizierte Kahneman auch mit seiner Frau, der Psychologin Anne Treisman. Besonders bekannt wurde Kahnemans Experiment zu dem sogenannten Endowment-Effekt (Besitztumseffekt), dem Thaler (von dem später noch die Rede sein wird) 1980 diese Bezeichnung gab. Kahneman hatte zwei Gruppen von Testpersonen die gleichen Tassen gegeben. Die Testteilnehmer der einen Gruppe fragte er, welchen Preis sie fordern würden, wenn sie die Tasse verkaufen wollten, die Teilnehmer der anderen Gruppe fragte er, welchen Preis sie zu zahlen bereit seien, wenn sie sie erwerben wollten. Die »Verkäufer« gaben einen weit höheren Durchschnittspreis an als die »Käufer«, was Kahneman zu dem Schluss führte, dass der Wert, den man einem Gut zuschreibt, höher ist, wenn man es besitzt.

Vernon Lomax Smith (geb. 1927), der 2002 gemeinsam mit Kahnemann den Nobelpreis für Wirtschaftswissenschaften für seinen »Einsatz von Laborexperimenten als Werkzeug empirischer ökonomischer Analyse, insbesondere in Studien unterschiedlicher Marktmechanismen« erhielt, kam in Harvard durch eine Vorlesung Edward Hastings Chamberlins zur Experimentalökonomie. Der hatte beweisen wollen, dass Marktversagen aus dem Fehlen vollkommener Konkurrenz entstehen kann. Smith wurde zu einem der bedeutendsten Pioniere der Experimentalökonomie, insbesondere der experimentellen Kapitalmarktforschung.

Die Grenzen der Experimentalökonomie zu anderen neu entstandenen Disziplinen der Wirtschaftswissenschaften, wie Spieltheorie, Verhaltensökonomik (Behavioural Economics) und Neue Institutionenökonomik, sind fließend. Auch der Austausch mit den Naturwissenschaften wie der Hirnforschung wird ausgebaut und führte zur Begründung des neuen Forschungsgebiets der Neuroökonomie. Einer ihrer bedeutendsten Vertreter ist der in Zürich forschende schweizerisch-österreichische Ökonom **Ernst Fehr** (geb. 1956).

Spieltheoretische Modelle reichen auch in die Makroökonomik hinein. So die Matchingtheorie, die vor allem durch das Mortensen-Pissarides-Modell über die Fachwelt hinaus Aufmerksamkeit erfuhr. Denn dieses war Basis für die Verleihung des Nobelpreises an die Amerikaner **Dale Mortensen** (1939 bis 2014) **Peter Diamond** (geb. 1940) und den Zyprioten und Briten **Christopher Pissarides** (geb. 1948). Die von Diamond entwickelte Matchingtheorie war ein spieltheoretisches Konzept zur Verbesserung von Suchprozessen auf unvollkommenen Märkten. Mortensen und Pissarides wandten es dann auf den Arbeitsmarkt an und überwanden damit auch die statische Sicht zugunsten einer dynamischen, die über mehrere Zeitperioden geht. Im Grunde ging es um die Lösung des Problems, dass Arbeitgeber und Arbeitsuchende viel Geld und Zeit aufbringen müssen, um zueinander zu kommen. Mortensen und Pissarides entwickelten nun mathematische Formeln zu der Frage, wann und wie sich eine weitere Suche lohnt, und erarbeiteten ein Modell, das auch auf das moderne Verständnis unvollkommener Märkte allgemein wirkt.

Die Spieltheorie bleibt zu Beginn des 21. Jahrhunderts ein populäres Feld der Wirtschaftswissenschaft. 2012 erhielten die ausgewiesenen amerikanischen Spieltheoretiker, der Ökonom **Alvin Elliot Roth** (geb. 1951) und der Mathematiker **Lloyd Stowell Shapley** (1923 bis 2016) den Nobelpreis. Shapley lieferte die mathematisch-theoretischen Vorarbeiten, auf die Roth mit seinen Ideen zum

Marktdesign aufbaute. Auch hier geht es darum, wie verschiedene Akteure auf bestmögliche Art und Weise zusammenkommen. Shapley jedoch betrachtete außergewöhnliche Märkte, auf denen es nicht nur um Geld geht, wie etwa den Organhandel und die Zimmersuche von Studenten. Vor allem geht es Shapley darum, wie solche Märkte funktionieren können und wie sie manipulationssicher zu machen sind.

Auch Fragen von Marktmacht und Regulierung wurden zum Thema spieltheoretischer Gedanken. Der 2014 mit dem Nobelpreis ausgezeichnete Franzose **Jean Tirole** (geb. 1953) untersuchte in der Industrieökonomik das Verhalten von Unternehmen in Oligopolen und Probleme der Regulierung von Monopolen. Dabei gehen seine Ideen bis in die Spieltheorie hinein. Mit seinem Landsmann **Jean-Jacques Laffont** (1947 bis 2004) arbeitete er lang und eng zusammen. Ihr gemeinsames Buch *A Theory of Incentives in Procurement and Regulations* von 1993 gilt bereits als Klassiker betreffend den Einsatz von Anreizen in der Regulierungspolitik.

Schließlich erhielt 2017 mit **Richard H. Thaler** (geb. 1945) wieder ein Vertreter der Verhaltensökonomik den Nobelpreis. Bekannt wurde Thaler vor allem durch sein mit dem amerikanischen Rechtswissenschaftler **Cass Sunstein** (geb. 1954) 2008 veröffentlichtes Buch *Nudge: Improving Decisions About Health, Wealth, and Happiness* (dt. *Nudge: Wie man kluge Entscheidungen anstößt*). Ausgehend von der Annahme, dass Menschen zuweilen gegen ihre Interessen handeln (etwa wenn sie wider besseren Wissens nicht für das Alter sparen), erarbeitete er das Konzept der Nudges (dt. Schubser), um Menschen dazu zu bringen, in ihrem eigenen Interesse wirtschaftliche Handlungen zu betreiben. Wird es von staatlicher Seite betrieben, wird dieses Nudging auch »libertärer Paternalismus« genannt. Thaler und Sunstein haben dieses Konzept bereits in ihrem 2003 veröffentlichten Aufsatz »Libertarian Paternalism« beschrieben. Es schlägt sich beispielsweise in Handlungen nieder wie der Platzierung von Obst an einer Theke auf Augenhöhe, um damit gesunde Ernährung zu fördern. Es geht aber auch bis zu veränderten Voreinstellungen von Druckern, die dann in der Grundeinstellung doppelseitig drucken, um Papier zu sparen, bis hin zu der »Voreinstellung« der Organspende. In Deutschland muss man sich bereit erklären, in Österreich ist man automatisch Organspender, es sei denn man widerspricht, mit dem Ergebnis, dass in Österreich fast jeder Organspender ist, in Deutschland hingegen gerade mal jeder Zehnte. Kritik kommt an der Steuerung von Menschen durch das Nudging. Greift es in Grundrechte ein?

22 Globalisierung und Digitalisierung – Ansätze und Anregungen für das 21. Jahrhundert

Man kann einen Abgrund nicht in zwei Sprüngen überwinden.

Jeffrey Sachs

In der Wirtschaftswissenschaft gibt es kaum empirische Belege, die man nicht in Zweifel ziehen kann.

Angus Deaton

Die Welt hat sich immer im Wandel befunden. Doch seit Beginn des 21. Jahrhunderts verändert sie sich rasant. Der Wandel, der diese Epoche erfasst, ist zudem von besonderer Qualität, weil viele Menschen selbst intensiv erleben und erkennen, wie gravierend er auf vielen Gebieten ihres Lebens ist. Nicht nur die Globalisierung schreitet voran und führt dazu, dass Kulturkreise nicht nur mehr und mehr ineinandergreifen, sondern sich damit einhergehend zunehmend reiben und sogar in Teilen abgrenzen.

Machtblöcke, die im Kalten Krieg noch relativ klar abgegrenzt waren, verändern sich permanent und stellen alte Vertrauenslinien infrage. Vor allem die digitale Welt vernetzt die Kommunikation und verändert die Arbeit und das Wirtschaftsgefüge auch mit der immer intensiver betriebenen Entwicklung Künstlicher Intelligenz. Die Gewinnmargen traditioneller Industrien schrumpfen, ganze Branchen stehen infrage, da Unternehmen der digitalen Wirtschaft mit nur einem Bruchteil an Beschäftigten zudem weit höhere Umsatzgrößen erreichen. Keine Branche und kein Beruf bleiben vom Wandel durch Digitalisierung und Globalisierung unberührt. Noch weniger die Menschen als Einzelne: Lebenspläne unterliegen der Unsicherheit, da keiner weiß, ob er seinen Beruf in zehn Jahren überhaupt noch ausüben kann.

Und die Welt wird immer schneller. Riesige Summen von Kapital können mit einem Mausklick in Sekundenbruchteilen von Asien nach Europa und zurück geschickt werden. Weltweit agierende Unternehmen sind von staatlicher Seite immer weniger zu kontrollieren, können sich zum Beispiel aussuchen, wo und ob sie Steuern zahlen. Aspekte dieser Entwicklungen sind schon seit Jahrzehnten im Blickfeld wirtschaftswissenschaftlicher Denker. Die Gefahren des Machtverlustes von Staaten durch weltweit agierende Konzerne in der fortschreitenden Globalisierung behandelte die britische Ökonomin **Susan Strange** (1923 bis 1999) in ihrem 1996 veröffentlichten Buch *The Retreat of the State*.

Auch der kanadisch-amerikanische Ökonom **John Kenneth Galbraith** (1908 bis 2006) machte bereits während der zweiten Hälfte des 20. Jahrhunderts auf die Überfülle der Macht von Weltkonzernen und die wachsende Ohnmacht von Regierungen angesichts dieser Entwicklung aufmerksam. Galbraith wusste sich medial brillant in Szene zu setzen und hatte Einfluss auf die Sozial- und Wirtschaftspolitik Kennedys und Johnsons. Von vielen seiner Kollegen wurde er aber immer wieder angegriffen. Paul Samuelson sagte sogar einmal, Galbraith sei gar kein richtiger Ökonom.

Auf jeden Fall war Galbraith, wenn auch mit weniger Augenmerk auf wissenschaftlich bestechende Methodik, ein hervorragender Analytiker der Mechanismen in der Wirtschaft. Seine Bücher erreichten Millionenauflagen. Zu erwähnen ist *American Capitalism. The Concept of Countervailing Power* von 1952, in dem er auf die Gefahr der Zerstörung der freien Marktwirtschaft durch einen übermächtig werdenden Konzern hinwies und für mächtige Gewerkschaften als ebenjene »countervailing power« eintrat. Ein besonders einflussreiches Buch war *The Affluent Society* (dt. *Gesellschaft im Überfluss*), das er sechs Jahre später veröffentlichte. Darin wandte er sich sowohl gegen die freie Marktwirtschaft als auch gegen die keynesianische Theorie und deren gemeinsamen Lösungsansatz, Wirtschafts- und Gesellschaftsprobleme durch steigende Produktion zu lösen. Galbraith favorisierte einen anderen Weg und entwickelte seine »Theorie des sozialen Gleichgewichts«. Um ein soziales Gleichgewicht herzustellen, müsse für eine Angleichung der Arbeitslosenhilfe an den Durchschnittslohn und an die automatische Koppelung der Steuersätze an das Wirtschaftswachstum gesorgt werden. Wichtig sei überhaupt die Schaffung von breiten produktionsunabhängigen Einkommen. Solange es soziale Ungleichheit gebe, müsse man fiskalisch eingreifen.

An der Person Galbraith und seiner immer wieder aufflammenden »Renaissance« zeigt sich aber auch die Vielfalt der zu durchdenkenden Probleme in der Wirtschaftswissenschaft. Darin geht es nicht immer nur um das Handwerk der wissenschaftlichen Methodik, sondern auch um den zu neuen Ergebnissen für die wirtschaftspolitische Praxis führenden Gedanken, der im besten Fall in klare und verständliche Handlungsmaximen gesetzt werden kann.

Der Amerikaner **James Tobin** (1918 bis 2002) gilt als »Vater der neokeynesianischen Konjunkturtheorie«. 1981 erhielt er den Nobelpreis für Wirtschaftswissenschaften. Berühmt ist sein Name vor allem für die sogenannte Tobin-Steuer, eine Transaktionssteuer auf länderübergreifende Devisengeschäfte. Sie wird gerade zu Beginn des 21. Jahrhunderts immer wieder ins Spiel gebracht.

Tobin hatte diese Steuer 1972 im Jahr nach Ende des Bretton-Woods-Systems angeregt, um auf diese Weise Währungsspekulationen zu beschränken. Er wollte damit aber vor allem erreichen, dass die Bewertung von Währungen langfristigen Betrachtungen unterliegt und nicht Marktspekulationen unterworfen ist. Zunächst verhallte sein Vorschlag. Dann aber griff im Dezember 1997 unter dem Eindruck der damaligen Börsenturbulenzen in Asien der Leitartikel des spanischen Journalisten **Ignacio Ramonet** (geb. 1943) »Désarmer les marchés« (dt. »Die Märkte entwaffnen«) in der linken französischen Wochenzeitung *Le monde diplomatique*, deren Direktor Ramonet seinerzeit war, Tobins alte Idee auf. Das war der Startschuss der globalisierungskritischen Organisation Attac *(association pour une taxation des transactions financières pour l'aide aux citoyens)*, die 1998 gegründet wurde. Sie machte die Tobin-Steuer in abgewandelter Form zu einem zentralen Ziel. Nun sollte Tobins Steuer die Globalisierung stoppen und Geld sammeln für Entwicklungsprojekte. Tobin selbst sah seine Idee missbraucht und wehrte sich. Er sei ein Anhänger des Freihandels, des Internationalen Währungsfonds, der Weltbank und der Welthandelsorganisation – alles Institutionen, gegen die Attac kämpft.

Zu Beginn des 21. Jahrhunderts gewinnt auch angesichts einer festzustellenden raschen Erderwärmung und begrenzter Ressourcen bei wachsender Weltbevölkerung das weite Feld der Umweltökonomik an Bedeutung. Teilbereiche sind die Ressourcenökonomik (die das Augenmerk eher auf den Input und damit auf den optimalen Einsatz natürlicher Ressourcen richtet) und die Ökologische Ökonomik mit einem Versuch eines Neuansatzes und einem verstärkten Blick auf die Folgen des Outputs für die Umwelt.

Erste wichtige Arbeiten zu der Begrenztheit natürlicher Ressourcen hatte schon Harold Hotelling in seinem Aufsatz »The Economics of Exhaustible Resources« von 1931 mit der berühmten Hotelling-Regel geliefert, wonach der Preis einer erschöpfbaren Ressource mit einer Wachstumsrate ansteigen muss, die dem Zinssatz entspricht. Es war aber eine Regel, die auf einer Teilanalyse beruht und die auf umfassendere Gleichgewichtsmodelle nicht gültig angewandt werden konnte.

Eine eigentliche Umweltökonomik entstand erst nach dem Zweiten Weltkrieg mit der Frage der Berücksichtigung und der Einpreisung von Umwelteffekten in Wachstumsmodelle. Lösungsansätze in Deutschland kamen durch **Ernst Ulrich von Weizsäcker** (geb. 1939). Aufmerksamkeit erregte auch der Schweizer **Hans Christoph Binswanger** (geb. 1929) mit seinen Ideen zu ökologischen Steuerreformen und seinem Hinweis auf den Wachstumszwang durch Zinslast sowie die Gefahr des Entzugs von Investitionen, wenn der Zinssatz höher als die Wachstumsrate ist.

Vor allem seien aber zwei Denker genannt, die noch im 20. Jahrhundert wirkten, deren einflussreiche Arbeiten aber Aktualität gewannen. Die Rede ist von Nicholas Georgescu-Roegen und Ernst Friedrich Schumacher. Der rumänisch-amerikanische Mathematiker und Ökonom **Nicholas Georgescu-Roegen** (1906 bis 1994), ein Schüler Joseph Schumpeters, gehörte auch zu der ersten Reihe jener Denker, die aus ihrer Kritik am wachstumsorientierten Denken nach neuen alternativen Konzepten suchen.

Insbesondere mit seinem Hauptwerk *The Entropy Law and the Economic Process* von 1971 gilt Georgescu-Roegen als einer der Väter der Bioökonomie und als einer der bekanntesten Köpfe der Bewegung zur Wachstumsrücknahme (Degrowth Movement). In Frankreich hat die Bewegung unter dem Begriff »décroissance« (dt. Wachstumsrücknahme), die in ihrer Heterogenität über Ansätze aus der alten Boden- und Geldreformbewegung bis hin zu Attac führt, mit dem Ökonomen und Philosophen **Serge Latouche** (geb. 1940) ihren herausragenden Kopf.

Georgescu-Roegen führte mit seinen radikalen Gedankengängen naturwissenschaftliche Kategorien in die Wirtschaftswissenschaft ein. So integrierte er den ersten und zweiten Hauptsatz der Thermodynamik und den Begriff der Entropie in die Wirtschaftswissenschaften.

Der erste Hauptsatz der Thermodynamik besagt: Energie kann weder geschaffen noch vernichtet werden und beschreibt damit die Unmöglichkeit eines Perpetuum mobile. Der zweite Hauptsatz besagt, dass die Konzentration von Energie sinkt und der Anteil »zerstreuter« Energie steigt. Die Energie ist noch da, aber man kann sie nicht mehr nutzen. Es ist wie mit der Wärmeenergie in einem heißen Becher, die in den Raum übergeht, während sich die Bechertemperatur der des Raums angleicht. Ironischerweise wurde der Begriff der Entropie einst eingeführt, um den begrenzten Wirkungsgrad von Dampfmaschinen zu beschreiben.

Essenziell für den Gedanken der Entropie ist, dass Energie in einem geschlossenen System niemals abnimmt (die Erde wird hier als das geschlossene System betrachtet), sich nur verteilt. Angewandt auf wirtschaftliche Produktion führt das zum Schluss, dass man im Jetzt auf Kosten der Zukunft lebt. Dies fasste Georgescu-Roegen in der berühmten pointierten Aussage zusammen: »Wenn wir über Details hinwegsehen, können wir sagen, dass jedes heute geborene Baby weniger Leben in der Zukunft bedeutet. Aber auch jeder Cadillac, der irgendwann produziert wird, bedeutet weniger Leben in der Zukunft.«

Der in Deutschland geborene und vor den Nationalsozialisten nach England geflohene **Ernst Friedrich Schumacher** (1911 bis 1977) veröffentlichte 1973 *Small is Beautiful*, eine Sammlung von Essays, in der er als Ziel des Wirtschaftens ein Höchstmaß an menschlichem Wohlbefinden bei möglichst wenig Verbrauch von Ressourcen forderte. Das Buch wurde zu einem weltweiten Bestseller und Schumacher zu einem der wichtigsten frühen Denker für ein nachhaltiges Wirtschaften. Schumachers Buch erschien in einer Zeit, in der 1972 der Club of Rome, ein Zusammenschluss von Experten aus zahlreichen Ländern der Welt, mit seiner Studie *Die Grenzen des Wachstums* eindringlich und aufsehenerregend vor den Folgen unbegrenzter Ressourcenausbeutung warnte.

Im Zuge der Globalisierung, einem zunehmenden allgemeinen Gefühl nicht gerechter Einkommens- und Vermögensverteilung, dies einhergehend mit wachsenden Unsicherheiten für Lohnabhängige, fanden und finden auch wieder die Analysen von an Marx anknüpfenden Denkern Gehör.

Hervorzuheben ist der Amerikaner **Paul Malor Sweezy** (1910 bis 2009), der ein Schüler Schumpeters war. Von großem Einfluss war sein Buch The *Theory of Capitalist Development* von 1942, das in deutscher Sprache als *Theorie der kapitalistischen Entwicklung* erschien. Sweezys Ausbau der von Marx vertretenen Positionen in Bezug auf die Entwicklung der Wirtschaften und Gesellschaften des 20. Jahrhunderts mündet in der These, dass schließlich Staat und Kapital zusammenarbeiten würden, um das kapitalistische System zu erhalten, was sowohl in den Faschismus führe als auch zur Expansion des Systems über den Erdball.

Sweezy beeinflusst mit seiner Arbeit bis heute die Argumentation und das Denken der Globalisierungskritik. Sein mit **Paul Alexander Baran** (1910 bis 1964) verfasstes Buch *Monopoly Capital* von 1966, das das moderne marxistische Denken mitgeprägt hat, stellt das Konzept der Überproduktion als Alternative zu Marx' Konzept des Mehrwerts vor. Überproduktion trage zur Unterdrückung ihrer Schöpfer (der Arbeiter) bei, führe zu sinnlosem Konsum und verbreite sich über die Welt. Sweezy und Baran blieben aber verhaftet in ihrer These der Ausbeutung und übersahen den Wachstumseffekt der Überproduktion und damit deren Auswirkungen auf eine Verbesserung der wirtschaftlichen Situation von Arbeitern.

Der Neomarxismus wird auch vertreten durch den britischen Geografen **David Harvey** (geb. 1935), der den Kapitalismus in Gestalt des Neoliberalismus als vorherrschend wirksames Wirtschaftsmodell der heutigen Zeit einer umfassenden Kritik unterzieht. Angelehnt an Marx sieht er den Kapitalismus als gezwungen, permanent das Kapital zirkulieren zu lassen, warum er in alle erdenklichen Räume geografischer und sozialer Art ausgreifen muss. Als herausragender Vertreter neuerer marxistisch inspirierter Rezeptionen in Frankreich ist zudem **Michel Aglietta** (geb. 1938) zu nennen, der in seinem vor allem in Frankreich einflussreichen Werk *Régulation et crises du capitalisme* von 1976 den Waren- und Lohnverhältnissen nachspürte.

Zu den wichtigsten Denkern der modernen Außenhandelstheorie gehört **Paul Robin Krugman** (geb. 1953). Sein 1979 veröffentlichter Aufsatz »Increasing Returns, Monopolistic Competition, and International Trade« gilt als Beginn der Neuen Handelstheorie (New Trade Theory), öffnete neue Blickwinkel auf den intraindustriellen Handel und führte zu einem neuen Verständnis der gesamten

Außenhandelstheorie. Krugman brachte die Theorie der monopolistischen Konkurrenz ein und modifizierte die seit David Ricardo akzeptierte Annahme der konstanten Skalenerträge. Denn er erkannte, dass auch »economies of scale«, steigende Skalenerträge, also niedrige Durchschnittskosten aufgrund höherer Produktionszahlen, der Antrieb für Freihandel sind. Außerdem erschließe der Freihandel größere Absatzmärkte und verbessere die Kostenstruktur von Unternehmen. Auch Verbraucher profitierten vom Freihandel. Denn sie erhalten die Produkte preiswerter und haben eine größere Auswahl an Produkten.

Seinen Ansatz unterstrich Krugman in seinem Aufsatz »Scale Economies, Product Differentiation, and the Pattern of Trade« im Jahr 1980. Anfang der 1990er-Jahre begründete Krugman die sogenannte Neue Ökonomische Geografie. Dabei integrierte er die Ansätze seiner Aufsätze von 1979 und 1980 und bezog den Raum als Determinante für Produktions- und Handelsentscheidungen ebenso ein wie andere Faktoren, zum Beispiel Transportkosten. Der Annahme der immobilen Produktionsfaktoren wurde die Annahme mobiler Produktionsfaktoren entgegengesetzt und die Annahme vollkommener Märkte wurde ersetzt durch die Annahme mehrerer möglicher Gleichgewichte. Insbesondere in seinem 1991 veröffentlichten Buch *Geography and Trade* legte Krugman diese Ansätze dar und zeigte die Wechselwirkungen von Ballungszentren und weniger besiedelten Räumen auf.

Im Jahr 2008 erhielt Krugman den Nobelpreis für Wirtschaftswissenschaften für seine »Analyse von Handelsstrukturen und Standorten ökonomischer Aktivität«. Neben ihm ist auch **Elhanan Helpman** (geb. 1946) als wichtiger Denker der modernen Außenhandelstheorie zu nennen. Gemeinsam veröffentlichen sie 1985 das einflussreiche Buch *Market Structure and Foreign Trade*.

Bedeutende Beiträge zur Außenhandelstheorie zu Beginn des 21. Jahrhunderts hat auch der in Indien geborene US-Ökonom **Jagdish Bhagwati** (geb. 1934) geliefert. Sein Buch *The World Trading System at Risk* von 1991, das vor dem Hintergrund der Verhandlungen der in der sogenannten Uruguay-Runde ins Stocken geratenen Gespräche des GATT (der Vorläuferorganisation der WTO) erschien, enthielt Forderungen nach einer Liberalisierung des weltweiten Handels, vor allem um den – insbesondere durch die USA – praktizierten Tendenzen von Protektionismus und wirtschaftlichen Hegemonismus entgegenzutreten. Mit dem Buch beeinflusste Bhagwati die Gründung der World Trade Organisation (WTO) 1995. In seinem Buch *In Defense of Globalization* von 2004 vertrat Bhagwati die Auffassung, dass Globalisierung die Armen nicht ärmer mache, sondern das Gegenteil bewirke. Das Buch kann auch als Antwort auf ein 2002 von Joseph Stiglitz veröffentlichtes, eher populärwissenschaftliches Buch gesehen werden.

Joseph Stiglitz (geb. 1943) hatte 2001 für seine Arbeiten über das Verhältnis von Information und Märkten zusammen mit George Akerlof und Michael Spence den Nobelpreis erhalten. Er hatte herausragende Arbeiten zu Fragen der Mikroökonomik, speziell zu unvollkommenen Märkten vorgelegt. Herauszuheben ist sein mit **Michael Rothschild** (geb.1942) verfasster Aufsatz »Equilibrium in Competitive Insurance Markets. An Essay on the Economics of Imperfect Information«, der das Instrument des »Screening« einführte, bei dem »nichtinformierte« Marktteilnehmer, in diesem Falle die Versicherer, Anreize für die »informierten Marktteilnehmer« bereitstellen, damit diese ihnen Informationen liefern. 1994 erschien Stiglitz' Buch *Whither Socialism?* (dt. *Wohin Sozialismus?*). Darin gab er einen Überblick über die Theorieentwicklung unvollkommener Märkte. Er kam zu dem Schluss, dass Marktsozialismus aus dem Fehler des neoklassischen Modells entstand, kaum Antworten auf unvollständige Information und unvollständige Märkte zu geben. Unvollständige Märkte sind für Stiglitz jedoch die Regel und nicht die Ausnahme, wie das die neoklassische Theorie annimmt.

Stiglitz' Buch von 2002, auf das Bhagwati reagierte, war *Globalization and its Discontents* (dt. *Die Schatten der Globalisierung*), das ein weltweiter Bestseller wurde und dazu führte, dass Stiglitz vor allem von Globalisierungskritikern viel zitiert wurde. Stiglitz hatte darin die Wirtschafts- und Entwicklungspolitik der USA sowie die Arbeit der World Trade Organisation (WTO), der Weltbank und des Internationalen Währungsfonds (IWF) kritisiert und allen diesen Institutionen vorgeworfen, lediglich den Interessen der Industriestaaten und der Finanzwelt zu dienen. Der IWF habe die Asienkrise von 1997 ebenso verschärft wie die Russlandkrise im Jahr darauf. Vor allem die Liberalisierung der weltweiten Finanzmärkte nannte Stiglitz einen Fehler, da dies in Krisenzeiten Kapitalflucht noch begünstige, denn auch kurzfristige Kapitalspekulation könne Länder in Zeiten der Globalisierung destabilisieren. Bhagwati aber monierte, Stiglitz verwechsle Kritik an den Institutionen mit Kritik an der Globalisierung selbst.

Tatsächlich sieht Stiglitz trotz seiner Kritik die Globalisierung an sich positiv. Auch Deregulierung befürwortet er, vor allem wenn es darum geht, dass der Staat sich als Akteur aus dem Wirtschaftsgeschehen zurückzieht. Jedoch fordert er einen ausgewogenen Einsatz der Mittel und Transparenz, gerade bei den Institutionen. Wichtig seien durchsetzbare Regeln und die Bewahrung der Handlungsfähigkeit des Staates. Diese Ansichten legte er in einem weiteren Bestseller dar, dem 2006 erschienenen Buch *Making Globalization Work*.

Die Auseinandersetzung um die Globalisierung kreist auch um theoretische Begründungen und graduelle Differenzen zwischen den beteiligten Ökonomen und es geht um handwerkliche Genauigkeiten. Stiglitz warf Bhagwati vor, im 19. Jahrhundert stecken geblieben zu sein. Der fast 90-jährige Paul Samuelson reagierte auf Bhagwati 2004 mit seinem Aufsatz »Where Ricardo and Mill Rebut and Confirm Arguments of Mainstream Economists Supporting Globalization«, indem er auf Situationen hinwies, wo Freihandel zu unerwünschten Effekten führen könne und Globalisierung nicht per se positiv sei. Einig wiederum waren sich

Bhagwati und Stiglitz in der Kritik an dem amerikanischen Ökonomen **Jeffrey David Sachs** (geb. 1954) und dessen Konzepten von Schocktherapien für Entwicklungsländer. Bhagwati nannte Sachs einen Technokraten. Veränderungen zum Besseren müssten Schritt für Schritt vorgenommen werden.

Sachs hatte auch eine Erhöhung der Entwicklungshilfe gefordert. Dafür griff ihn der amerikanische Ökonom **William Russell Easterly** (geb. 1957) an. Easterlys Forschungsschwerpunkt ist die Entwicklungstheorie. Seine Ansichten legte er etwa in dem 2006 erschienenen Buch *The White Man's Burden: Why the West's Efforts to Aid the Rest Have Done So Much Ill and So Little Good* dar. Easterly glaubt, der Westen habe noch immer eine patriarchalische Haltung, die sich auch in den Hilfsprojekten berühmter Aktivisten wie Bob Geldof und Bono niederschlage, die Easterly dafür auch immer wieder kritisiert. Die »Top-down«-Strategie der Entwicklungspolitik müsse von einer »Bottom-up«-Strategie abgelöst werden; viele kleine Projekte an der Basis sollten die bislang großen und von oben herab geplanten Projekte ersetzen.

Aus Entwicklungsländern mehrten sich zu Beginn des 21. Jahrhunderts sogar die Stimmen von Ökonomen, die dazu aufrufen, alle Entwicklungshilfe zu stoppen; dazu gehört der kenianische Ökonom **James Shikwati** (geb. 1970). Denn, so Shikwatis Argument, Entwicklungshilfe belasse die Entwicklungsländer in ihrer Abhängigkeit und unterdrücke Unternehmergeist und den Handel. Außerdem würden mit Geldern aus der Entwicklungshilfe korrupte und autoritäre Regime gestützt.

Auch der in Schottland geborene **Angus Stewart Deaton** (geb. 1945) kritisiert die Entwicklungshilfepolitik, so in seinem 2013 erschienenen Buch *The Great Escape*. Entwicklungshilfe sei eine Illusion, die das schlechte Gewissen der reichen Länder beruhige, die armen Länder aber in Abhängigkeit halte. Deaton hatte 2015 den Nobelpreis erhalten. Er hatte sich mit der permanenten Einkommenshypothese Friedmans von 1956 auseinandergesetzt, wonach Menschen ihre Entscheidungen an den Erwartungen über ihre langfristigen Einkommen ausrichten und daher ihre Ausgaben für Konsum weniger schwanken als ihre Einkommen. Deaton wies empirisch nach, dass die Entscheidungen für Konsum oft auch anhand anderer Einflussgrößen wie etwa der Art des Einkommens getroffen werden. Die geringeren Schwankungen des Konsums seien im Vergleich zu Schwankungen des Einkommens aber oft trotzdem zu beobachten, was zur Formulierung des Deaton-Paradoxes führte.

Einen neuen Impuls zur Lösung der Probleme von Entwicklungsländern setzte der peruanische Ökonom **Hernando de Soto** (geb. 1940), der die Bedeutung des gesicherten Eigentums hervorhob. Dieser Gedanke griff zurück auf die Neue Institutionenökonomik und dort speziell auf die Theorie der Verfügungsrechte beziehungsweise Property-Rights-Theory, wie sie vor allem durch Harold Demsetz und auch Amen Alchian ausgearbeitet wurde, geht aber zurück bis auf John Lockes Betonung der Bedeutung des Privateigentums.

In seinem 1986 erschienenen Buch *El otro sendero* (dt. *Marktwirtschaft von unten. Die unsichtbare Revolution in Entwicklungsländern*) legte de Soto dar, dass in seinem Heimatland Peru bis zu zwei Drittel der Wirtschaftsleistung von der Schattenwirtschaft erbracht werden. Er folgerte, dass der Kapitalismus in der Dritten Welt keineswegs versagt habe, sondern sich lediglich aufgrund versagender Institutionen (vor allem in Bezug auf Eigentumsrechte) nicht entfalten könne.

In seinem aufsehenerregenden Buch *Mystery of Capital* (dt. *Freiheit für das Kapital*) von 2000 entwickelte de Soto seine These weiter, dass vor allem nicht funktionierende Rechtsinstitutionen unterentwickelte Länder nicht vorankommen lassen. Daher seien Häuser und Grundstücke, die nicht als Eigentum registriert sind, nur informelles Eigentum und könnten nicht aktiviert werden. So könnten sie beispielsweise nicht als Sicherheit für Kredite und damit für Investitionen zur Verfügung stehen. Dieses Problem müsse beseitigt werden, indem armen Menschen, etwa in wild errichteten Siedlungen, endlich das Eigentumsrecht an Boden und Haus gewährt werde.

De Sotos Arbeiten üben starken Einfluss auf die Neue Institutionenökonomik aus, insbesondere weil seine Schlussfolgerungen nicht Ausbeutung, Ressourcenmangel oder unfairen Welthandel als Kernerklärung für Unterentwicklung liefern, sondern das Funktionieren von Institutionen als Hauptvoraussetzung für die Entwicklung eines wirtschaftlich prosperierenden Gemeinwesens nahelegen.

Der amerikanische Ökonom und Wirtschaftsjournalist **Tom Bethell** (geb. 1936) veröffentlichte unter dem Einfluss von de Sotos Arbeiten 1998 sein Buch *The Noblest Triumph*, dessen Titel angelehnt ist an ein Zitat Jeremy Benthams von 1802, der meinte, das Recht, das dem Eigentum Sicherheit gebe, sei »the noblest triumph of humanity over itself«. Bethell wies auf die Versäumnisse der Wirtschaftstheorie bei der Durchdringung der Bedeutung von Eigentum hin und führte viele wirtschaftliche Probleme auf ungeklärte Eigentumsrechte zurück. Er nannte die zurückgebliebene arabische Welt, die Entwicklungsländer oder auch die Abschaffung des Privateigentums in der Sowjetunion und China. Bethell betonte jedoch gleichzeitig, dass die Rechte auf Leben und Freiheit des Einzelnen nicht den Eigentumsrechten untergeordnet werden dürften.

Was die Sicht auf das wirtschaftspolitische Verhalten der traditionellen wirtschaftlich hochentwickelten Länder betrifft, erregte der südkoreanische Ökonom **Ha-Joon Chang** (geb. 1963) mit seinem Buch *Kicking Away the Ladder: Development Strategy in Historical Perspective* von 2002 weltweites Aufsehen. Er argumentierte, es seien vor allem die reichen Länder, die Schutzzölle einsetzten und so die »Leiter umstoßen« würden, auf der ärmere Länder aufsteigen könnten. Chang fordert – ähnlich wie einst Friedrich List – Schutzzölle und Subventionen lediglich für Länder einzusetzen, die aufsteigen wollen. Anders seien diese nicht in der Lage, Branchen zu entwickeln, in denen sie bislang unterlegen sind.

Die Wirtschaftstheorie ist zu Beginn des 21. Jahrhunderts vielfältig. Immer neue Forschungsfelder kommen hinzu. Dabei eröffnen vor allem neu eingenommene Blickwinkel vollkommen neue Erkenntnismöglichkeiten. Beispielhaft genannt sei hier die feministische Ökonomik, die die Tatsache aufgreift, dass bislang in der Wissenschaft der Beitrag und die Belange der Frau nicht ausreichend betrachtet und erforscht werden.

Pionierarbeiten stammen aus der Mitte des 20. Jahrhunderts unter anderen von der amerikanischen Journalistin **Jane Jacobs** (1916 bis 2006), der dänischen Ökonomin **Ester Boserup** (1910 bis 1990) mit ihrem 1970 erschienenen Buch *Woman's Role in Economic Development* und von der Neuseeländerin **Marilyn Waring** (geb. 1952) mit ihrem Buch *If Women Counted: A New Feminist Economics* von 1988, das eine fundamentale Systemkritik an der bestehenden Volkswirtschaftlichen Gesamtrechnung ist, da von Frauen geleistete Arbeit nicht berücksichtigt sei. Zu nennen sind auch Nancy Folbre und Edith Kuiper.

In der feministischen Ökonomik geht es auch um die Wechselbeziehungen der Geschlechter und deren Auswirkungen auf die Ökonomie. Untersucht wird die Stellung der Frau bei Bildung, Macht und beim Recht auf den eigenen Körper. Es geht um die Rolle der Frau im Arbeitsmarkt, die oft mangelnde oder schlechte Entlohnung von Frauen bei von ihnen geleisteten Arbeiten und die Rolle der Frau in der Werbung; nicht zuletzt aber auch um patriarchalische Rahmenbedingungen, insbesondere patriarchalische Strukturen des Kapitalismus.

Zentrale Fragen der feministischen Ökonomik sind auch die ökonomische Bedeutung der Arbeit der Frau für Haus und Familie, aber auch bei der Pflege. All dies müsse Eingang in die moderne Wirtschaftstheorie finden. Feministische Ökonomik beschäftigt sich zudem mit der sogenannten Reproduktionsarbeit. Dazu gehört die gesamtökonomische Bedeutung der Arbeit der Frau beim Gebären und Heranziehen von Kindern, bei der Pflege von Familienmitgliedern (dies oft diskutiert unter dem Begriff »Care«).

Die feministische Ökonomik ist kein einheitliches, fest umrissenes Forschungsfeld, aber ein weites und sehr interessantes, das neue Sichtweisen eröffnet, so beispielsweise den Blickwinkel, dass das Bild des rationalen und egoistischen Homo oeconomicus ein männliches Bild sei.

Auch der Keynesianismus hat zu Beginn des 21. Jahrhunderts eine neue Stufe erreicht. Hier versucht der Neokeynesianismus, aus seiner Position der neoklassischen Synthese die keynesianische Lehre in Fragen des Marktungleichgewichts zu erweitern. Dazu gehört der von dem israelisch-amerikanischen Ökonom **Don Patinkin** (1922 bis 1995) 1955 entwickelte Ungleichgewichtsansatz im Patinkin-Modell ebenso wie Arbeiten des Franzosen **Edmond Malinvaud** (1923 bis

2015), des Amerikaners **Robert Wayne Clower** (1926 bis 2011), des Schweden **Axel Leijonhufvud** (geb. 1933) und des bereits erwähnten Robert Joseph Barro.

Nicht zu verwechseln mit dem Neokeynesianismus ist der Neukeynesianismus. Dieser steht weniger als der Neokeynesianismus in der Tradition der Lehre von Keynes, sondern eher in der Tradition der neoklassischen Gleichgewichtstheorie. Deshalb wird der Neukeynesianismus auch oft als neue neoklassische Synthese bezeichnet. Joseph Stiglitz, von dem oben schon die Rede war, gilt als wichtiger Vertreter des Neukeynesianismus.

Gegenpol zu Neokeynesianismus und Neukeynesianismus ist die Neue Klassische Makroökonomik. Deren Begründer ist **Robert Emerson Lucas** (geb. 1937) mit seiner Theorie der rationalen Erwartungen, für die er 1995 den Nobelpreis erhielt. Die Theorie der rationalen Erwartungen war 1961 von **John Fraser Muth** (1930 bis 2005) entwickelt worden. Lucas baute sie aus. Diese Theorie hat als Ergebnis, dass Individuen in ihren Vorhersagen keine systematischen Fehler, sondern nur zufällige begehen und daher nicht vorhersehbar von den Voraussagen oder Ergebnissen der benutzten ökonomischen Modelle abweichen.

Vor allem in seinem Buch *Studies in Business-Cycle Theory* von 1981 erweiterte Lucas die neoklassische Theorie. Berühmt wurde auch seine nach ihm benannte Lucas-Kritik, die er erstmals in seiner Arbeit »Econometric Policy Evaluation: A Critique« von 1976 erwähnte. Erfahrungen der Vergangenheit reichen demnach nicht aus, um das Verhalten von Handelnden vorherzusagen, sondern es müssten auch Lernfähigkeit und die Fähigkeit, Folgen zu antizipieren, einbezogen werden. Jede Änderung der Wirtschaftspolitik ändert das Verhalten von Individuen und damit die Parameter des Modells. So handeln die Akteure beispielsweise bei wiederholtem Einsatz einer wirtschaftspolitischen Maßnahme anders als beim ersten Mal.

Die Lucas-Kritik stellte die keynesianische Theorie auf den Kopf, denn sie gab den Zweifeln an den positiven Einflüssen einer steuernden Wirtschaftspolitik ein theoretisches Fundament. Letztlich führte sie zurück zu der Annahme Adam Smiths von der »unsichtbaren Hand«, wonach die Entscheidungen des Einzelnen im Marktgeschehen letztlich zu den besten Ergebnissen für die Gesamtwirtschaft führen. Eine Wirtschaftspolitik hingegen, so lässt sich aus der Lucas-Kritik schließen, ist nur dann – möglicherweise – erfolgreich, wenn sie stetig und glaubwürdig für die Marktteilnehmer ist.

Zu Vertiefungen des Wissens um ökonomische Abläufe aufgrund des Verhaltens von Menschen gelangten – ebenfalls im Sinne der Neuen Klassischen Makroökonomik – der Norweger **Finn Kydland** (geb. 1943) und der Amerikaner **Edward Christian Prescott** (geb. 1940). Sie legten in ihrem berühmten Aufsatz »Rules rather than Discretion« von 1977 dar, wie langfristig beschlossene wirtschaftspolitische Entscheidungen im Lauf der Zeit unter politischem Druck immer wieder aufgeweicht oder zurückgenommen werden. Eines der zentralen Argumente gegen das konsequente Verfolgen von einmal Beschlossenem sei zum Beispiel das Argument, man habe neue Daten beziehungsweise die Einflussgrößen hätten sich geändert.

Mit ihrer Analyse lieferten Kydland und Prescott auch theoretische Belege für die Bedeutung der Unabhängigkeit von Zentralbanken und des Stabilitätspakts für den Euro. 1982 spürten Kydland und Prescott in dem Aufsatz »Time to Build and Aggregate Fluctuations« den Ursachen von Konjunkturzyklen nach und folgerten, dass schubweise technologische Innovationen zu Veränderungen von Preisen und Nachfrage führen und so Aufschwünge, aber auch Rezessionen auslösen können. 2004 erhielten Kydland und Prescott den Nobelpreis für Wirtschaftswissenschaften für »ihre Beiträge zur dynamischen Makroökonomik: Die Zeitkonsistenz von Wirtschaftspolitik und die treibende Kraft von Konjunkturzyklen«.

Was die Geldpolitik der Zentralbanken betrifft, entwickelte der Amerikaner John B. Taylor (geb. 1946) 1993 die Taylor-Regel. Diese beschreibt im Wesentlichen eine Vorgehensweise zur Festlegung des Leitzinses, der aus Wirtschaftswachstum und Inflationsrate errechnet wird.

Als Mitbegründer der Neuen Klassischen Makroökonomik gelten neben Lucas auch dessen Landsmänner **Neil Wallace** (geb. 1939) und **Thomas Sargent** (geb. 1943). Sargents mit Wallace aufgestellte These der Politikineffektivität – sie baut auf Lucas' Theorie auf – besagt, dass eine systematische und daher voraussehbare Geldpolitik keinen realen Einfluss auf die Wirtschaft habe. Thomas Sargent erhielt mit **Christopher Sims** (geb. 1942) 2011 den Nobelpreis. Sims hatte Methoden entwickelt, wie Auswirkungen von wirtschaftspolitischen Maßnahmen besser gemessen und prognostiziert werden können.

Wie sehr die Wirtschaftswissenschaft um ihr Selbstverständnis und ihre Standards ringt, zeigt die Kritik an der modernen Makroökonomik. Ihren Modellen wird Realitätsferne vorgeworfen, etwa durch den amerikanischen Ökonomen **Paul Romer** (geb. 1955), ab 2016 Chefvolkswirt der Weltbank, in seinem Aufsatz »The Trouble with Macroeconomics« von 2016. Laut Romer habe die Makroökonomik in den letzten drei Jahrzehnten keinerlei Fortschritte gemacht. Insbesondere kritisierte er das neoklassische Modellgerüst, auf dem neukeynesianische dynamische stochastische allgemeine Gleichgewichtsmodelle (DSGE-Modelle) aufbauen.

Bereits 2015 löste Romer mit seinem Aufsatz »Mathiness in the Theory of Economic Growth« die sogenannte Mathiness-Debatte aus. Romer warf insbesondere Lucas und Prescott vor, anhand überbordender Mathematik (»Mathiness«) im Grunde ihre Agenda zu verschleiern. Romer traf einen Nerv. Krugman stimmte ihm zu.

Neue weltweite Diskussionen in der Wirtschaftswissenschaft löste schließlich der französische Ökonom **Thomas Piketty** (geb. 1971) aus. Er forscht vor allem zu Ungleichheit und Einkommensverteilung und kommt zu dem Schluss, dass ein ungezügelter Markt und ein ungezügelter Kapitalismus zu Vermögenskonzentrationen führen, wenn die Kapitalrendite größer als das Wachstum ist. Diese Entwicklung gefährde das Wachstum und schließlich die Demokratie. In seinem 2013 erschienenen Buch *Le capital au XXIe siecle* (deutsch *Das Kapital im 21. Jahrhundert*), das ein weltweiter Bestseller wurde, sagte er, dass Ungleichheit ein immanentes Merkmal des Kapitalismus sei, und trat dafür ein, diese durch eine progressive Besteuerung der Einkommen und durch Vermögenssteuern zu begrenzen.

Schlusswort und Ausblick

Wie dieser kurze Überblick hoffentlich gezeigt hat, sind das ökonomische Denken und damit die Wirtschaftswissenschaft variantenreich und kontrovers, tragen aber gerade dadurch immer wieder wesentlich dazu bei, wirtschaftliches und auch gesellschaftliches Handeln besser zu verstehen und besser zu organisieren.

Dieses Buch hat hoffentlich auch gezeigt, dass Lösungswege für wirtschaftliche und gesellschaftliche Herausforderungen gerade dann gefunden werden können, wenn die Blickwinkel der Forschung und Lehre vielfältig und ideenreich bleiben und wenn Wissenschaften sich dauerhaft gegenseitig inspirieren.

Das ökonomische Denken war und ist facettenreich. Es hat in den letzten Jahrzehnten sogar noch weitere Facetten hinzugewonnen. Wenn es den Wirtschaftswissenschaften gelingt, sich mit der Gesellschaft und anderen Wissenschaften auszutauschen, Verbindungen zu betonen und weiter versucht wird, Antworten auf die Frage zu finden, wie wir am besten zum Wohl aller wirtschaftlich handeln, dann werden beide gewinnen: die Wissenschaft und die Gesellschaft.

Vielleicht steht zu Beginn des 21. Jahrhunderts ein nächster Paradigmenwechsel unmittelbar bevor. Die Herausforderungen liegen offen zutage: Es sind die wachsenden Ansprüche daran, wie Ökonomie gedacht und umgesetzt werden muss, dies vor dem Hintergrund zunehmender ökologischer, politischer, gesellschaftlicher, technologischer, politischer und immer komplexer werdender Herausforderungen.

Keynes, der mit seinem Denken einst selbst einen wesentlichen Paradigmenwechsel in der Wirtschaftswissenschaft bewirkte, wird oft die Aussage zugeschrieben: »Wenn sich neue Tatsachen ergeben, ändere ich meine Meinung. Was tun Sie?«

Literatur und weiterführende Literatur

Baloglou, Christos P.: Wirtschaft und Technologie im antiken Griechenland, Marburg 2007.
Bellinger, Bernhard: Geschichte der Betriebswirtschaftslehre, Stuttgart 1967.
Bendixen, Peter: Die Unsichtbare Hand, die Freiheit und der Markt. Das weite Feld ökonomischen Denkens, Münster 2009.
Blaug, Mark: Systematische Theoriegeschichte der Ökonomie, 4 Bände, München 1971.
Blaug, Mark: Economic Theory in Retrospect, Cambridge 1997.
Brockhoff, Klaus: Betriebswirtschaftslehre in Wissenschaft und Geschichte, Wiesbaden 2008.

Gaugler, Eduard, Köhler, Richard (Hrsg.): Entwicklungen der Betriebswirtschaftslehre, Stuttgart 2003.
Goldschmidt, Nils (Hrsg.): Wirtschaft, Politik und Freiheit. Freiburger Wirtschaftswissenschaftler und der Widerstand, Tübingen 2005.

Hagemann, Harald (Hrsg.): Zur deutschsprachigen wirtschaftswissenschaftlichen Emigration nach 1933, Marburg 1997.
Herz, Dietmar; Weinberger, Veronika (Hrsg.): Lexikon der ökonomischen Werke, Stuttgart 2006.
Hesse, Helge: Personenlexikon der Wirtschaftsgeschichte, Denker, Unternehmer und Politiker in 900 Porträts, Stuttgart 2009.
Hesse, Nils: Wirtschaftsthemen verständlich vermitteln, Stuttgart 2018.

Issing, Otmar (Hrsg.): Geschichte der Nationalökonomie, München 1994.

Jonung, Lars (Hrsg.): The Stockholm School of Economics Revisited, Cambridge 1991.

Koesters, Paul-Heinz: Ökonomen verändern die Welt, Hamburg 1984.
Kolb, Gerhard: Geschichte der Volkswirtschaftslehre, München 2004.
Koslowski, Peter: Politik und Ökonomie bei Aristoteles, Tübingen 1993.
Kruber, Klaus-Peter: Theorie der Marktwirtschaft, Münster 2002.
Kurz, Heinz D.: Klassiker des ökonomischen Denkens, 2 Bände, München 2008 und 2009.
Kurz, Heinz D.: Geschichte des ökonomischen Denkens, München 2017.

Niehans, Jürg: A History of Economic Theory: Classic Contributions, 1720–1980, Baltimore 1990.

Oncken, August: Geschichte der Nationalökonomie. Erster Teil: Die Zeit vor Adam Smith, Leipzig 1902.

Piper, Nikolas (Hrsg.): Die großen Ökonomen, Stuttgart 1996.
Piper, Nikolas (Hrsg.): Die neuen Ökonomen, Stuttgart 1997.
Pierenkemper, Toni: Geschichte des modernen ökonomischen Denkens, Stuttgart 2012.
Pribram, Karl: Geschichte des ökonomischen Denkens, 2 Bände, Frankfurt/Main 1992.

Roncaglia, Alessandro; Sylos Labini, Paolo: Geschichte des ökonomischen Denkens, Marburg 2008.

Sandelin, Bo; Trautwein, Hans-Michael; Wundrak, Richard: A Short History of Economic Thought, London 2008.
Schefold, Bertram: Beiträge zur ökonomischen Dogmengeschichte, Düsseldorf 2003.
Schieferle, Rolf Peter: Bevölkerungswachstum und Naturhaushalt, Frankfurt/Main 1990.
Schneider, Dieter: Betriebswirtschaftslehre Band 4. Geschichte und Methoden der Wirtschaftswissenschaft, München 2014.
Schumpeter, Joseph Alois: Geschichte der ökonomischen Analyse, 2 Bände, Göttingen 1965.
Screpanti, Ernesto; Zamagni, Stefano: An Outline of the History of Economic Thought, Oxford 2005.
Söllner, Fritz: Die Geschichte des ökonomischen Denkens, Berlin, Heidelberg 2015.
Spiegel, Henry: The Growth of Economic Thought, Durham 2002.
Starbatty, Joachim (Hrsg.): Klassiker des ökonomischen Denkens, München 1989.
Stavenhagen, Gerhard: Geschichte der Wirtschaftstheorie, 4. Auflage, Göttingen 1998.

Wächter, Lars: Ökonomen auf einen Blick: Ein Personenhandbuch zur Geschichte der Wirtschaftswissenschaft, Heidelberg 2017.
Weber, Alfred: Einführung in die Soziologie, München 1955.

Ziegler, Bernd: Geschichte des ökonomischen Denkens. Paradigmenwechsel in der Volkswirtschaftslehre, München 1998.

Stichwortverzeichnis

absoluter Kostenvorteil 64
Absolutismus 30
– Wirtschaftsauffassung 35
Achenwall, Gottfried 34
Adams, Henry Carter 186
Adler, Max 126
Aglietta, Michel 215
Agrar-Marxisten 123
Agricola, Georgius 23
Akerlof, George Arthur 193
Åkerman, Johan Henrik 136
Aktienbörse, erste 30
Aktivitätsanalyse 205
Alchian, Armen 189
ältere Institutionenökonomik 185
– Clark, John Maurice 187
– Commons, John Rogers 187
– Mitchell, Wesley Clair 187
Anarchismus 93
– Bakunin, Michael 97
– Kropotkin, Peter 97
Anarchokapitalismus 154
Anderson, James 64
Angebotskurve und Nachfragekurve 132
Angebot und Nachfrage 131
Animal Spirits 141
Annales-Schule 178
– Wallerstein, Immanuel 183
Äquivalenzprinzip von Wicksell 135
Araki, Toichiro 166
Arbeitsteilung 57
ARCH-Modell 202
Aristophanes 5
Aristoteles 8
– Wirtschaftsauffassung 9
Arrow-Debreu-Gleichgewichtsmodell 193

Arrow, Kenneth Joseph 192
Arrowsches Unmöglichkeitstheorem 193
– Sen, Amartya Kumar 196
Ashley, William James 107
Attac 213
Auerbach, Alan J. 172
Auerbach-Kotlikoff-Modell 172
Augustinus von Hippo 14
Aumann, Robert 206
Ausbeutung 88
Auspitz, Rudolf 81
Außenhandelsbilanz, aktive 31
Außenhandelstheorie
– Krugman, Paul Robin 215
– Meade, James Edward 146
– Ricardo, David 64
Austromarxismus 125
Austro-Misesians 118

Baader, Franz von 74
Babbage, Charles 73
Bacon, Francis 26
Bagehot, Walter 78
Baien, Miura 58
Bailey, Samuel 63
Bakunin, Michail 97
Balassa-Effekt 174
Balassa-Samuelson-Effekt 174
Banking-Schule 75
Banking-und-Currency-Debatte 75
Bankwesen, Beginn 21
Baran, Paul Alexander 215
Barbon, Nicholas 38
Baring, Francis 79
Barone, Enrico 127
Barro, Robert Joseph 157

Bastiat, Frédéric 77
Bauer, Otto 124
Bayes, Thomas 76
Bayles, Pierre 44
Beccaria, Cesare di 50
Becher, Johann Joachim 35
Becker, Gary Stanley 158
Bedürfnispyramide 184
Benedikt von Nursia 14
Bentham, Jeremy 66
Berkeley, George 44
Bernstein, Eduard 126
Bertrand, Joseph 112
Bertrand-Modell 112
Besitztumseffekt 208
Bethell, Tom 219
Betriebswirtschaftslehre 73
Beveridge, William 149
Bevölkerungstheorie 59
Bhagwati, Jagdish 216
Biel, Gabriel 17
Big-Mac-Index 136
Binswanger, Hans Christoph 213
Black, Duncan 193
Black, Fischer Sheffey 200
Black-Scholes-Modell 200
Blanc, Louis 85
Blanqui, Auguste 78
Bodenertragszuwachs 48
Bodenreform 93
– Oppenheimer, Franz 95
Bodin, Jean 30
Böhm-Bawerk, Eugen von 116, 185
Böhm, Franz 160
Boisguilbert, Pierre de 33
Booth, Charles 128
Börse 20
Boserup, Ester 220
Braess, Dietrich 202
Braess-Paradox 202

Brassey-Brentanosches
    Gesetz 104
Braudel, Fernand 178
Brentano, Lujo 104
Buchanan, James
    McGill 191
Bucharin, Nicolaj 123
Bücher, Karl 104
Buchführung 23
Bullionismus 36
Buridan, Jean 16

Cairnes, John Elliott 73
Calvin, Johannes 24
Cambridge Circus 140
Campanella, Tommaso 26
Canard, Nicolas-Francois 70
Cantillon-Effekt 45
Cantillon, Richard 45
Capital Asset Pricing Model
    (CAPM) 199
– Erweiterung 201
Cardoso, Fernando
    Henrique 180
Cass, David 172
Cassel, Gustav 136
Casson, Mark 167
Cato der Ältere 10
Ceteris-paribus-
    Methode 132
Chamberlin, Edward
    Hastings 145
Chevalier, Michel 78
Chicago-Schule 155
– spätere Generation 156
Child, Josiah 37
Cicero, Marcus Tullius 11
Clark, Grant 170
Clark, John Bates 133
Clark, John Maurice 133
Clarksches Gesetz 133
Clower, Robert Wayne 221
Club of Rome 215
Coase, Ronald Harry 189
Coase-Theorem 190
Cobden, Richard 77
Colbertismus 32
Colbert, Jean-Baptiste 32
Columella, Lucius Iunius
    Moderatus 10
Commons, John Rogers 187

Condillac, Etienne Bonnot
    de 51
Condorcet, Marie Jean
    Antoine 76
Condorcet-Paradox 76
– Arrowsches Unmöglich-
    keitstheorem 193
Corn-Law-Debatte 65
Cotrugli, Benedetto 23
countervailing power 212
Courcelle-Seneuil, Jean-
    Gustave 73
Cournot, Antoine
    Augustin 76
Cournotscher Punkt 77
Cowles, Alfred 156
Cowles Commission 156
Currency-Schule 75

Damaschke, Adolf 94
Darjes, Joachim Georg 34
Davanzati, Bernardo 31
Davenant, Charles 37
Davenport, Herbert
    Joseph 188
Deaton, Angus Stewart 218
Debreu, Gérard 193
Degrowth Movement 214
Dependenztheorie 179
– Wallerstein,
    Immanuel 183
Diamond, Peter 209
Diehl, Karl 185
Dietzel, Heinrich 186
Differenzialrente 63
Digitalisierung 211
Diktatur des Proletariats
– Bakunin, Michael 97
– Marx, Karl 88
– Plechanow, Georgi 122
Dilthey, Wilhelm 100
Dithmar, Justus
    Christoph 34
Domar, Evsey David 147
Downs, Anthony 191
Dupuit, Jules 110

Easterlin-Paradox 206
Easterlin, Richard
    Ainley 206
Easterly, William
    Russell 218

Edgeworth-Box 135
Edgeworth, Francis
    Ysidro 134
Edgeworth-Steuer-
    paradox 135
ehernes Lohngesetz 121
Eigennutz und Gemein-
    wohl 55
Eisverkäufer-am-Strand-
    Problem 202
Ely, Richard Theodore 187
Endowment-Effekt 208
Engels, Friedrich 86
Engle, Robert Fry 201
Entropie 214
Entwicklungstheorie 177
– Büchers Stufen-
    theorie 104
– Dependenztheorie 179
– Drei-Phasen-Modell 170
– Kuznets, Simon 181
– Lewis-Modell 182
– List, Friedrich 80
– Rechtsinstitutionen 219
– Rostow-Modell 181
Erhard, Ludwig 160
Eucken, Walter 159
Evolutionsökonomik 173
Ex-ante-Analyse 149
experimentelle
    Ökonomik 199
Ex-post-Analyse 149
externer Effekt 134

Faktorpreisausgleichs-
    theorem 127
Fama, Eugene Francis 201
Fama-French-Dreifaktoren-
    modell 201
Fayol, Henri 73
Fehr, Ernst 209
feministische
    Ökonomik 220
Ferguson, Adam 54
Fichte, Johann Gottlieb 74
Finanzinstabilität 147
Finanzwissenschaft,
    Begründung 80
Fisher, Allan George
    Barnard 170
Fisher, Irving 137
– Vollgeld 137

Fleming, Marcus 163
Fogel, Robert William 195
Föhl, Carl 147
Föhl-Theorem 147
Fokalpunkt 205
Fourastier, Jean 170
Fourier, Charles 85
Free-Rider-Problem 192
Freiburger Schule 159
Freigeld 94
Freiwirtschaft 94
French, Kenneth 201
Friedman, Milton 156
Frisch, Anton Ragnar Kittil 170
Frühsozialismus
– Fourier, Charles 85
– Owen, Robert 84
Fruktifikationstheorie des Zinses 48
Fullarton, John 75
– Banking-Schule 75

Galbraith, John Kenneth 212
Galiani, Ferdinando 50
Gefangenendilemma 204
Geldtheorie
– Keynes, John Maynard 140
– Knapp, Georg Friedrich 103
Geld, Vorformen 3
Genossenschaftswesen
– Bernstein, Eduard 126
– Owen, Robert 84
– Raiffeisen, Friedrich Wilhelm 95
– Schulze-Delitzsch, Herrmann 95
Genovesi, Antonio 50
George, Henry 93
Georgescu-Roegen, Nicholas 214
Gerechtigkeit
– Effizienz als Maßstab 159
– Rawls, John 162
Gerschenkron, Alexander 181
Gerschenkron-Effekt 181
Gesellschaft, klassenlose 89

Gesell, Silvio 94
– Freigeld 94
– Freiwirtschaft 94
Gesetz der Unterschiedslosigkeit der Preise 113
Gesetz der wachsenden Staatstätigkeit 103
Gesetz des tendenziellen Falls der Profitrate 88
Gewaltenteilung 40
Gibbard-Satterthwaite-Theorem 193
Giersch, Herbert 161
Giffen-Fall 79
Giffen-Paradox 79
Giffen, Robert 79
Gilbreth, Frank Bunker 166
Gilbreth, Lillian Moller 166
Gini, Corrado 169
Gini-Koeffizient 169
Gleichgewicht des Marktes 111
Gleichgewichtstheorie 111
Globalisierung 211, 217
Glücksökonomik 199, 206
Godwin, William 59
Goldene Regel der Akkumulation 176
Goldenes Zeitalter 30
Gordon Tullock 192
Gossen, Hermann Heinrich 114
– 1. Gossensches Gesetz 115
– 2. Gossensches Gesetz 115
Gournay, Jacques Claude-Marie Vincent Marquis de 47
Granger, William John 201
Grenzen des Wachstums 61
Grenznutzenschule
– 1. Generation 110
– 2. Generation 115
– Allokation 110
– Einfluss auf Wirtschaftswissenschaft 110
– England 119
Grenznutzentheorie
– Gossen, Hermann Heinrich 115
– zukünftige Güter 116

Grenzproduktivitätstheorie 133
– Clark, John Bates 133
– Thünen, Johann Heinrich von 72
Greshamsches Gesetz 6
– Japan 58
Gresham, Thomas 17
Grotius, Hugo 30
Grundrententheorie Ricardos 63

Haavelmo-Theorem 171
Haavelmo, Trygve 171
Haberler, Gottfried 118
– Harvard Economics 118
Ha-Joon Chang, Tom 219
Hamilton, Alexander 69
Handel 2
Handelsrecht, Code Savary 33
Handlungs- und Regelebene 153
Hand, unsichtbare 55
Hansen, Alvin 143
Hansen, Lars Peter 201
Harberger, Arnold 148
Harberger-Dreieck 148
Hardin, Garrett 197
Harrington, James 27
Harrod-Domar-Modell 147, 172
Harrod, Roy Forbes 147
Harsanyi, John Charles 204
Hart, Oliver 197
Harvey, David 215
Hauptsatz der Thermodynamik 214
Haushaltsführung 2
Hawtrey, Ralph George 142
Hayek, Friedrich von 152
Heckit-Methode 201
Heckman, James Joseph 201
Heckman-Korrektur 201
Heckscher, Eli Filip 148
Heckscher-Ohlin-Theorem 148
– Leontief-Paradox 176
– Stolper-Samuelson-Theorem 174
Heinen, Edmund 183

Helphand, Israel Lasarewitsch 126
Helpman, Elhanan 216
Hermann, Friedrich Benedikt von 70
Hesiod 6
Hicks-Hansen-Diagramm 143
Hicks, John Richard 142
Hickssche Nachfragefunktion 143
Hildebrand, Bruno 101
Hilferding, Rudolf 125
Hirschmann, Albert Otto 173
Historische Schule 99
– England 107
– Methodenstreit 102
– Selbstverständnis 100
– Vorläufer 73
Hobbes, Thomas 30
Hobsbawm, Eric 182
Hobson, John Atkinson 141
Hochkulturen 3
Hodgskin, Thomas 83
Holmström, Bengt 197
Homo agens 118
Homo oeconomicus
– Mill, John Stuart 68
– Verhaltensökonomik 207
Homo sapiens 1
Hörnigk, Philipp Wilhelm von 36
Hotelling, Harold 202
– Umweltökonomik 213
Hotelling-Regel 213
Hotellings Gesetz 202
Huan Kuan 11
Humboldt, Wilhelm von 74
Hume, David 46
Hurwicz, Leonid 206
Hutcheson, Francis 44

Iambulos 10
Ibn Khaldun 17
Indifferenzkurvenanalyse 113, 135
industrielle Revolution 53
Inflation
– Keynes, John Maynard 140
– um 1500 18

– Wicksell, Knut 135
Informationsökonomik, Begründer 194
Ingram, John Kells 107
Input-Output-Analyse 176
institutionelle Schule
– ältere 186
– Namensgeber 187
IS-LM-Modell 143
Isnard, Achylle Nicolas 62

Jacobs, Jane 220
Jambulus 10
Jevons' Gesetz 113
– Kaufkraftparitätentheorie 136
Jevons-Paradox 113
Jevons, William Stanley 113
Job-Market-Signaling-Theorie 194
Jones-Lloyd, Samuel 63
Joplin, Thomas 63
Juglar, Clément 168
Juglar-Zyklus 168
Justi, Johann Heinrich Gottlob 34

Kahnemann, Daniel 208
Kahn, Richard 142
– Multiplikatorprinzip 142
Kaldor-Hicks-Kriterium 143, 144
Kaldor, Nicholas 144
Kalecki, Michal 128
Kalkulationsdebatte 127
– Taylor, Fred Manville 127
Kameralismus 29, 34
Kantorowitsch, Leonid Witaljewitsch 128
Kapital
– Neuzeit 23
– Produktionsfaktor 57
Kapitalismus
– Anfänge 30
– Begriff 23
– Industrie- 53
katholische Soziallehre 179
Kaufkraftparitätentheorie 136
Kautsky, Karl 124
Keynesianismus 139, 142
Keynes, John Maynard 139

– Vorläufer 72
Kindleberger, Charles Poor 183
King, Gregory 38
Kingsche Regel 38
Kitchin, Joseph 168
Kitchin-Zyklus 168
Klassische Schule 59
– Beginn 53
– Deutschland 71
– Marx, Karl 90
– Mill, John Stuart 67
– Utilitarismus 65
Klein-Goldberger-Modell 171
Klein, Lawrence Robert 171
Klein-Modell 171
Kliometrie 195
Knapp, Georg Friedrich 103
Knappheitsbegriff 115
Knies, Carl 101
Knight, Frank Hyneman 155
– Vollgeld 137
kommunistische Gesellschaft 88
komparativer Kostenvorteil 64
Kondratjew, Nikolaj 168
Kondratjew-Zyklus 168
Konjunkturzyklus 188
Konzept der begrenzten Rationalität 208
Koopmans, Tjalling Charles 205
Kornai, János 128
Kosmos 153
Kotlikoff, Laurence 172
Kraus, Christian Jakob 73
Kreditgeber der letzten Instanz
– Bagehot, Walter 79
– Finanzmarktkrise 183
Kritik der politischen Ökonomie 87
Kropotkin, Peter 97
Krugman, Paul Robin 215
künftige Gesellschaft 88
Künstliche Intelligenz 211
Kuznets, Simon 169
Kuznets-U-These 181
Kydland, Finn 221

Laffemas, Barthélemy de   32
Laffer, Arthur Betz   163
Laffer-Kurve   163
Laffont, Jean-Jacques   210
Lagerente   72
Laissez faire   33
Lange-Lerner-Modell   127
Lange, Oskar Ryszard   125
– Kalkulationsdebatte   127
Laplace, Pierre Simon   76
Lardner, Dionysius   73
Laspeyres, Étienne   169
Laspeyres-Index   169
Lassalle, Ferdinand   121
Latouche, Serge   214
Launhardt-Hotelling-Modell   81
Launhardtscher Trichter   81
Launhardt, Wilhelm   81
Lausanner Schule   111
Law, John   39
Lebenszyklushypothese   200
Lebenszyklus von Nationen   192
Lederer, Emil   125
Leijonhufvud, Axel   221
Lemons-Problem   193
lender of last resort   79
Lenin, Wladimir Iljitsch   122
Leonardo da Vinci   22
Leontief-Paradox   176
Leontief, Wassily   176
Lerner, Abba Ptachya   127
Lerner-Samuelson-Theorem   127, 174
Lessius, Leonardus   20
Lewis-Modell   182
Lewis, William Arthur   182
Lexis, Wilhelm   101
Liberalismus   152
– Manchester-   77
libertärer Paternalismus   210
Lieben, Richard   81
Life-Cycle-Hypothesis   200
Lindahl, Erik   148
Lindahl-Gleichgewicht   149
lineare Programmierung   205
Linkskeynesianer   144
Lippmann, Walter   151
List, Friedrich   79
– Zollpolitik   80

Locke, John   38
Lohn, naturgemäßer   72
Long-Term Capital Management   200
Lorenzkurve   169
Lorenz, Max Otto   169
Lösch, August   173
Lowe, Adolph   178
Lucas-Kritik   221
Lucas, Robert Emerson   221
Ludovici, Carl Günther   33
Luther, Martin   24
Luxemburg, Rosa   124

Mahalinobis, Prasanta Chandra   47
Makroökonomik   135
– Begriff   171
Malinvaud, Edmond   220
Malthus, Thomas Robert   59
– Bevölkerungstheorie   59
Malynes, Gerard de   36
Manchester-Liberalismus   77, 78, 152
Mandel, Ernest   129
Mandeville, Bernard   43
Mangoldt, Hans von   81
Manifest der Kommunistischen Partei   87
Marcuse, Herbert   179
Mariátegui, José Carlos   179
Markowitz, Harry Max   199
Markteffizienzhypothese   201
Marktgleichgewicht   111
Marktliberale   152
Marktliberalismus   163
– Deregulierung   163
Marktversagen   134
Marschak, Jacob   156
Marschall, Mary Paley   131
Marshall, Alfred   131
– Ceteris-paribus-Methode   132
Martineau, Harriet   69
Marx, Karl   86
– Determinismus der Geschichte   89
– kommunistische Gesellschaft   88
– Kritik der politischen Ökonomie   87

Maskin, Eric Stark   206
Maslow, Abraham   183
Matchingtheorie   209
Materialismus
– dialektischer   87
– historischer   87
Maximum-Happiness-Principle   66
McCulloch, John Ramsay   70
– Currency-Schule   75
McFadden, Daniel   201
Meade, James Edward   146
Mechanismus-Design-Theorie   206
Meek, Ronald   129
Mehrwert   88
Menger, Carl   114
Mercado, Tomás de   20
Merkantilismus   29, 30, 31
– Abschluss   39
– Colbertismus   32
– deutschsprachiger Raum   34
– England   36
– Frankreich   32
– Spanien   41
Merton, Robert Carhart   200
Methode
– deduktive   102, 114
– induktive   102
Methodenstreit   102
methodologischer Individualismus   167
Mikroökonomik
– Smith, Adam   57
– Spieltheorie   203
– unvollkommene Märkte   217
Miksch, Leonhard   160
Miller, Merton Howard   200
Mill, James   67
Mill, John Stuart   67
Mincer-Einkommensgleichung   158
Mincer, Jacob   158
Minsky, Hyman Philip   147
Minsky-Moment   147
Mirabeau, Victor Riquetti Marquis de   47
Mirrlees, James Alexander   195

Mises, Ludwig von   117
– Kalkulationsdebatte   127
Misselden, Edward   36
Mississippi-Spekulation   39
Mitchell, Wesley Clair   188
Modell vom Paradox des Liberalismus   196
Modigliani, Franco   200
Modigliani-Miller-Theorem   200
Molina, Luis de   19
Molinari, Gustave de   78
Monetarismus   143, 157
Monopoltheorie   145
– Cournot, Antoine Augustin   77
Montchretien, Antoine de   32
Montesquieu, Charles-Louis de Secondat de   40
More, Thomas   25
Morgenstern, Oscar   203
Mortensen, Dale   209
Mortensen-Pissarides-Modell   209
Müller, Adam   75
Müller-Armack, Alfred   160
Multiplikatorprinzip   142
Mummery, Alfred Frederick   141
Mundell-Fleming-Modell   163
Mundell-Fleming-Trilemma   163
Mundell, Robert   163
Mun, Thomas   37
Müntzer, Thomas   24
Musgrave, Richard   148
Muth, John Fraser   221
Myerson, Roger Bruce   206
Myrdal, Gunnar   149

Nash-Gleichgewicht   204
Nash, John Forbes   204
Naumann, Friedrich   94
Navarette, Pedro Fernandez   41
Navigationsgesetze   36
Neandertaler   2
Necker, Jacques   49
negative Einkommensteuer   157

Nell-Breuning, Oswald von   178
Nemours, Pierre Samuel Du Pont de   48
neoklassische Schule   131
neoklassische Synthese   143
– Samuelson, Paul Anthony   174
Neoliberalismus   151, 152
– deutschsprachiger Raum   159
– im 21. Jahrhundert   163
neolithische Revolution   2
Neo-Ricardianer   146
Neue Erwartungstheorie   208
Neue Handelstheorie   215
Neue Institutionenökonomik   185
– Begründer   189
– Prinzipal-Agent-Theorie   190
– Transaktionskostentheorie   190
– Vorläufer   189
Neue Klassische Makroökonomik   221
Neue Ökonomische Geographie   216
Neue ökonomische Politik   123
Neue Politische Ökonomie   191
Neukeynesianismus   221
Neumann, John von   203
New Economic History   195
Niavis, Paulus   24
North, Douglass Cecil   195
North, Dudley   37
Nudges   210
Nullsummenspiel   203
Nutzenprinzip nach Bentham   66

Obolus   5
Ohlin, Bertil   148
Ökonometrie
– Begriff   171
– Vorläufer   37
Ökonomie *siehe* Wirtschaftswissenschaft

Ökonomische Theorie der Politik   191
Oligopoltheorie
– Stackelberg-Duopol   203
– Stackelberg, Heinrich von   203
Olson, Mancur   192
Oppenheimer, Franz   95
optimale Einkommensbesteuerung   194
Ordoliberalismus   159
Oresmius, Nicolaus   16
Osse, Melchior von   34
Österreichische Grenznutzenschule   114
– 3. Generation   117
– 4. Generation   117
– Knight, Frank Hyneman   155
– Methodenstreit   102
Österreichische Schule *siehe* Österreichische Grenznutzenschule
Ostrom, Elinor   196
Owen, Robert   84

Paasche, Hermann   169
Paasche-Index   169
Pacioli, Luca   22
Paine, Thomas   93
Pantaleoni, Maffeo   112
Pareto-Optimum   113
Pareto, Vilfredo   112
Parvus, Alexander *siehe* Helphand, Israil Lasarewitsch
Patinkin, Don   220
Penrose, Edith   173
Penrose-Effekt   173
Peter, Hans   147
Petty, William   37
Phelps, Edmund   175
Phillips, Alban Housego   175
Phillips-Kurve   175
– modifizierte   175
Physiokratie   43
– Cantillon   45
– Deutschland   49
– Frankreich   46
– Vordenker in England   43
– Vordenker in Italien   50
– Vorläufer   33

Stichwortverzeichnis

Pigou, Arthur Cecil 133
Pigou-Effekt 134
Pigou-Steuer 134
Piketty, Thomas 223
Pissarides, Christopher 209
Place, Francis 60
Planwirtschaft
– Mangelwirtschaft 129
– Taylorismus 166
Platon 7
– Handel 8
– Wirtschaftsauffassung 8
Plechanow, Georgi 122
Polanyi, Karl 178
Polarisationstheorie 174
Portfolioanalyse 199
Posner, Richard 159
Postkeynesianer 144
Potter, Beatrice 128
Praxeologie 118
Prebisch, Raúl 179
Prebisch-Singer-These 180
Preiser, Erich 161
Preis, gerechter 16
Preobraschenski, Jewgeni 123
Prescott, Christian 221
Prinzipal-Agent-Theorie 190
Prinzip des größten Glücks 66
Produktionsfaktoren
– Say 61
– Smith 57
Produktionsverhältnisse 87
Proletarier 75
Property-Rights-Theory 189
Prospect Theory 208
Protagoras 7
Protestantismusthese 105
Proudhon, Joseph 90
Public-Choice-Theorie 191
– Buchanan, James McGill 191
Pufendorf, Samuel von 40

Quantitätstheorie
– Friedman, Milton 157
– Frühform 19
– Hume 46
– John Locke 38
– Ricardo, David 62

Quesnay, François 46
– Input-Output-Tabelle 176

Raiffeisen, Friedrich Wilhelm 95
Ramonet, Ignacio 213
Ramsey-Cass-Koopmans-Modell 172
Ramsey, Frank Plumpton 172
Rand, Ayn 96
Rational Choice Theory 158
Rau, Karl Heinrich 81
Rawls, John 162
Rebelo-Modell 172
Rebelo, Sérgio 172
Redin, Miguel Álvarez Osorio y 41
Renaissance 22
Rent-seeking 192
Reproduktionsarbeit 220
Revisionismus 126
Ricardo, David 62
– Currency-Schule 75
– Grundrententheorie 63
– komparativer Kostenvorteil 64
– Senior, Nassau William 70
Ricardo-Theorem 64
Ries, Adam 23
Rivière, Paul Pierre Mercier de la 48
Robbins, Lionel Charles 154
Robinson, Joan Violet 144
– Marxismus 145
Robles, Juan de 19
Rodbertus, Johann Karl 86
Romantik, ökonomische Ideen 74
Romer-Modell 172
Romer, Paul 172, 222
Röpke, Wilhelm 161
Roscher, Wilhelm 100
Rostow, Walt Whitman 181
Roth, Alvin Elliot 209
Rothbard, Murray 154
Rothschild, Michael 217
Rousseau, Jean-Jacques 40
Ruskin, John 91
Rüstow, Alexander 153

Sachs, Jeffrey David 218
Sadler, Thomas 60
Saint-Simon, Claude-Henri de Rouvoir de 85
Salin, Edgar 106
Samuelson-Effekt 175
Samuelson, Paul Anthony 174
Sargent, Thomas 222
Savary, Jacques 33
Say, Jean-Baptiste 61
Saysches Theorem 62
Schelling-Punkt 205
Schelling, Thomas Crombie 205
Schiller, Karl 160
Schlettwein, Johann August 49
Schmoller, Gustav 101
– Verein für Socialpolitik 103
– Werturteilsstreit 104
Schneider, Erich 147
Schocktherapie 218
Scholastik 14
Scholes, Myron Samuel 200
schöpferische Zerstörung 167
Schröder, Wilhelm Freiherr von 35
Schule von Salamanca 18
Schultz, Theodore William 182
Schulze-Delitzsch, Hermann 95
Schumacher, Ernst Friedrich 214
Schumpeter, Joseph Alois 166
Schutzzoll 80
Schwarz, Matthäus 23
Scientific Management 166
Scitovsky-Doppeltest 144
Scitovsky, Tibor 144
Scotus, John Duns 16
Selten, Reinhard 204
Sen, Amartya Kumar 195
Senior, Nassau William 70
Serra, Antonio 31
Shapley, Lloyd Stowell 209
Sharpe, William Forsyth 199

Shikwati, James 218
Shiller, Robert James 201
Sidgwick, Henry 132
Siena, Bernhardin von 17
Simmel, Georg 102
Simon, Herbert Alexander 207
Sims, Christopher 222
Singer, Hans Wolfgang 180
Sismondi, Simonde de 72
Smith, Adam 54
– absoluter Kostenvorteil 64
– ältere Institutionenökonomik 187
– Freihandel 55
– Merkantilismus und Physiokratie 54
– Staatseingriffe 56
– Stecknadelmanufaktur 57
– unsichtbare Hand 55
– Werttheorie 57
Smith, Vernon Lomax 209
Social Choice Theory 192
Solow-Modell 172
Solow, Robert Merton 171
Solow-Swan-Modell 172
Sombart, Werner 104
Sonnenfels, Joseph von 35
Sorel, Georges 121
Soto, Domingo de 18
Soto, Hernando de 218
Sozialdarwinismus
– Spencer, Herbert 97
– Stigler, George J. 159
Soziale Marktwirtschaft 160
Sozialismus 83
– Hodgskin, Thomas 83
– Marktsozialismus 217
– Marx, Karl 88
– Proudhon, Joseph 90
– Rodbertus, Johann Karl 86
– Saint-Simon, Claude-Henri de Rouvoir de 86
– Umsetzung 121
– utopischer 26
Sozialismus-Debatte 127
Soziologie 177
Spann, Othmar 107
Spätscholastik 20

Spence, Andrew Michael 194
Spencer, Herbert 97
Spieltheorie 199, 202
– Begründer 203
– Kalter Krieg 203
– Makroökonomik 209
– Vorarbeiten 202
Spiethoff, Arthur 106
Sraffa, Piero 145
Staatsphilosophie 162
Staatsverständnis
– Hobbes, Thomas 31
– Locke, John 40
– Montesquieu, Charles 40
– Proudhon, Joseph 90
– Rousseau, Jean-Jaques 40
– Stirner, Max 96
Stachanow-Bewegung 166
Stackelberg-Duopol 203
Stackelberg, Heinrich von 202
Stagflation 176
Stagnationsthese 144
Stamokap-Theorie 125
Standorttheorie
– Launhardtscher Trichter 81
– Lösch, August 173
– Thünensche Ringe 71
Stater 5
Stecknadelmanufaktur 57
Stein, Lorenz von 80
Steuart, James Denham 39
Stigler, George J. 158
Stiglitz, Joseph 216
Stirner, Max 96
– Anarchismus 96
Stochastik
– Bayes, Thomas 76
– Laplace, Pierre Simon 76
Stockholmer Schule 148
Stolper-Samuelson-Theorem 174
Stolper, Wolfgang Friedrich 174
Stone, John Richard 146
Storch, Heinrich Friedrich von 70
Strange, Susan 212
Stufenmodell 181
Stufentheorie 104

Subsidiaritätsprinzip 178
Sunstein, Cass 210
Survivor-Prinzip 159
Süßmilch, Johann Peter 60
Swan, Trevor W. 172
Sweezy, Paul Malor 215

Tâtonnement-Prozess 111
Tawney, Richard Henry 105
Taxis 153
Taylor, Frederick Winslow 166
Taylorismus 166
Taylor-Regel 222
Templerorden 21
Thaer, Albrecht Daniel 72
Thaler, Richard H. 210
– Verhaltensökonomik 208
Thatcherismus 163
Theorie der rationalen Erwartungen 221
Theorie des institutionellen Wandels 195
Theorie des optimalen Währungsraums 164
Theorie des sozialen Gleichgewichts 212
Theorie erschöpflicher Ressourcen 202
These der Politikineffektivität 222
Thomas von Aquin 15
Thornton, Henry 79
– Currency-Schule 75
Thünen, Johann Heinrich von 71
– Grenzproduktivitätstheorie 72
Thünensche Ringe 71
Tinbergen, Jan 170
Tinbergen-Regel 170
Tirole, Jean 210
Tobin, James 212
Tobin-Steuer 212
Tooke, Thomas 75
– Banking-Schule 75
Torrens, Robert 63, 64
Tragik der Allmende 197
Transaktionskostentheorie 190
Trittbrettfahrer 192

Stichwortverzeichnis

Trivial-Contribution-Problem 192
Tschajanow, Alexander Wassiljewitsch 123
Tucker, Albert William 204
Tucker, Josiah 46
Tugan-Baranowski, Michail Iwanowitsch 122
Tullock-Paradox 192
Turgot, Anne Robert Jacques 48
Tversky, Amos 208

Umweltökonomik 213
Umweltpolitik 134
Unsicherheit
– Keynes, John Maynard 141
– Knight, Frank Hyneman 155
unsichtbare Hand 55
Unterkonsumtionstheorie 86
– Hobson, John Atkinson 141
unvollkommener Wettbewerb 145
Ure, Andrew 73
Utilitarismus
– Beginn 65
– Kritik 162
– Mill, John Stuart 67

Varga, Eugen 124
Varro, Marcus Terentius 10
Vauban, Sebastien le Prestre de 32
Vaubel, Roland 190
Vaughan, Rice 38
Veblen-Effekt 187
Veblen, Thorstein Bunde 186
Verein für Socialpolitik 103
Verenigte Oostindische Compagnie 30
Verfassungsökonomik 191
Verhaltensökonomik 199, 208
– Homo oeconomicus 207
Vernunftstaat von Fichte, J.G. 74
Verri, Pietro 50
Verursacherprinzip 134

Vetter, Frank Albert 117
Vickrey, William Spencer 194
Viner, Jacob 155
Vitoria, Francisco de 18
Vives, Juan Luis 19
Volkswirtschaftliche Gesamtrechnung 169
– Stone, John Richard 146
– Vorläufer 38
volkswirtschaftlicher Kreislauf nach Quesnay, François 47
Vollgeld 137
Vorsichtskassenhaltung 117

Wachstumstheorie
– Auerbach-Kotlikoff-Modell 172
– keynesianische 147, 172
– neoklassische 171
– Romer-Modell 172
– Solow-Modell 171
Wagner, Adolph 103
– Verein für Socialpolitik 103
– Werturteilsstreit 104
Wagnersches Gesetz 103
Wallace, Neil 222
Wallerstein, Immanuel 183
Walras, Léon 110
– abnehmender Grenznutzen 111
Warburton, Clark 157
Waring, Marilyn 220
Wasser-Diamanten-Paradox 57
– Grenznutzenschule 109
Webb, Sidney 128
Weber, Alfred 173
Weber, Max 105
– Werturteilsstreit 104
Weizsäcker, Ernst Ulrich von 213
Welt-System 183
Werttheorie
– objektive 132
– Sraffa, Piero 146
– subjektive 110, 132
– Wasser-Diamanten-Paradox 57
Werturteilsstreit 104

West, Edward 64
Wicksell, Knut 135
Wicksellscher Prozess 135
Wicksteed, Philipp Henry 119
Wieser, Friedrich von 115
Williamson, Oliver Eaton 196
Williamson-Trade-off 196
Winstanley, Gerrard 26
Wirtschaft
– als System 53
– antikes Griechenland 6
– Hochkulturen 3
Wirtschaftsgeschichte 177
Wirtschaftsnobelpreis 170
Wirtschaftspolitik
– Eucken, Walter 160
– Fiskalpolitik 149
– Geldpolitik 149
– Keynes, John Maynard 140
Wirtschaftstypen 160
Wirtschaftswissenschaft
– Beginn 58
– Begriff Ökonomie 6
– neue Wissenschaft 99
– rationale Handlungen 154
– Selbstverständnis 100, 102
– Werturteilsstreit 104
Wohlfahrtsökonomik 133
– Pioniere 71

Xenophon 6

Zentralbank
– Bagehot, Walter 78
– Hamilton, Alexander 69
Zins
– Geld- 135
– natürlicher 135
– nominaler 137
– realer 137
– Scholastik 16
– Sumerer 3
Zinstheorie
– Cassel, Gustav 136
– Fruktifikations- 48
– Zeitagio- 116
Zollpolitik nach List, Friedrich 80
Zoon politikon 9

SCHÄFFER
POESCHEL

Ihr Feedback ist uns wichtig!
Bitte nehmen Sie sich eine Minute Zeit

www.schaeffer-poeschel.de/feedback-buch

Wirtschaftsgeschichte für Einsteiger

Grundlegendes Überblickswissen: Das Buch beleuchtet ökonomische Theorien vom Merkantilismus bis zur Neuzeit und die Erkenntnisse der wichtigsten ökonomischen Denker. Darüber hinaus werden aktuelle Fragen in einen wirtschaftshistorischen Kontext gestellt.

- Ökonomische Theorie und ihre Wechselwirkungen mit der ökonomischen Realität
- Geschichte des Kapitalismus
- Warum Wirtschaftsgeschichte wichtig ist und was wir aus ihr lernen können

Rössner
WIRTSCHAFTSGESCHICHTE NEU DENKEN
Mit einer Darstellung der Ursprünge moderner ökonomischer Theorien
2017. 321 S. Kart. € 24,95
ISBN 978-3-7910-3998-5

Bequem online bestellen:
www.schaeffer-poeschel.de/shop

SCHÄFFER POESCHEL